GOTTHOLD EPHRAIM LESSING:
EMILIA GALOTTI

Text und Materialien

STATIONEN DER LITERATUR

Text- und Arbeitsbücher
für den Literaturunterricht in der Sekundarstufe II

Herausgegeben von
Heinrich Biermann/Bernd Schurf

Bernd Schurf

GOTTHOLD EPHRAIM LESSING: EMILIA GALOTTI

Text und Materialien

Cornelsen

Der Textabdruck folgt der Ausgabe:
Gotthold Ephraim Lessings sämtliche Schriften.
Herausgegeben von Karl Lachmann. Dritte Auflage, besorgt durch Franz Muncker. Zweiter Band. G. J. Göschensche Verlagshandlung Stuttgart 1886. Orthographie und Interpunktion der Vorlage wurden vom Bearbeiter behutsam modernisiert. Zur Erleichterung der Lektüre sind dem Abdruck in Anmerkungen Wort- und Sacherklärungen beigefügt.

Mit einem Sternchen (*) gekennzeichnete Textüberschriften sind Titel, die für den Gebrauch des Bandes neu formuliert sind.

Umschlaggestaltung: Peter J. Kahrl, Neustadt/Wied
Satz: Rademacher, Mülheim a. d. Ruhr

1. Auflage Druck 6 5 4 3 Jahr 2000 99 98 97
Alle Drucke dieser Auflage können im Unterricht nebeneinander verwendet werden.

Druck: B.o.s.s Druck und Medien, Kleve
ISBN 3-590-12114-9
Bestellnummer 121149

gedruckt auf säurefreiem Papier, umweltschonend hergestellt aus chlorfrei gebleichten Faserstoffen

Inhaltsverzeichnis

TEXT 7

MATERIALIEN 107

1. Zur Konzeption der Materialien 108

2. Lessing – Porträt eines Schriftstellers 109

3. Lessing und seine Zeit: Die Epoche der Aufklärung 117

4. Zur Entstehung der „Emilia Galotti“: Die Geschichte der römischen Virginia und ihre Dramatisierung 120

5. Zur Rezeptions- und Wirkungsgeschichte der „Emilia Galotti“ . . . 128
5.1 Stationen der Wirkungsgeschichte 128
5.2 „Emilia Galotti“ auf dem Theater: Uraufführung und moderne Inszenierungen 141

6. Ansätze zur Interpretation der „Emilia Galotti“ 152
6.1 Deutungskontroverse: „Emilia Galotti“ – ein politisches Stück? . . . 152
6.1.1 Die direkte politische Intention: Protest gegen das Feudalsystem . . 152
6.1.2 Die indirekte politische Intention: Emilias Tod als Kritik am bürgerlichen Tugendoptimismus 154
6.1.3 Die moralische Intention: Emilias Tod als sittliche Notwendigkeit . 156
6.1.4 Die religiöse Intention: Tragödie als Theodizee 158
6.1.5 Die ästhetische Intention: Dramaturgische Motivierung des tragischen Endes 160
6.1.6 Vermittlung zwischen verschiedenen Deutungspositionen 163

6.2 „Emilia Galotti“ im Lichte der Lessingschen Dramaturgie 165
6.2.1 Von der Wanderbühne zum Hof- und Nationaltheater 165
6.2.2 Ein neuer Dramentyp: Das bürgerliche Trauerspiel 168
6.2.3 Wirkungsbestimmung der Tragödie: Katharsis, Furcht und Mitleid . 172
6.2.4 Gemischter Charakter und Hamartia (Fehler, Irrtum, Schuld) 177

6.3 Die Familie Galotti: Privatsphäre und bürgerliches Wertesystem . . 180
6.3.1 Bürgertum und Familie 181
6.3.2 Der Gegensatz von Moral und Politik, von Privatheit und Öffentlichkeit 186
6.3.3 Odoardo: Vaterfigur und Autorität 195

6.3.4 Emilia: Triebverzicht – Erziehung – Opfer der Tugend (Schuldfrage) 199

6.4 Höfische Welt und Hofkritik: Der Prinz und Graf Appiani 208
6.4.1 Lessing und die Fürsten 209
6.4.2 Der Prinz als Repräsentant der höfischen Welt 212
6.4.3 Hofkritik: Die Utopie der Natur (Appiani) 219

6.5 Orsina: Emanzipation und Wahnsinn 224

6.6 Dramatische Struktur: Personenkonstellation – Dialog – Sprache . 232

7. Vorschläge zur kreativen Produktion. Projektanregungen 240
7.1 Möglichkeiten eines kreativen Umgangs mit dem Text 240
7.2 Weitere Projektanregungen 243

Literaturhinweise 246

Quellennachweis 251

Bildnachweis 256

EMILIA GALOTTI

Ein Trauerspiel in fünf Aufzügen

Personen

Emilia Galotti	
Odoardo und *Claudia Galotti*	Eltern der Emilia
Hettore Gonzaga	Prinz von Guastalla
Marinelli	Kammerherr des Prinzen
Camillo Rota	einer von des Prinzen Räten
Conti	Maler
Graf Appiani	
Gräfin Orsina	
Angelo	
und einige Bediente	

Erster Aufzug

Die Szene, ein Kabinett des Prinzen[1].

Erster Auftritt

Der Prinz *an einem Arbeitstische, voller Briefschaften und Papiere, deren einige er durchläuft.*

Klagen, nichts als Klagen! Bittschriften, nichts als Bittschriften! – Die traurigen Geschäfte; und man beneidet uns noch! – Das glaub' ich; wenn wir allen helfen könnten: dann wären wir zu beneiden. – Emilia?

Indem er noch eine von den Bittschriften aufschlägt, und nach dem unterschriebenen Namen sieht.

Eine Emilia? – Aber eine Emilia Bruneschi – nicht Galotti. Nicht Emilia Galotti! – Was will sie, diese Emilia Bruneschi?

Er lieset.

Viel gefodert[2]; sehr viel. – Doch sie heißt Emilia. Gewährt!

[1] Prinz: von lat. princeps „der Erste"; hier in der Bedeutung „Fürst", die erst im 19. Jh. durch die Bedeutung „nichtregierendes Mitglied eines souveränen Fürstenhauses" verdrängt wird

[2] gefodert: gefordert; beide Formen sind im 18. Jh. gebräuchlich

Er unterschreibt und klingelt; worauf ein Kammerdiener hereintritt.

Es ist wohl noch keiner von den Räten in dem Vorzimmer?

Der Kammerdiener Nein.

Der Prinz Ich habe zu früh Tag gemacht. – Der Morgen ist so schön. Ich will ausfahren. Marchese[3] Marinelli soll mich begleiten. Laßt ihn rufen.

Der Kammerdiener geht ab.

– Ich kann doch nicht mehr arbeiten. – Ich war so ruhig, bild' ich mir ein, so ruhig – Auf einmal muß eine arme Bruneschi Emilia heißen: – weg ist meine Ruhe, und alles! –

Der Kammerdiener *welcher wieder hereintritt.*

Nach dem Marchese ist geschickt. Und hier, ein Brief von der Gräfin Orsina.

Der Prinz Der Orsina? Legt ihn hin.

Der Kammerdiener Ihr Läufer wartet.

Der Prinz Ich will die Antwort senden; wenn es einer bedarf. – Wo ist sie? In der Stadt? oder auf ihrer Villa?

Der Kammerdiener Sie ist gestern in die Stadt gekommen.

Der Prinz Desto schlimmer – besser; wollt' ich sagen. So braucht der Läufer um so weniger zu warten.

Der Kammerdiener geht ab.

Meine teure Gräfin!

Bitter, indem er den Brief in die Hand nimmt.

So gut, als gelesen!

Und ihn wieder wegwirft.

– Nun ja; ich habe sie zu lieben geglaubt! Was glaubt man nicht alles? Kann sein, ich habe sie auch wirklich geliebt. Aber – ich habe!

[3] Marchese: ital. Adelstitel, im Rang zwischen Herzog und Graf

Der Kammerdiener *der nochmals hereintritt.* Der Maler Conti will die Gnade haben – –

Der Prinz Conti? Recht wohl; laßt ihn hereinkommen. – Das wird mir andere Gedanken in den Kopf bringen. – *Steht auf.*

Zweiter Auftritt

Conti. Der Prinz.

Der Prinz Guten Morgen, Conti. Wie leben Sie? Was macht die Kunst?

Conti Prinz, die Kunst geht nach Brot.

Der Prinz Das muß sie nicht; das soll sie nicht, – in meinem kleinen Gebiete gewiß nicht. – Aber der Künstler muß auch arbeiten wollen.

Conti Arbeiten? Das ist seine Lust. Nur zu viel arbeiten müssen, kann ihn um den Namen Künstler bringen.

Der Prinz Ich meine nicht vieles; sondern viel: ein weniges; aber mit Fleiß. – Sie kommen doch nicht leer, Conti?

Conti Ich bringe das Porträt, welches Sie mir befohlen haben, gnädiger Herr. Und bringe noch eines, welches Sie mir nicht befohlen: aber weil es gesehen zu werden verdient –

Der Prinz Jenes ist? – Kann ich mich doch kaum erinnern –

Conti Die Gräfin Orsina.

Der Prinz Wahr! – Der Auftrag ist nur ein wenig von lange her.

Conti Unsere schönen Damen sind nicht alle Tage zum Malen. Die Gräfin hat, seit drei Monaten, gerade *einmal* sich entschließen können, zu sitzen.

Der Prinz Wo sind die Stücke[4]?

Conti In dem Vorzimmer: ich hole sie.

Dritter Auftritt

Der Prinz Ihr Bild! – mag[5]! – Ihr Bild, ist sie doch nicht selber. – Und vielleicht find' ich in dem Bilde wieder, was ich in der Person nicht mehr erblicke. – Ich will es aber nicht wiederfinden. – Der beschwerliche[6] Maler! Ich glaube gar, sie hat ihn bestochen. – Wär' es auch! Wenn ihr ein anderes Bild, das mit andern Farben, auf einen andern Grund gemalet ist, – in meinem Herzen wieder Platz machen will: – Wahrlich, ich glaube, ich wär' es zufrieden. Als ich dort liebte, war ich immer so leicht, so fröhlich, so ausgelassen. – Nun bin ich von allem das Gegenteil. – Doch nein; nein, nein! Behäglicher, oder nicht behäglicher: ich bin so besser.

Vierter Auftritt

Der Prinz. Conti, mit den Gemälden, wovon er das eine verwandt gegen einen Stuhl lehnet.

Conti *indem er das andere zurechtstellet.*
Ich bitte, Prinz, daß Sie die Schranken unserer Kunst erwägen wollen. Vieles von dem Anzüglichsten[7] der Schönheit liegt ganz außer den Grenzen derselben. – Treten Sie so! –

Der Prinz *nach einer kurzen Betrachtung.*
Vortrefflich, Conti; – ganz vortrefflich! – Das gilt Ihrer

[4] Stücke: Gemälde
[5] mag!: nun gut! meinetwegen!
[6] beschwerlich: zur Last fallend
[7] Anzüglichsten: Anziehendsten

Kunst, Ihrem Pinsel. – Aber geschmeichelt, Conti; ganz unendlich geschmeichelt!

Conti Das Original schien dieser Meinung nicht zu sein. Auch ist es in der Tat nicht mehr geschmeichelt, als die Kunst schmeicheln muß. Die Kunst muß malen, wie sich die plastische Natur[8], – wenn es eine gibt – das Bild dachte: ohne den Abfall[9], welchen der widerstrebende Stoff unvermeidlich macht; ohne das Verderb, mit welchem die Zeit dagegen ankämpfet.

Der Prinz Der denkende Künstler ist noch eins so viel wert. – Aber das Original, sagen Sie, fand demungeachtet –

Conti Verzeihen Sie, Prinz. Das Original ist eine Person, die meine Ehrerbietung fodert. Ich habe nichts Nachteiliges von ihr äußern wollen.

Der Prinz So viel als Ihnen beliebt! – Und was sagte das Original?

Conti Ich bin zufrieden, sagte die Gräfin, wenn ich nicht häßlicher aussehe.

Der Prinz Nicht häßlicher? – O das wahre Original!

Conti Und mit einer Miene sagte sie das, – von der freilich dieses ihr Bild keine Spur, keinen Verdacht zeiget.

Der Prinz Das meint' ich ja; das ist es eben, worin ich die unendliche Schmeichelei finde. – O! ich kenne sie, jene stolze höhnische Miene, die auch das Gesicht einer Grazie entstellen würde! – Ich leugne nicht, daß ein schöner Mund, der sich ein wenig spöttisch verziehet, nicht selten um so viel schöner ist. Aber, wohl gemerkt, ein wenig: die Verziehung muß nicht bis zur Grimasse gehen, wie bei dieser Gräfin. Und Augen müssen über den wollüstigen[10] Spötter die

[8] plastische Natur: die bildende, formende Natur (Formidee)
[9] Abfall: Zurückbleiben hinter der Idee, Verschlechterung
[10] wollüstigen: Wohlgefallen erweckend, reizend. Die neutrale Bedeutung wird erst im 19. Jh. durch den erotischen Sinn verdrängt. „Wollüstiger Spötter“: Mund

Aufsicht führen, — Augen, wie sie die gute Gräfin nun gerade gar nicht hat. Auch nicht einmal hier im Bilde hat.

Conti Gnädiger Herr, ich bin äußerst betroffen —

Der Prinz Und worüber? Alles, was dic Kunst aus den großen, hervorragenden, stieren, starren Medusenaugen der Gräfin Gutes machen kann, das haben Sie, Conti, redlich daraus gemacht. — Redlich, sag' ich? — Nicht so redlich, wäre redlicher. Denn sagen Sie selbst, Conti, läßt sich aus diesem Bilde wohl der Charakter der Person schließen? Und das sollte doch. Stolz haben Sie in Würde, Hohn in Lächeln, Ansatz zu trübsinniger Schwärmerei[11] in sanfte Schwermut verwandelt.

Conti *etwas ärgerlich.*
Ah, mein Prinz, — wir Maler rechnen darauf, daß das fertige Bild den Liebhaber noch ebenso warm findet, als warm er es bestellte. Wir malen mit Augen der Liebe: und Augen der Liebe müßten uns auch nur beurteilen.

Der Prinz Je nun, Conti; — warum kamen Sie nicht einen Monat früher damit? — Setzen Sie weg. — Was ist das andere Stück?

Conti *indem er es holt, und noch verkehrt in der Hand hält.*
Auch ein weibliches Porträt.

Der Prinz So möcht' ich es bald — lieber gar nicht sehen. Denn dem Ideal hier,
mit dem Finger auf die Stirne
— oder vielmehr hier,
mit dem Finger auf das Herz
kömmt es doch nicht bei. — Ich wünschte, Conti, Ihre Kunst in andern Vorwürfen[12] zu bewundern.

Conti Eine bewundernswürdigere Kunst gibt es; aber sicherlich keinen bewundernswürdigern Gegenstand, als diesen.

[11] Schwärmerei: Ausschweifung des Gefühls, ohne Kontrolle der Vernunft. Trübsinnige Schwärmerei: Depression

[12] Vorwürfe: Gegenstände, Stoffe

Der Prinz: So wett' ich, Conti, daß es des Künstlers eigene Gebieterin ist. –

Indem der Maler das Bild umwendet.

Was seh' ich? Ihr Werk, Conti? oder das Werk meiner Phantasie? – Emilia Galotti!

Conti: Wie, mein Prinz? Sie kennen diesen Engel?

Der Prinz: *indem er sich zu fassen sucht, aber ohne ein Auge von dem Bilde zu verwenden.*

So halb! – um sie eben wieder zu kennen. – Es ist einige Wochen her, als ich sie mit ihrer Mutter in einer Vegghia[13] traf. – Nachher ist sie mir nur an heiligen Stätten wieder vorgekommen, – wo das Angaffen sich weniger ziemet. – Auch kenn' ich ihren Vater. Er ist mein Freund nicht. Er war es, der sich meinen Ansprüchen auf Sabionetta[14] am meisten widersetzte. – Ein alter Degen[15]; stolz und rauh; sonst bieder und gut!–

Conti: Der Vater! Aber hier haben wir seine Tochter. –

Der Prinz: Bei Gott! wie aus dem Spiegel gestohlen!

Noch immer die Augen auf das Bild geheftet.

O, Sie wissen es ja wohl, Conti, daß man den Künstler dann erst recht lobt, wenn man über sein Werk sein Lob vergißt.

Conti: Gleichwohl hat mich dieses noch sehr unzufrieden mit mir gelassen. – Und doch bin ich wiederum sehr zufrieden mit meiner Unzufriedenheit mit mir selbst. – Ha! daß wir nicht unmittelbar mit den Augen malen! Auf dem langen Wege, aus dem Auge durch den Arm in den Pinsel, wie viel

13 Vegghia: Abendgesellschaft

14 Sabionetta: Lessing verlegt den Ort der Handlung in ein oberitalienisches Duodezfürstentum der Spätrenaissance. Das Haus Gonzaga, dessen Repräsentanten Mäzene berühmter Renaissancekünstler waren, hatte seinen Stammsitz in Mantua. Seitenlinien bzw. Nachfolger des Hauses Gonzaga residierten in den nahe Mantua gelegenen Orten Sabionetta und Guastalla. Die Herzöge von Guastalla erhoben später gerichtlich Anspruch auf Sabionetta. Die Gestalt des Prinzen Hettore Gonzaga ist nicht historisch, sondern von Lessing erfunden.→ Kap. 6.4.2

15 Degen: Krieger, Held

geht da verloren! – Aber, wie ich sage, daß ich es weiß, was hier verloren gegangen, und wie es verloren gegangen, und warum es verloren gehen müssen: darauf bin ich ebenso stolz, und stolzer, als ich auf alles das bin, was ich nicht verloren gehen lassen. Denn aus jenem erkenne ich, mehr als aus diesem, daß ich wirklich ein großer Maler bin; daß es aber meine Hand nur nicht immer ist. – Oder meinen Sie, Prinz, daß Raphael[16] nicht das größte malerische Genie gewesen wäre, wenn er unglücklicherweise ohne Hände wäre geboren worden? Meinen Sie, Prinz?

Der Prinz *indem er nur eben von dem Bilde wegblickt.*
Was sagen Sie, Conti? Was wollen Sie wissen?

Conti O nichts, nichts! – Plauderei! Ihre Seele, merk' ich, war ganz in Ihren Augen. Ich liebe solche Seelen, und solche Augen.

Der Prinz *mit einer erzwungenen Kälte.*
Also, Conti, rechnen Sie doch wirklich Emilia Galotti mit zu den vorzüglichsten Schönheiten unserer Stadt?

Conti Also? mit? mit zu den vorzüglichsten? und den vorzüglichsten unserer Stadt? – Sie spotten meiner, Prinz. Oder Sie sahen, die ganze Zeit, ebensowenig, als Sie hörten.

Der Prinz Lieber Conti, –
die Augen wieder auf das Bild gerichtet
wie darf unsereiner seinen Augen trauen? Eigentlich weiß doch nur allein ein Maler von der Schönheit zu urteilen.

Conti Und eines jeden Empfindung sollte erst auf den Ausspruch eines Malers warten? – Ins Kloster mit dem, der es von uns lernen will, was schön ist! Aber das muß ich Ihnen doch als Maler sagen, mein Prinz: eine von den größten Glückseligkeiten meines Lebens ist es, daß Emilia Galotti mir gesessen. Dieser Kopf, dieses Antlitz, diese Stirn, diese Augen, diese Nase, dieser Mund, dieses Kinn, dieser

[16] Raphael: Raffael(lo) Santi (1483-1520), ital. Maler der Renaissance

Hals, diese Brust, dieser Wuchs, dieser ganze Bau, sind, von der Zeit an, mein einziges Studium der weiblichen Schönheit. – Die Schilderei[17] selbst, wovor sie gesessen, hat ihr abwesender Vater bekommen. Aber diese Kopie –

Der Prinz *der sich schnell gegen ihn kehret.*
Nun, Conti? ist doch nicht schon versagt?

Conti Ist für Sie, Prinz; wenn Sie Geschmack daran finden.

Der Prinz Geschmack! –
Lächelnd.
Dieses Ihr Studium der weiblichen Schönheit, Conti, wie könnt' ich besser tun, als es auch zu dem meinigen zu machen? – Dort, jenes Porträt nehmen Sie nur wieder mit, – einen Rahmen darum zu bestellen.

Conti Wohl!

Der Prinz So schön, so reich, als ihn der Schnitzer nur machen kann. Es soll in der Galerie aufgestellt werden. – Aber dieses bleibt hier. Mit einem Studio[18] macht man so viel Umstände nicht: auch läßt man das nicht aufhängen; sondern hat es gern bei der Hand. – Ich danke Ihnen, Conti; ich danke Ihnen recht sehr. – Und wie gesagt: in meinem Gebiete soll die Kunst nicht nach Brot gehen; – bis ich selbst keines habe. – Schicken Sie, Conti, zu meinem Schatzmeister, und lassen Sie, auf Ihre Quittung, für beide Porträte sich bezahlen, – was Sie wollen. Soviel Sie wollen, Conti.

Conti Sollte ich doch nun bald fürchten, Prinz, daß Sie so, noch etwas anders belohnen wollen, als die Kunst.

Der Prinz O des eifersüchtigen Künstlers! Nicht doch! – Hören Sie, Conti; soviel Sie wollen.
Conti geht ab.

[17] Schilderei: Gemälde
[18] Studio: Studie

Fünfter Auftritt

Der Prinz Soviel er will! –
Gegen das Bild.
Dich hab' ich für jeden Preis noch zu wohlfeil. – Ah! schönes Werk der Kunst, ist es wahr, daß ich dich besitze? – Wer dich auch besäße, schönres Meisterstück der Natur! – Was Sie dafür wollen, ehrliche Mutter! Was du willst, alter Murrkopf! Fodre nur! Fodert nur! – Am liebsten kauft' ich dich, Zauberin, von dir selbst! – Dieses Auge voll Liebreiz und Bescheidenheit! Dieser Mund! und wenn er sich zum Reden öffnet! wenn er lächelt! Dieser Mund! – Ich höre kommen. – Noch bin ich mit dir zu neidisch[19].
Indem er das Bild gegen die Wand drehet.
Es wird Marinelli sein. Hätt' ich ihn doch nicht rufen lassen! Was für einen Morgen könnt' ich haben!

Sechster Auftritt

Marinelli. Der Prinz.

Marinelli Gnädiger Herr, Sie werden verzeihen. – Ich war mir eines so frühen Befehls nicht gewärtig.

Der Prinz Ich bekam Lust, auszufahren. Der Morgen war so schön. – Aber nun ist er ja wohl verstrichen; und die Lust ist mir vergangen. –
Nach einem kurzen Stillschweigen.
Was haben wir Neues, Marinelli?

Marinelli Nichts von Belang, das ich wüßte. – Die Gräfin Orsina ist gestern zur Stadt gekommen.

Der Prinz Hier liegt auch schon ihr guter Morgen,
auf ihren Brief zeigend

[19] Noch bin ich mit dir zu neidisch: noch will ich deinen Anblick nur mir und keinem andern gönnen.

oder was es sonst sein mag! Ich bin gar nicht neugierig darauf. – Sie haben sie gesprochen?

Marinelli Bin ich, leider, nicht ihr Vertrauter? – Aber, wenn ich es wieder von einer Dame werde, der es einkömmt, Sie in gutem Ernste zu lieben, Prinz: so – –

Der Prinz Nichts verschworen[20], Marinelli!

Marinelli Ja? In der Tat, Prinz? Könnt' es doch kommen? – O! so mag die Gräfin auch so unrecht nicht haben.

Der Prinz Allerdings, sehr unrecht! – Meine nahe Vermählung mit der Prinzessin von Massa[21], will durchaus, daß ich alle dergleichen Händel fürs erste abbreche.

Marinelli Wenn es nur das wäre: so müßte freilich Orsina sich in ihr Schicksal ebensowohl zu finden wissen, als der Prinz in seines.

Der Prinz Das unstreitig härter ist, als ihres. Mein Herz wird das Opfer eines elenden Staatsinteresses. Ihres darf[22] sie nur zurücknehmen: aber nicht wider Willen verschenken.

Marinelli Zurücknehmen? Warum zurücknehmen? fragt die Gräfin: wenn es weiter nichts, als eine Gemahlin ist, die dem Prinzen nicht die Liebe, sondern die Politik zuführet? Neben so einer Gemahlin sieht die Geliebte noch immer ihren Platz. Nicht so einer Gemahlin fürchtet sie aufgeopfert zu sein, sondern – –

Der Prinz Einer neuen Geliebten. – Nun denn? Wollten Sie mir daraus ein Verbrechen machen, Marinelli?

Marinelli Ich? – O! vermengen Sie mich ja nicht, mein Prinz, mit der Närrin, deren Wort ich führe, – aus Mitleid führe. Denn

[20] verschworen: beeiden
[21] Massa: das oberitalienische Fürstentum Massa-Carrara
[22] darf: braucht

gestern, wahrlich, hat sie mich sonderbar gerühret. Sie wollte von ihrer Angelegenheit mit Ihnen gar nicht sprechen. Sie wollte sich ganz gelassen und kalt stellen. Aber mitten in dem gleichgültigsten Gespräche, entfuhr ihr eine Wendung, eine Beziehung[23] über die andere, die ihr gefoltertes Herz verriet. Mit dem lustigsten Wesen sagte sie die melancholischsten Dinge: und wiederum die lächerlichsten Possen mit der allertraurigsten Miene. Sie hat zu den Büchern ihre Zuflucht genommen; und ich fürchte, die werden ihr den Rest geben.

Der Prinz So wie sie ihrem armen Verstande auch den ersten Stoß gegeben. – Aber was mich vornehmlich mit von ihr entfernt hat, das wollen Sie doch nicht brauchen, Marinelli, mich wieder zu ihr zurückzubringen? – Wenn sie aus Liebe närrisch wird, so wäre Sie es, früher oder später, auch ohne Liebe geworden – Und nun, genug von ihr. – Von etwas andern! – Geht denn gar nichts vor, in der Stadt? –

Marinelli So gut, wie gar nichts. – Denn daß die Verbindung des Grafen Appiani heute vollzogen wird, – ist nicht viel mehr, als gar nichts.

Der Prinz Des Grafen Appiani? und mit wem denn? – Ich soll ja noch hören, daß er versprochen ist.

Marinelli Die Sache ist sehr geheim gehalten worden. Auch war nicht viel Aufhebens davon zu machen. – Sie werden lachen, Prinz. – Aber so geht es den Empfindsamen! Die Liebe spielet ihnen immer die schlimmsten Streiche. Ein Mädchen ohne Vermögen und ohne Rang, hat ihn in ihre Schlinge zu ziehen gewußt, – mit ein wenig Larve[24]: aber mit vielem Prunke von Tugend und Gefühl und Witz[25], – und was weiß ich?

[23] Beziehung: Anspielung
[24] Larve: Maske; hier: hübsches Aussehen
[25] Witz: Scharfsinn, Verstand, Geist (frz. esprit); die Verengung auf die heutige Bedeutung des Wortes entwickelt sich erst im 19. Jh.

Der Prinz Wer sich den Eindrücken, die Unschuld und Schönheit auf ihn machen, ohne weitere Rücksicht, so ganz überlassen darf; – ich dächte, der wäre eher zu beneiden, als zu belachen. – Und wie heißt denn die Glückliche? – Denn bei alledem ist Appiani – ich weiß wohl, daß Sie, Marinelli, ihn nicht leiden können; ebensowenig als er Sie – bei alledem ist er doch ein sehr würdiger junger Mann, ein schöner Mann, ein reicher Mann, ein Mann voller Ehre. Ich hätte sehr gewünscht, ihn mir verbinden zu können. Ich werde noch darauf denken.

Marinelli Wenn es nicht zu spät ist. – Denn soviel ich höre, ist sein Plan gar nicht, bei Hofe sein Glück zu machen. – Er will mit seiner Gebieterin nach seinen Tälern von Piemont[26]: – Gemsen zu jagen, auf den Alpen; und Murmeltiere abzurichten. – Was kann er Besseres tun? Hier ist es durch das Mißbündnis[27], welches er trifft, mit ihm doch aus. Der Zirkel der ersten Häuser ist ihm von nun an verschlossen – –

Der Prinz Mit euren ersten Häusern! – in welchen das Zeremoniell, der Zwang, die Langeweile, und nicht selten die Dürftigkeit herrschet. – Aber so nennen Sie mir sie doch, der er dieses so große Opfer bringt.

Marinelli Es ist eine gewisse Emilia Galotti.

Der Prinz Wie, Marinelli? eine gewisse –

Marinelli Emilia Galotti

Der Prinz Emilia Galotti? – Nimmermehr!

Marinelli Zuverlässig, gnädiger Herr.

Der Prinz Nein, sag ich; das ist nicht, das kann nicht sein. – Sie irren sich in dem Namen. – Das Geschlecht der Galotti ist groß.– Eine Galotti kann es sein: aber nicht Emilia Galotti; nicht Emilia!

[26] Piemont: Landschaft in Oberitalien (Westalpen)
[27] Mißbündnis: Heirat, die nicht standesgemäß ist. Übersetzung von franz. mésalliance

Marinelli Emilia – Emilia Galotti!

Der Prinz So gibt es noch eine, die beide Namen führt. – Sie sagten ohnedem, eine gewisse Emilia Galotti – eine gewisse. Von der rechten könnte nur ein Narr so sprechen –

Marinelli Sie sind außer sich, gnädiger Herr. – Kennen Sie denn diese Emilia?

Der Prinz Ich habe zu fragen, Marinelli, nicht Er[28]. – Emilia Galotti? Die Tochter des Obersten Galotti, bei Sabionetta?

Marinelli Eben die.

Der Prinz Die hier in Guastalla mit ihrer Mutter wohnet?

Marinelli Eben die.

Der Prinz Unfern der Kirche Allerheiligen?

Marinelli Eben die.

Der Prinz Mit einem Worte –
Indem er nach dem Porträte springt und es dem Marinelli in die Hand gibt.
Da! – Diese? Diese Emilia Galotti? – Sprich dein verdammtes „Eben die" noch einmal, und stoß mir den Dolch ins Herz!

Marinelli Eben die.

Der Prinz Henker! – Diese? – Diese Emilia Galotti wird heute – –

Marinelli Gräfin Appiani! –
Hier reißt der Prinz dem Marinelli das Bild wieder aus der Hand, und wirft es beiseite.
Die Trauung geschiehet in der Stille, auf dem Landgute

[28] Er: wird im 18. Jh. zur Anredeform gegenüber sozial niedriger Gestellten, nachdem sich die Form „Sie" im Zuge der Übernahme franz. Sitten als Anrede vornehmer Personen eingebürgert hat.

des Vaters bei Sabionetta. Gegen Mittag fahren Mutter und Tochter, der Graf und vielleicht ein paar Freunde dahin ab.

Der Prinz *der sich voll Verzweiflung in einen Stuhl wirft.*
So bin ich verloren! – So will ich nicht leben!

Marinelli Aber was ist Ihnen, gnädiger Herr?

Der Prinz *der gegen ihn wieder aufspringt.*
Verräter! – was mir ist? – Nun ja ich liebe sie; ich bete sie an. Mögt ihr es doch wissen! mögt ihr es doch längst gewußt haben, alle ihr, denen ich der tollen Orsina schimpfliche Fesseln lieber ewig tragen sollte! – Nur daß Sie, Marinelli, der Sie so oft mich Ihrer innigsten Freundschaft versicherten – O ein Fürst hat keinen Freund! kann keinen Freund haben! – daß Sie, Sie, so treulos, so hämisch mir bis auf diesen Augenblick die Gefahr verhehlen dürfen, die meiner Liebe drohte: wenn ich Ihnen jemals das vergebe, – so werde mir meiner Sünden keine vergeben!

Marinelli Ich weiß kaum Worte zu finden, Prinz, – wenn Sie mich auch dazu kommen ließen – Ihnen mein Erstaunen zu bezeigen. – Sie lieben Emilia Galotti? – Schwur dann gegen Schwur: Wenn ich von dieser Liebe das geringste gewußt, das geringste vermutet habe; so möge weder Engel noch Heiliger von mir wissen! – Eben das wollt' ich in die Seele der Orsina schwören. Ihr Verdacht schweift auf einer ganz andern Fährte.

Der Prinz So verzeihen Sie mir, Marinelli; –
indem er sich ihm in die Arme wirft
und bedaueren Sie mich.

Marinelli Nun da, Prinz! Erkennen Sie da die Frucht Ihrer Zurückhaltung! – „Fürsten haben keinen Freund! können keinen Freund haben!" – Und die Ursache, wenn dem so ist? – Weil sie keinen haben wollen. – Heute beehren sie uns mit ihrem Vertrauen, teilen uns ihre geheimsten Wünsche mit, schließen uns ihre ganze Seele auf: und morgen sind wir ihnen wieder so fremd, als hätten sie nie ein Wort mit uns gewechselt.

Der Prinz Ach! Marinelli, wie konnt' ich Ihnen vertrauen, was ich mir selbst kaum gestehen wollte?

Marinelli Und also wohl noch weniger der Urheberin Ihrer Qual gestanden haben?

Der Prinz Ihr? – Alle meine Mühe ist vergebens gewesen, sie ein zweites Mal zu sprechen. –

Marinelli Und das erstemal –

Der Prinz Sprach ich sie – O, ich komme von Sinnen! Und ich soll Ihnen noch lange erzählen? – Sie sehen mich einen Raub der Wellen: was fragen Sie viel, wie ich es geworden? Retten Sie mich, wenn Sie können: und fragen Sie dann.

Marinelli Retten? ist da viel zu retten? – Was Sie versäumt haben, gnädiger Herr, der Emilia Galotti zu bekennen, das bekennen Sie nun der Gräfin Appiani. Waren, die man aus der ersten Hand nicht haben kann, kauft man aus der zweiten: – und solche Waren nicht selten aus der zweiten um so viel wohlfeiler.

Der Prinz Ernsthaft, Marinelli, ernsthaft, oder –

Marinelli Freilich, auch um so viel schlechter – –

Der Prinz Sie werden unverschämt!

Marinelli Und dazu will der Graf damit aus dem Lande. – Ja, so müßte man auf etwas anders denken.–

Der Prinz Und auf was? – Liebster, bester Marinelli, denken Sie für mich. Was würden Sie tun, wenn Sie an meiner Stelle wären?

Marinelli Vor allen Dingen, eine Kleinigkeit als eine Kleinigkeit ansehen; – und mir sagen, daß ich nicht vergebens sein wolle, was ich bin – Herr!

Der Prinz Schmeicheln Sie mir nicht mit einer Gewalt, von der ich hier keinen Gebrauch absehe. – Heute sagen Sie? schon heute?

Marinelli Erst heute – soll es geschehen. Und nur geschehenen Dingen ist nicht zu raten. –
Nach einer kurzen Überlegung.
Wollen Sie mir freie Hand lassen, Prinz? Wollen Sie alles genehmigen, was ich tue?

Der Prinz Alles, Marinelli, alles, was diesen Streich abwenden kann.

Marinelli So lassen Sie uns keine Zeit verlieren. – Aber bleiben Sie nicht in der Stadt. Fahren Sie sogleich nach Ihrem Lustschlosse[29], nach Dosalo[30]. Der Weg nach Sabionetta geht da vorbei. Wenn es mir nicht gelingt, den Grafen augenblicklich zu entfernen: so denk' ich – Doch, doch; ich glaube, er geht in diese Falle gewiß. Sie wollen ja, Prinz, wegen Ihrer Vermählung einen Gesandten nach Massa schicken? Lassen Sie den Grafen dieser Gesandte sein; mit dem Bedinge, daß er noch heute abreiset. – Verstehen Sie?

Der Prinz Vortrefflich! – Bringen Sie ihn zu mir heraus. Gehen Sie, eilen Sie. Ich werfe mich sogleich in den Wagen.
Marinelli geht ab.

Siebenter Auftritt

Der Prinz Sogleich! sogleich! – Wo blieb es? –
Sich nach dem Porträte umsehend.
Auf der Erde? das war zu arg!

[29] Lustschloß: im Gegensatz zur städtischen Residenz der Landsitz des Fürsten, der der Erholung und dem Vergnügen diente
[30] Dosalo: Ort im Bereich des Herzogtums Guastalla; siehe Anm. 14

Indem er es aufhebt.

Doch betrachten? betrachten mag ich dich fürs erste nicht mehr. – Warum sollt' ich mir den Pfeil noch tiefer in die Wunde drücken?

Setzt es beiseite.

– Geschmachtet, geseufzet hab' ich lange genug, – länger als ich gesollt hätte: aber nichts getan! und über die zärtliche Untätigkeit bei einem Haar alles verloren! – Und wenn nun doch alles verloren wäre? Wenn Marinelli nichts ausrichtete? – Warum will ich mich auch auf ihn allein verlassen? Es fällt mir ein, – um diese Stunde,

nach der Uhr sehend

um diese nämliche Stunde pflegt das fromme Mädchen alle Morgen bei den Dominikanern die Messe zu hören. – Wie wenn ich sie da zu sprechen suchte? – Doch heute, heut' an ihrem Hochzeittage, – heute werden ihr andere Dinge am Herzen liegen, als die Messe. – Indes, wer weiß? – Es ist ein Gang.–

Er klingelt, und indem er einige von den Papieren auf dem Tische hastig zusammenrafft, tritt der Kammerdiener herein.

Laßt vorfahren! – Ist noch keiner von den Räten da?

Der Kammerdiener Camillo Rota.

Der Prinz Er soll hereinkommen.

Der Kammerdiener geht ab.

Nur aufhalten muß er mich nicht wollen. Dasmal nicht! – Ich stehe gern seinen Bedenklichkeiten ein andermal um so viel länger zu Diensten. – Da war ja noch die Bittschrift einer Emilia Bruneschi –

Sie suchend.

Die ists. – Aber, gute Bruneschi, wo deine Vorsprecherin[31] ––

Achter Auftritt

Camillo Rota, Schriften in der Hand. Der Prinz.

Der Prinz Kommen Sie, Rota, kommen Sie. – Hier ist, was ich diesen Morgen erbrochen. Nicht viel Tröstliches! – Sie werden

[31] Vorsprecherin: Fürsprecherin

von selbst sehen, was darauf zu verfügen. – Nehmen Sie nur.

Camillo Rota Gut, gnädiger Herr.

Der Prinz Noch ist hier eine Bittschrift einer Emilia Galot –– Bruneschi will ich sagen. – Ich habe meine Bewilligung zwar schon beigeschrieben. Aber doch – die Sache ist keine Kleinigkeit – Lassen Sie die Ausfertigung noch anstehen[32]. – Oder auch nicht anstehen: wie Sie wollen.

Camillo Rota Nicht wie ich will, gnädiger Herr.

Der Prinz Was ist sonst? Etwas zu unterschreiben?

Camillo Rota Ein Todesurteil wäre zu unterschreiben.

Der Prinz Recht gern. – Nur her! geschwind.

Camillo Rota *stutzig und den Prinzen starr ansehend.*
Ein Todesurteil, sagt' ich.

Der Prinz Ich höre ja wohl. – Es könnte schon geschehen sein. Ich bin eilig.

Camillo Rota *seine Schriften nachsehend.*
Nun hab' ich es doch wohl nicht mitgenommen! –– Verzeihen Sie, gnädiger Herr. – Es kann Anstand damit haben bis morgen.

Der Prinz Auch das! – Packen Sie nur zusammen: ich muß fort – Morgen, Rota, ein Mehres!
Geht ab.

[32] anstehen/Anstand: aufschieben/Aufschub

Camillo Rota *den Kopf schüttelnd, indem er die Papiere zu sich nimmt und abgeht.*

Recht gern? – Ein Todesurteil recht gern? – Ich hätt' es ihn in diesem Augenblicke nicht mögen unterschreiben lassen, und wenn es den Mörder meines einzigen Sohnes betroffen hätte. – Recht gern! recht gern! – Es geht mir durch die Seele dieses gräßliche Recht gern!

Zweiter Aufzug

Die Szene, ein Saal in dem Hause der Galotti.

Erster Auftritt

Claudia Galotti. Pirro.

Claudia *im Heraustreten zu Pirro, der von der andern Seite hereintritt.* Wer sprengte da in den Hof?

Pirro Unser Herr, gnädige Frau.

Claudia Mein Gemahl? Ist es möglich?

Pirro Er folgt mir auf dem Fuße.

Claudia So unvermutet? –
Ihm entgegeneilend.
Ach! mein Bester! –

Zweiter Auftritt

Odoardo Galotti und die Vorigen.

Odoardo Guten Morgen, meine Liebe! – Nicht wahr, das heißt überraschen?

Claudia Und auf die angenehmste Art! – Wenn es anders[33] nur eine Überraschung sein soll.

Odoardo Nichts weiter! Sei unbesorgt. – Das Glück des heutigen Tages weckte mich so früh; der Morgen war so schön; der Weg ist so kurz; ich vermutete euch hier so geschäftig –

[33] Wenn ... anders: sofern

Wie leicht vergessen sie etwas: fiel mir ein. – Mit einem Worte: ich komme, und sehe, und kehre sogleich wieder zurück. – Wo ist Emilia? Unstreitig[34] beschäftigt mit dem Putze[35]? –

Claudia Ihrer Seele! – Sie ist in der Messe. – Ich habe heute, mehr als jeden andern Tag, Gnade von oben zu erflehen, sagte sie, und ließ alles liegen, und nahm ihren Schleier, und eilte –

Odoardo Ganz allein?

Claudia Die wenigen Schritte – –

Odoardo Einer ist genug zu einem Fehltritt! –

Claudia Zürnen Sie nicht, mein Bester; und kommen Sie herein, – einen Augenblick auszuruhen, und, wann[36] Sie wollen, eine Erfrischung zu nehmen.

Odoardo Wie du meinest, Claudia. – Aber sie sollte nicht allein gegangen sein. –

Claudia Und Ihr, Pirro, bleibt hier in dem Vorzimmer, alle Besuche auf heute zu verbitten.

Dritter Auftritt

Pirro und bald darauf Angelo.

Pirro Die sich nur aus Neugierde melden lassen. – Was bin ich seit einer Stunde nicht alles ausgefragt worden! – Und wer kömmt da?

[34] unstreitig: sicher
[35] Putz: Verzierung von Kleidungsstücken, Schmuck, Kleidung
[36] wann: hier in der konditionalen Bedeutung „wenn“. Die Konjunktionen „wenn“ und „wann“ werden im 18. Jh. sowohl in temporaler wie in konditionaler Bedeutung verwendet

Angelo *noch halb hinter der Szene, in einem kurzen Mantel, den er über das Gesicht gezogen, den Hut in die Stirne.* Pirro! – Pirro!

Pirro Ein Bekannter? – *Indem Angelo vollends hereintritt und den Mantel auseinander schlägt.* Himmel! Angelo? – Du?

Angelo Wie du siehst. – Ich bin lange genug um das Haus herumgegangen, dich zu sprechen. – Auf ein Wort! –

Pirro Und du wagst es, wieder ans Licht zu kommen? – Du bist seit deiner letzten Mordtat vogelfrei erkläret; auf deinen Kopf steht eine Belohnung –

Angelo Die doch du nicht wirst verdienen wollen? –

Pirro Was willst du? Ich bitte dich, mache mich nicht unglücklich.

Angelo Damit etwa? *Ihm einen Beutel mit Gelde zeigend.* – Nimm! Es gehöret dir!

Pirro Mir?

Angelo Hast du vergessen? Der Deutsche, dein voriger Herr, ––

Pirro Schweig davon!

Angelo Den du uns, auf dem Wege nach Pisa, in die Falle führtest –

Pirro Wenn uns jemand hörte!

Angelo Hatte ja die Güte, uns auch einen kostbaren Ring zu hinterlassen. – Weißt du nicht? – Er war zu kostbar, der Ring, als daß wir ihn sogleich ohne Verdacht hätten zu Gelde machen können. Endlich ist mir es damit gelungen.

Ich habe hundert Pistolen[37] dafür erhalten: und das ist dein Anteil. Nimm!

Pirro Ich mag nichts, — behalt' alles.

Angelo Meinetwegen! — wenn es dir gleichviel ist, wie hoch du deinen Kopf feil trägst —
Als ob er den Beutel wieder einstecken wollte.

Pirro So gib nur!
Nimmt ihn.
— Und was nun? Denn daß du bloß deswegen mich aufgesucht haben solltest — —

Angelo Das kömmt dir nicht so recht glaublich vor? — Halunke! Was denkst du von uns? — daß wir fähig sind, jemand seinen Verdienst vorzuenthalten? Das mag unter den sogenannten ehrlichen Leuten Mode sein: unter uns nicht. — Leb wohl! —
Tut als ob er gehen wollte, und kehrt wieder um.
Eins muß ich doch fragen. — Da kam ja der alte Galotti so ganz allein in die Stadt gesprengt. Was will der?

Pirro Nichts will er: ein bloßer Spazierritt. Seine Tochter wird, heut abend, auf dem Gute, von dem er herkömmt, dem Grafen Appiani angetrauet. Er kann die Zeit nicht erwarten —

Angelo Und reitet bald wieder hinaus?

Pirro So bald, daß er dich hier trifft, wo[38] du noch lange verziehest[39]. — Aber du hast doch keinen Anschlag auf ihn? Nimm dich in acht. Er ist ein Mann —

Angelo Kenn' ich ihn nicht? Hab' ich nicht unter ihm gedienet? — Wenn darum bei ihm nur viel zu holen wäre! — Wenn fahren die junge Leute nach?

[37] Pistole: Goldmünze, entspricht dem Wert von fünf Talern
[38] wo: wenn
[39] verziehest: verweilst, zauderst

Pirro Gegen Mittag.

Angelo Mit viel Begleitung?

Pirro In einem einzigen Wagen: die Mutter, die Tochter und der Graf. Ein paar Freunde kommen aus Sabionetta als Zeugen.

Angelo Und Bediente?

Pirro Nur zwei; außer mir, der ich zu Pferde vorauf reiten soll.

Angelo Das ist gut. – Noch eins: wessen ist die Equipage[40]? Ist es eure? oder des Grafen?

Pirro Des Grafen.

Angelo Schlimm! Da ist noch ein Vorreiter, außer einem handfesten Kutscher. Doch! –

Pirro Ich erstaune. Aber was willst du? – Das bißchen Schmuck, das die Braut etwa haben dürfte, wird schwerlich der Mühe lohnen –

Angelo So lohnt ihrer die Braut selbst!

Pirro Und auch bei diesem Verbrechen soll ich dein Mitschuldiger sein?

Angelo Du reitest vorauf. Reite doch, reite! und kehre dich an nichts!

Pirro Nimmermehr!

Angelo Wie? ich glaube gar, du willst den Gewissenhaften spielen. – Bursche! ich denke, du kennst mich. – Wo du plauderst! Wo sich ein einziger Umstand anders findet, als du mir ihn angegeben! –

[40] Equipage: Kutsche

Pirro Aber, Angelo, um des Himmels willen! –

Angelo Tu, was du nicht lassen kannst!
Geht ab.

Pirro Ha! Laß dich den Teufel bei *einem* Haare fassen; und du bist sein auf ewig! Ich Unglücklicher!

Vierter Auftritt

Odoardo und Claudia Galotti. Pirro.

Odoardo Sie bleibt mir zu lang' aus –

Claudia Noch einen Augenblick, Odoardo! Es würde sie schmerzen, deines Anblicks so zu verfehlen.

Odoardo Ich muß auch bei dem Grafen noch einsprechen. Kaum kann ich's erwarten, diesen würdigen jungen Mann meinen Sohn zu nennen. Alles entzückt mich an ihm. Und vor allem der Entschluß, in seinen väterlichen Tälern sich selbst zu leben.

Claudia Das Herz bricht mir, wenn ich hieran gedenke. – So ganz sollen wir sie verlieren, diese einzige geliebte Tochter?

Odoardo Was nennst du, sie verlieren? Sie in den Armen der Liebe zu wissen? Vermenge dein Vergnügen an ihr nicht mit ihrem Glücke. – Du möchtest meinen alten Argwohn erneuern: – daß es mehr das Geräusch und die Zerstreuung der Welt, mehr die Nähe des Hofes war, als die Notwendigkeit, unserer Tochter eine anständige Erziehung zu geben, was dich bewog, hier in der Stadt mit ihr zu bleiben; – fern von einem Manne und Vater, der euch so herzlich liebet.

Claudia Wie ungerecht, Odoardo! Aber laß mich heute nur ein einziges Wort für diese Stadt, für diese Nähe des Hofes sprechen, die deiner strengen Tugend so verhaßt sind. – Hier, nur hier konnte die Liebe zusammenbringen, was für einander geschaffen war. Hier nur konnte der Graf Emilien finden; und fand sie.

Odoardo Das räum' ich ein. Aber, gute Claudia, hattest du darum recht, weil dir der Ausgang recht gibt? – Gut, daß es mit dieser Stadterziehung so abgelaufen! Laßt uns nicht weise sein wollen, wo wir nichts, als glücklich gewesen! Gut, daß es so damit abgelaufen! – Nun haben sie sich gefunden, die für einander bestimmt waren: nun laß sie ziehen, wohin Unschuld und Ruhe sie rufen. – Was sollte der Graf hier? Sich bücken, schmeicheln und kriechen, und die Marinellis auszustechen suchen? um endlich ein Glück zu machen, dessen er nicht bedarf? um endlich einer Ehre gewürdiget zu werden, die für ihn keine wäre? – Pirro!

Pirro Hier bin ich.

Odoardo Geh und führe mein Pferd vor das Haus des Grafen. Ich komme nach, und will mich da wieder aufsetzen.

Pirro geht ab.

– Warum soll der Graf hier dienen, wenn er dort selbst befehlen kann? – Dazu bedenkest du nicht, Claudia, daß durch unsere Tochter er es vollends mit dem Prinzen verderbt. Der Prinz haßt mich –

Claudia Vielleicht weniger, als du besorgest[41].

Odoardo Besorgest! Ich besorg' auch so was[42]!

Claudia Denn hab' ich dir schon gesagt, daß der Prinz unsere Tochter gesehen hat?

Odoardo Der Prinz? Und wo das?

Claudia In der letzten Vegghia, bei dem Kanzler Grimaldi, die er mit seiner Gegenwart beehrte. Er bezeigte sich gegen sie so gnädig ––

[41] besorgest: Abl. von „etwas besorgen“, sich über etwas Sorgen machen, etwas befürchten
[42] ich besorg' auch so was!: Als ob ich so etwas befürchtete!

Odoardo So gnädig?

Claudia Er unterhielt sich mit ihr so lange – –

Odoardo Unterhielt sich mit ihr?

Claudia Schien von ihrer Munterkeit und ihrem Witze so bezaubert – –

Odoardo So bezaubert? –

Claudia Hat von ihrer Schönheit mit so vielen Lobeserhebungen gesprochen – –

Odoardo Lobeserhebungen? Und das alles erzählst du mir in einem Tone der Entzückung? O Claudia! Claudia! eitle, törichte Mutter!

Claudia Wieso?

Odoardo Nun gut, nun gut! Auch das ist so abgelaufen. – Ha! wenn ich mir einbilde – Das gerade wäre der Ort, wo ich am tödlichsten zu verwunden bin! – Ein Wollüstling, der bewundert, begehrt. – Claudia! Claudia! der bloße Gedanke setzt mich in Wut. – Du hättest mir das sogleich sollen gemeldet haben. – Doch, ich möchte dir heute nicht gern etwas Unangenehmes sagen. Und ich würde,
indem sie ihn bei der Hand ergreift
wenn ich länger bliebe. – Drum laß mich! laß mich! – Gott befohlen, Claudia! – Kommt glücklich nach!

Fünfter Auftritt

Claudia Galotti Welch ein Mann! – O, der rauhen Tugend! – wenn anders[43] sie diesen Namen verdienet. – Alles scheint ihr

[43] wenn anders: sofern

verdächtig, alles strafbar! – Oder, wenn das die Menschen kennen heißt: – wer sollte sich wünschen, sie zu kennen? – Wo bleibt aber auch Emilia? – Er ist des Vaters Feind: folglich – folglich, wenn er ein Auge für die Tochter hat, so ist es einzig, um ihn zu beschimpfen? –

Sechster Auftritt

Emilia und Claudia Galotti.

Emilia *stürzet in einer ängstlichen Verwirrung herein.* Wohl mir! wohl mir! Nun bin ich in Sicherheit. Oder ist er mir gar gefolgt? *Indem sie den Schleier zurückwirft und ihre Mutter erblicket.* Ist er, meine Mutter? ist er? – Nein, dem Himmel sei Dank!

Claudia Was ist dir, meine Tochter? was ist dir?

Emilia Nichts, nichts –

Claudia Und blickest so wild um dich? Und zitterst an jedem Gliede?

Emilia Was hab' ich hören müssen? Und wo, wo hab' ich es hören müssen?

Claudia Ich habe dich in der Kirche geglaubt –

Emilia Eben da! Was ist dem Laster Kirch' und Altar? – Ach, meine Mutter! *Sich ihr in die Arme werfend.*

Claudia Rede, meine Tochter! – Mach' meiner Furcht ein Ende. – Was kann dir da, an heiliger Stätte, so Schlimmes begegnet sein?

Emilia Nie hätte meine Andacht inniger, brünstiger[44] sein sollen, als heute: nie ist sie weniger gewesen, was sie sein sollte.

[44] brünstiger: inbrünstiger

Claudia Wir sind Menschen, Emilia. Die Gabe zu beten ist nicht immer in unserer Gewalt. Dem Himmel ist beten wollen, auch beten.

Emilia Und sündigen wollen, auch sündigen.

Claudia Das hat meine Emilia nicht wollen!

Emilia Nein, meine Mutter; so tief ließ mich die Gnade nicht sinken. – Aber daß fremdes Laster uns, wider unsern Willen, zu Mitschuldigen machen kann!

Claudia Fasse dich! – Sammle deine Gedanken, soviel dir möglich. – Sag' es mir mit eins, was dir geschehen.

Emilia Eben hatt' ich mich – weiter von dem Altare, als ich sonst pflege, – denn ich kam zu spät – auf meine Knie gelassen. Eben fing ich an, mein Herz zu erheben: als dicht hinter mir etwas seinen Platz nahm. So dicht hinter mir! – Ich konnte weder vor, noch zur Seite rücken, – so gern ich auch wollte; aus Furcht, daß eines andern Andacht mich in meiner stören möchte. – Andacht! das war das Schlimmste, was ich besorgte. – Aber es währte nicht lange, so hört' ich, ganz nah' an meinem Ohre, – nach einem tiefen Seufzer, – nicht den Namen einer Heiligen, – den Namen, – zürnen Sie nicht, meine Mutter – den Namen Ihrer Tochter! – Meinen Namen! – O daß laute Donner mich verhindert hätten, mehr zu hören! – Es sprach von Schönheit, von Liebe – Es klagte, daß dieser Tag, welcher mein Glück mache, – wenn er es anders mache – sein Unglück auf immer entscheide. – Es beschwor mich – hören mußt' ich dies alles. Aber ich blickte nicht um; ich wollte tun, als ob ich es nicht hörte. – Was konnt' ich sonst? – Meinen guten Engel bitten, mich mit Taubheit zu schlagen; und wann auch, wann auch auf immer! – Das bat ich; das war das einzige, was ich beten konnte. – Endlich ward es Zeit, mich wieder zu erheben. Das heilige Amt ging zu Ende. Ich zitterte, mich umzukehren. Ich zitterte, ihn zu erblikken, der sich den Frevel erlauben dürfen. Und da ich mich umwandte, da ich ihn erblickte –

Claudia Wen, meine Tochter?

Emilia Raten Sie, meine Mutter; raten Sie – Ich glaubte in die Erde zu sinken – Ihn selbst.

Claudia Wen, ihn selbst?

Emilia Den Prinzen.

Claudia Den Prinzen! – O gesegnet sei die Ungeduld deines Vaters, der eben hier war, und dich nicht erwarten wollte!

Emilia Mein Vater hier? – und wollte mich nicht erwarten?

Claudia Wenn du in deiner Verwirrung auch ihn das hättest hören lassen!

Emilia Nun, meine Mutter? – Was hätt' er an mir Strafbares finden können?

Claudia Nichts; ebensowenig, als an mir. Und doch, doch – Ha, du kennest deinen Vater nicht! In seinem Zorne hätt' er den unschuldigen Gegenstand des Verbrechens mit dem Verbrecher verwechselt. In seiner Wut hätt' ich ihm geschienen, das veranlaßt zu haben, was ich weder verhindern, noch vorhersehen können. – Aber weiter, meine Tochter, weiter! Als du den Prinzen erkanntest – Ich will hoffen, daß du deiner mächtig genug warest, ihm in *einem* Blicke alle die Verachtung zu bezeigen, die er verdienet.

Emilia Das war ich nicht, meine Mutter! Nach dem Blicke, mit dem ich ihn erkannte, hatt' ich nicht das Herz, einen zweiten auf ihn zu richten. Ich floh –

Claudia Und der Prinz dir nach –

Emilia Was ich nicht wußte, bis ich in der Halle mich bei der Hand ergriffen fühlte. Und von ihm! Aus Scham mußt' ich standhalten: mich von ihm loszuwinden, würde die Vorbeigehenden zu aufmerksam auf uns gemacht haben. Das war die einzige Überlegung, deren ich fähig war – oder deren ich nun mich wieder erinnere. Er sprach; und ich hab' ihm geantwortet. Aber was er sprach, was ich ihm geantwortet; – fällt mir es noch bei, so ist es gut, so will ich es Ihnen sagen, meine Mutter. Jetzt weiß ich von dem allen nichts. Meine Sinne hatten mich verlassen. – Umsonst denk' ich nach, wie ich von ihm weg, und aus der Halle gekommen. Ich finde mich erst auf der Straße wieder; und höre ihn hinter mir herkommen; und höre ihn mit mir zugleich in das Haus treten, mit mir die Treppe hinaufsteigen ––

Claudia Die Furcht hat ihren besondern Sinn[45], meine Tochter! – Ich werde es nie vergessen, mit welcher Gebärde du hereinstürztest. – Nein, so weit durfte er nicht wagen, dir zu folgen. – Gott! Gott! wenn dein Vater das wüßte! – Wie wild er schon war, als er nur hörte, daß der Prinz dich jüngst nicht ohne Mißfallen gesehen! – Indes, sei ruhig, meine Tochter! Nimm es für einen Traum, was dir begegnet ist. Auch wird es noch weniger Folgen haben, als ein Traum. Du entgehest heute mit eins allen Nachstellungen.

Emilia Aber, nicht, meine Mutter? Der Graf muß das wissen. Ihm muß ich es sagen.

Claudia Um alle Welt nicht! – Wozu? warum? Willst du für nichts, und wieder für nichts ihn unruhig machen? Und wann er es auch itzt nicht würde: wisse, mein Kind, daß ein Gift, welches nicht gleich wirket, darum kein minder gefährliches Gift ist. Was auf den Liebhaber keinen Eindruck macht, kann ihn auf den Gemahl machen. Den Liebhaber könnt' es sogar schmeicheln, einem so wichtigen Mitbewerber den Rang abzulaufen. Aber wenn er ihm den nun einmal abgelaufen hat: ah! mein Kind, – so wird aus dem Liebhaber oft ein ganz anderes Geschöpf. Dein gutes Gestirn behüte dich vor dieser Erfahrung.

[45] Die Furcht hat ihren besondern Sinn: die Furcht schafft täuschende Einbildungen

Emilia — Sie wissen, meine Mutter, wie gern ich Ihren bessern Einsichten mich in allem unterwerfe. – Aber, wenn er es von einem andern erführe, daß der Prinz mich heute gesprochen? Würde mein Verschweigen nicht, früh oder spät, seine Unruhe vermehren? – Ich dächte doch, ich behielte lieber vor ihm nichts auf dem Herzen.

Claudia — Schwachheit! verliebte Schwachheit! – Nein, durchaus nicht, meine Tochter! Sag' ihm nichts! Laß ihn nichts merken!

Emilia — Nun ja, meine Mutter! Ich habe keinen Willen gegen den Ihrigen. – Aha!

Mit einem tiefen Atemzuge.

Auch wird mir wieder ganz leicht. – Was für ein albernes, furchtsames Ding ich bin! – Nicht, meine Mutter? – Ich hätte mich noch wohl anders dabei nehmen[46] können, und würde mir ebensowenig vergeben haben.

Claudia — Ich wollte dir das nicht sagen, meine Tochter, bevor dir es dein eigner gesunder Verstand sagte. Und ich wußte, er würde dir es sagen, sobald du wieder zu dir selbst gekommen. – Der Prinz ist galant[47]. Du bist die unbedeutende Sprache der Galanterie zu wenig gewohnt. Eine Höflichkeit wird in ihr zur Empfindung; eine Schmeichelei zur Beteurung; ein Einfall zum Wunsche; ein Wunsch zum Vorsatze. Nichts klingt in dieser Sprache wie alles: und alles ist in ihr so viel als nichts.

Emilia — O meine Mutter! – so müßte ich mir mit meiner Furcht vollends lächerlich vorkommen! –Nun soll er gewiß nichts davon erfahren, mein guter Appiani! Er könnte mich leicht für mehr eitel, als tugendhaft, halten. – Hui! daß er da selbst kömmt! Es ist sein Gang.

[46] nehmen: benehmen

[47] galant: franz. artig, höflich, verliebt. „Galanterie" meint insbesondere ein zuvorkommendes, modisch gewandtes Verhalten gegenüber Damen; Bestandteil des Verhaltenskodex des Hofes

Siebenter Auftritt

Graf Appiani. Die Vorigen.

Appiani *tritt tiefsinnig, mit vor sich hingeschlagenen Augen herein, und kömmt näher, ohne sie zu erblicken; bis Emilia ihm entgegenspringt.*
Ah, meine Teuerste! – Ich war mir Sie in dem Vorzimmer nicht vermutend.

Emilia Ich wünschte Sie heiter, Herr Graf, auch wo Sie mich nicht vermuten. – So feierlich? so ernsthaft? – Ist dieser Tag keiner freudigern Aufwallung wert?

Appiani Er ist mehr wert, als mein ganzes Leben. Aber schwanger mit so viel Glückseligkeit für mich, – mag es wohl diese Glückseligkeit selbst sein, die mich so ernst, die mich, wie Sie es nennen, mein Fräulein, so feierlich macht. –
Indem er die Mutter erblickt.
Ha! auch Sie hier, meine gnädige Frau! – nun bald mir mit einem innigern Namen zu verehrende!

Claudia Der mein größter Stolz sein wird! – Wie glücklich bist du, meine Emilia! – Warum hat dein Vater unsere Entzükkung nicht teilen wollen?

Appiani Eben habe ich mich aus seinen Armen gerissen: – oder vielmehr, er sich aus meinen. – Welch ein Mann, meine Emilia, Ihr Vater! Das Muster aller männlichen Tugend! Zu was für Gesinnungen erhebt sich meine Seele in seiner Gegenwart! Nie ist mein Entschluß, immer gut, immer edel zu sein, lebendiger, als wenn ich ihn sehe – wenn ich ihn mir denke. Und womit sonst, als mit der Erfüllung dieses Entschlusses kann ich mich der Ehre würdig machen, sein Sohn zu heißen; – der Ihrige zu sein, meine Emilia?

Emilia Und er wollte mich nicht erwarten!

Appiani Ich urteile, weil ihn seine Emilia, für diesen augenblicklichen Besuch, zu sehr erschüttert, zu sehr sich seiner ganzen Seele bemächtiget hätte.

Claudia Er glaubte dich mit deinem Brautschmucke beschäftiget zu finden: und hörte –

Appiani Was ich mit der zärtlichsten Bewunderung wieder von ihm gehört habe. – So recht, meine Emilia! Ich werde eine fromme Frau an Ihnen haben; und die nicht stolz auf ihre Frömmigkeit ist.

Claudia Aber, meine Kinder, eines tun, und das andere nicht lassen! – Nun ist es hohe Zeit; nun mach', Emilia!

Appiani Was? meine gnädige Frau.

Claudia Sie wollen sie doch nicht so, Herr Graf, so wie sie da ist, zum Altare führen?

Appiani Wahrlich, das werd' ich nun erst gewahr. – Wer kann Sie sehen, Emilia, und auch auf Ihren Putz achten? – Und warum nicht so, so wie sie da ist?

Emilia Nein, mein lieber Graf, nicht so; nicht ganz so. Aber auch nicht viel prächtiger; nicht viel. – Husch, husch, und ich bin fertig! – Nichts, gar nichts von dem Geschmeide, dem letzten Geschenke Ihrer verschwenderischen Großmut! Nichts, gar nichts, was sich nur zu solchem Geschmeide schickte! – Ich könnte ihm gram sein, diesem Geschmeide, wenn es nicht von Ihnen wäre. – Denn dreimal hat mir von ihm geträumet –

Claudia Nun! davon weiß ich ja nichts.

Emilia Als ob ich es trüge, und als ob plötzlich sich jeder Stein desselben in eine Perle verwandele. – Perlen aber, meine Mutter, Perlen bedeuten Tränen.

Claudia Kind! Die Bedeutung ist träumerischer, als der Traum. – Warest du nicht von je her eine größere Liebhaberin von Perlen, als von Steinen? –

Emilia Freilich, meine Mutter, freilich –

Appiani *nachdenkend und schwermütig.* Bedeuten Tränen – bedeuten Tränen!

Emilia Wie? Ihnen fällt das auf? Ihnen?

Appiani Jawohl; ich sollte mich schämen. – Aber, wenn die Einbildungskraft einmal zu traurigen Bildern gestimmt ist –

Emilia Warum ist sie das auch? – Und was meinen Sie, das ich mir ausgedacht habe? – Was trug ich, wie sah ich, als ich Ihnen zuerst gefiel? – Wissen sie es noch?

Appiani Ob ich es noch weiß? Ich sehe Sie in Gedanken nie anders, als so; und sehe Sie so, auch wenn ich Sie nicht so sehe.

Emilia Also, ein Kleid von der nämlichen Farbe, von dem nämlichen Schnitte; fliegend und frei –

Appiani Vortrefflich!

Emilia Und das Haar –

Appiani In seinem eignen braunen Glanze; in Locken, wie sie die Natur schlug –

Emilia Die Rose darin nicht zu vergessen! Recht! recht! – Eine kleine Geduld, und ich stehe so vor Ihnen da!

Achter Auftritt

Graf Appiani. Claudia Galotti.

Appiani *indem er ihr mit einer niedergeschlagenen Miene nachsieht.* Perlen bedeuten Tränen! – Eine kleine Geduld! – Ja, wenn die Zeit nur außer uns wäre! – wenn eine Minute am Zeiger, sich in uns nicht in Jahre ausdehnen könnte! –

Claudia Emiliens Beobachtung, Herr Graf, war so schnell, als richtig. Sie sind heut' ernster als gewöhnlich. Nur noch einen

Schritt von dem Ziele Ihrer Wünsche, – sollt' es Sie reuen, Herr Graf, daß es das Ziel Ihrer Wünsche gewesen?

Appiani Ah, meine Mutter, und Sie können das von Ihrem Sohne argwohnen? –Aber, es ist wahr; ich bin heut' ungewöhnlich trübe und finster. – Nur sehen Sie, gnädige Frau; – noch *einen* Schritt vom Ziele, oder noch gar nicht ausgelaufen sein, ist im Grunde eines. – Alles was ich sehe, alles was ich höre, alles was ich träume, prediget mir seit gestern und ehegestern diese Wahrheit. Dieser *eine* Gedanke kettet sich an jeden andern, den ich haben muß und haben will. – Was ist das? Ich versteh' es nicht. –

Claudia Sie machen mich unruhig, Herr Graf –

Appiani Eines kömmt dann zum andern! – Ich bin ärgerlich; ärgerlich über meine Freunde, über mich selbst –

Claudia Wieso?

Appiani Meine Freunde verlangen schlechterdings, daß ich dem Prinzen von meiner Heirat ein Wort sagen soll, ehe ich sie vollziehe. Sie geben mir zu, ich sei es nicht schuldig: aber die Achtung gegen ihn woll' es nicht anders. – Und ich bin schwach genug gewesen, es ihnen zu versprechen. Eben wollt' ich noch bei ihm vorfahren.

Claudia *stutzig.*
Bei dem Prinzen?

Neunter Auftritt

Pirro, gleich darauf Marinelli und die Vorigen.

Pirro Gnädige Frau, der Marchese Marinelli hält vor dem Hause, und erkundiget sich nach dem Herrn Grafen.

Appiani Nach mir?

Pirro Hier ist er schon.
Öffnet ihm die Türe und gehet ab.

Marinelli Ich bitt' um Verzeihung, gnädige Frau. – Mein Herr Graf, ich war vor Ihrem Hause, und erfuhr, daß ich Sie hier treffen würde. Ich hab' ein dringendes Geschäft[48] an Sie – Gnädige Frau, ich bitte nochmals um Verzeihung; es ist in einigen Minuten geschehen.

Claudia Die ich nicht verzögern will.
Macht ihm eine Verbeugung und geht ab.

Zehnter Auftritt

Marinelli. Appiani.

Appiani Nun, mein Herr?

Marinelli Ich komme von des Prinzen Durchlaucht.

Appiani Was ist zu seinem Befehle?

Marinelli Ich bin stolz, der Überbringer einer so vorzüglichen Gnade zu sein. – Und wenn Graf Appiani nicht mit Gewalt einen seiner ergebensten Freunde in mir verkennen will – –

Appiani Ohne weitere Vorrede; wenn ich bitten darf.

Marinelli Auch das! – Der Prinz muß sogleich an den Herzog von Massa, in Angelegenheit seiner Vermählung mit dessen Prinzessin Tochter, einen Bevollmächtigten senden. Er war lange unschlüssig, wen er dazu ernennen sollte. Endlich ist seine Wahl, Herr Graf, auf Sie gefallen.

[48] Geschäft: Auftrag

Appiani Auf mich?

Marinelli Und das, – wenn die Freundschaft ruhmredig[49] sein darf – nicht ohne mein Zutun –

Appiani Wahrlich, Sie setzen mich wegen eines Dankes in Verlegenheit. – Ich habe schon längst nicht mehr erwartet, daß der Prinz mich zu brauchen geruhen werde.–

Marinelli Ich bin versichert, daß es ihm bloß an einer würdigen Gelegenheit gemangelt hat. Und wenn auch diese so eines Mannes, wie Graf Appiani, noch nicht würdig genug sein sollte: so ist freilich meine Freundschaft zu voreilig gewesen.

Appiani Freundschaft und Freundschaft, um das dritte Wort! – Mit wem red' ich denn? Des Marchese Marinelli Freundschaft hätt' ich mir nie träumen lassen. –

Marinelli Ich erkenne mein Unrecht, Herr Graf, mein unverzeihliches Unrecht, daß ich, ohne Ihre Erlaubnis, Ihr Freund sein wollen. – Bei dem allen: was tut das? Die Gnade des Prinzen, die Ihnen angetragene Ehre, bleiben, was sie sind: und ich zweifle nicht, Sie werden sie mit Begierd' ergreifen.

Appiani *nach einiger Überlegung.*
Allerdings.

Marinelli Nun so kommen Sie.

Appiani Wohin?

Marinelli Nach Dosalo, zu dem Prinzen. – Es liegt schon alles fertig; und Sie müssen noch heut' abreisen.

Appiani Was sagen Sie? – Noch heute?

[49] ruhmredig: prahlerisch

Marinelli Lieber noch in dieser nämlichen Stunde, als in der folgenden. Die Sache ist von der äußersten Eil'.

Appiani In Wahrheit? – So tut es mir leid, daß ich die Ehre, welche mir der Prinz zugedacht, verbitten muß.

Marinelli Wie?

Appiani Ich kann heute nicht abreisen; – auch morgen nicht; – auch übermorgen noch nicht.–

Marinelli Sie scherzen, Herr Graf.

Appiani Mit Ihnen?

Marinelli Unvergleichlich! Wenn der Scherz dem Prinzen gilt, so ist er um so viel lustiger. – Sie können nicht?

Appiani Nein, mein Herr, nein. – Und ich hoffe, daß der Prinz selbst meine Entschuldigung wird gelten lassen.

Marinelli Die bin ich begierig, zu hören.

Appiani O, eine Kleinigkeit! – Sehen Sie; ich soll noch heut' eine Frau nehmen.

Marinelli Nun? und dann?

Appiani Und dann? – und dann? – Ihre Frage ist auch verzweifelt naiv.

Marinelli Man hat Exempel, Herr Graf, daß sich Hochzeiten aufschieben lassen. – Ich glaube freilich nicht, daß der Braut oder dem Bräutigam immer damit gedient ist. Die Sache mag ihr Unangenehmes haben. Aber doch, dächt' ich, der Befehl des Herrn –

Appiani Der Befehl des Herrn? – des Herrn? Ein Herr, den man sich selber wählt, ist unser Herr so eigentlich nicht – Ich gebe zu, daß Sie dem Prinzen unbedingtern Gehorsam schuldig wären. Aber nicht ich. – Ich kam an seinen Hof als ein Freiwilliger. Ich wollte die Ehre haben, ihm zu dienen: aber nicht sein Sklave werden. Ich bin der Vasall[50] eines größern Herrn –

Marinelli Größer oder kleiner: Herr ist Herr.

Appiani Daß ich mit Ihnen darüber stritte! – Genug, sagen Sie dem Prinzen, was Sie gehört haben: – daß es mir leid tut, seine Gnade nicht annehmen zu können; weil ich eben heut' eine Verbindung vollzöge, die mein ganzes Glück ausmache.

Marinelli Wollen Sie ihm nicht zugleich wissen lassen, mit wem?

Appiani Mit Emilia Galotti.

Marinelli Der Tochter aus diesem Hause?

Appiani Aus diesem Hause.

Marinelli Hm! hm!

Appiani Was beliebt?

Marinelli Ich sollte meinen, daß es sonach um so weniger Schwierigkeiten haben könne, die Zeremonie bis zu Ihrer Zurückkunft auszusetzen.

Appiani Die Zeremonie? Nur die Zeremonie?

Marinelli Die guten Eltern werden es so genau nicht nehmen.

Appiani Die guten Eltern?

Marinelli Und Emilia bleibt Ihnen ja wohl gewiß.

Appiani Ja wohl gewiß? – Sie sind mit Ihrem Ja wohl – ja wohl ein ganzer Affe!

[50] Vasall: Lehnsmann. Appiani ist als landfremder Graf dem Prinzen nicht untertan.

Marinelli Mir das, Graf?

Appiani Warum nicht?

Marinelli Himmel und Hölle! – Wir werden uns sprechen.

Appiani Pah! Hämisch ist der Affe; aber –

Marinelli Tod und Verdammnis! – Graf, ich fodere Genugtuung.

Appiani Das versteht sich.

Marinelli Und würde sie gleich itzt nehmen: – nur daß ich dem zärtlichen Bräutigam den heutigen Tag nicht verderben mag.

Appiani Gutherziges Ding! Nicht doch! Nicht doch!
Indem er ihn bei der Hand ergreift.
Nach Massa freilich mag ich mich heute nicht schicken lassen: aber zu einem Spaziergange[51] mit Ihnen hab' ich Zeit übrig. – Kommen Sie, kommen Sie!

Marinelli *der sich losreißt, und abgeht.*
Nur Geduld, Graf, nur Geduld!

Eilfter Auftritt

Appiani. Claudia Galotti.

Appiani Geh, Nichtswürdiger! – Ha! das hat gut getan. Mein Blut ist in Wallung gekommen. Ich fühle mich anders und besser.

Claudia *eiligst und besorgt.*
Gott! Herr Graf – Ich hab' einen heftigen Wortwechsel gehört. – Ihr Gesicht glühet. Was ist vorgefallen?

[51] Spaziergang: euphemistische Umschreibung für „Duell“

Appiani Nichts, gnädige Frau, gar nichts. Der Kammerherr Marinelli hat mir einen großen Dienst erwiesen. Er hat mich des Ganges zum Prinzen überhoben.

Claudia In der Tat?

Appiani Wir können nun um so viel früher abfahren. Ich gehe, meine Leute zu treiben, und bin sogleich wieder hier. Emilia wird indes auch fertig.

Claudia Kann ich ganz ruhig sein, Herr Graf?

Appiani Ganz ruhig, gnädige Frau.

Sie geht herein und er fort.

Dritter Aufzug

Die Szene, ein Vorsaal auf dem Lustschlosse des Prinzen.

Erster Auftritt

Der Prinz. Marinelli.

Marinelli Umsonst; er schlug die angetragene Ehre mit der größten Verachtung aus.

Der Prinz Und so bleibt es dabei? So geht es vor sich? so wird Emilia noch heute die Seinige?

Marinelli Allem Ansehen nach.

Der Prinz Ich versprach mir von Ihrem Einfalle so viel! – Wer weiß, wie albern Sie sich dabei genommen[52]. – Wenn der Rat eines Toren einmal gut ist, so muß ihn ein gescheiter Mann ausführen. Das hätt' ich bedenken sollen.

Marinelli Da find' ich mich schön belohnt!

Der Prinz Und wofür belohnt?

Marinelli Daß ich noch mein Leben darüber in die Schanze schlagen[53] wollte. – Als ich sahe, daß weder Ernst noch Spott den Grafen bewegen konnte, seine Liebe der Ehre nachzusetzen: versucht' ich es, ihn in Harnisch zu jagen. Ich sagte ihm Dinge, über die er sich vergaß. Er stieß Beleidigungen gegen mich aus: und ich forderte Genugtuung, – und forderte sie gleich auf der Stelle. – Ich dachte so: entweder er mich; oder ich ihn. Ich ihn: so ist das Feld ganz unser. Oder er mich: nun, wenn auch; so muß er fliehen, und der Prinz gewinnt wenigstens Zeit.

Der Prinz Das hätten Sie getan, Marinelli?

[52] genommen: benommen
[53] in die Schanze schlagen: aufs Spiel setzen

Marinelli Ha! man sollt' es voraus wissen, wenn man so töricht bereit ist, sich für die Großen aufzuopfern – man sollt' es voraus wissen, wie erkenntlich sie sein würden –

Der Prinz Und der Graf? – Er stehet in dem Rufe, sich so etwas nicht zweimal sagen zu lassen.

Marinelli Nachdem es fällt, ohne Zweifel. – Wer kann es ihm verdenken? – Er versetzte, daß er auf heute doch noch etwas Wichtigers zu tun habe, als sich mit mir den Hals zu brechen. Und so beschied er mich auf die ersten acht Tage nach der Hochzeit.

Der Prinz Mit Emilia Galotti! Der Gedanke macht mich rasend! – Darauf ließen Sie es gut sein, und gingen: – und kommen und prahlen, daß Sie Ihr Leben für mich in die Schanze geschlagen; sich mir aufgeopfert –

Marinelli Was wollen Sie aber, gnädiger Herr, das ich weiter hätte tun sollen?

Der Prinz Weiter tun? – Als ob er etwas getan hätte!

Marinelli Und lassen Sie doch hören, gnädiger Herr, was Sie für sich selbst getan haben. – Sie waren so glücklich, sie noch in der Kirche zu sprechen. Was haben Sie mit ihr abgeredet?

Der Prinz *höhnisch.*
Neugierde zur Genüge! – Die ich nur befriedigen muß. – O, es ging alles nach Wunsch. – Sie brauchen sich nicht weiter zu bemühen, mein allzu dienstfertiger Freund! – Sie kam meinem Verlangen, mehr als halbes Weges, entgegen. Ich hätte sie nur gleich mitnehmen dürfen.
Kalt und befehlend.
Nun wissen Sie, was Sie wissen wollen; – und können gehn!

Marinelli Und können gehn! – Ja, ja; das ist das Ende vom Liede! und würd' es sein, gesetzt auch, ich wollte noch das

Unmögliche versuchen. – Das Unmögliche sag' ich? – So unmöglich wär' es nun wohl nicht: aber kühn. – Wenn wir die Braut in unserer Gewalt hätten: so stünd' ich dafür, daß aus der Hochzeit nichts werden sollte.

Der Prinz Ei! wofür der Mann nicht alles stehen will! Nun dürft' ich ihm nur noch ein Kommando von meiner Leibwache geben, und er legte sich an der Landstraße damit in Hinterhalt, und fiele selbst funfziger[54] einen Wagen an, und riß ein Mädchen heraus, das er im Triumphe mir zubrächte.

Marinelli Es ist eher[55] ein Mädchen mit Gewalt entführt worden, ohne daß es einer gewaltsamen Entführung ähnlich gesehen.

Der Prinz Wenn Sie das zu machen wüßten: so würden Sie nicht erst lange davon schwatzen.

Marinelli Aber für den Ausgang müßte man nicht stehen sollen. – Es könnten sich Unglücksfälle dabei ereignen –

Der Prinz Und es ist meine Art, daß ich Leute Dinge verantworten lasse, wofür sie nicht können!

Marinelli Also, gnädiger Herr –

Man hört von weitem einen Schuß.

Ha! was war das? – Hört' ich recht? – Hörten Sie nicht auch, gnädiger Herr, einen Schuß fallen? – Und da noch einen!

Der Prinz Was ist das? was gibt's?

Marinelli Was meinen Sie wohl? – Wie wann ich tätiger wäre, als Sie glauben?

Der Prinz Tätiger? – So sagen Sie doch –

Marinelli Kurz: wovon ich gesprochen, geschieht.

[54] selbst funfziger: zu fünfzig Mann
[55] eher: hier im Sinne von „schon öfter"

Der Prinz Ist es möglich?

Marinelli Nur vergessen Sie nicht, Prinz, wessen Sie mich eben versichert. – Ich habe nochmals Ihr Wort – –

Der Prinz Aber die Anstalten sind doch so –

Marinelli Als sie nur immer sein können! – Die Ausführung ist Leuten anvertrauet, auf die ich mich verlassen kann. Der Weg geht hart an der Planke des Tiergartens vorbei. Da wird ein Teil den Wagen angefallen haben; gleichsam, um ihn zu plündern. Und ein anderer Teil, wobei einer von meinen Bedienten ist, wird aus dem Tiergarten gestürzt sein; den Angefallenen gleichsam zur Hülfe. Während des Handgemenges, in das beide Teile zum Schein geraten, soll mein Bedienter Emilien ergreifen, als ob er sie retten wolle, und durch den Tiergarten in das Schloß bringen. – So ist die Abrede. – Was sagen Sie nun, Prinz?

Der Prinz Sie überraschen mich auf eine sonderbare Art. – Und eine Bangigkeit überfällt mich –

Marinelli tritt an das Fenster.

Wornach sehen Sie?

Marinelli Dahinaus muß es sein! – Recht! – und eine Maske kömmt bereits um die Planke gesprengt; – ohne Zweifel, mir den Erfolg zu berichten. – Entfernen Sie sich, gnädiger Herr.

Der Prinz Ah, Marinelli –

Marinelli Nun? Nicht wahr, nun hab' ich zu viel getan; und vorhin zu wenig?

Der Prinz Das nicht. Aber ich sehe bei alledem nicht ab – –

Marinelli Absehn? – Lieber alles mit eins! – Geschwind entfernen Sie sich. – Die Maske muß Sie nicht[56] sehen.

Der Prinz gehet ab.

[56] muß … nicht: darf … nicht

Zweiter Auftritt

Marinelli und bald darauf Angelo.

Marinelli *der wieder nach dem Fenster geht.* Dort fährt der Wagen langsam nach der Stadt zurück. – So langsam? Und in jedem Schlage ein Bedienter? – Das sind Anzeigen, die mir nicht gefallen: – daß der Streich wohl nur halb gelungen ist; – daß man einen Verwundeten gemächlich zurückführet, – und keinen Toten. – Die Maske steigt ab. – Es ist Angelo selbst. Der Tolldreiste! – Endlich, hier weiß er die Schliche. – Er winkt mir zu. Er muß seiner Sache gewiß sein. – Ha, Herr Graf, der Sie nicht nach Massa wollten, und nun noch einen weitern Weg müssen! – Wer hatte Sie die Affen so kennen gelehrt? *Indem er nach der Türe zugeht.* Ja wohl sind sie hämisch. – Nun Angelo?

Angelo *der die Maske abgenommen.* Passen Sie auf, Herr Kammerherr! Man muß sie gleich bringen.

Marinelli Und wie lief es sonst ab?

Angelo Ich denke ja, recht gut.

Marinelli Wie steht es mit dem Grafen?

Angelo Zu dienen! So, so! – Aber er muß Wind gehabt haben. Denn er war nicht so ganz unbereitet.

Marinelli Geschwind sage mir, was du mir zu sagen hast! – Ist er tot?

Angelo Es tut mir leid um den guten Herrn.

Marinelli Nun da, für dein mitleidiges Herz! *Gibt ihm einen Beutel mit Gold.*

Angelo Vollends mein braver Nicolo! der das Bad mit bezahlen müssen.

Marinelli So? Verlust auf beiden Seiten?

Angelo Ich könnte weinen um den ehrlichen Jungen! Ob mir sein Tod schon das
indem er den Beutel in der Hand wieget
um ein Vierteil verbessert. Denn ich bin sein Erbe; weil ich ihn gerächet habe. Das ist so unser Gesetz: ein so gutes, mein' ich, als für Treu und Freundschaft je gemacht worden. Dieser Nicolo, Herr Kammerherr –

Marinelli Mit deinem Nicolo! – Aber der Graf, der Graf –

Angelo Blitz! der Graf hatte ihn gut gefaßt. Dafür faßt' ich auch wieder den Grafen! – Er stürzte; und wenn er noch lebendig zurück in die Kutsche kam: so steh' ich dafür, daß er nicht lebendig wieder herauskömmt.

Marinelli Wenn das nur gewiß ist, Angelo.

Angelo Ich will Ihre Kundschaft verlieren, wenn es nicht gewiß ist! – Haben Sie noch was zu befehlen? denn mein Weg ist der weiteste: wir wollen heute noch über die Grenze.

Marinelli So geh.

Angelo Wenn wieder was vorfällt, Herr Kammerherr, – Sie wissen, wo ich zu erfragen bin. Was sich ein andrer zu tun getrauet, wird für mich auch keine Hexerei sein. Und billiger bin ich, als jeder andere.
Geht ab.

Marinelli Gut das! – Aber doch nicht so recht gut. – Pfui, Angelo! so ein Knicker[57] zu sein! Einen zweiten Schuß wäre er ja wohl noch wert gewesen. – Und wie er sich vielleicht nun martern muß, der arme Graf! – Pfui, Angelo! Das heißt sein Handwerk sehr grausam treiben; – und verpfuschen. – Aber davon muß der Prinz noch nichts wissen. Er muß erst selbst finden, wie zuträglich ihm dieser Tod ist. – Dieser Tod! – Was gäb' ich um die Gewißheit!

[57] Knicker: Geizhals

Dritter Auftritt

Der Prinz. Marinelli.

Der Prinz Dort kömmt sie, die Allee herauf. Sie eilet vor dem Bedienten her. Die Furcht, wie es scheinet, beflügelt ihre Füße. Sie muß noch nichts argwohnen. Sie glaubt sich nur vor Räubern zu retten. – Aber wie lange kann das dauren?

Marinelli So haben wir sie doch fürs erste.

Der Prinz Und wird die Mutter sie nicht aufsuchen? Wird der Graf ihr nicht nachkommen? Was sind wir alsdenn weiter? Wie kann ich sie ihnen vorenthalten?

Marinelli Auf das alles weiß ich freilich noch nichts zu antworten. Aber wir müssen sehen. Gedulden Sie sich, gnädiger Herr. Der erste Schritt mußte doch getan sein. –

Der Prinz Wozu? wenn wir ihn zurücktun müssen.

Marinelli Vielleicht müssen wir nicht. – Da sind tausend Dinge, auf die sich weiter fußen läßt. – Und vergessen Sie denn das Vornehmste[58]?

Der Prinz Was kann ich vergessen, woran ich sicher noch nicht gedacht habe? – Das Vornehmste? was ist das?

Marinelli Die Kunst zu gefallen, zu überreden, – die einem Prinzen, welcher liebt, nie fehlet.

Der Prinz Nie fehlet? Außer, wo er sie gerade am nötigsten brauchte. – Ich habe von dieser Kunst schon heut' einen zu schlechten Versuch gemacht. Mit allen Schmeicheleien und Beteuerungen konnt' ich ihr auch nicht ein Wort auspressen. Stumm und niedergeschlagen und zitternd stand sie da; wie eine Verbrecherin, die ihr Todesurteil höret. Ihre

[58] das Vornehmste: das Wichtigste

Angst steckte mich an, ich zitterte mit, und schloß mit einer Bitte um Vergebung. Kaum getrau' ich mir, sie wieder anzureden. – Bei ihrem Eintritte wenigstens wag' ich es nicht zu sein. Sie, Marinelli, müssen sie empfangen. Ich will hier in der Nähe hören, wie es abläuft; und kommen, wenn ich mich mehr gesammelt habe.

Vierter Auftritt

Marinelli, und bald darauf dessen Bedienter Battista mit Emilien.

Marinelli Wenn sie ihn nicht selbst stürzen gesehen – Und das muß sie wohl nicht; da sie so fortgeeilet – Sie kömmt. Auch ich will nicht das erste sein, was ihr hier in die Augen fällt. *Er zieht sich in einen Winkel des Saales zurück.*

Battista Nur hier herein, gnädiges Fräulein.

Emilia *außer Atem.* Ah! – Ah! – Ich danke Ihm, mein Freund; – ich dank' Ihm. – Aber Gott, Gott! wo bin ich? – Und so ganz allein? Wo bleibt meine Mutter? Wo blieb der Graf? – Sie kommen doch nach? mir auf dem Fuße nach?

Battista Ich vermute.

Emilia Er vermutet? Er weiß es nicht? Er sah sie nicht? – Ward nicht gar hinter uns geschossen? –

Battista Geschossen? – Das wäre! –

Emilia Ganz gewiß! Und das hat den Grafen oder meine Mutter getroffen. –

Battista Ich will gleich nach ihnen ausgehen.

Emilia Nicht ohne mich. – Ich will mit; ich muß mit: komm' Er, mein Freund!

Marinelli *der plötzlich herzutritt, als ob er eben hereinkäme.*
Ah, gnädiges Fräulein! Was für ein Unglück, oder vielmehr, was für ein Glück, – was für ein glückliches Unglück verschafft uns die Ehre –

Emilia *stutzend.*
Wie? Sie hier, mein Herr? – Ich bin also wohl bei Ihnen? – Verzeihen Sie, Herr Kammerherr. Wir sind von Räubern ohnfern[59] überfallen worden. Da kamen uns gute Leute zu Hülfe; – und dieser ehrliche Mann hob mich aus dem Wagen, und brachte mich hierher. – Aber ich erschrecke, mich allein gerettet zu sehen. Meine Mutter ist noch in der Gefahr. Hinter uns ward sogar geschossen. Sie ist vielleicht tot; – und ich lebe? – Verzeihen Sie. Ich muß fort; ich muß wieder hin, – wo ich gleich hätte bleiben sollen.

Marinelli Beruhigen Sie sich, gnädiges Fräulein. Es stehet alles gut; sie werden bald bei Ihnen sein, die geliebten Personen, für die Sie so viel zärtliche Angst empfinden. – Indes, Battista, geh', lauf: sie dürften vielleicht nicht wissen, wo das Fräulein ist. Sie dürften sie vielleicht in einem von den Wirtschaftshäusern des Gartens suchen. Bringe sie unverzüglich hierher.
Battista geht ab.

Emilia Gewiß? Sind sie alle geborgen? Ist ihnen nichts widerfahren? – Ah, was ist dieser Tag für ein Tag des Schreckens für mich! – Aber ich sollte nicht hier bleiben; ich sollte ihnen entgegeneilen –

Marinelli Wozu das, gnädiges Fräulein? Sie sind ohnedem schon ohne Atem und Kräfte. Erholen Sie sich vielmehr, und geruhen in ein Zimmer zu treten, wo mehr Bequemlichkeit ist. – Ich will wetten, daß der Prinz schon selbst um Ihre teure ehrwürdige Mutter ist, und sie Ihnen zuführet.

Emilia Wer, sagen Sie?

[59] ohnfern: in der Nähe

Marinelli Unser gnädigster Prinz selbst.

Emilia *äußerst bestürzt.* Der Prinz?

Marinelli Er floh, auf die erste Nachricht, Ihnen zu Hülfe. – Er ist höchst ergrimmt, daß ein solches Verbrechen ihm so nahe, unter seinen Augen gleichsam, hat dürfen gewagt werden. Er läßt den Tätern nachsetzen, und ihre Strafe, wenn sie ergriffen werden, wird unerhört sein.

Emilia Der Prinz! – Wo bin ich denn also?

Marinelli Auf Dosalo, dem Lustschlosse des Prinzen.

Emilia Welch ein Zufall! – Und Sie glauben, daß er gleich selbst erscheinen könne? – Aber doch in Gesellschaft meiner Mutter?

Marinelli Hier ist er schon.

Fünfter Auftritt

Der Prinz. Emilia. Marinelli.

Der Prinz Wo ist sie? wo? – Wir suchen Sie überall, schönstes Fräulein. – Sie sind doch wohl? – Nun so ist alles wohl! Der Graf, Ihre Mutter, –

Emilia Ah, gnädigster Herr! wo sind sie? Wo ist meine Mutter?

Der Prinz Nicht weit; hier ganz in der Nähe.

Emilia Gott, in welchem Zustande werde ich die eine, oder den andern, vielleicht treffen! Ganz gewiß treffen! – denn Sie verhehlen mir, gnädiger Herr –ich seh' es, Sie verhehlen mir –

Der Prinz Nicht doch, bestes Fräulein. – Geben Sie mir Ihren Arm, und folgen Sie mir getrost.

Emilia *unentschlossen.* Aber – wenn ihnen nichts widerfahren – wenn meine Ahnungen mich trügen: – warum sind sie nicht schon hier? Warum kamen sie nicht mit Ihnen, gnädiger Herr?

Der Prinz So eilen Sie doch, mein Fräulein, alle diese Schreckenbilder mit eins verschwinden zu sehen. –

Emilia Was soll ich tun! *Die Hände ringend.*

Der Prinz Wie, mein Fräulein? Sollten Sie einen Verdacht gegen mich hegen? –

Emilia *die vor ihm niederfällt.* Zu Ihren Füßen, gnädiger Herr –

Der Prinz *sie aufhebend.* Ich bin äußerst beschämt. – Ja, Emilia, ich verdiene diesen stummen Vorwurf. – Mein Betragen diesen Morgen, ist nicht zu rechtfertigen: – zu entschuldigen höchstens. Verzeihen Sie meiner Schwachheit. Ich hätte Sie mit keinem Geständnisse beunruhigen sollen, von dem ich keinen Vorteil zu erwarten habe. Auch ward ich durch die sprachlose Bestürzung, mit der Sie es anhörten, oder vielmehr nicht anhörten, genugsam bestraft. – Und könnt' ich schon diesen Zufall, der mir nochmals, ehe alle meine Hoffnung auf ewig verschwindet, – mir nochmals das Glück Sie zu sehen und zu sprechen verschafft; könnt' ich schon diesen Zufall für den Wink eines günstigen Glückes erklären, – für den wunderbarsten Aufschub meiner endlichen Verurteilung erklären, um nochmals um Gnade flehen zu dürfen: so will ich doch – beben Sie nicht, mein Fräulein – einzig und allein von Ihrem Blicke abhangen. Kein Wort, kein Seufzer, soll Sie beleidigen. – Nur kränke mich nicht Ihr Mißtrauen. Nur zweifeln Sie keinen Augenblick an der unumschränktesten Gewalt, die Sie über mich haben. Nur falle Ihnen nie bei, daß Sie eines andern Schutzes gegen mich bedürfen. – Und nun kommen Sie, mein

Fräulein, – kommen Sie, wo Entzückungen auf Sie warten, die Sie mehr billigen.
Er führt sie, nicht ohne Sträuben, ab.
Folgen Sie uns, Marinelli. –

Marinelli Folgen sie uns, – das mag heißen: folgen Sie uns nicht! – Was hätte ich ihnen auch zu folgen? Er mag sehen, wie weit er es unter vier Augen mit ihr bringt. – Alles, was ich zu tun habe, ist, – zu verhindern, daß sie nicht gestöret werden. Von dem Grafen zwar, hoffe ich nun wohl nicht. Aber von der Mutter; von der Mutter! Es sollte mich sehr wundern, wenn die so ruhig abgezogen wäre, und ihre Tochter im Stiche gelassen hätte. – Nun, Battista? was gibt's?

Sechster Auftritt

Battista. Marinelli.

Battista *eiligst.*
Die Mutter, Herr Kammerherr –

Marinelli Dacht' ich's doch! – Wo ist sie?

Battista Wann Sie ihr nicht zuvorkommen, so wird sie den Augenblick hier sein. – Ich war gar nicht willens, wie Sie mir zum Schein geboten, mich nach ihr umzusehen: als ich ihr Geschrei von weitem hörte. Sie ist der Tochter auf der Spur, und wo nur nicht – unserm ganzen Anschlage! Alles, was in dieser einsamen Gegend von Menschen ist, hat sich um sie versammelt; und jeder will der sein, der ihr den Weg weiset. Ob man ihr schon gesagt, daß der Prinz hier ist, daß Sie hier sind, weiß ich nicht.– Was wollen Sie tun?

Marinelli Laß sehen! –
Er überlegt.
Sie nicht einlassen, wenn sie weiß, daß die Tochter hier ist? – Das geht nicht. – Freilich, sie wird Augen machen, wenn sie den Wolf bei dem Schäfchen sieht. – Augen? Das

möchte noch sein. Aber der Himmel sei unsern Ohren gnädig! – Nun was? die beste Lunge erschöpft sich; auch sogar eine weibliche. Sie hören alle auf zu schreien, wenn sie nicht mehr können. – Dazu, es ist doch einmal die Mutter, die wir auf unserer Seite haben müssen. – Wenn ich die Mütter recht kenne: – so etwas von einer Schwiegermutter eines Prinzen zu sein, schmeichelt die meisten. – Laß sie kommen, Battista, laß sie kommen!

Battista Hören Sie! hören Sie!

Claudia Galotti *innerhalb*[60]*.*
Emilia! Emilia! Mein Kind, wo bist du?

Marinelli Geh, Battista, und suche nur ihre neugierigen Begleiter zu entfernen.

Siebenter Auftritt

Claudia Galotti. Battista. Marinelli.

Claudia *die in die Türe tritt, indem Battista herausgehen will.*
Ha! der hob sie aus dem Wagen! Der führte sie fort! Ich erkenne dich. Wo ist sie? Sprich, Unglücklicher!

Battista Das ist mein Dank?

Claudia O, wenn du Dank verdienest:
in einem gelinden Tone
– so verzeihe mir, ehrlicher Mann! – Wo ist sie? – Laßt mich sie nicht länger entbehren. Wo ist sie?

Battista O, Ihre Gnaden, sie könnte in dem Schoße der Seligkeit nicht aufgehobner sein. – Hier mein Herr wird Ihre Gnaden zu ihr führen.
Gegen einige Leute, welche nachdringen wollen.
Zurück da! ihr!

[60] innerhalb: hinter den Kulissen

Achter Auftritt

Claudia Galotti. Marinelli.

Claudia Dein Herr? –
Erblickt den Marinelli und fährt zurück.
Ha! – Das dein Herr? – Sie hier, mein Herr? Und hier meine Tochter? Und Sie, Sie sollen mich zu ihr führen?

Marinelli Mit vielem Vergnügen, gnädige Frau.

Claudia Halten Sie! – Eben fällt mir es bei – Sie waren es ja – nicht? – Der den Grafen diesen Morgen in meinem Hause aufsuchte? mit dem ich ihn allein ließ? mit dem er Streit bekam?

Marinelli Streit? – Was ich nicht wüßte: ein unbedeutender Wortwechsel in herrschaftlichen Angelegenheiten –

Claudia Und Marinelli heißen Sie?

Marinelli Marchese Marinelli.

Claudia So ist es richtig. – Hören Sie doch, Herr Marchese! – Marinelli war – der Name Marinelli war – begleitet mit einer Verwünschung – Nein, daß ich den edeln Mann nicht verleumde! – begleitet mit keiner Verwünschung – Die Verwünschung denk' ich hinzu – Der Name Marinelli war das letzte Wort des sterbenden Grafen.

Marinelli Des sterbenden Grafen? Grafen Appiani? – Sie hören, gnädige Frau, was mir in Ihrer seltsamen Rede am meisten auffällt. – Des sterbenden Grafen? – Was Sie sonst sagen wollen, versteh' ich nicht.

Claudia *bitter und langsam.*
Der Name Marinelli war das letzte Wort des sterbenden Grafen! – Verstehen Sie nun? – Ich verstand es erst auch nicht: obschon mit einem Tone gesprochen – mit einem Tone! – Ich höre ihn noch! Wo waren meine Sinne, daß sie diesen Ton nicht sogleich verstanden?

Marinelli Nun, gnädige Frau? – Ich war von jeher des Grafen Freund; sein vertrautester Freund. Also, wenn er mich noch im Sterben nannte –

Claudia Mit dem Tone? – Ich kann ihn nicht nachahmen; ich kann ihn nicht beschreiben: aber er enthielt alles! alles! – Was? Räuber wären es gewesen, die uns anfielen? – Mörder waren es; erkaufte Mörder! – Und Marinelli, Marinelli war das letzte Wort des sterbenden Grafen! Mit einem Tone!

Marinelli Mit einem Tone? – Ist es erhört[61], auf einen Ton, in einem Augenblicke des Schreckens vernommen, die Anklage eines rechtschaffnen Mannes zu gründen?

Claudia Ha, könnt' ich ihn nur vor Gerichte stellen, diesen Ton! – Doch, weh mir! Ich vergesse darüber meine Tochter. – Wo ist sie? – Wie? auch tot? – Was konnte meine Tochter dafür, daß Appiani dein Feind war?

Marinelli Ich verzeihe der bangen Mutter. – Kommen Sie, gnädige Frau – Ihre Tochter ist hier; in einem von den nächsten Zimmern: und hat sich hoffentlich von ihrem Schrecken schon völlig erholt. Mit der zärtlichsten Sorgfalt ist der Prinz selbst um sie beschäftiget –

Claudia Wer? – Wer selbst?

Marinelli Der Prinz.

Claudia Der Prinz? – Sagen Sie wirklich, der Prinz? – Unser Prinz?

Marinelli Welcher sonst?

Claudia Nun dann! – Ich unglückselige Mutter! – Und ihr Vater! ihr Vater! – Er wird den Tag ihrer Geburt verfluchen. Er wird mich verfluchen.

[61] Ist es erhört: hat man jemals davon gehört

Marinelli Um des Himmels willen, gnädige Frau! Was fällt Ihnen nun ein?

Claudia Es ist klar! – Ist es nicht? – Heute im Tempel! vor den Augen der Allerreinesten[62]! in der nähern Gegenwart des Ewigen! – begann das Bubenstück; da brach es aus!
Gegen den Marinelli.
Ha, Mörder! feiger, elender Mörder! Nicht tapfer genug, mit eigner Hand zu morden: aber nichtswürdig genug, zu Befriedigung eines fremden Kitzels[63] zu morden! – morden zu lassen! – Abschaum aller Mörder! – Was ehrliche Mörder sind, werden dich unter sich nicht dulden! Dich! Dich! – Denn warum soll ich dir nicht alle meine Galle, allen meinen Geifer mit einem einzigen Worte ins Gesicht speien? – Dich! Dich Kuppler!

Marinelli Sie schwärmen[64], gute Frau. – Aber mäßigen Sie wenigstens Ihr wildes Geschrei, und bedenken Sie, wo Sie sind.

Claudia Wo ich bin? Bedenken, wo ich bin? – Was kümmert es die Löwin, der man die Jungen geraubet, in wessen Walde sie brüllet?

Emilia *innerhalb.*
Ha, meine Mutter! Ich höre meine Mutter!

Claudia Ihre Stimme? Das ist sie! Sie hat mich gehört; sie hat mich gehört. Und ich sollte nicht schreien? – Wo bist du, mein Kind? Ich komme, ich komme!
Sie stürzt in das Zimmer, und Marinelli ihr nach.

[62] der Allerreinesten: bezeichnet Maria, die Mutter Jesu
[63] Kitzel: Lust
[64] schwärmen: unvernünftig, irre reden

Vierter Aufzug

Die Szene bleibt.

Erster Auftritt

Der Prinz. Marinelli.

Der Prinz *als aus dem Zimmer von Emilien kommend.* Kommen Sie, Marinelli! Ich muß mich erholen – und muß Licht[65] von Ihnen haben.

Marinelli O der mütterlichen Wut! Ha! ha! ha!

Der Prinz Sie lachen?

Marinelli Wenn Sie gesehen hätten, Prinz, wie toll sich hier, hier im Saale, die Mutter gebärdete – Sie hörten sie ja wohl schreien! – und wie zahm sie auf einmal ward, bei dem ersten Anblicke von Ihnen – – Ha! ha! – Das weiß ich ja wohl, daß keine Mutter einem Prinzen die Augen auskratzt, weil er ihre Tochter schön findet.

Der Prinz Sie sind ein schlechter Beobachter! – Die Tochter stürzte der Mutter ohnmächtig in die Arme. Darüber vergaß die Mutter ihre Wut: nicht über mir. Ihre Tochter schonte sie, nicht mich; wenn sie es nicht lauter, nicht deutlicher sagte, – was ich lieber selbst nicht gehört, nicht verstanden haben will.

Marinelli Was, gnädiger Herr?

Der Prinz Wozu die Verstellung? – Heraus damit. Ist es wahr? oder ist es nicht wahr?

Marinelli Und wenn es denn wäre!

[65] Licht: Aufklärung

Der Prinz Wenn es denn wäre? – Also ist es? – Er ist tot? tot? –
Drohend.
Marinelli! Marinelli!

Marinelli Nun?

Der Prinz Bei Gott! bei dem allgerechten Gott! ich bin unschuldig an diesem Blute. – Wenn Sie mir vorher gesagt hätten, daß es dem Grafen das Leben kosten werde – Nein, nein! und wenn es mir selbst das Leben gekostet hätte! –

Marinelli Wenn ich Ihnen vorher gesagt hätte? – Als ob sein Tod in meinem Plane gewesen wäre! Ich hatte es dem Angelo auf die Seele gebunden, zu verhüten, daß niemanden Leides geschähe. Es würde auch ohne die geringste Gewalttätigkeit abgelaufen sein, wenn sich der Graf nicht die erste erlaubt hätte. Er schoß Knall und Fall den einen nieder.

Der Prinz Wahrlich; er hätte sollen Spaß verstehen!

Marinelli Daß Angelo sodann in Wut kam, und den Tod seines Gefährten rächte –

Der Prinz Freilich, das ist sehr natürlich!

Marinelli Ich hab' es ihm genug verwiesen.

Der Prinz Verwiesen? Wie freundschaftlich! – Warnen Sie ihn, daß er sich in meinem Gebiete nicht betreten[66] läßt. Mein Verweis möchte so freundschaftlich nicht sein.

Marinelli Recht wohl! – Ich und Angelo; Vorsatz und Zufall: alles ist eins. – Zwar ward es voraus bedungen, zwar ward es voraus versprochen, daß keiner der Unglücksfälle, die sich dabei ereignen könnten, mir zuschulden kommen solle –

Der Prinz Die sich dabei ereignen – könnten, sagen Sie? oder sollten?

[66] betreten: erwischen

Marinelli Immer besser! – Doch, gnädiger Herr, – ehe Sie mir es mit dem trocknen Worte sagen, wofür Sie mich halten – eine einzige Vorstellung[67]! Der Tod des Grafen ist mir nichts weniger, als gleichgültig. Ich hatte ihn ausgefodert[68]; er war mir Genugtuung schuldig; er ist ohne diese aus der Welt gegangen; und meine Ehre bleibt beleidiget. Gesetzt, ich verdiente unter jeden andern Umständen den Verdacht, den Sie gegen mich hegen: aber auch unter diesen? –
Mit einer angenommenen Hitze.
Wer das von mir denken kann! –

Der Prinz *nachgebend.*
Nun gut, nun gut –

Marinelli Daß er noch lebte! O daß er noch lebte! Alles, alles in der Welt wollte ich darum geben –
bitter
selbst die Gnade meines Prinzen, – diese unschätzbare, nie zu verscherzende Gnade – wollt' ich drum geben!

Der Prinz Ich verstehe. – Nun gut, nun gut. Sein Tod war Zufall, bloßer Zufall. Sie versichern es; und ich, ich glaub' es. – Aber wer mehr? Auch die Mutter? Auch Emilia? – Auch die Welt?

Marinelli *kalt.*
Schwerlich.

Der Prinz Und wenn man es nicht glaubt, was wird man denn glauben? – Sie zucken die Achsel? – Ihren Angelo wird man für das Werkzeug, und mich für den Täter halten –

Marinelli *noch kälter.*
Wahrscheinlich genug.

Der Prinz Mich! mich selbst! – Oder ich muß von Stund an alle Absicht auf Emilien aufgeben –

[67] Vorstellung: Gedanke, Überlegung
[68] ausgefodert: gefordert (zum Duell)

Marinelli *höchst gleichgültig.*
Was Sie auch gemußt hätten – wenn der Graf noch lebte.–

Der Prinz *heftig, aber sich gleich wieder fassend.*
Marinelli! – Doch, Sie sollen mich nicht wild machen. – Es sei so – Es ist so! Und das wollen Sie doch nur sagen: der Tod des Grafen ist für mich ein Glück – das größte Glück, was mir begegnen konnte, – das einzige Glück, was meiner Liebe zustatten kommen konnte. Und als dieses, – mag er doch geschehen sein, wie er will! – Ein Graf mehr in der Welt, oder weniger! Denke ich Ihnen so recht? – Topp! auch ich erschrecke vor einem kleinen Verbrechen nicht. Nur, guter Freund, muß es ein kleines stilles Verbrechen, ein kleines heilsames[69] Verbrechen sein. Und sehen Sie, unseres da, wäre nun gerade weder stille noch heilsam. Es hätte den Weg zwar gereiniget, aber zugleich gesperrt. Jedermann würde es uns auf den Kopf zusagen, – und leider hätten wir es gar nicht einmal begangen! – Das liegt doch wohl nur bloß an Ihren weisen, wunderbaren Anstalten?

Marinelli Wenn Sie so befehlen –

Der Prinz Woran sonst? – Ich will Rede!

Marinelli Es kömmt mehr auf meine Rechnung, was nicht darauf gehört.

Der Prinz Rede will ich!

Marinelli Nun dann! Was läge an meinen Anstalten? daß den Prinzen bei diesem Unfalle ein so sichtbarer Verdacht trifft? – An dem Meisterstreiche liegt das, den er selbst meinen Anstalten mit einzumengen die Gnade hatte.

Der Prinz Ich?

[69] heilsames: nutzbringendes

Marinelli Er erlaube mir, ihm zu sagen, daß der Schritt, den er heute morgen in der Kirche getan, – mit so vielem Anstande er ihn auch getan – so unvermeidlich er ihn auch tun mußte – daß dieser Schritt dennoch nicht in den Tanz gehörte.

Der Prinz Was verdarb er denn auch?

Marinelli Freilich nicht den ganzen Tanz: aber doch voritzo[70] den Takt.

Der Prinz Hm! Versteh' ich Sie?

Marinelli Also, kurz und einfältig[71]. Da ich die Sache übernahm, nicht wahr, da wußte Emilia von der Liebe des Prinzen noch nichts? Emiliens Mutter noch weniger. Wenn ich nun auf diesen Umstand baute? und der Prinz indes den Grund meines Gebäudes untergrub? –

Der Prinz *sich vor die Stirne schlagend.* Verwünscht!

Marinelli Wenn er es nun selbst verriet, was er im Schilde führe?

Der Prinz Verdammter Einfall!

Marinelli Und wenn er es nicht selbst verraten hätte? – Traun[72]! Ich möchte doch wissen, aus welcher meiner Anstalten Mutter oder Tochter den geringsten Argwohn gegen ihn schöpfen könnte?

Der Prinz Daß Sie recht haben!

Marinelli Daran tu' ich freilich sehr unrecht – Sie werden verzeihen, gnädiger Herr –

[70] voritzo: vorerst
[71] einfältig: einfach
[72] Traun!: bei meiner Treu! wahrhaft!

Zweiter Auftritt

Battista. Der Prinz. Marinelli.

Battista *eiligst.* Eben kömmt die Gräfin an.

Der Prinz Die Gräfin? Was für eine Gräfin?

Battista Orsina.

Der Prinz Orsina? – Marinelli! – Orsina? – Marinelli!

Marinelli Ich erstaune darüber, nicht weniger als Sie selbst.

Der Prinz Geh, lauf, Battista: sie soll nicht aussteigen. Ich bin nicht hier. Ich bin für sie nicht hier. Sie soll augenblicklich wieder umkehren. Geh, lauf! –
Battista geht ab.
Was will die Närrin? Was untersteht sie sich? Wie weiß sie, daß wir hier sind? Sollte sie wohl auf Kundschaft kommen[73]? Sollte sie wohl schon etwas vernommen haben? – Ah, Marinelli! So reden Sie, so antworten Sie doch! – Ist er beleidiget der Mann, der mein Freund sein will? Und durch einen elenden Wortwechsel beleidiget? Soll ich ihn um Verzeihung bitten?

Marinelli Ah, mein Prinz, so bald Sie wieder Sie sind, bin ich mit ganzer Seele wieder der Ihrige! – Die Ankunft der Orsina ist mir ein Rätsel, wie Ihnen. Doch abweisen wird sie schwerlich sich lassen. Was wollen Sie tun?

Der Prinz Sie durchaus nicht sprechen; mich entfernen –

Marinelli Wohl! und nur geschwind. Ich will sie empfangen –

Der Prinz Aber bloß, um sie gehen zu heißen. – Weiter geben Sie mit ihr sich nicht ab. Wir haben andere Ding hier zu tun –

[73] auf Kundschaft kommen: kundschaften, spionieren

Marinelli — Nicht doch, Prinz! Diese andern Dinge sind getan. Fassen Sie doch Mut! Was noch fehlt, kömmt sicherlich von selbst. – Aber hör' ich sie nicht schon? – Eilen Sie, Prinz! – Da,

auf ein Kabinett zeigend, in welches sich der Prinz begibt

wenn Sie wollen, werden Sie uns hören können. – Ich fürchte, ich fürchte, sie ist nicht zu ihrer besten Stunde ausgefahren.

Dritter Auftritt

Die Gräfin Orsina. Marinelli.

Orsina — *ohne den Marinelli anfangs zu erblicken.*

Was ist das? – Niemand kömmt mir entgegen, außer ein Unverschämter, der mir lieber gar den Eintritt verweigert hätte? – Ich bin doch zu Dosalo? Zu dem Dosalo, wo mir sonst ein ganzes Heer geschäftiger Augendiener entgegenstürzte? wo mich sonst Liebe und Entzücken erwarteten? – Der Ort ist es: aber, aber! – Sieh' da, Marinelli! – Recht gut, daß der Prinz Sie mitgenommen. – Nein, nicht gut! Was ich mit ihm auszumachen hätte, hätte ich nur mit ihm auszumachen. – Wo ist er?

Marinelli — Der Prinz, meine gnädige Gräfin?

Orsina — Wer sonst?

Marinelli — Sie vermuten ihn also hier? wissen ihn hier? – Er wenigstens ist der Gräfin Orsina hier nicht vermutend.

Orsina — Nicht? So hat er meinen Brief heute morgen nicht erhalten?

Marinelli — Ihren Brief? Doch ja; ich erinnere mich, daß er eines Briefes von Ihnen erwähnte.

Orsina — Nun? habe ich ihn nicht in diesem Briefe auf heute um eine Zusammenkunft hier auf Dosalo gebeten? – Es ist wahr, es hat ihm nicht beliebet, mir schriftlich zu antworten.

Aber ich erfuhr, daß er eine Stunde darauf wirklich nach Dosalo abgefahren. Ich glaubte, das sei Antworts genug; und ich komme.

Marinelli Ein sonderbarer Zufall!

Orsina Zufall? – Sie hören ja, daß es verabredet worden. So gut, als verabredet. Von meiner Seite, der Brief: von seiner, die Tat. – Wie er da steht, der Herr Marchese! Was er für Augen macht! Wundert sich das Gehirnchen? und worüber denn?

Marinelli Sie schienen gestern so weit entfernt, dem Prinzen jemals wieder vor die Augen zu kommen.

Orsina Beßrer Rat kömmt über Nacht. – Wo ist er? wo ist er? – Was gilt's, er ist in dem Zimmer, wo ich das Gequieke, das Gekreische hörte? – Ich wollte herein, und der Schurke vom Bedienten trat vor.

Marinelli Meine liebste, beste Gräfin –

Orsina Es war ein weibliches Gekreische. Was gilt's, Marinelli? – O sagen Sie mir doch, sagen Sie mir – wenn ich anders Ihre liebste, beste Gräfin bin – Verdammt, über das Hofgeschmeiß! Soviel Worte, soviel Lügen! – Nun was liegt daran, ob Sie mir es voraussagen, oder nicht? Ich werd' es ja wohl sehen.
Will gehen.

Marinelli *der sie zurückhält.*
Wohin?

Orsina Wo ich längst sein sollte. – Denken Sie, daß es schicklich ist, mit Ihnen hier in dem Vorgemache einen elenden Schnickschnack zu halten, indes der Prinz in dem Gemache auf mich wartet?

Marinelli Sie irren sich, gnädige Gräfin. Der Prinz erwartet Sie nicht. Der Prinz kann Sie hier nicht sprechen, – will Sie nicht sprechen.

Orsina Und wäre doch hier? und wäre doch auf meinen Brief hier?

Marinelli Nicht auf Ihren Brief –

Orsina Den er ja erhalten, sagen Sie –

Marinelli Erhalten, aber nicht gelesen.

Orsina *heftig.*
Nicht gelesen?
Minder heftig.
Nicht gelesen?–
Wehmütig, und eine Träne aus dem Auge wischend.
Nicht einmal gelesen?

Marinelli Aus Zerstreuung, weiß ich. – Nicht aus Verachtung.

Orsina *stolz.*
Verachtung? – Wer denkt daran? – Wem brauchen Sie das zu sagen? – Sie sind ein unverschämter Tröster, Marinelli! – Verachtung! Verachtung! Mich verachtet man auch[74]! mich! –
Gelinder, bis zum Tone der Schwermut.
Freilich liebt er mich nicht mehr. Das ist ausgemacht. Und an die Stelle der Liebe trat in seiner Seele etwas anders. Das ist natürlich. Aber warum denn eben Verachtung? Es braucht ja nur Gleichgültigkeit zu sein. Nicht wahr, Marinelli?

Marinelli Allerdings, allerdings.

Orsina *höhnisch.*
Allerdings? – O des weisen Mannes, den man sagen lassen kann, was man will! – Gleichgültigkeit! Gleichgültigkeit an die Stelle der Liebe? – Das heißt, nichts an die Stelle von etwas. Denn lernen Sie, nachplauderndes Hofmännchen,

[74] Mich verachtet man auch!: ironisch: Als ob man mich verachten könnte!

lernen Sie von einem Weibe, daß Gleichgültigkeit ein leeres Wort, ein bloßer Schall ist, dem nichts, gar nichts entspricht. Gleichgültig ist die Seele nur gegen das, woran sie nicht denkt; nur gegen ein Ding, das für sie kein Ding ist. Und nur gleichgültig für ein Ding, das kein Ding ist, – das ist soviel, als gar nicht gleichgültig. – Ist dir das zu hoch, Mensch?

Marinelli *vor sich.*
Oh weh! wie wahr ist es, was ich fürchtete!

Orsina Was murmeln Sie da?

Marinelli Lauter Bewunderung! – Und wem ist es nicht bekannt, gnädige Gräfin, daß Sie eine Philosophin sind?

Orsina Nicht wahr? – Ja, ja; ich bin eine. – Aber habe ich mir es itzt merken lassen, daß ich eine bin? – O pfui, wenn ich mir es habe merken lassen; und wenn ich mir es öfterer habe merken lassen! Ist es wohl noch Wunder, daß mich der Prinz verachtet? Wie kann ein Mann ein Ding lieben, das, ihm zum Trotze, auch denken will? Ein Frauenzimmer, das denket, ist ebenso ekel als ein Mann, der sich schminket. Lachen soll es, nichts als lachen, um immerdar den gestrengen Herrn der Schöpfung bei guter Laune zu erhalten. – Nun, worüber lach' ich denn gleich, Marinelli? – Ach, jawohl! Über den Zufall! daß ich dem Prinzen schreibe, er soll nach Dosalo kommen; daß der Prinz meinen Brief nicht lieset, und daß er doch nach Dosalo kömmt. Ha! ha! ha! Wahrlich ein sonderbarer Zufall! Sehr lustig, sehr närrisch! – Und Sie lachen nicht mit, Marinelli? – Mitlachen kann ja wohl der gestrenge Herr der Schöpfung, ob wir arme Geschöpfe gleich nicht mitdenken dürfen. –
Ernsthaft und befehlend.
So lachen Sie doch!

Marinelli Gleich, gnädige Gräfin, gleich!

Orsina Stock[75]! Und darüber geht der Augenblick vorbei. Nein, nein, lachen Sie nur nicht. – Denn sehen Sie, Marinelli,

[75] Stock!: grober Mensch! Klotz!

nachdenkend bis zur Rührung
was mich so herzlich zu lachen macht, das hat auch seine ernsthafte – sehr ernsthafte Seite. Wie alles in der Welt! – Zufall? Ein Zufall wär' es, daß der Prinz nicht daran gedacht, mich hier zu sprechen, und mich doch hier sprechen muß? Ein Zufall? – Glauben Sie mir, Marinelli: das Wort Zufall ist Gotteslästerung. Nichts unter der Sonne ist Zufall; – am wenigsten das, wovon die Absicht so klar in die Augen leuchtet. – Allmächtige, allgütige Vorsicht[76], vergib mir, daß ich mit diesem albernen Sünder einen Zufall genennet habe, was so offenbar dein Werk, wohl gar dein unmittelbares Werk ist! –
Hastig gegen Marinelli.
Kommen Sie mir, und verleiten Sie mich noch einmal zu so einem Frevel!

Marinelli *vor sich.*
Das geht weit! – Aber gnädige Gräfin –

Orsina Still mit dem Aber! Die Aber kosten Überlegung: – und mein Kopf! mein Kopf!
Sich mit der Hand die Stirne haltend.
– Machen Sie, Marinelli, machen Sie, daß ich ihn bald spreche, den Prinzen; sonst bin ich es wohl gar nicht imstande. – Sie sehen, wir sollen uns sprechen; wir müssen uns sprechen –

Vierter Auftritt

Der Prinz. Orsina. Marinelli.

Der Prinz *indem er aus dem Kabinette tritt, vor sich.*
Ich muß ihm zu Hülfe kommen –

Orsina *die ihn erblickt, aber unentschlüssig bleibt, ob sie auf ihn zugehen soll.*
Ha! da ist er.

[76] Vorsicht: Vorsehung

Der Prinz *geht quer über den Saal, bei ihr vorbei, nach den andern Zimmern, ohne sich im Reden aufzuhalten.*
Sieh da! unsere schöne Gräfin. – Wie sehr bedaure ich, Madame, daß ich mir die Ehre Ihres Besuchs für heute so wenig zunutze machen kann! Ich bin beschäftiget. Ich bin nicht allein. – Ein andermal, meine liebe Gräfin! Ein andermal. – Itzt halten Sie länger sich nicht auf. Ja nicht länger! – Und Sie, Marinelli, ich erwarte Sie. –

Fünfter Auftritt

Orsina. Marinelli.

Marinelli Haben Sie es, gnädige Gräfin, nun von ihm selbst gehört, was Sie mir nicht glauben wollen?

Orsina *wie betäubt.*
Hab' ich? hab' ich wirklich?

Marinelli Wirklich.

Orsina *mit Rührung.*
„Ich bin beschäftiget. Ich bin nicht allein." Ist das die Entschuldigung ganz, die ich wert bin? Wen weiset man damit nicht ab? Jeden Überlästigen, jeden Bettler. Für mich keine einzige Lüge mehr? Keine einzige kleine Lüge mehr, für mich? – Beschäftiget? womit denn? Nicht allein? wer wäre denn bei ihm? – Kommen Sie, Marinelli; aus Barmherzigkeit, lieber Marinelli! Lügen Sie mir eines auf eigene Rechnung vor. Was kostet Ihnen denn eine Lüge? – Was hat er zu tun? Wer ist bei ihm? – Sagen Sie mir; sagen Sie mir, was Ihnen zuerst in den Mund kömmt, – und ich gehe.

Marinelli *vor sich.*
Mit dieser Bedingung kann ich ihr ja wohl einen Teil der Wahrheit sagen.

Orsina Nun? Geschwind, Marinelli; und ich gehe. – Er sagte ohnedem, der Prinz: „Ein andermal, meine liebe Gräfin!"

Sagte er nicht so? – Damit er mir Wort hält, damit er keinen Vorwand hat, mir nicht Wort zu halten: geschwind, Marinelli, Ihre Lüge; und ich gehe.

Marinelli Der Prinz, liebe Gräfin, ist wahrlich nicht allein. Es sind Personen bei ihm, von denen er sich keinen Augenblick abmüßigen kann[77]; Personen, die eben einer großen Gefahr entgangen sind. Der Graf Appiani –

Orsina Wäre bei ihm? – Schade, daß ich über diese Lüge Sie ertappen muß. Geschwind eine andere. – Denn Graf Appiani, wenn Sie es noch nicht wissen, ist eben von Räubern erschossen worden. Der Wagen mit seinem Leichname begegnete mir kurz vor der Stadt. – Oder ist er nicht? Hätte es mir bloß geträumet?

Marinelli Leider nicht bloß geträumet! – Aber die andern, die mit dem Grafen waren, haben sich glücklich hierher nach dem Schlosse gerettet: seine Braut nämlich, und die Mutter der Braut, mit welchen er nach Sabionetta zu seiner feierlichen Verbindung fahren wollte.

Orsina Also die? Die sind bei dem Prinzen? die Braut? und die Mutter der Braut? – Ist die Braut schön?

Marinelli Dem Prinzen geht ihr Unfall ungemein nahe.

Orsina Ich will hoffen; auch wenn sie häßlich wäre. Denn ihr Schicksal ist schrecklich. – Armes, gutes Mädchen, eben da er dein auf immer werden sollte, wird er dir auf immer entrissen! – Wer ist sie denn, diese Braut? Kenn' ich sie gar? – Ich bin so lange aus der Stadt, daß ich von nichts weiß.

Marinelli Es ist Emilia Galotti.

Orsina Wer? – Emilia Galotti? Emilia Galotti? – Marinelli! Daß ich diese Lüge nicht für Wahrheit nehme!

[77] sich … abmüßigen kann: sich frei machen kann

Marinelli Wieso?

Orsina Emilia Galotti?

Marinelli Die Sie schwerlich kennen werden –

Orsina Doch! doch! Wenn es auch nur von heute wäre. – Im Ernst, Marinelli? Emilia Galotti? – Emilia Galotti wäre die unglückliche Braut, die der Prinz tröstet?

Marinelli *vor sich.* Sollte ich ihr schon zuviel gesagt haben?

Orsina Und Graf Appiani war der Bräutigam dieser Braut? der eben erschossene Appiani?

Marinelli Nicht anders.

Orsina Bravo! o bravo! bravo! *In die Hände schlagend.*

Marinelli Wie das?

Orsina Küssen möcht' ich den Teufel, der ihn dazu verleitet hat!

Marinelli Wen? verleitet? wozu?

Orsina Ja, küssen, küssen möcht' ich ihn – Und wenn Sie selbst dieser Teufel wären, Marinelli.

Marinelli Gräfin!

Orsina Kommen Sie her! Sehen Sie mich an! steif an! Aug' in Auge!

Marinelli Nun?

Orsina Wissen Sie nicht, was ich denke?

Marinelli Wie kann ich das?

Orsina Haben Sie keinen Anteil daran?

Marinelli Woran?

Orsina Schwören Sie! – Nein, schwören Sie nicht. Sie möchten[78] eine Sünde mehr begehen – Oder ja; schwören Sie nur. Eine Sünde mehr oder weniger für einen, der doch verdammt ist! – Haben Sie keinen Anteil daran?

Marinelli Sie erschrecken mich, Gräfin.

Orsina Gewiß? – Nun, Marinelli, argwohnet Ihr gutes Herz auch nichts?

Marinelli Was? worüber?

Orsina Wohl, – so will ich Ihnen etwas vertrauen; – etwas, das Ihnen jedes Haar auf dem Kopfe zu Berge sträuben soll. – Aber hier, so nahe an der Türe, möchte uns jemand hören. Kommen Sie hierher. – Und!
Indem sie den Finger auf den Mund legt
Hören Sie! ganz in geheim! ganz in geheim!
und ihren Mund seinem Ohre nähert, als ob sie ihm zuflüstern wollte, was sie aber sehr laut ihm zuschreiet.
Der Prinz ist ein Mörder!

Marinelli Gräfin, – Gräfin – sind Sie ganz von Sinnen?

Orsina Von Sinnen? Ha! ha! ha!
Aus vollem Halse lachend.
Ich bin selten, oder nie, mit meinem Verstande so wohl zufrieden gewesen, als eben itzt. – Zuverlässig, Marinelli; – aber es bleibt unter uns –
leise
der Prinz ist ein Mörder! des Grafen Appiani Mörder! – Den haben nicht Räuber, den haben Helfershelfer des Prinzen, den hat der Prinz umgebracht!

[78] möchten: könnten

Marinelli Wie kann Ihnen so eine Abscheulichkeit in den Mund, in die Gedanken kommen?

Orsina Wie? – Ganz natürlich. – Mit dieser Emilia Galotti, die hier bei ihm ist, – deren Bräutigam so über Hals über Kopf sich aus der Welt trollen müssen, – mit dieser Emilia Galotti hat der Prinz heute morgen, in der Halle bei den Dominikanern, ein Langes und Breites gesprochen. Das weiß ich; das haben meine Kundschafter gesehen. Sie haben auch gehört, was er mit ihr gesprochen. – Nun, guter Herr? Bin ich von Sinnen? Ich reime, dächt' ich, doch noch so ziemlich zusammen, was zusammen gehört. – Oder trifft auch das nur so von ungefähr zu? Ist Ihnen auch das Zufall? O, Marinelli, so verstehen Sie auf die Bosheit der Menschen sich ebenso schlecht, als auf die Vorsicht.

Marinelli Gräfin, Sie würden sich um den Hals reden –

Orsina Wenn ich das mehrern sagte? – Desto besser, desto besser! – Morgen will ich es auf dem Markte ausrufen. – Und wer mir widerspricht – wer mir widerspricht, der war des Mörders Spießgeselle. – Leben Sie wohl.
Indem sie fortgehen will, begegnet sie an der Türe dem alten Galotti, der eiligst hereintritt.

Sechster Auftritt

Odoardo Galotti. Die Gräfin. Marinelli.

Odoardo Galotti Verzeihen Sie, gnädige Frau –

Orsina Ich habe hier nichts zu verzeihen. Denn ich habe hier nichts übel zu nehmen – An diesen Herrn wenden Sie sich.
Ihn nach dem Marinelli weisend.

Marinelli *indem er ihn erblicket, vor sich.*
Nun vollends! der Alte! –

Odoardo Vergeben Sie, mein Herr, einem Vater, der in der äußersten Bestürzung ist, – daß er so unangemeldet hereintritt.

Orsina Vater?
Kehrt wieder um.
Der Emilia, ohne Zweifel. – Ha, willkommen!

Odoardo Ein Bedienter kam mir entgegengesprengt, mit der Nachricht, daß hierherum die Meinigen in Gefahr wären. Ich fliege herzu und höre, daß der Graf Appiani verwundet worden; daß er nach der Stadt zurückgekehret; daß meine Frau und Tochter sich in das Schloß gerettet. – Wo sind sie, mein Herr? wo sind sie?

Marinelli Sein Sie ruhig, Herr Oberster. Ihrer Gemahlin und Ihrer Tochter ist nichts Übels widerfahren; den Schreck ausgenommen. Sie befinden sich beide wohl. Der Prinz ist bei ihnen. Ich gehe sogleich, Sie zu melden.

Odoardo Warum melden? erst melden?

Marinelli Aus Ursachen – von wegen – Von wegen des Prinzen. Sie wissen, Herr Oberster, wie Sie mit dem Prinzen stehen. Nicht auf dem freundschaftlichsten Fuße. So gnädig er sich gegen Ihre Gemahlin und Tochter bezeiget: – es sind Damen – Wird darum auch Ihr unvermuteter Anblick ihm gelegen sein?

Odoardo Sie haben recht, mein Herr; Sie haben recht.

Marinelli Aber, gnädige Gräfin, – kann ich vorher die Ehre haben, Sie nach Ihrem Wagen zu begleiten?

Orsina Nicht doch, nicht doch.

Marinelli *sie bei der Hand nicht unsanft ergreifend.*
Erlauben Sie, daß ich meine Schuldigkeit beobachte[79]. –

[79] meine Schuldigkeit beobachte: erfülle, wozu ich verpflichtet bin

Orsina Nur gemach! – Ich erlasse Sie deren, mein Herr. – Daß doch immer Ihresgleichen Höflichkeit zur Schuldigkeit machen; um was eigentlich ihre Schuldigkeit wäre, als die Nebensache betreiben zu dürfen! – Diesen würdigen Mann je eher je lieber zu melden, das ist Ihre Schuldigkeit.

Marinelli Vergessen Sie, was Ihnen der Prinz selbst befohlen?

Orsina Er komme, und befehle es mir noch einmal. Ich erwarte ihn.

Marinelli *leise zu dem Obersten, den er beiseite ziehet.* Mein Herr, ich muß Sie hier mit einer Dame lassen, die – der – mit deren Verstande – Sie verstehen mich. Ich sage Ihnen dieses, damit Sie wissen, was Sie auf ihre Reden zu geben haben, – deren sie oft sehr seltsame führet. Am besten, Sie lassen sich mit ihr nicht ins Wort.

Odoardo Recht wohl. – Eilen Sie nur, mein Herr.

Siebenter Auftritt

Die Gräfin Orsina. Odoardo Galotti.

Orsina *nach einigem Stillschweigen, unter welchem sie den Obersten mit Mitleid betrachtet; so wie er sie mit einer flüchtigen Neugierde.* Was er Ihnen auch da gesagt hat, unglücklicher Mann! –

Odoardo *halb vor sich, halb gegen sie.* Unglücklicher?

Orsina Eine Wahrheit war es gewiß nicht; – am wenigsten eine von denen, die auf Sie warten.

Odoardo Auf mich warten? – Weiß ich nicht schon genug? – Madame! – Aber, reden Sie nur, reden Sie nur.

Orsina Sie wissen nichts.

Odoardo Nichts?

Orsina Guter, lieber Vater! — Was gäbe ich darum, wenn Sie auch mein Vater wären! — Verzeihen Sie! die Unglücklichen ketten sich so gern aneinander. — Ich wollte treulich Schmerz und Wut mit Ihnen teilen.

Odoardo Schmerz und Wut? Madame! — Aber ich vergesse — Reden Sie nur.

Orsina Wenn es gar Ihre einzige Tochter — Ihr einziges Kind wäre! — Zwar einzig, oder nicht. Das unglückliche Kind ist immer das einzige.

Odoardo Das unglückliche? — Madame! — Was will ich von ihr? — Doch, bei Gott, so spricht keine Wahnwitzige[80]!

Orsina Wahnwitzige? Das war es also, was er Ihnen von mir vertraute? — Nun, nun; es mag leicht keine von seinen gröbsten Lügen sein. — Ich fühle so was! — Und glauben Sie, glauben Sie mir: wer über gewisse Dinge den Verstand nicht verlieret, der hat keinen zu verlieren. —

Odoardo Was soll ich denken?

Orsina Daß Sie mich also ja nicht verachten! — Denn auch Sie haben Verstand, guter Alter; auch Sie. — Ich seh' es an dieser entschlossenen, ehrwürdigen Miene. Auch Sie haben Verstand; und es kostet mich ein Wort, — so haben Sie keinen.

Odoardo Madame! — Madame! — Ich habe schon keinen mehr, noch ehe Sie mir dieses Wort sagen, wenn Sie mir es nicht bald sagen. — Sagen Sie es! sagen Sie es! — Oder es ist nicht wahr, — es ist nicht wahr, daß Sie von jener guten, unsers Mitleids, unserer Hochachtung so würdigen Gattung der Wahnwitzigen sind — Sie sind eine gemeine[81] Törin. Sie haben nicht, was Sie nie hatten.

[80] Wahnwitzige: Wahnsinnige
[81] gemeine: gewöhnliche

Orsina So merken Sie auf! – Was wissen Sie, der Sie schon genug wissen wollen? Daß Appiani verwundet worden? Nur verwundet? – Appiani ist tot!

Odoardo Tot? tot? – Ha, Frau, das ist wider die Abrede. Sie wollten mich um den Verstand bringen: und Sie brechen mir das Herz.

Orsina Das beiher[82]! – Nur weiter. – Der Bräutigam ist tot: und die Braut – Ihre Tochter – schlimmer als tot.

Odoardo Schlimmer? schlimmer als tot? – Aber doch zugleich auch tot? – Denn ich kenne nur *ein* Schlimmeres –

Orsina Nicht zugleich auch tot. Nein, guter Vater, nein! – Sie lebt, sie lebt. Sie wird nun erst recht anfangen zu leben. – Ein Leben voll Wonne! Das schönste, lustigste Schlaraffenleben, – so lang' es dauert.

Odoardo Das Wort, Madame; das einzige Wort, das mich um den Verstand bringen soll! heraus damit! – Schütten Sie nicht Ihren Tropfen Gift in einen Eimer. – Das einzige Wort! geschwind.

Orsina Nun da; buchstabieren Sie es zusammen! – Des Morgens, sprach der Prinz Ihre Tochter in der Messe; des Nachmittags, hat er sie auf seinem Lust – Lustschlosse.

Odoardo Sprach sie in der Messe? Der Prinz meine Tochter?

Orsina Mit einer Vertraulichkeit! mit einer Inbrunst! – Sie hatten nichts Kleines abzureden. Und recht gut, wenn es abgeredet worden; recht gut, wenn Ihre Tochter freiwillig sich hierher gerettet! Sehen Sie: so ist es doch keine gewaltsame Entführung; sondern bloß ein kleiner – kleiner Meuchelmord.

Odoardo Verleumdung! verdammte Verleumdung! Ich kenne meine Tochter. Ist es Meuchelmord: so ist es auch Entführung. –

[82] beiher: nebenbei

Blickt wild um sich, und stampft, und schäumet.
Nun, Claudia? Nun, Mütterchen? – Haben wir nicht Freude erlebt! O des gnädigen Prinzen! O der ganz besondern Ehre!

Orsina Wirkt es, Alter! wirkt es?

Odoardo Da steh' ich nun vor der Höhle des Räubers –
Indem er den Rock von beiden Seiten auseinanderschlägt, und sich ohne Gewehr[83] sieht.
Wunder, daß ich aus Eilfertigkeit nicht auch die Hände zurückgelassen! –
An alle Schubsäcke[84] fühlend, als etwas suchend.
Nichts! gar nichts! nirgends!

Orsina Ha, ich verstehe! – Damit kann ich aushelfen! – Ich hab' einen mitgebracht.
Einen Dolch hervorziehend.
Da nehmen Sie! Nehmen Sie geschwind, eh uns jemand sieht. – Auch hätte ich noch etwas, – Gift. Aber Gift ist nur für uns Weiber; nicht für Männer. – Nehmen Sie ihn!
Ihm den Dolch aufdringend.
Nehmen Sie!

Odoardo Ich danke, ich danke. – Liebes Kind, wer wieder sagt, daß du eine Närrin bist, der hat es mit mir zu tun.

Orsina Stecken Sie beiseite! geschwind beiseite! – Mir wird die Gelegenheit versagt, Gebrauch davon zu machen. Ihnen wird sie nicht fehlen, diese Gelegenheit: und Sie werden sie ergreifen, die erste, die beste, – wenn Sie ein Mann sind. – Ich, ich bin nur ein Weib: aber so kam ich her! fest entschlossen! – Wir, Alter, wir können uns alles vertrauen. Denn wir sind beide beleidiget; von dem nämlichen Verführer beleidiget. –Ah, wenn Sie wüßten, – wenn Sie wüßten, wie überschwenglich, wie unaussprechlich, wie unbegreiflich ich von ihm beleidiget worden, und noch

[83] Gewehr: Waffe
[84] Schubsäcke: Taschen

werde: – Sie könnten, Sie würden Ihre eigene Beleidigung darüber vergessen.–Kennen Sie mich? Ich bin Orsina;die betrogene, verlassene Orsina. – Zwar vielleicht nur um Ihre Tochter[85] verlassen. – Doch was kann Ihre Tochter dafür? – Bald wird auch sie verlassen sein. – Und dann wieder eine! – Und wieder eine! – Ha!

wie in der Entzückung[86]

welch eine himmlische Phantasie! Wann wir einmal alle, – wir, das ganze Heer der Verlassenen, – wir alle in Bacchantinnen[87], in Furien[88] verwandelt, wenn wir alle ihn unter uns hätten, ihn unter uns zerrissen, zerfleischten, sein Eingeweide durchwühlten, – um das Herz zu finden, das der Verräter einer jeden versprach, und keiner gab! Ha! das sollte ein Tanz werden! das sollte!

Achter Auftritt

Claudia Galotti. Die Vorigen.

Claudia *die im Hereintreten sich umsiehet, und sobald sie ihren Gemahl erblickt, auf ihn zuflieget.*

Erraten! – Ah, unser Beschützer, unser Retter! Bist du da, Odoardo? Bist du da? – Aus ihren Wispern, aus ihren Mienen schloß ich es. –Was soll ich dir sagen, wenn du noch nichts weißt? – Was soll ich dir sagen, wenn du schon alles weißt? –Aber wir sind unschuldig. Ich bin unschuldig. Deine Tochter ist unschuldig. Unschuldig, in allem unschuldig!

85 um Ihre Tochter: wegen Ihrer Tochter

86 Entzückung: Ekstase, Verzückung

87 Bacchantinnen: die vom Rausch ergriffenen Begleiterinnen des Dionysos (Bakchos). Die Bacchantinnen tragen auch den Beinamen Mänade (Rasende.) Dionysos gilt als der Gott der Ekstase (Rausch). Lessing spielt hier auf den griechischen Pentheus-Mythos an. Pentheus, König von Theben, widersetzt sich der Sage nach dem Vordringen des neuen Dionysos-Kults von Kleinasien ins griechische Mutterland. Dionysos bestraft ihn dafür auf grausige Weise. Er verleitet den König, das orgiastische Treiben der Bacchantinnen bei einer Kultfeier, an der die thebanischen Frauen teilnehmen, zu beobachten. Pentheus wird entdeckt und von rasenden Mänaden, darunter auch seine eigene Mutter und deren Schwestern, die ihn in bacchantischer Ekstase für ein wildes Tier halten, ergriffen und zerfleischt. Den Stoff behandelte der griechische Tragiker Euripides in den „Bakchai" (406 v. Chr.). → Text **68**

88 Furien: Rachegöttinnen

Odoardo *der sich bei Erblickung seiner Gemahlin zu fassen gesucht.* Gut, gut. Sei nur ruhig, nur ruhig, – und antworte mir. *Gegen die Orsina.* Nicht Madame, als ob ich noch zweifelte – Ist der Graf tot?

Claudia Tot.

Odoardo Ist es wahr, daß der Prinz heute morgen Emilien in der Messe gesprochen?

Claudia Wahr. Aber wenn du wüßtest, welchen Schreck es ihr verursacht; in welcher Bestürzung sie nach Hause kam –

Orsina Nun, hab' ich gelogen?

Odoardo *mit einem bittern Lachen.* Ich wollt' auch nicht, Sie hätten! Um wie vieles nicht!

Orsina Bin ich wahnwitzig?

Odoardo *wild hin und her gehend.* O, – noch bin ich es auch nicht.

Claudia Du gebotest mir ruhig zu sein; und ich bin ruhig. – Bester Mann, darf auch ich – ich dich bitten –

Odoardo Was willst du? Bin ich nicht ruhig? Kann man ruhiger sein, als ich bin? – *Sich zwingend.* Weiß es Emilia, daß Appiani tot ist?

Claudia Wissen kann sie es nicht. Aber ich fürchte, daß sie es argwohnet; weil er nicht erscheinet. –

Odoardo Und sie jammert und winselt.–

Claudia Nicht mehr. – Das ist vorbei: nach ihrer Art, die du kennest. Sie ist die Furchtsamste und Entschlossenste unsers Geschlechts. Ihrer ersten Eindrücke nie mächtig; aber nach der geringsten Überlegung, in alles sich findend, auf alles gefaßt. Sie hält den Prinzen in einer Entfernung; sie spricht mit ihm in einem Tone – Mache nur, Odoardo, daß wir wegkommen.

Odoardo Ich bin zu Pferde. – Was zu tun? – Doch, Madame, Sie fahren ja nach der Stadt zurück?

Orsina Nicht anders.

Odoardo Hätten Sie wohl die Gewogenheit, meine Frau mit sich zu nehmen?

Orsina Warum nicht? Sehr gern.

Odoardo Claudia, –
ihr die Gräfin bekannt machend
die Gräfin Orsina; eine Dame von großem Verstande; meine Freundin, meine Wohltäterin. – Du mußt mit ihr herein; um uns sogleich den Wagen herauszuschicken. Emilia darf nicht wieder nach Guastalla. Sie soll mit mir.

Claudia Aber – wenn nur – Ich trenne mich ungern von dem Kinde.

Odoardo Bleibt der Vater nicht in der Nähe? Man wird ihn endlich doch vorlassen. Keine Einwendung! – Kommen Sie, gnädige Frau.
Leise zu ihr.
Sie werden von mir hören. – Komm, Claudia.
Er führt sie ab.

Fünfter Aufzug

Die Szene bleibt.

Erster Auftritt

Marinelli. Der Prinz.

Marinelli Hier, gnädiger Herr, aus diesem Fenster können Sie ihn sehen. Er geht die Arkade[89] auf und nieder. – Eben biegt er ein; er kömmt. – Nein, er kehrt wieder um. – Ganz einig ist er mit sich noch nicht. Aber um ein Großes ruhiger ist er, – oder scheinet er. Für uns gleichviel! – Natürlich! Was ihm auch beide Weiber in den Kopf gesetzt haben, wird er es wagen zu äußern? – Wie Battista gehört, soll ihm seine Frau den Wagen sogleich heraussenden. Denn er kam zu Pferde. – Geben Sie acht, wenn er nun vor Ihnen erscheinet, wird er ganz untertänigst Eurer Durchlaucht[90] für den gnädigen Schutz danken, den seine Familie bei diesem so traurigen Zufalle hier gefunden; wird sich, mitsamt seiner Tochter, zu fernerer Gnade empfehlen; wird sie ruhig nach der Stadt bringen, und es in tiefster Unterwerfung erwarten, welchen weitern Anteil Euer Durchlaucht an seinem unglücklichen, lieben Mädchen zu nehmen geruhen wollen.

Der Prinz Wenn er nun aber so zahm nicht ist? Und schwerlich, schwerlich wird er es sein. Ich kenne ihn zu gut. – Wenn er höchstens seinen Argwohn erstickt, seine Wut verbeißt: aber Emilien, anstatt sie nach der Stadt zu führen, mit sich nimmt? bei sich behält? oder wohl gar in ein Kloster, außer meinem Gebiete, verschließt? Wie dann?

Marinelli Die fürchtende Liebe sieht weit. Wahrlich! – Aber er wird ja nicht –

[89] Arkade: Bogengang
[90] Eurer Durchlaucht: Anrede des Fürsten (Abl. von „durchleuchten")

Der Prinz Wenn er nun aber! Wie dann? Was wird es uns dann helfen, daß der unglückliche Graf sein Leben darüber verloren?

Marinelli Wozu dieser traurige Seitenblick? Vorwärts! denkt der Sieger: es falle neben ihm Feind oder Freund. – Und wenn auch! Wenn er es auch wollte, der alte Neidhart[91], was Sie von ihm fürchten, Prinz: –

Überlegend.

Das geht! Ich hab' es! – Weiter als zum Wollen soll er es gewiß nicht bringen. Gewiß nicht! – Aber daß wir ihn nicht aus dem Gesichte verlieren. –

Tritt wieder ans Fenster.

Bald hätt' er uns überrascht! Er kömmt. – Lassen Sie uns ihm noch ausweichen: und hören Sie erst, Prinz, was wir auf den zu befürchtenden Fall tun müssen.

Der Prinz *drohend.*

Nur, Marinelli! –

Marinelli Das Unschuldigste von der Welt!

Zweiter Auftritt

Odoardo Galotti Noch niemand hier? – Gut; ich soll noch kälter werden. Es ist mein Glück. – Nichts verächtlicher, als ein brausender Jünglingskopf mit grauen Haaren! Ich hab' es mir so oft gesagt. Und doch ließ ich mich fortreißen: und von wem? Von einer Eifersüchtigen; von einer für Eifersucht Wahnwitzigen. – Was hat die gekränkte Tugend mit der Rache des Lasters zu schaffen? Jene allein hab' ich zu retten. – Und deine Sache, – mein Sohn! mein Sohn! – Weinen konnt' ich nie; – und will es nun nicht erst lernen – Deine Sache wird ein ganz anderer zu seiner machen!

[91] Neidhart: der im feindlichen Eifer, Streit Starke (mhd. nît = Haß, Streit, Kampf). Anspielung auf den Streit um Sabionetta

Genug für mich, wenn dein Mörder die Frucht seines Verbrechens nicht genießt. – Dies martere ihn mehr, als das Verbrechen! Wenn nun bald ihn Sättigung und Ekel von Lüsten zu Lüsten treiben; so vergälle[92] die Erinnerung, diese eine Lust nicht gebüßet[93] zu haben, ihm den Genuß aller! In jedem Traume führe der blutige Bräutigam ihm die Braut vor das Bette; und wann er dennoch den wollüstigen Arm nach ihr ausstreckt: so höre er plötzlich das Hohngelächter der Hölle, und erwache!

Dritter Auftritt

Marinelli. Odoardo Galotti.

Marinelli Wo blieben Sie, mein Herr? wo blieben Sie?

Odoardo War meine Tochter hier?

Marinelli Nicht sie: aber der Prinz.

Odoardo Er verzeihe. – Ich habe die Gräfin begleitet.

Marinelli Nun?

Odoardo Die gute Dame!

Marinelli Und Ihre Gemahlin?

Odoardo Ist mit der Gräfin; – um uns den Wagen sogleich herauszusenden. Der Prinz vergönne nur, daß ich mich so lange mit meiner Tochter noch hier verweile.

Marinelli Wozu diese Umstände? Würde sich der Prinz nicht ein Vergnügen daraus gemacht haben, sie beide, Mutter und Tochter, selbst nach der Stadt zu bringen?

92 vergällen: verbittern, verderben
93 gebüßet: befriedigt

Odoardo Die Tochter wenigstens würde diese Ehre haben verbitten müssen.

Marinelli Wieso?

Odoardo Sie soll nicht mehr nach Guastalla.

Marinelli Nicht? und warum nicht?

Odoardo Der Graf ist tot.

Marinelli Um so viel mehr –

Odoardo Sie soll mit mir.

Marinelli Mit Ihnen?

Odoardo Mit mir. Ich sage Ihnen ja, der Graf ist tot. – Wenn Sie es noch nicht wissen – Was hat sie nun weiter in Guastalla zu tun? – Sie soll mit mir.

Marinelli Allerdings wird der künftige Aufenthalt der Tochter einzig von dem Willen des Vaters abhangen. Nur vors erste[94] –

Odoardo Was vors erste?

Marinelli Werden Sie wohl erlauben müssen, Herr Oberster, daß sie nach Guastalla gebracht wird.

Odoardo Meine Tochter? nach Guastalla gebracht wird? und warum?

Marinelli Warum? Erwägen Sie doch nur –

Odoardo *hitzig.* Erwägen! erwägen! Ich erwäge, daß hier nichts zu erwägen ist. – Sie soll, sie muß mit mir.

[94] vors erste: vorerst

Marinelli O mein Herr, — was brauchen wir uns hierüber zu ereifern? Es kann sein, daß ich mich irre; daß es nicht nötig ist, was ich für nötig halte. — Der Prinz wird es am besten zu beurteilen wissen. Der Prinz entscheide. — Ich geh' und hole ihn.

Vierter Auftritt

Odoardo Galotti Wie? — Nimmermehr! — Mir vorschreiben, wo sie hin soll? — Mir sie vorenthalten? — Wer will das? Wer darf das? — Der hier alles darf, was er will? Gut, gut; so soll er sehen, wie viel auch ich darf, ob ich es schon nicht dürfte! Kurzsichtiger Wüterich! Mit dir will ich es wohl aufnehmen. Wer kein Gesetz achtet, ist ebenso mächtig, als wer kein Gesetz hat. Das weißt du nicht? Komm an! komm an! — Aber, sieh da! Schon wieder; schon wieder rennet der Zorn mit dem Verstande davon. — Was will ich? Erst müßt' es doch geschehen sein, worüber ich tobe. Was plaudert nicht eine Hofschranze[95]! Und hätte ich ihn doch nur plaudern lassen! Hätte ich seinen Vorwand, warum sie wieder nach Guastalla soll, doch nur angehört! — So könnte ich mich itzt auf eine Antwort gefaßt machen. — Zwar auf welchen kann mir eine fehlen? — Sollte sie mir aber fehlen; sollte sie — Man kömmt. Ruhig, alter Knabe, ruhig!

Fünfter Auftritt

Der Prinz. Marinelli. Odoardo Galotti.

Der Prinz Ah, mein lieber, rechtschaffner Galotti, — so etwas muß auch geschehen, wenn ich Sie bei mir sehen soll. Um ein Geringeres tun Sie es nicht. Doch keine Vorwürfe!

Odoardo Gnädiger Herr, ich halte es in allen Fällen für unanständig[96], sich zu seinem Fürsten zu drängen. Wen er kennt,

[95] Hofschranze: geringschätzig für „Höfling". Mhd. „schranz" — junger, aufgeputzter Mann, Geck
[96] unanständig: ohne Anstand, nicht angemessen

den wird er fodern lassen, wenn er seiner bedarf. Selbst itzt bitte ich um Verzeihung –

Der Prinz Wie manchem andern wollte ich diese stolze Bescheidenheit wünschen! – Doch zur Sache. Sie werden begierig sein, Ihre Tochter zu sehen. Sie ist in neuer Unruhe, wegen der plötzlichen Entfernung einer so zärtlichen Mutter. – Wozu auch diese Entfernung? Ich wartete nur, daß die liebenswürdige Emilie sich völlig erholet hätte, um beide im Triumphe nach der Stadt zu bringen. Sie haben mir diesen Triumph um die Hälfte verkümmert[97]; aber ganz werde ich mir ihn nicht nehmen lassen.

Odoardo Zu viel Gnade! –Erlauben Sie, Prinz, daß ich meinem unglücklichen Kinde alle die mannigfaltigen Kränkungen erspare, die Freund und Feind, Mitleid und Schadenfreude in Guastalla für sie bereit halten.

Der Prinz Um die süßen Kränkungen des Freundes und des Mitleids, würde es Grausamkeit sein, sie zu bringen. Daß aber die Kränkungen des Feindes und der Schadenfreude sie nicht erreichen sollen; dafür, lieber Galotti, lassen Sie mich sorgen.

Odoardo Prinz, die väterliche Liebe teilet ihre Sorgen nicht gern. – Ich denke, ich weiß es, was meiner Tochter in ihren itzigen Umständen einzig ziemet. – Entfernung aus der Welt; – ein Kloster, – sobald als möglich.

Der Prinz Ein Kloster?

Odoardo Bis dahin weine sie unter den Augen ihres Vaters.

Der Prinz So viel Schönheit soll in einem Kloster verblühen? – Darf eine einzige fehlgeschlagene Hoffnung uns gegen die Welt so unversöhnlich machen? – Doch allerdings: dem Vater hat niemand einzureden. Bringen Sie Ihre Tochter, Galotti, wohin Sie wollen.

[97] um die Hälfte verkümmert: um die Hälfte schrumpfen lassen, verkleinert

Odoardo *gegen Marinelli.* Nun, mein Herr?

Marinelli Wenn Sie mich sogar auffodern! –

Odoardo O mitnichten, mitnichten.

Der Prinz Was haben Sie beide?

Odoardo Nichts, gnädiger Herr, nichts. – Wir erwägen bloß, welcher von uns sich in Ihnen geirret hat.

Der Prinz Wieso? – Reden Sie, Marinelli.

Marinelli Es geht mir nahe, der Gnade meines Fürsten in den Weg zu treten. Doch wenn die Freundschaft gebietet, vor allem in ihm den Richter aufzufodern –

Der Prinz Welche Freundschaft? –

Marinelli Sie wissen, gnädiger Herr, wie sehr ich den Grafen Appiani liebte; wie sehr unser beider Seelen ineinander verwebt schienen –

Odoardo Das wissen Sie, Prinz? So wissen Sie es wahrlich allein.

Marinelli Von ihm selbst zu seinem Rächer bestellet –

Odoardo Sie?

Marinelli Fragen Sie nur Ihre Gemahlin. Marinelli, der Name Marinelli war das letzte Wort des sterbenden Grafen: und in einem Tone! in einem Tone! – Daß er mir nie aus dem Gehöre komme dieser schreckliche Ton, wenn ich nicht alles anwende, daß seine Mörder entdeckt und bestraft werden!

Der Prinz Rechnen Sie auf meine kräftigste Mitwirkung.

Odoardo Und meine heißesten Wünsche! – Gut, gut! – Aber was weiter?

Der Prinz Das frag' ich, Marinelli.

Marinelli Man hat Verdacht, daß es nicht Räuber gewesen, welche den Grafen angefallen.

Odoardo *höhnisch.*
Nicht? wirklich nicht?

Marinelli Daß ein Nebenbuhler ihn aus dem Wege räumen lassen.

Odoardo *bitter.*
Ei! ein Nebenbuhler?

Marinelli Nicht anders.

Odoardo Nun dann, – Gott verdamm' ihn, den meuchelmörderschen Buben!

Marinelli Ein Nebenbuhler, und ein begünstigter Nebenbuhler –

Odoardo Was? ein begünstigter? – Was sagen Sie?

Marinelli Nichts, als was das Gerüchte verbreitet.

Odoardo Ein begünstigter? von meiner Tochter begünstiget?

Marinelli Das ist gewiß nicht. Das kann nicht sein. Dem widersprech' ich, trotz Ihnen. – Aber bei dem allen, gnädiger Herr, – denn das gegründetste Vorurteil[98] wieget auf der Waage der Gerechtigkeit soviel als nichts – bei dem allen wird man doch nicht umhin können, die schöne Unglückliche darüber zu vernehmen.

Der Prinz Jawohl, allerdings.

Marinelli Und wo anders? wo kann das anders geschehen, als in Guastalla?

[98] Vorurteil: vorgefaßte Meinung

Der Prinz Da haben Sie recht, Marinelli; da haben Sie recht. – Ja so: das verändert die Sache, lieber Galotti. Nicht wahr? Sie sehen selbst –

Odoardo O ja, ich sehe – Ich sehe, was ich sehe. – Gott! Gott!

Der Prinz Was ist Ihnen? was haben Sie mit sich?

Odoardo Daß ich es nicht vorausgesehen, was ich da sehe. Das ärgert mich: weiter nichts. – Nun ja; sie soll wieder nach Guastalla. Ich will sie wieder zu ihrer Mutter bringen: und bis die strengste Untersuchung sie frei gesprochen, will ich selbst aus Guastalla nicht weichen. Denn wer weiß, –
mit einem bittern Lachen
wer weiß, ob die Gerechtigkeit nicht auch nötig findet, mich zu vernehmen.

Marinelli Sehr möglich! In solchen Fällen tut die Gerechtigkeit lieber zu viel, als zu wenig. – Daher fürchte ich sogar –

Der Prinz Was? was fürchten Sie?

Marinelli Man werde vor der Hand nicht verstatten[99] können, daß Mutter und Tochter sich sprechen.

Odoardo Sich nicht sprechen?

Marinelli Man werde genötiget sein, Mutter und Tochter zu trennen.

Odoardo Mutter und Tochter zu trennen?

Marinelli Mutter und Tochter und Vater. Die Form des Verhörs erfodert diese Vorsichtigkeit schlechterdings. Und es tut mir leid, gnädiger Herr, daß ich mich gezwungen sehe, ausdrücklich darauf anzutragen[100], wenigstens Emilien in eine besondere Verwahrung zu bringen.

[99] verstatten: gestatten
[100] darauf anzutragen: den Antrag zu stellen

Odoardo

Besondere Verwahrung? – Prinz! Prinz! – Doch ja; freilich, freilich! Ganz recht: in eine besondere Verwahrung! Nicht, Prinz? nicht? – O wie fein die Gerechtigkeit ist! Vortrefflich!

Fährt schnell nach dem Schubsacke, in welchem er den Dolch hat.

Der Prinz

schmeichelhaft[101] auf ihn zutretend.

Fassen Sie sich, lieber Galotti –

Odoardo

beiseite, indem er die Hand leer wieder herauszieht.

Das sprach sein Engel!

Der Prinz

Sie sind irrig; Sie verstehen ihn nicht. Sie denken bei dem Worte Verwahrung wohl gar an Gefängnis und Kerker.

Odoardo

Lassen Sie mich daran denken: und ich bin ruhig!

Der Prinz

Kein Wort von Gefängnis, Marinelli! Hier ist die Strenge der Gesetze mit der Achtung gegen unbescholtene Tugend leicht zu vereinigen. Wenn Emilia in besondere Verwahrung gebracht werden muß: so weiß ich schon – die alleranständigste[102]. Das Haus meines Kanzlers – Keinen Widerspruch, Marinelli! – Da will ich sie selbst hinbringen, da will ich sie der Aufsicht einer der würdigsten Damen übergeben. Die soll mir für sie bürgen, haften. – Sie gehen zu weit, Marinelli, wirklich zu weit, wenn Sie mehr verlangen. – Sie kennen doch, Galotti, meinen Kanzler Grimaldi, und seine Gemahlin?

Odoardo

Was sollt' ich nicht? Sogar die liebenswürdigen Töchter dieses edeln Paares kenn' ich. Wer kennt sie nicht? –

Zu Marinelli.

Nein, mein Herr, geben Sie das nicht zu. Wenn Emilia verwahrt werden muß: so müsse sie in dem tiefsten Kerker verwahret werden. Dringen Sie darauf; ich bitte Sie. – Ich Tor, mit meiner Bitte! ich alter Geck! – Jawohl hat sie

[101] schmeichelhaft: mit schmeichelnder Geste
[102] alleranständigste: angemessenste

recht die gute Sibylle[103]: Wer über gewisse Dinge seinen Verstand nicht verlieret, der hat keinen zu verlieren!

Der Prinz Ich verstehe Sie nicht. – Lieber Galotti, was kann ich mehr tun? – Lassen Sie es dabei: ich bitte Sie. – Ja, ja, in das Haus meines Kanzlers! da soll sie hin; da bring' ich sie selbst hin; und wenn ihr da nicht mit der äußersten Achtung begegnet wird, so hat mein Wort nichts gegolten. Aber sorgen Sie nicht. – Dabei bleibt es! dabei bleibt es! – Sie selbst, Galotti, mit sich, können es halten, wie Sie wollen. Sie können uns nach Guastalla folgen; Sie können nach Sabionetta zurückkehren: wie Sie wollen. Es wäre lächerlich, Ihnen vorzuschreiben. – Und nun, auf Wiedersehen, lieber Galotti! – Kommen Sie, Marinelli: es wird spät.

Odoardo *der in tiefen Gedanken gestanden.* Wie? so soll ich sie gar nicht sprechen, meine Tochter? Auch hier nicht? – Ich lasse mir ja alles gefallen; ich finde ja alles ganz vortrefflich. Das Haus eines Kanzlers ist natürlicherweise eine Freistatt der Tugend. O, gnädiger Herr, bringen Sie ja meine Tochter dahin; nirgends anders als dahin. – Aber sprechen wollt' ich sie doch gerne vorher. Der Tod des Grafen ist ihr noch unbekannt. Sie wird nicht begreifen können, warum man sie von ihren Eltern trennet. Ihr jenen auf gute Art beizubringen; sie dieser Trennung wegen zu beruhigen: – muß ich sie sprechen, gnädiger Herr, muß ich sie sprechen.

Der Prinz So kommen Sie denn –

Odoardo O, die Tochter kann auch wohl zu dem Vater kommen. – Hier, unter vier Augen, bin ich gleich mit ihr fertig. Senden Sie mir sie nur, gnädiger Herr.

Der Prinz Auch das! – O Galotti, wenn Sie mein Freund, mein Führer, mein Vater sein wollten!
Der Prinz und Marinelli gehen ab.

[103] Sibylle: im Altertum Name für weissagende Frauen. Die Sibyllen verkündeten die Wahrheit im Zustand heiliger Ekstase. Vgl. „Wahnsinn" der Orsina (IV, 7)

Sechster Auftritt

Odoardo Galotti *ihm nachsehend; nach einer Pause.*
Warum nicht? – Herzlich gern – Ha! ha! ha! –
Blickt wild umher.
Wer lacht da? – Bei Gott, ich glaub', ich war es selbst. – Schon recht! Lustig, lustig. Das Spiel geht zu Ende. So, oder so! – Aber –
Pause.
wenn sie mit ihm sich verstünde? Wenn es das alltägliche Possenspiel wäre? Wenn sie es nicht wert wäre, was ich für sie tun will? –
Pause.
Für sie tun will? Was will ich denn für sie tun? – Hab' ich das Herz, es mir zu sagen? – Da denk' ich so was: So was, was sich nur denken läßt. – Gräßlich! Fort, fort! Ich will sie nicht erwarten. Nein! –
Gegen den Himmel.
Wer sie unschuldig in diesen Abgrund gestürzt hat, der ziehe sie wieder heraus. Was braucht er meine Hand dazu? Fort!
Er will gehen, und sieht Emilien kommen.
Zu spät! Ah! er will meine Hand; er will sie!

Siebenter Auftritt

Emilia. Odoardo.

Emilia Wie? Sie hier, mein Vater? – Und nur Sie? – Und meine Mutter? nicht hier? – Und der Graf? nicht hier? – Und Sie so unruhig, mein Vater?

Odoardo Und du so ruhig, meine Tochter?

Emilia Warum nicht, mein Vater? – Entweder ist nichts verloren: oder alles. Ruhig sein können, und ruhig sein müssen: kömmt es nicht auf eines?

Odoardo Aber, was meinest du, daß der Fall ist?

Emilia Daß alles verloren ist; – und daß wir wohl ruhig sein müssen, mein Vater.

Odoardo Und du wärest ruhig, weil du ruhig sein mußt? – Wer bist du? Ein Mädchen? und meine Tochter? So sollte der Mann, und der Vater sich wohl vor dir schämen? –Aber laß doch hören: was nennest du, alles verloren? – daß der Graf tot ist?

Emilia Und warum er tot ist! Warum! – Ha, so ist es wahr, mein Vater? So ist sie wahr, die ganze schreckliche Geschichte, die ich in dem nassen und wilden Auge meiner Mutter las? – Wo ist meine Mutter? Wo ist sie hin, mein Vater?

Odoardo Voraus; – wenn wir anders ihr nachkommen.

Emilia Je eher, je besser. Denn wenn der Graf tot ist; wenn er darum tot ist – darum! was verweilen wir noch hier? Lassen Sie uns fliehen, mein Vater!

Odoardo Fliehen? – Was hätt' es dann für Not? – Du bist, du bleibst in den Händen deines Räubers.

Emilia Ich bleibe in seinen Händen?

Odoardo Und allein; ohne deine Mutter; ohne mich.

Emilia Ich allein in seinen Händen? – Nimmermehr, mein Vater. – Oder Sie sind nicht mein Vater. – Ich allein in seinen Händen? – Gut, lassen Sie mich nur; lassen Sie mich nur. – Ich will doch sehn, wer mich hält, – wer mich zwingt, – und wer der Mensch ist, der einen Menschen zwingen kann.

Odoardo Ich meine, du bist ruhig, mein Kind.

Emilia Das bin ich. Aber was nennen Sie ruhig sein? Die Hände in den Schoß legen? Leiden, was man nicht sollte? Dulden, was man nicht dürfte?

Odoardo Ha! wenn du so denkest! – Laß dich umarmen, meine Tochter! – Ich hab' es immer gesagt: das Weib wollte die Natur zu ihrem Meisterstücke machen. Aber sie vergriff sich im Tone[104]; sie nahm ihn zu fein. Sonst ist alles besser an euch, als an uns. – Ha, wenn das deine Ruhe ist: so habe ich meine in ihr wiedergefunden! Laß dich umarmen, meine Tochter! – Denke nur: unter dem Vorwande einer gerichtlichen Untersuchung, – o des höllischen Gaukelspieles! – reißt er dich aus unsern Armen, und bringt dich zur Grimaldi.

Emilia Reißt mich? bringt mich? – Will mich reißen; will mich bringen: will! will! – Als ob wir, wir keinen Willen hätten, mein Vater!

Odoardo Ich ward auch so wütend, daß ich schon nach diesem Dolche griff,
ihn herausziehend
um einem von beiden – beiden! – das Herz zu durchstoßen.

Emilia Um des Himmels willen nicht, mein Vater! – Dieses Leben ist alles, was die Lasterhaften haben. – Mir, mein Vater, mir geben Sie diesen Dolch.

Odoardo Kind, es ist keine Haarnadel.

Emilia So werde die Haarnadel zum Dolche! – Gleichviel.

Odoardo Was? Dahin wäre es gekommen? Nicht doch; nicht doch! Besinne dich. – Auch du hast nur *ein* Leben zu verlieren.

Emilia Und nur *eine* Unschuld!

Odoardo Die über alle Gewalt erhaben ist. –

Emilia Aber nicht über alle Verführung. – Gewalt! Gewalt! wer kann der Gewalt nicht trotzen? Was Gewalt heißt, ist

[104] Ton: Tonerde; hier für „Stoff"

nichts: Verführung ist die wahre Gewalt. – Ich habe Blut, mein Vater; so jugendliches, so warmes Blut, als eine. Auch meine Sinne sind Sinne. Ich stehe für nichts. Ich bin für nichts gut. Ich kenne das Haus der Grimaldi. Es ist das Haus der Freude. Eine Stunde da, unter den Augen meiner Mutter; – und es erhob sich so mancher Tumult in meiner Seele, den die strengsten Übungen der Religion kaum in Wochen besänftigen konnten! – Der Religion! Und welcher Religion? – Nichts Schlimmers zu vermeiden, sprangen Tausende in die Fluten, und sind Heilige! – Geben Sie mir, mein Vater, geben Sie mir diesen Dolch.

Odoardo Und wenn du ihn kenntest, diesen Dolch! –

Emilia Wenn ich ihn auch nicht kenne! – Ein unbekannter Freund, ist auch ein Freund. – Geben Sie mir ihn, mein Vater; geben Sie mir ihn.

Odoardo Wenn ich dir ihn nun gebe – da!
Gibt ihr ihn.

Emilia Und da!
Im Begriffe, sich damit zu durchstoßen, reißt der Vater ihr ihn wieder aus der Hand.

Odoardo Sieh, wie rasch! – Nein, das ist nicht für deine Hand.

Emilia Es ist wahr, mit einer Haarnadel soll ich –
Sie fährt mit der Hand nach dem Haare, eine zu suchen, und bekommt die Rose zu fassen.
Du noch hier? – Herunter mit dir! Du gehörest nicht in das Haar einer, – wie mein Vater will, daß ich werden soll!

Odoardo O, meine Tochter! –

Emilia O, mein Vater, wenn ich Sie erriete[105]! – Doch nein; das wollen Sie auch nicht. Warum zauderten Sie sonst? –

[105] wenn ich Sie erriete: wenn ich erriete, was Sie vorhaben.

In einem bittern Tone, während daß sie die Rose zerpflückt.
Ehedem wohl gab es einen Vater[106], der seine Tochter von der Schande zu retten, ihr den ersten den besten[107] Stahl in das Herz senkte – ihr zum zweiten Male das Leben gab. Aber alle solche Taten sind von ehedem! Solcher Väter gibt es keinen mehr!

Odoardo Doch, meine Tochter, doch!
Indem er sie durchsticht.
Gott, was hab' ich getan!
Sie will sinken, und er faßt sie in seine Arme.

Emilia Eine Rose gebrochen, ehe der Sturm sie entblättert. – Lassen Sie mich sie küssen, diese väterliche Hand.

Achter Auftritt

Der Prinz. Marinelli. Die Vorigen.

Der Prinz *im Hereintreten.*
Was ist das? – Ist Emilien nicht wohl?

Odoardo Sehr wohl; sehr wohl!

Der Prinz *indem er näher kömmt.*
Was seh' ich? – Entsetzen!

Marinelli Weh mir!

Der Prinz Grausamer Vater, was haben Sie getan?

Odoardo Eine Rose gebrochen, ehe der Sturm sie entblättert. – War es nicht so, meine Tochter?

Emilia Nicht Sie, mein Vater – Ich selbst – ich selbst –

[106] Ehedem wohl gab es einen Vater: Emilia erinnert an die Geschichte der römischen Virginia, die von ihrem Vater erstochen wurde, um sie vor dem Verlust der Unschuld zu bewahren. → Text **2**
[107] den ersten den besten: den erstbesten

Odoardo Nicht du, meine Tochter; – nicht du! – Gehe mit keiner Unwahrheit aus der Welt. Nicht du, meine Tochter! Dein Vater, dein unglücklicher Vater!

Emilia Ah – mein Vater –
Sie stirbt, und er legt sie sanft auf den Boden.

Odoardo Zieh hin! – Nun da, Prinz! Gefällt sie Ihnen noch? Reizt sie noch Ihre Lüste? Noch, in diesem Blute, das wider Sie um Rache schreiet?
Nach einer Pause.
Aber Sie erwarten, wo das alles hinaus soll? Sie erwarten vielleicht, daß ich den Stahl wider mich selbst kehren werde, um meine Tat wie eine schale Tragödie zu beschließen? – Sie irren sich. Hier!
Indem er ihm den Dolch vor die Füße wirft.
Hier liegt er, der blutige Zeuge meines Verbrechens! Ich gehe und liefere mich selbst in das Gefängnis. Ich gehe, und erwarte Sie, als Richter. – Und dann dort – erwarte ich Sie vor dem Richter unser aller!

Der Prinz *nach einigem Stillschweigen, unter welchem er den Körper mit Entsetzen und Verzweiflung betrachtet, zu Marinelli.*
Hier! heb' ihn auf. – Nun? Du bedenkst dich? – Elender! –
Indem er ihm den Dolch aus der Hand reißt.
Nein, dein Blut soll mit diesem Blute sich nicht mischen. – Geh, dich auf ewig zu verbergen! – Geh! sag' ich. – Gott! Gott! – Ist es, zum Unglücke so mancher, nicht genug, daß Fürsten Menschen sind: müssen sich auch noch Teufel in ihren Freund verstellen?

Ende des Trauerspiels

Materialien

1. Zur Konzeption der Materialien

Lessings „Emilia Galotti“ gehört zu den meist aufgeführten Dramen des 18. Jahrhunderts. Die Aktualität des Stückes ist zum einen in der provozierenden Wirkung des offenen Schlusses, der kontroverse Stellungnahmen geradezu herausfordert, begründet, zum andern in der Bedeutsamkeit des tragischen Konflikts selbst. Die im Drama aufgeworfene Frage nach den gesellschaftlichen Bedingungen der Selbstverwirklichung des Menschen stellt sich auch dem heutigen Leser in unverminderter Radikalität. Ein aktualisierendes Verständnis der „Emilia Galotti“ wird sowohl von der Brüchigkeit des Tragödienschlusses als auch von der Brisanz des tragischen Konflikts ausgehen. Öffnet sich der moderne Leser bzw. Zuschauer dem Appellcharakter des Textes, so kann er die in der historischen Distanz begründeten sprachlichen und inhaltlichen Barrieren überwinden und ein geschichtliches Bewußtsein entwickeln, das die eigene Position kritisch hinterfragt.

Die didaktischen Schwerpunkte der Materialien orientieren sich an dem leitenden Gesichtspunkt der aufklärerischen Tendenz des Dramas. So stehen folgende Themen im Zentrum der Diskussion: die Frage nach dem politischen Verständnis des Stücks; die Auseinandersetzung mit dem offenen Schluß (Emilias Tod und das Schuldproblem); die Konfrontation von privater Moral des Bürgertums und Herrschaftsanspruch der politischen Öffentlichkeit; der im bürgerlichen Tugendbegriff begründete Emanzipationsgedanke; die Problematik des Autoritätsverständnisses der Familie Galotti (Vaterbild); der Rückzug aus der Gesellschaft als Lösungsvorschlag (Appiani); die Idee der Emanzipation (Orsina); öffentliche Gewalt und Bedingungen des Widerstands; Lessings appellative Dramaturgie.

Die Entscheidung über Auswahl und Reihenfolge der vorgeschlagenen Themen obliegt der jeweiligen Lerngruppe, insbesondere die Frage, inwieweit primär formalästhetische oder problemorientierte Themenstellungen zu Beginn der Interpretation dominieren. Selbstverständlich wird eine Unterrichtsreihe zur „Emilia Galotti“ den Verstehensprozeß mit einer Bestimmung des „intuitiven“ Erwartungshorizonts des Lesers (z. B. nach Lektüre des Personenregisters und der dramatischen Exposition) eröffnen. Der folgende Überblick zur Organisation von Teilsequenzen der Reihe, entsprechend den Kapitelthemen der Materialien, ist in diesem Sinne als Vorschlag zu verstehen:

I. Einlesen in den Text (1. Akt), Antizipation der Handlung und Problemstellung entsprechend dem Erwartungshorizont. Planung des weiteren Vorgehens.

II. Die Phasen der Interpretation des Textes und der Auseinandersetzung mit der Intention können durch die Lektüre der Kapitel 2 und 3 (Porträt des Autors und zeitgenössischer Hintergrund) begleitet werden. Alternative: Information durch Referate.
III. Die Umstände der Entstehung des Stückes; die Veränderung der römischen Vorlage; die Irritation des Erwartungshorizonts des zeitgenössischen Publikums; die Aktualisierung des Konflikts in modernen Inszenierungen (Kapitel 4 und 5).
IV. Diskussion über die zentrale Aussage und Intention des Dramas unter der Fragestellung: politisch vs. nicht-politisch (Kapitel 6.1).
V. Analyse und Erörterung der Problemstellungen, die sich aus dem zentralen Konflikt von höfischer Welt (Gewalt) und bürgerlicher Privatsphäre (Selbstbestimmung), von familiärer Autorität und moralischem Bewußtsein (Tugend, Rückzug, Emanzipation) ergeben (Kapitel 6.3–6.5).
VI. Lessings bürgerliches Trauerspiel-Modell: die Rolle des Zuschauers und die gesellschaftlich-moralische Wirkung (Kapitel 6.2).
Die ästhetische Realisierung der Appellfunktion der Tragödie: die kommunikative Leistung des dramatischen Dialogs und die Verpflichtung der Sprache zur symbolischen Aussage (Kapitel 6.6).
VII. Kreative Produktion als Aneignung und Applikation des analytischen und diskursiven Textverstehens. Entscheidung für ein weiterführendes Projekt (Kapitel 7).

2. Lessing – Porträt eines Schriftstellers

„Wenige Schriftsteller nennt und lobt man so gern als ihn: ja, es ist eine fast allgemeine Liebhaberei, gelegentlich etwas Bedeutendes über Lessing zu sagen. Wie natürlich: da er, der eigentliche Autor der Nation und des Zeitalters, so vielseitig und so durchgreifend wirkte, zugleich laut und glänzend für alle, und auf einige tief." Friedrich Schlegels lobende Äußerung in seinem Aufsatz „Über Lessing" aus dem Jahre 1797 findet zwei Jahrhunderte später nur Bestätigung, wie aus den zahlreichen Nachrufen zum 200. Todestag Lessings eindrucksvoll zu entnehmen ist. So bekundet der Literaturkritiker Gerhard Kaiser am 15. Februar 1981 lapidar: „Mit Gotthold Ephraim Lessing beginnt die deutsche Literatur." Lessing ist zum Inbegriff des aufklärerischen Schriftstellers geworden. Streben nach Unabhängigkeit und selbstverantwortlichem Handeln, kompromißloses Eintreten für eine kritische Öffentlichkeit sowie die radikale Forderung nach Wahrhaftigkeit, Toleranz, Humanität und Emanzipation aus gesellschaftlich-politischer Unmündigkeit sind Grundüberzeugungen dieses bürgerlichen Autors, die er gleichermaßen zu Prinzipien seines Lebenswegs und seiner schriftstellerischen Tätigkeit machte. Lessings Schriften sind eine Herausforderung für den heutigen Leser. Sie korrigieren verkrustete Erwartungshorizonte und setzen neue Maßstäbe durch ihre programmatische Forderung nach Selbstverwirklichung in einer menschlichen Welt. Allerdings, Lessing lieben, heißt ihn lesen.

Jugendzeit. Studium in Leipzig. Literarisches Debüt (1729–1748)

Gotthold Ephraim Lessing wurde am 22. Januar 1729 in der kursächsischen Kleinstadt Kamenz als Sohn eines strenggläubigen lutherischen Pfarrers geboren. Entsprechend dem Wunsch seines Vaters, der selbst theologische Beiträge veröffentlichte und eine große Bibliothek besaß, die den jungen Lessing faszinierte, besuchte er als Achtjähriger die städtische Lateinschule in Kamenz und anschließend (1741–1746) mit Hilfe eines Stipendiums die Fürstenschule St. Afra in Meißen, wo er vornehmlich in das Studium der griechischen und römischen Klassiker eingeführt wurde, sich jedoch in privater Lektüre mit der zeitgenössischen Literatur vertraut machte. 1746 schrieb er sich auf Wunsch des Vaters als Student der Theologie in Leipzig ein, doch besuchte er bald fast ausschließlich philologische Vorlesungen und belegte zeitweilig Medizin.

In Leipzig begann seine schriftstellerische Karriere mit der Aufführung der Typenkomödie „Der junge Gelehrte" (1748) durch die Neubersche Schauspieltruppe, mit der er durch Vermittlung seines Vetters Christlob Mylius eng zusammenarbeitete. Seine Kontakte zur literarischen Bohème der Stadt und zum Theater haben die Wende vom „Gelehrten" zum „freien Schriftsteller" stark beeinflußt. Seiner Mutter schrieb er über die Leipziger Zeit: „Erlauben Sie mir, daß ich nur mit wenigen Zügen, ihnen meinen ganzen Lebenslauff auf Universitäten abmahlen darff, ich bin gewiß versichert, Sie werden alsdann mein jeziges Verfahren gütiger beurtheilen. Ich komme jung von Schulen, in der gewißen Überzeugung, daß mein ganzes Glück in den Büchern bestehe. Ich komme nach Leipzig, an einen Ort, wo man die ganze Welt in kleinen sehen kan. Ich lebte die ersten Monate so eingezogen, als ich in Meißen nicht gelebt hatte. Stets bey den Büchern, nur mit mir selbst beschäfftigt, dachte ich eben so selten an die übrigen Menschen, als vielleicht an Gott. Dieses Eingeständnis kömmt mir etwas sauer an, und mein einziger Trost dabey ist, daß mich nichts schlimmers als der Fleiß so närrisch machte. Doch es dauerte nicht lange, so gingen mir die Augen auf: Soll ich sagen, zu meinem Glücke, oder zu meinem

Unglücke? Die künfftige Zeit wird es entscheiden. Ich lernte einsehen, die Bücher würden mich wohl gelehrt, aber nimmermehr zu einem Menschen machen. Ich wagte mich von meiner Stube unter meines gleichen. Guter Gott! was vor eine Ungleichheit wurde ich zwischen mir und andern gewahrt. Eine bäuersche Schüchternheit, ein verwilderter und ungebauter Körper, eine gäntzliche Unwißenheit in Sitten und Umgange, verhaßte Minen, aus welchen jedermann seine Verachtung zu lesen glaubte, das waren dic guten Eigenschafften, die mir, bey meiner eignen Beurtheilung, übrig blieben. Ich empfand eine Schahm, die ich niemals empfunden hatte. Und die Würkung derselben war der feste Entschluß, mich hierinne zu beßern, es koste was es wolle. Sie wißen selbst, wie ich es anfing. Ich lernte tanzen, fechten, voltigiren. Ich will in diesem Briefe meine Fehler aufrichtig bekennen, ich kann also auch das gute von mir sagen. Ich kam in diesen Übungen so weit, daß mich diejenigen selbst, die mir in Voraus alle Geschicklichkeit darinnen absprechen wollten, einigermaßen bewunderten. Dieser gute Anfang ermunterte mich hefftig. Mein Körper war ein wenig geschickter geworden, und ich suchte Gesellschaft, um nun auch leben zu lernen." (LM, Bd. XVII, Nr. 6, 20. Januar 1749).

Journalist, Kritiker, freier Schriftsteller in Berlin (1748–1755)

Seinem Vetter Mylius, inzwischen Redakteur an der „Berlinischen Privilegirten Zeitung", folgte er 1748 in die preußische Residenzstadt und betätigte sich als Mitarbeiter und später als Redakteur dieser renommierten Zeitung. Während der Berliner Zeit, die durch die Promotion zum Magister in Wittenberg unterbrochen wurde, avancierte Lessing bald zu einer Kritikerautorität, deren scharfsinniges Urteil über die literarische Produktion der Vergangenheit und Gegenwart eindeutige Maßstäbe setzte: „Sagt Er, die Schrift sei gut, so druckt sie jedermann" (Gleim an Ramler, 4. März 1755).

In der „Theatralischen Bibliothek", die Lessing von 1754 bis 1758 herausgab, suchte er die Tradition des europäischen Theaters in kritischer Sichtung für die Entwicklung eines progressiven deutschen Schauspiels fruchtbar zu machen. Die Kritik an der Gottschedschen Theaterreform, die eine starre Anknüpfung an die Dramaturgie der französischen Klassik zur Norm erhob, setzt hier ein. In der „Theatralischen Bibliothek" veröffentlichte er auch die Übersetzung einer französischen Zusammenfassung der „Virginia"-Tragödie des Spaniers Montiano y Luyando. Dies ist wohl der erste Hinweis auf die Quelle des „Emilia Galotti"-Stoffs. Die intensive Besprechung neuerer englischer Trauerspiele der bürgerlichen Empfindsamkeit und die Würdigung der Tragödien Senecas, insbesondere der „Medea", gaben wichtige Impulse für Lessings Verständnis des Tragischen. Das Grundmotiv der Medea-Figur, der tugendhaften Heldin, die, von der Untreue ihres Gatten Jason zur Eifersucht angestachelt, in der Verbannung vor Rachedurst rasend die Nebenbuhlerin und schließlich ihre eigenen Kinder und sich selbst tötete, hat auf Lessings bürgerliches Trauerspielmodell einen nachhaltigen Einfluß ausgeübt. Das Motiv der Medea fand in der Orsina-Figur der „Emilia Galotti" seine Gestaltung. Es ist besonders ausgeprägt in dem dramatischen Modell von Unschuld, Verführung und Rache der verlassenen Geliebten, das Lessing seiner „Miß Sara Sampson" (1755) zugrundegelegt hat. Dieses erste bedeutende bürgerliche Trauerspiel wurde zu einem ungeheuren tränenrührenden Publikumserfolg. Die Öffnung des starren älteren heroischen Trauerspiels durch die Einführung des „gemischten Charakters" und der bürgerlich empfindsamen Kategorie der Rührung als einer tragenden Wirkungsabsicht greift der späteren dramaturgischen Theorie Lessings voraus.

Mit den Komödien „Die Juden" und „Der Freigeist" (1749) hat Lessing die alte sächsische Typenkomödie, die das Laster, d. h. den Fehler des Helden, der lachenden Reaktion des Publikums preisgibt, entscheidend verändert, indem nunmehr die Vorurteilsstrukturen der Zeitgenossen selbst, hier die Vorurteile gegenüber Minderheiten, bloßgelegt und einem kritischen Publikum Denkanstöße vermittelt werden.

Die Tätigkeit als „freier Schriftsteller" in Berlin brachte Lessing die bittere Erfahrung, daß eine solche bürgerliche Existenzform unter den gesellschaftlich-ökonomischen Bedingungen der Zeit finanziell kaum durchzuhalten war. Die dauernden Geldsorgen, die beginnenden Intrigen bei der Suche nach einer langfristigen Anstellung, der sich übrigens der preußische König Friedrich der Große widersetzte, veranlaßten ihn 1755 zu einem Wechsel nach Leipzig, wo er sich vor allem eine Fortsetzung seiner Karriere als Theaterschriftsteller versprach. Der Abschied von Berlin fiel ihm schwer, da er in den regen intellektuellen Zirkeln der Kritiker und Literaten viele enge Freundschaften geschlossen hatte, u. a. mit dem jüdischen Schriftsteller und Philosophen Moses Mendelssohn und dem Verleger und Autor Friedrich Nicolai, einem bedeutenden Wortführer der Spätaufklärung.

Aufenthalt in Leipzig und Berlin: Entwicklung des bürgerlichen Trauerspielmodells (1755–1760)

Mit seinen Freunden Mendelssohn und Nicolai führte Lessing von Leipzig aus einen Briefwechsel über das Trauerspiel (1756/57), in dem er auf dem Hintergrund einer produktiven Kritik und Neuinterpretation der Poetik des Aristoteles dessen Katharsislehre zu einer neuen wirkungspoetischen Dramaturgie des Mitleids und der Rührung umformte. Der Zweck der Tragödie wird

Gotthold Ephraim Lessing. Gemälde von Johann Heinrich Tischbein d. Ä., 1760

nunmehr durch eine gesellschaftlich-moralische Kategorie bestimmt. Statt der Bewunderung für den Helden wird das Mitleiden des Zuschauers in den Mittelpunkt der tragischen Intention gerückt: „Der mitleidigste Mensch ist der beste Mensch" (Lessing an Nicolai, 13. November 1756).

1756 beschäftigte sich Lessing mit Plänen zur Dramatisierung des Lucretia-Stoffes („Das befreyte Rom"). Außerdem übersetzte er den Anfang der „Virginia"-Tragödie des Engländers Samuel Crisp (→ Text **3**). Die Beschäftigung mit dem Virginia-Stoff führte 1757 anläßlich eines Trauerspiel-Preisausschreibens Nicolais zur Arbeit an einer „bürgerlichen Virginia" mit dem Titel „Emilia Galotti".

1758 kehrte Lessing nach Berlin zurück, wo er von 1759 an mit den Freunden Mendelssohn und Nicolai die „Briefe, die neueste Literatur betreffend" herausgab. In dem berühmten 17. Literaturbrief forderte er eine Orientierung der deutschen Schaubühne am englischen Vorbild Shakespeares anstelle der von Gottsched gesetzten Norm des französischen Klassizismus. Zur Veranschaulichung seines Vorhabens fügte er eine Szene aus seinem „Faust"-Entwurf hinzu. Gleichfalls 1759 erschien eine Sammlung seiner „Fabeln. Drei Bücher. Nebst Abhandlungen mit dieser Dichtungsart verwandten Inhalts".

Preußischer Gouvernementssekretär in Breslau. Rückkehr nach Berlin (1760–1767)

Nach kurzem Aufenthalt in Berlin verließ Lessing 1760 – wohl nach finanziellen Schwierigkeiten und Spannungen mit Nicolai und Mendelssohn – ohne Abschied die Residenzstadt, um in Breslau die gut bezahlte Stellung eines Sekretärs des preußischen Generals von Tauentzien einzunehmen. Seit Beginn des Siebenjährigen Krieges (1756–1763) war die schlesische Hauptstadt unter preußischer Besetzung. Hier begann er mit der Konzeption des Lustspiels „Minna von Barnhelm" (Uraufführung 1767) und der Abhandlung „Laokoon: oder über die Grenzen der Malerei und Poesie" (1766). Die Verknüpfung von Zeitkritik (preußisches Militär/Siebenjähriger Krieg) und dialektischer Emanzipation des bürgerlichen Tugendverständnisses (Ehrbegriff) führten zum außerordentlichen Erfolg der „Minna", die zu den Meisterwerken der deutschen Lustspieltradition zählt. Die im „Laokoon" vollzogene scharfsinnige Trennung von Malerei und Dichtung, die nach Lessings Darstellung zur mediumbedingten Eigenständigkeit und ästhetischen Vorrangstellung der Dichtung führt, übte eine ungeheure Wirkung auf die Genieästhetik der Dichter des Sturm und Drang in den siebziger Jahren des 18. Jahrhunderts aus.

Lessing, der ab 1765 wieder ohne feste Stellung in Berlin war, nahm Ende des Jahres 1766 die Stelle eines Dramaturgen am neugegründeten Hamburger „Nationaltheater" an.

Dramaturg in Hamburg (1767–1770)

Als Dramaturg hatte Lessing die mit großem Enthusiasmus von Hamburger Bürgern getragene Theater-„Entreprise" durch kritische Besprechungen der Aufführungen und durch neue Anregungen für den Spielplan zu unterstützen. Diese laufende Programmkritik erschien schließlich als „Hamburgische Dramaturgie" (1767–1769), wobei die einzelnen Beiträge von „Stück" zu „Stück" immer deutlicher prinzipiellen und programmatischen Charakter annahmen, so daß eine Theorie des Trauerspiels entstand mit den Schwerpunkten: intuitive Regelfindung des Genies (Shakespeare) gegenüber mechanischer Regelanwendung (französische Klassik); Nachahmung der Natur als abstrahierende poetische Sinngebung der äußeren und inneren Natur; Abschaffung der Ständeklausel und Orientierung am „gemischten" Charakter; Wirkungsbestimmung der Tragödie als Katharsis, die „in der Verwandlung der Leidenschaften in tugendhafte Fertigkeiten" beruht.

Im Zusammenhang mit der Weiterentwicklung seines Trauerspielmodells setzte Lessing die Arbeit an seinen Pänen zur „Emilia Galotti" fort, die er nunmehr als fünfaktiges Drama für die Bühne, nicht für den Druck konzipierte.

Um seine ökonomische Sicherheit als „freier Schriftsteller" abzusichern, gründete Lessing zusammen mit Johann Bode eine eigene Druckerei. Zur Finanzierung verkaufte er seine in Breslau erworbene, 6000 Bände umfassende Bibliothek. Das Verlagsunternehmen endete jedoch als Fiasko mit großen finanziellen Verlusten. Einen gleichfalls enttäuschenden Ausgang nahm das Projekt der neuen Nationaltheateridee. Die Theater-„Entreprise" scheiterte, wohl aufgrund von organisatorischen Mängeln und aufgrund der Diskrepanz zwischen der konzeptionellen Modernität und dem traditionellen Erwartungshorizont des Publikums. Die Dramaturgentätigkeit mußte Lessing schon nach einem Jahr aufgeben. In dieser schwierigen Situation nahm er schließlich Ende 1769 das Angebot des Braunschweiger Erbprinzen Karl Wilhelm Ferdinand an, als Bibliothekar die berühmte „Bibliotheca Augusta" in Wolfenbüttel zu betreuen.

Bibliothekar in Wolfenbüttel (1770–1781)

Die Bibliothekarsstelle in Wolfenbüttel bot zwar die Sicherung des Existenzminimums, doch bedeutete das Leben in Wolfenbüttel trotz der engen

Freundschaft mit einigen Braunschweiger Gelehrten (u. a. mit Johann Arnold Ebert und Johann Joachim Eschenburg) für den an rege intellektuelle Kontakte und großstädtische literarische Bohème gewöhnten Schriftsteller Lessing Isolation von der literatischen Öffentlichkeit und menschliche Vereinsamung. Die zunehmenden Klagen über die Schwierigkeit der privaten Situation erreichten ihren Höhepunkt, als er seine Frau Eva König, die Witwe eines verstorbenen Hamburger Freundes, nach einjähriger langersehnter Ehe verlor. Sie starb im Januar 1778 kurz nach dem Tode des Weihnachten 1777 geborenen Sohnes. Den Schmerz über das private Unglück, über den Verlust der gerade gewonnenen familiären Beziehung hat Lessing nie verwinden können. „Ich wollte es auch einmal so gut haben, wie andere Menschen, aber es ist mir schlecht bekommen", schreibt er nach dem Tode seines Sohnes am 31. Dezember 1777 an seinen Freund Eschenburg (LM, Bd. XVIII, Nr. 584). Wenig später, am 10. Januar 1778, folgt jener kurze Brief (LM, Bd. XVIII, Nr. 588) in lapidarer Sprache:

„Lieber Eschenburg,
Meine Frau ist todt: und diese Erfahrung habe ich nun auch gemacht. Ich freue mich, daß mir viel dergleichen Erfahrungen nicht mehr übrig seyn können zu machen; und ich bin ganz leicht. – Auch thut es mir wohl, daß ich mich Ihres, und unserer übrigen Freunde in Braunschweig, Beyleids versichert halten darf.

Der Ihrige Lessing."

Lessings literarästhetische Produktion während der langen Wolfenbütteler Zeit begann und endete mit der Veröffentlichung seiner beiden bedeutendsten Dramen „Emilia Galotti" (1772) und „Nathan der Weise" (1779). Während Lessing in der „Emilia Galotti" den Widerspruch zwischen der politischen Öffentlichkeit absolutistischer Herrschaft und dem privaten, familiären Bereich offenlegt und das neue Ideal der bürgerlichen Familie als einer emanzipatorischen Gemeinschaft der Selbstverwirklichung schließlich an den Herrschafts- und Kommunikationsbedingungen der Epoche tragisch scheitern läßt, gewinnt die Familie im Schlußtableau des „Nathan" den symbolischen Rang einer Verständigungsgemeinschaft, wobei die leibliche Verwandtschaft durch eine geistige überhöht wird. Die abschließende „stumme Wiederholung allseitiger Umarmung" versinnbildlicht den „utopischen Entwurf einer harmonischen Gesellschaftsordnung" (Wilfried Barner u. a., Lessing, S. 303).

„Nathan der Weise" verkündigt das aufklärerische Toleranzideal als Antwort auf einen von Lessing heftig geführten theologischen Streit mit den Vertretern der kirchlichen Orthodoxie über die Frage nach der Wahrheit der christlichen Religion. Ausgelöst hatte Lessing den Streit mit der Veröffentlichung der „Reimarus-Fragmente" (1774). Nachdem ihm vom Braunschweiger Herzog weitere theologische Beiträge zum Streit verboten wurden, umging er die Zensur durch eine Antwort in dramatischer Form, auf seiner „alten Kanzel, auf dem Theater".

In engem Zusammenhang zur Botschaft der Aufklärung, wie sie „Nathan" verkündet, stehen die beiden großen philosophischen Abhandlungen „Die Erziehung des Menschengeschlechts" (1777/1780) und „Ernst und Falk. Gespräche für Freimaurer" (1778/1780). In der geschichtsphilosophischen Schrift zur „Erziehung" beschreibt Lessing in Form eines dialektischen Dreischritts den Weg des Menschen zum selbstverantwortlichen Vernunftgebrauch, zur Mündigkeit, die sich als eine in der Offenbarung verborgene Vernunftwahrheit in einem „neuen dritten Evangelium" verwirklicht. In den Freimaurer-Dialogen dokumentiert sich Lessings geistiges Vermächtnis: Nicht Glaubensüberzeugungen und Institutionszugehörigkeiten sind der Prüfstein menschlichen Verhaltens, sondern das sittliche Handeln, die verantwortungsbewußte Tat. Ziel einer Erziehung zur Humanität, zum emanzipierten Weltbürgertum ist die Überwindung aller gesellschaftlich-ständischen, religiösen und nationalen „Trennungen".

Lessing starb am 15. Februar 1781 während eines Besuchs in Braunschweig.

3. Lessing und seine Zeit: Die Epoche der Aufklärung

Lessings Leben umspannt das Zeitalter der *Aufklärung* (1720–1785). Die Epochenbezeichnung „Aufklärung" ist nicht als eine geschlossene, statische Einheit zu verstehen, sondern als eine geistes- und kulturgeschichtliche Bewegung, die gegenläufige, sich überlagernde, sich wechselseitig fruchtbar ergänzende, sich stützende und widersprechende philosophische und literarische Strömungen umfaßt: Rationalismus, Pietismus, Empfindsamkeit und Sturm und Drang/Irrationalismus.

„Emilia Galotti", auf dem Höhepunkt der Aufklärung entstanden, steht in fruchtbarer Spannung zur gerade aufkommenden literarischen Tendenz des *Sturm und Drang,* der die Idee des genialen Individuums, der schöpferischen Originalität, der vergöttlichten Natur und des Gefühls sowie der Befreiung des Menschen aus sozialer und politischer Unterdrückung zum ästhetischen Programm erhebt. Trotz aller Vorbehalte Goethes und Schillers gegenüber Lessings Werk, hat „Emilia Galotti" die Grundstimmung und tragende Idee von

Goethes Roman „Die Leiden des jungen Werthers" (1774) und Schillers bürgerlichem Trauerspiel „Kabale und Liebe" (1784) tief beeinflußt.

Der Aufklärungsgedanke der „Emilia Galotti", der in dem Anspruch des Menschen auf Unantastbarkeit seiner Würde – verkörpert im Begriff der bürgerlichen Tugend der Emilia und im Appell der Orsina an die sittliche Einheit von Vernunft und Gefühl – zum Ausdruck kommt, erfährt in diesem Drama eine starke sprachliche Ausprägung „empfindsamer" Inhalte. Die bürgerliche *Empfindsamkeit,* die man auch als „säkularisierten *Pietismus*" (religiöse Reformbewegung, die in der Erweckung des inneren Gefühls und in tugendhaftem Handeln das Ziel christlicher Frömmigkeit sieht) bezeichnet hat, entwickelte sich in Deutschland um die Mitte des 18. Jahrhunderts. Die Empfindsamkeit teilt mit dem *Rationalismus* die Betonung des Subjekts als der entscheidenden Instanz, die Verpflichtung zur Selbstverwirklichung des Menschen als eines tugendhaften Individuums und die Forderung nach Befreiung des Bürgertums aus gesellschaftlicher Unterdrückung. Ein Widerspruch zwischen rationalistischen und empfindsamen Strömungen bildet sich erst in der Tendenz zur extremen Verabsolutierung des Verstands einerseits und des Gefühls andererseits. Der Aufklärer Lessing, auf den übrigens der Begriff „empfindsam" zurückgeht, hat einen solchen Widerspruch nicht gesehen: „Wer über gewisse Dinge den Verstand nicht verlieret, der hat keinen zu verlieren." Die Worte der „aufgeklärten" Gräfin Orsina werden gleichsam zur Losung einer Epoche.

Bedeutende Vertreter der europäischen Empfindsamkeitsbewegung (Richardson, Lillo, Sterne, Rousseau und Klopstock) haben Lessing deutlich beeinflußt. Ohne die programmatischen Gedanken der bürgerlichen Empfindsamkeit, wie sie z. B. im Tugendbegriff, im bürgerlichen Selbstverständnis und in der Erfahrung der inneren Natur des Menschen verkörpert sind, wäre Lessings Dramaturgie der Rührung, des Mitleids und der moralischen Besserung nicht denkbar. Das Verhalten des Prinzen von Guastalla im ersten Akt der „Emilia Galotti" hat den Erwartungshorizont des zeitgenössischen Publikums gerade deshalb überrascht und irritiert, weil hier ein Adliger die Sprache der bürgerlichen Empfindsamkeit spricht.

Über wichtige Inhalte und Positionen der *Aufklärung* informiert der folgende Beitrag Wilfried Barners.

Wilfried Barner: Lessings Lebenszeit und die „Aufklärung" in Deutschland

1 Lessings Lebenszeit (1729–81) umfaßt nur etwas mehr als fünf Jahrzehnte und ist doch seit jeher von vielen als beispielhaft für ‚das 18. Jahrhundert' angesehen worden. Das hat verschiedene Gründe. Zum einen umgreift diese Lebenszeit, im Gegensatz zu den meisten anderen wichtigen Autoren seiner Zeitgenossenschaft – mit Ausnahme Klopstocks –, beinahe gleichmäßig beide Jahrhunderthälften (wogegen etwa Gottsched und Gellert, auch Winckelmann, schon in den 60er Jahren sterben, Herder, Goethe und Schiller erst kurz vor bzw. wenige Jahre nach der Jahrhundertmitte geboren werden). Die Jahre um 1750 aber sind schon früh als wichtige ‚Wende' innerhalb der deutschen Literatur- und Geistesgeschichte aufgefaßt worden, man denke nur an das Erscheinen der ersten Gesänge des *Messias* (1748) [Klopstock].

Zum anderen steht Lessings Lebenszeit in aussagekräftiger Beziehung zu bedeutenden Ereignissen der politischen Geschichte des 18. Jahrhunderts, an denen sich die Geschichtsschreibung mit Vorliebe orientierte. Als Lessing mit seinen ersten literarischen Versuchen beginnt, um die Mitte der 40er Jahre, hat Friedrich II von Preußen eben erst den Thron bestiegen (1740), er stirbt nur wenige Jahre nach Lessing (1786). Etwa den gleichen Zeitraum umfaßt bekanntlich die Regierungszeit Maria Theresias (1740–80; Joseph II: 1765–90). Der Siebenjährige Krieg (1756–63) fällt ziemlich genau in die Mitte von Lessings Leben. Die Französische Revolution mit ihren einschneidenden Wirkungen liegt bereits jenseits seiner Lebensgrenze.

Vielleicht am wichtigsten ist ein dritter Gesichtspunkt. Lessings Lebenszeit gehört zum größeren Teil einer Epoche an, die für die Literatur- und Ideengeschichte (weniger für die Geschichte der Musik und der bildenden Künste) fast unbestritten mit einem weltanschaulichen Begriff bezeichnet wird: dem der ‚Aufklärung'. Lessings geschichtliche Gesamtleistung wiederum ist nahezu einhellig als die eines ‚Aufklärers' bzw. Hauptvertreters der ‚Aufklärung' resümiert worden. Daraus ergeben sich verschiedene Probleme sowohl der inhaltlichen Füllung als auch der zeitlichen Abgrenzung. Und es zeigt sich, wie folgenreich solche scheinbar vordergründigen Festlegungen für die spätere geschichtliche Einordnung Lessings sind. Während man lange Zeit, vor allem in den großen Darstellungen aus dem 19. Jahrhundert (Gervinus, Hettner, Goedeke, Scherer) den Dreißigjährigen und den Siebenjährigen Krieg als Zäsuren auch der Literaturgeschichtsschreibung benutzte und dabei oft die Periode bis zu Klopstocks Auftreten als ‚Renaissance' bezeichnete, wurde unter anderem durch das Aufkommen des literarischen Barockbegriffs eine Differenzierung der Periodenbildung notwendig. Für die Zeit nach 1700 behalf man sich teilweise mit – einander überschneidenden – Einzelbezeichnungen wie Rokoko, Empfindsamkeit, Vorklassik. Beliebt wurde die Formel ‚Von der Aufklärung bis zum Sturm und Drang' (so Gerhard Kaiser, Fritz Martini). Dabei tendierte ‚Aufklärung' schon früh zum umfassenden Epochenbegriff, etwa in der Prägung ‚Aufklärungszeit' (Albert Köster, Ferdinand Josef Schneider). Doch auch als orientierende Gesamtbezeichnung für den Abschnitt zwischen Barock einerseits und der kanonischen Dreiheit Sturm und Drang, Klassik, Romantik andererseits setzte sich bei vielen die einfache Form ‚Aufklärung' durch (womit natürlich Erscheinungen wie ‚Empfindsamkeit' ganz und gar nicht zu ihrem Recht kommen). [...]

Für die inhaltliche Füllung des Begriffs Aufklärung beruft man sich mit Vorliebe auf die charakteristischerweise erst spät formulierte Abhandlung Kants *Was ist Aufklärung?* (1784). Zur Verständigung wird dabei meist der Satz vom „Ausgang des Menschen aus seiner selbstverschuldeten Unmündigkeit" zitiert. Als ausgesprochenes Schlagwort begegnet der ursprünglich auf das Wetter bezogene Begriff ‚Aufklärung' erst seit der Mitte des 18. Jahrhunderts, das Substantiv ‚Aufklärer' bildet sich in den 80er Jahren [...]. Für den Epochenbegriff ergibt sich wiederum das Problem der *zeitlichen Abgren-*

zung. Von den skizzierten politischen, ökonomischen und sozialen Entwicklungen her alleine läßt sich eine präzise Festlegung nicht treffen. Im Hinblick auf die Literatur bewegen sich die geläufigsten Ansätze zwischen 1720/30 und 1775/85. Die engeren Grenzen werden dabei markiert durch das Erscheinen von Gottscheds *Versuch einer Critischen Dichtkunst* (1730) und durch das Jahr der ‚Stürmer und Dränger' 1776 (u. a. Leisewitz, *Julius von Tarent;* Lenz, *Die Soldaten;* Wagner, *Die Kindermörderin;* Klinger, *Die Zwillinge, Sturm und Drang)*. Dabei ist es zunächst von zweitrangiger Bedeutung, welches Gewicht man den Markierungspunkten im einzelnen gibt. Auch die Literatur der Aufklärung selbst ist begleitet und durchsetzt von Tendenzen, die man als nachbarock und neobarock interpretieren kann [...]. Andererseits wird ‚Sturm und Drang' nicht schlechthin als Gegenbewegung zur Aufklärung gesehen, sondern von manchen Autoren sogar als deren konsequente, überspitzende Fortsetzung [...].

Bedenkt man die hiermit angedeuteten, im engeren Sinn literarischen Gesichtspunkte, so bildet Lessings Lebenszeit mit noch größerer Berechtigung einen ungefähren Orientierungsrahmen für den Epochenbegriff Aufklärung. [...]

Für den chronologischen Kontext des Lessingschen Werks muß [...] kurz auch auf *vorausgehende und weiterwirkende Grundphänomene der Aufklärung* (Rationalismus, Empirismus, Sensualismus) hingewiesen werden. In England und Frankreich sind die Ursprünge bis ins 16. Jahrhundert (Bacon, Montaigne), dann vor allem ins 17. Jahrhundert zurückzuverfolgen (Descartes, Bayle, Hobbes, Locke). Für Deutschland sind der Mathematiker und Physiker Jungius (1587–1657) und der Naturrechtsphilosoph und Historiograph Pufendorf (1632–1694) zu nennen, insbesondere aber Leibniz (1646–1716) und Thomasius (1655–1728), der ‚Vater der deutschen Aufklärung'. Ohne sie ist der prägende Schulphilosoph der deutschen Aufklärung, Christian Wolff (1679–1754), nicht denkbar. Um auch die zeitliche Spannweite der geistigen Bewegung ‚Aufklärung' anzudeuten, zu deren herausragendem Vertreter Lessing wird, sei daran erinnert: Noch vor Lessings Geburt (1729) sind Leibniz und Thomasius gestorben (1716, 1728), ist Kant geboren (1724). Auf der anderen Seite setzen sich Bewegungen und Traditionen der deutschen Aufklärung fort bis weit ins 19. Jahrhundert hinein: Zur Philosophie des deutschen Idealismus (Kant, Fichte, Hegel) und zum Liberalismus und Marxismus (beide oft verstanden im Sinne eines ‚Erbes der Aufklärung'). Noch im Zusammenhang von Erscheinungen wie ‚Kritische Theorie' und ‚Neue Linke' hat man gelegentlich von einer ‚Dritten Aufklärung' gesprochen. Der Reizcharakter des wieder aktuell gewordenen Begriffs macht es doppelt notwendig, sich der geschichtlichen Dimension der ‚Ersten Aufklärung' bewußt zu werden.

4. Zur Entstehung der „Emilia Galotti": Die Geschichte der römischen Virginia und ihre Dramatisierung

Die lange Entstehungsgeschichte der „Emilia Galotti" ist auf Lessings Umgang mit dem römischen Virginia-Stoff zurückzuführen. Anfang März des

Jahres 1772 schließt Lessing in Wolfenbüttel die Produktion des Werkes ab. Am 13. März erfolgt die Uraufführung im Braunschweiger Hoftheater, die eine über 200 Jahre andauernde engagierte Rezeptions- und Wirkungsgeschichte einleitet. Ausführliche Hinweise zu den Hintergründen der Uraufführung enthält das Kapitel 6.4 (→ Text **59**).

Der römische Geschichtsschreiber Titus Livius (59 v. Chr.–17 n. Chr.) berichtet in seinem Werk „Ab urbe condita" (III, 44–48) vom Opfertod der Virginia, die von ihrem Vater erstochen wird, um ihre Unschuld vor der Begierde des tyrannischen Dezemvirn Appius Claudius (Führer der 10-Männer-Herrschaft) zu retten. Der Tod der Virginia wird zum Fanal eines Volksaufstands gegen die Tyrannei, der schließlich mit der Wiedererrichtung des Volkstribunats und der Provocatio (Bürgerrecht der Volksanrufung gegen ein verhängtes Todesurteil) endet. An anderer Stelle (I, 55–66) erzählt Livius die Geschichte der Lucretia, der Gattin des Tarquinius Collatinus, die von einem Sohn des römischen Königs Tarquinius Superbus vergewaltigt wurde und sich aus Schmach über die verlorene Ehre selbst erdolchte. Der Tod der Lucretia soll zum Sturz und zur Vertreibung des letzten römischen Königs aus der Stadt geführt haben (510 v. Chr.).

Die Geschichten der Virginia und der Lucretia gehören zu den berühmtesten Stoffen der Weltliteratur und der bildenden Kunst. Das Motiv der verfolgten Unschuld ist vielfältig bearbeitet worden. Einen ersten Hinweis auf Lessings Beschäftigung mit diesem Stoff erhalten wir durch seine 1754 in der „Theatralischen Bibliothek" veröffentlichte Übersetzung einer ausführlichen Inhaltsangabe der „Virginia"-Tragödie des spanischen Dramatikers Montiano y Luyando (1750). Lessing zeigt auch weiterhin großes Interesse an der dramatischen Gestaltung der römischen Vorlage. So übersetzt er 1756 (?) den Beginn des 1754 erschienenen „Virginia"-Dramas des Engländers Samuel Crisp (→ Text **3**). Etwa zur gleichen Zeit beschäftigt sich Lessing mit der Dramatisierung des Lucretia-Stoffs. Es bleibt jedoch bei einem Entwurf für ein dreiaktiges Trauerspiel „Das befreyte Rom" (1756). Kurze Zeit später, im Jahr 1757, entsteht der Plan zu einer eigenen Virginia-Tragödie (→ Text **4, 5** und **6**). Diesen Plan greift er nach 10 Jahren in Hamburg, wo er zwischen 1767 und 1770 als Dramaturg tätig ist, wieder auf und entschließt sich zu einer Gestaltung des Stoffes in 5 Akten. Erst im Wolfenbütteler Winter 1771/72 findet die knapp zwei Jahrzehnte lang geplante Dramatisierung des Virginia-Motivs ihren Abschluß, allerdings mit starken Veränderungen. Aus dem ursprünglichen Entwurf für eine heroische Tragödie ist eine „bürgerliche Virginia", d. h. ein bürgerliches Trauerspiel mit dem Titel „Emilia Galotti" geworden.

Titus Livius: Die Geschichte der Virginia (Inhaltsangabe)*

2 Livius erzählt die Geschichte wie folgt: Appius Claudius, der Decemvir, „von dem Entschluß erfaßt, eine Jungfrau vom bürgerlichen Stande zu entehren," beauftragt „seinen Klienten Marcus Claudius, sich des Mädchens als seiner Sklavin zu versichern und nicht nachzugeben, wenn man bis zur Entscheidung ihrer Freiheit Aufschub fordere, da die Abwesenheit des Vaters, wie er hoffte, seine Ungerechtigkeit begünstigte". Nachdem Marcus seine Versuche, das Mädchen Verginia mit Gewalt zu binden, vereitelt sieht, beschließt der Decemvir, sie seinem Klienten durch ein Gerichtsurteil zuzuweisen. Am Tage des Prozesses eilt der Vater des Mädchens, Verginius, aus seinem Feldlager herbei und ist zusammen mit Icilius, Verginias Verlobten, auf dem Forum anwesend, als Appius seine Tochter dem Marcus zuerkennt. Von Bewaffneten umgeben, befiehlt der Decemvir dem Lictor, das Volk zu entfernen und Platz zu machen für den Herren, damit er seine Sklavin ergreife. „Als er diese Worte in vollem Zorne herabgedonnert hatte, trat die Menge von selbst auseinander; und das Mädchen stand verlassen da, der Mißhandlung zum Raube. Da sprach Verginius, als er nirgends Hilfe sah: ‚Ich bitte dich, Appius, zuerst dem väterlichen Schmerze zu verzeihen, wenn ich mich zu hart gegen dich ausgelassen habe; dann aber erlaube mir, hier im Angesicht des Mädchens die Amme zu befragen, wie die Sache möglich sei, damit ich, wenn ich mit Unrecht Vater geheißen habe, um so beruhigter hier abtreten kann.' Auf erhaltene Erlaubnis führte er Tochter und Amme auf die Seite, in die Nähe des Tempels der Cloacina, zu den Buden, die jetzt die Neuen heißen, und da er hier einem Fleischer ein Messer wegriß, sprach er: ‚Kind, dies einzige Mittel blieb mir, deine Freiheit zu retten.' Dann durchbohrte er dem Mädchen die Brust und rief, zum Richterstuhle hinaufblickend: ‚Auf dich, Appius, und dein Haupt lade ich den Fluch dieses Blutes!'"

Verginius entflieht und eilt mit einer großen Schar von Bürgern zurück in das Lager. Dort erklärt er, daß er seine Tochter nicht überlebt hätte, „wenn er sich nicht vom Beistande seiner Kampfbrüder Rache für ihren Tod versprochen hätte". Bürger wie Soldaten werden zum Aufruhr angestachelt; die Macht der Decemvirn ist gebrochen; die früheren Freiheiten sind wiederhergestellt. Verginius wird zum Tribun gewählt und erhebt sofort Anklage gegen Appius, der bis zu seinem Prozeß ins Gefängnis geworfen wird. „Von aller Hoffnung abgeschnitten" wartet Appius nicht auf den anberaumten Gerichtstag, sondern gibt sich selbst den Tod. Sein Amtsgenosse Oppius nimmt sich ebenfalls das Leben; die anderen Decemvirn gehen in die Verbannung, und ihre Güter werden eingezogen. Auch Marcus Claudius wird angeklagt und verurteilt, aber ihm wird auf Veranlassen des Verginius die Höchststrafe erlassen, und er darf in Ungnade die Stadt verlassen. „Und der Geist der Verginia, die im Tode glücklicher war als im Leben, kam endlich, nachdem er so manches Haus zum Strafgerichte heimgesucht hatte, ohne einen Schuldigen übergangen zu haben, zur Ruhe."[1]

[1] Obige Zitate sind abweichend vom englischen Text der Übersetzung von Konrad Heusinger (Leipzig: Reclam o. J.) entnommen

G. E. Lessing: Virginia (Übersetzung des gleichnamigen Dramas von S. Crisp, 1756)

3 ERSTER AUFZUG
Erster Auftritt
Die Scene ein Zimmer in dem Hause des *Claudius.*
Claudius. Rufus.

CLAUDIUS: Wardst du es gewahr, Rufus? Als wir jetzt bey dem Hause des *Virginius* vorbey gingen, mit welcher Verachtung er uns anblickte?
RUFUS: Alter und wahnwitzige Träume von Rom und Ehre, haben ihm das schwärmerische Gehirn verrückt.
CLAUDIUS: Sahst du, mit welcher ungestümmen Eilfertigkeit, mit was für finstern Blicken er heraus ging?
RUFUS: Und was mochte die Ursache seyn?
CLAUDIUS: Eben ist ein Befehl angelangt, der ihn ins Lager zurück ruft; weil man sich alle Stunden einer Schlacht versieht. Ein glücklicher Umstand, der dem Anschlage unsers Decemvirs auf seine schöne Tochter zu statten kommen wird!
RUFUS: Diese rasche Verfolgung eines versprochenen Mädchens, fürchte ich, wird einen unglücklichen Ausgang haben. – Sollte *Appius* Gewalt brauchen! ––– Ich zittre bey diesem Gedanken. *Virginius* ist durchgängig verehrt; sein silbernes Haar, sein Ruhm, seine rauhe Beredsamkeit würde ganz Rom empören! – Wir müssen darauf denken, den *Appius* von einem so verzweifelten Unternehmen abzubringen.
CLAUDIUS: Vergebens! Unmöglich! –– Seine stürmische Leidenschaft spottet aller Vorstellungen. – Nichts mehr hiervon! Denn ich sage dir, uns steht weiter keine Wahl frey, als die Wahl der besten Mittel, sie durch Liebkosungen in seine Arme zu bringen.
RUFUS: Durch Liebkosungen, in seine Arme? *Claudius!* – Du weißt, sie ist versprochen; mit dem jungen *Icilius* versprochen; und wie zärtlich liebt sie ihn, dieses Schooßkind des Volks, dem er als Tribun so muthige Dienste geleistet.

Gerd Hillen: Zur Entstehung der „Emilia Galotti“

4 Lessings Pläne zu einer Dramatisierung des Virginia-Stoffes reichen bis in das Jahr 1754 zurück: im ersten Stück seiner „Theatralischen Bibliothek“ veröffentlicht er seine Übertragung der französischen Zusammenfassung (durch V. de Hermilly, Paris 1754) einer spanischen Tragödie „Virginia“ von A. de Montiano y Luyando (1750). Daß ihn dieses Stück weiter beschäftigt und zu eigner Arbeit an einer Römertragödie mit Tyrannenmord und Verherrlichung republikanischer Freiheit angeregt hat, darauf deuten seine Übersetzung des Anfangs der „Virginia“ des S. Crisp und das Fragment „Das befreite Rom“, 1756. Einige Jahre später hat sich das Projekt grundlegend verändert. Wie aus der Korrespondenz mit Nicolai (1757/58) hervorgeht, arbeitet Lessing jetzt an einer „bürgerlichen Virginia“ mit dem Titel „Emilia Galotti“, in der an die Stelle des politischen Themas eine moralisch-menschliche Problematik getreten ist. Lessing hofft, diesen Dreiakter im Januar 1758 zu vollenden und sich damit um den von Nicolai ausgesetzten Dramenpreis zu bewerben, dementsprechend verschleiert er seine Autorschaft. Nicolai erwähnt, den Plan zu diesem Stück 1775 in Berlin gesehen zu haben: „Nach demselben war die Rolle der Orsina nicht vorhanden, wenigstens nicht auf die jetzige Art“ (Vorrede zu „G. E. L.s Sämtliche Schriften“, 27. Teil, Berlin 1794). Ein Manuskript ist nicht erhalten. Die vorletzte Phase der Arbeit an der „Emilia

Galotti“ fällt in Lessings Hamburger Zeit: der ursprüngliche Plan wird auf 5 Akte erweitert und für die Bühne, nicht für den Druck vorbereitet. F. O. Nolte vermutet („Modern Language Notes“ 48 [1933], S. 152 f.), daß Aufführungen des Voltaireschen „Mahomet“ durch die Hamburger Truppe (23. 11. und 4. 12. 67) der Anlaß gewesen sind.
In Wolfenbüttel vollendet Lessing sein Werk: Im Januar 1772 gehen die ersten drei Akte zur Korrektur an den Bruder, am 1. März folgt der Rest. Wie Karl Lessing berichtet, wurde der Abschluß der Arbeit durch Döbbelin[1] beschleunigt: angesichts des immer näher rückenden Aufführungstermins drohte der Theaterdirektor, die noch fehlenden letzten Szenen „aus seinem Kopfe hinzuzufügen“. („G. E. Lessings Leben“, Erster Teil, Berlin 1793, S. 332.)
Erstaufführung am 13. März 1772 in Braunschweig durch die Döbbelinsche Truppe anläßlich des Geburtstages der Herzogin Philippe Charlotte.

[1] Döbbelin: → Text **7**, Erläuterung 1

G. E. Lessing an Moses Mendelssohn, 22. Oktober 1757

Der jüdische Schriftsteller und Philosoph Moses Mendelssohn (1729–1786) gehörte zu Lessings engstem Freundeskreis. Im vorliegenden Brief berichtet er Mendelssohn ausführlich über einen Tragödienwettbewerb. Der mit Lessing befreundete Schriftsteller und Verleger Friedrich Nicolai (1733–1811) schrieb 1757 einen Preis für die beste deutsche Tragödie aus. Da die Beiträge anonym einzusenden waren, verschwieg Lessing seine Autorschaft (Plan zur „Emilia Galotti“) im Brief an Mendelssohn und sprach von sich als einer dritten Person.

5 Es arbeitet hier noch ein junger Mensch an einem Trauerspiele, welches vielleicht unter allen das beste werden dürfte, wenn er noch ein Paar Monate Zeit darauf wenden könnte.

G. E. Lessing an Friedrich Nicolai, 21. Januar 1758

6 Unterdeß würde mein junger Tragikus fertig, von dem ich mir, *nach meiner Eitelkeit,* viel Gutes verspreche; denn er arbeitet ziemlich wie ich. Er macht alle sieben Tage sieben Zeilen; er erweitert unaufhörlich seinen Plan, und streicht unaufhörlich etwas von dem schon Ausgearbeiteten wieder aus. Sein jetziges Sujet ist eine bürgerliche Virginia, der er den Titel *Emilia Galotti* gegeben. Er hat nehmlich die Geschichte der römischen Virginia von allem dem abgesondert, was sie für den ganzen Staat interessant machte; er hat geglaubt, daß das Schicksal einer Tochter, die von ihrem Vater umgebracht wird, dem ihre Tugend werther ist, als ihr Leben, für sich schon tragisch genug, und fähig genug sey, die ganze Seele zu erschüttern, wenn auch gleich kein Umsturz der ganzen Staatsverfassung darauf folgte. Seine Anlage ist nur von drey Akten[1], und er braucht ohne Bedenken alle Freyheiten der englischen Bühne. Mehr will ich Ihnen nicht davon sagen; so viel aber ist gewiß, ich wünschte den Einfall wegen des Sujets selbst gehabt zu haben. Es dünkt mich so schön, daß ich es ohne Zweifel nimmermehr ausgearbeitet hätte, um es nicht zu verderben.

[1] Dazu bemerkte Nicolai 1794 und 1809: „Von dieser ersten Anlage ist in diesem Meisterstücke vielleicht noch einige Spur, wenn man den Plan genau betrachtet. Ich habe diesen Plan in drey Akten gesehen, als Lessing 1775 in Berlin war. Nach demselben war die Rolle der Orsina nicht vorhanden, wenigstens nicht auf die jetzige Art. Es ward damals zwischen uns viel darüber disputirt."

G. E. Lessing an den Verleger Christian Friedrich Voß, 24. Dezember 1771

7 Mit meinem neuen Stücke hätte ich vor, es auf den Geburthstag unsrer Herzogin, welches der 10te März ist, von Döbblinen[1] hier zum erstenmale aufführen zu laßen. Nicht Döbblinen zu Gefallen, wie Sie wohl denken können: sondern der Herzoginn, die mich, so oft sie mich noch gesehen, um eine neue Tragödie gequält hat. In diesem Falle müßte ich Sie aber bitten, es zu verhindern, daß Koch sie nicht etwa vor besagten 10tn März spielte. Denn sonst würde das Kompliment allen seinen Werth verlieren.

Ich kann itzt meine Arbeit mit aller Zuversicht zusagen: denn ich fühle mich gesund, und hoffe, daß es eine Weile damit dauern soll. Auch bin ich über diese neue Tragödie fast wieder in den Geschmak des Dramatischen gekommen, und wenn die Lust anhält (und eine einzige ganz eigne Verhinderung nicht dazu kömmt) so verspreche ich Ihnen auf den Sommer einen ganzen neuen Band zu den Lustspielen.

[1] Döbbelin, Carl Theophil (1727–1793), berühmter Schauspieler und Theaterleiter, der seine Bühnenlaufbahn unter der Neuberin, mit der Lessing in Leipzig zusammenarbeitete, begann und 1756 eine eigene Gesellschaft gründete.

Karl Lessing an seinen Bruder, 3. Februar 1772

8 In Deiner Emilia Galotti herrscht ein Ton, den ich in keiner Tragödie, so viel ich deren gelesen, gefunden habe; ein Ton, der nicht das Trauerspiel erniedrigt, sondern nur so herunterstimmt, daß es ganz natürlich wird, und desto leichter Eingang in unsere Empfindungen erhält.

[...]

Aber die Wahrheit der Charaktere, die Du zeichnest, muß ich noch über die Schönheit der Sprache setzen. Der Prinz von Guastalla ist, wie unsere guten Prinzen, klug, verständig, zurückhaltend, von heftigen Leidenschaften, verliebt oder ehrgeitzig – diesen Leidenschaften opfern sie alles auf, so menschlich sie auch sonst sind. Die Scenen zwischen Rota und dem Prinzen, ingleichem die mit dem Maler werden Deine Kenntniß dieser Menschen Zeile für Zeile bezeichnen. Marinelli, ein wahrer feiner Kammerherr! Und die Scene, wo er dem rechtschaffenen Appiani die Gesandtenstelle im Namen des Prinzen anträgt – wie *die* bey der Vorstellung gefallen wird, bin ich begierig. Meinen völligen Beyfall hat sie; aber leider! habe ich die Erfahrung, daß dasjenige, was mir außerordentlich gefallen hat, oft von dem Publicum sehr kalt aufgenommen worden ist.

Nur wider die Emilia Galotti habe ich etwas auf dem Herzen. Ich sollte zwar gar nicht mit meiner Kritik herausrücken; denn vermuthlich wird Emilia in den letzten Acten thätiger seyn, und sich also auch ihr Charakter deutlicher entwickeln. Aber warum soll ich Dir meine Ratte verbergen? Noch hast Du sie nur als fromm und gehorsam geschildert. Aber ihre Frömmigkeit macht mir sie – aufrichtig! – etwas verächtlich, oder, wenn das zu viel ist, zu klein, als daß sie zum Gegenstand der Lehre, des edlen Zeitvertreibs und der Kenntniß für so viele tausend Menschen dienen könnte. Du wirst zwar sagen: so werden die Mädchen in Italien erzogen; so denken sie; so handeln sie; noch hat sich keine Spur von Freydenkerey in ihre Religion eingeschlichen. Alles gut, lieber Bruder. Allein über das Locale sollte man nicht höhere Zwecke vergessen. Jede gute Person, die ein einnehmendes Muster für die Zuhörer seyn soll, könnte zwar ihre Mutterreligion haben; aber sie müßte nicht solche Punkte derselben äußern, die einen gar zu kleinen Verstand, gar zu wenig Selbstdenken verrathen: sondern nur das, was die allgemeine Religion aller rechtschaffnen und denkenden Menschen billigt und auszuüben trachtet. Emilia geht in die Messe. – Sie ist eine Katholikin. – Mag sie doch! Sie redet aber von den Bedeutungen der Perlen im Traum. Auch daß sie sogar ängstlich thut, weil sie der Prinz in der Messe angeredet, macht mir keinen großen Begriff von ihrem Verstande; und ein gar zu kleiner Verstand mit dem besten Herzen deucht mir für die edlen Personen des Trauerspiels unter der Würde desselben. Und nimmt man vollends Rücksicht auf die Zuschauer in Berlin, die unter den freyer denkenden Deutschen die freydenkendsten sind, so glaube ich – hätte ich Recht. Vorausgesetzt, daß Deine Emilia in den letzten Acten keine anderen Vorzüge zeigt.

G. E. Lessing an seinen Bruder Karl, 10. Februar 1772

9 Es ist mir recht sehr lieb, daß Dir mein Ding von einer Tragödie noch so ziemlich gefallen hat. Und Deine Anmerkungen darüber sind mir sehr willkommen gewesen. Ich bitte Dich, auch in Ansehung des Ueberrestes damit fortzufahren.

[...]

Was du von dem Charakter der Emilia sagst, hat viel Wahres. Aber so ganz Recht kann ich Dir doch nicht geben, aus folgenden Ursachen:

1) Weil das Stück Emilia heißt, ist es darum mein Vorsatz gewesen, Emilien zu dem hervorstechendsten, oder auch nur zu einem hervorstechenden Charakter zu machen? Ganz und gar nicht. Die Alten nannten ihre Stücke wohl nach Personen, die gar nicht aufs Theater kamen.

2) Die jungfräulichen Heroinen und Philosophinnen sind gar nicht nach meinem Geschmacke. Wenn Aristoteles von der Güte der Sitten handelt, so schließt er die Weiber und Sklaven ausdrücklich davon aus. Ich kenne an einem unverheiratheten Mädchen keine höhere Tugenden, als Frömmigkeit und Gehorsam.

3) Zeigt denn jede Beobachtung der äußerlichen Gebräuche einer positiven Religion von Aberglauben und schwachem Geiste? Wolltest Du wohl alle die ehrlichen Leute verachten, welche in die Messe gehen, und während der Messe ihre Andacht abwarten wollen, oder Heilige anrufen? – Wegen des Zuges mit dem Traume hast Du ganz Unrecht; wesfalls Du das Manuscript nur wieder nachsehen darfst. Emilia glaubt nicht an den Traum: sondern sie erkennt mit ihrer Mutter den Traum für sehr natürlich: wegen ihres größern Geschmacks an Perlen als an Steinen. Aber, ob sie schon nicht an den Traum als Vorbedeutung glaubt: so darf er doch gar wohl sonst Eindrücke auf sie machen. Appiani ist es, der sich dabey länger aufhält, als sie beyde. Aber auch den lasse ich die Ursache davon angeben.

4) Am Ende wird denn auch freylich der Charakter der Emilia interessanter, und

sie selbst thätiger. – Nur käme das ein wenig zu spät, wenn es wahr wäre, daß sie schon einen kleinen Begriff von sich erweckt hätte. –
Doch es sey auch mit dem allen, wie es wolle; wenn das Stück nur im Ganzen Wirkung hervorbringt.
Das Süjct davon war eins von meinen ältesten, das ich einmal in Hamburg auszuarbeiten anfing. Aber weder das alte Süjet noch die Hamburger Ausarbeitung habe ich jetzt brauchen können, weil jenes nur in drey Acte abgetheilt, und diese so angelegt war, daß sie nur gespielt, aber nie gedruckt werden sollte.
Was Du von dem Charakter der Orsina sagen wirst, verlangt mich am meisten zu hören. Wenn er einer guten Schauspielerin in die Hände fällt, so muß er Wirkung thun.

G. E. Lessing an seinen Bruder Karl, 1. März 1772

10 Hier kommt endlich der Schluß. Ich will wünschen, daß er Dich in Deiner Erwartung nicht betrügen möge.
Vom Gedruckten habe ich bis jetzt nur die ersten vier Bogen; und wenn man indeß nicht fleißiger gewesen ist, so darf ich wohl nicht hoffen, ein fertiges Exemplar zum 13ten hier zu haben.
[...]
Schreibe mir nun bald, lieber Bruder, und sage mir, wie Dir das Ganze gefällt. Du siehst wohl, daß es weiter nichts, als eine modernisirte, von allem Staatsinteresse befreyete Virginia seyn soll.

G. E. Lessing an Herzog Karl von Braunschweig, Anfang März 1772

11 Ich unterstehe mich, eine große Kleinigkeit an Ew. Durchlaucht zu bringen,die jedoch für mich darum keine Kleinigkeit ist, weil ich nicht gern das Geringste thun oder geschehen lassen wollte, was Ew. Durchlaucht wünschen könnten, daß es gar nicht oder anders geschehen wäre.
Döbbelin[1]hatte erfahren, daß eine neue Tragödie von mir, die ich aber bereits vor einigen Jahren ausgearbeitet, gegenwärtig in Berlin gedruckt werde. Er bat mich, ihm das Manuscript davon zukommen zu lassen, um sie auf den bevorstehenden Geburtstag der Herzoginn Königl. Hoheit aufzuführen. Ich konnte ihm solches nicht wohl verweigern. Doch nahm ich mir sogleich dabey vor, so bald ein Abdruck in meinen Händen seyn würde, durch Vorlegung desselben vor allen Dingen mich der Genehmigung Ewr. Durchlaucht zu versichern.
Ich thue solches hiermit, ob schon das ganze Stück noch nicht gänzlich abgedruckt ist, und ich Ewr. Durchlaucht nur die Bogen bis in den vierten Aufzug vorlegen kann. Indeß werden auch schon diese hinlänglich seyn, einen Begriff von dem Ganzen zu machen, welches weiter nichts als die alte Römische Geschichte der Virginia in einer modernen Einkleidung seyn soll.
Ich weiß nicht, ob es überhaupt schicklich ist, an einem so erfreulichen Tage eben ein Trauerspiel aufzuführen; noch weniger weiß ich, ob Ew. Durchlaucht an diesem Tage nicht etwas ganz anders zu sehen wünschen könnten. Sollte dieses seyn: so ist es zu einer Abänderung noch immer Zeit; und falls Ew. Durchl. dem Döbbelin nicht unmittelbar Dero Willensmeynung darüber wissen zu lassen geruhen wollen: so erwarte ich nur einen Wink, um unter irgend einem leicht zu findenden Vorwande die Aufführung dieses neuen Stücks zu hintertreiben.

[1] Döbbelin: → Text **7**, Erläuterung 1

5. Zur Rezeptions- und Wirkungsgeschichte der „Emilia Galotti“

„Emilia Galotti“ übte auf den zeitgenössischen Zuschauer und Leser eine sehr starke, wenn auch widersprüchliche Wirkung aus. Der bewußt auf Leerstellen und Brüche hin konzipierte Text provozierte begeisterte Zustimmung, aber auch Irritiertheit, Mißverständnisse und Ablehnung wegen des sozialkritischen Gehalts. Wie tief der im Drama dargestellte Konflikt und dessen tragische Lösung die Zeitgenossen bewegte, läßt sich aus der symbolischen Übernahme des Quasi-Selbstmords der Emilia in Goethes zwei Jahre später erschienenem Roman „Die Leiden des jungen Werthers“ (1774) erschließen. Die Lektüre von Lessings Drama begleitet den jungen Werther in den Tod: „Emilia Galotti lag auf dem Pulte aufgeschlagen.“ Insbesondere Goethe hebt in „Dichtung und Wahrheit“ zurückblickend die politische Tendenz von Lessings Tragödie hervor (→ Text **17**).

Gerade der in der „Emilia Galotti“ angelegte aufklärerische Appell an die Bereitschaft des Publikums, für die Unantastbarkeit der Menschenwürde einzutreten, hat in der Gegenwart zahlreiche sozialkritisch orientierte Bühnenaufführungen hervorgebracht. Fritz J. Raddatz schreibt in der Wochenzeitung „Die Zeit“ in einer vielbeachteten Würdigung zum 200. Todestag Lessings: „‚Emilia Galotti‘ ist das *bürgerliche* Trauerspiel par excellence, ist – fast drei Jahrzehnte vor Schillers ‚Kabale und Liebe‘ entstanden – *die* radikale Kampfschrift gegen Fürstenwillkür und für Menschenwürde im Sinne der Aufklärung.“ (→ Text **21**).

5.1 Stationen der Wirkungsgeschichte

Gunter Grimm: Emilia Galotti als Überwindung der Miß Sara Sampson? Zur zeitgenössischen und gegenwärtigen Rezeption

12 Auf die Frage, ob ein Literaturwerk durch ein anderes abgelöst werden könne, ob das alte nun ‚überholt‘, das neue ‚gültig‘ sei, ist keine definitive Antwort zu geben. Bei Lessing sind sich die späteren Beurteiler jedenfalls einig, *Emilia* stellt eine Überwindung der *Sara* [→ Text **15** Einleitung, Text **35** Einleitung] dar, diese sei für die Gegenwart tot, jene lebendig. [...]

Es handelt sich nicht um die Frage nach der Wahrheit des Kunstwerks; hier wäre die Frage nach Überwindung sinnlos, denn Wahrheit kann von keiner anderen übertroffen werden. Es geht um die Aktualisierbarkeit einer historisch gewordenen Form, deren ‚Leben' sich darin erweist, daß sie die Gebundenheit an die Zeit ihrer Entstehung durch Neuinterpretation zu überdauern vermag.

Die Frage nach der Überwindung ist – da sie ein Bezugsobjekt einschließt – mindestens zweidimensional.

Zunächst stellt sich die Frage dem *Autor* des Stücks. Für Lessing kann sie positiv beantwortet werden. Er hat das im Rahmen der Verhältnisse des 18. Jahrhunderts Mögliche geleistet, um seine Meinung erkennbar zu machen. Dabei mußte er zwischen der Gefahr totaler Verschlüsselung und daraus folgender Unverstehbarkeit auf der einen Seite, und der Gefahr eines Zensurverbots bei allzu großer Deutlichkeit auf der anderen Seite hindurchsteuern. Die Aufgabe war schwer, den (als ständisch determiniert erkannten) Konflikt so weit aus der Privatsphäre in die Öffentlichkeit zu bringen, ohne mit den Institutionen des Staates zusammenzustoßen. Doch zeigt der Vergleich beider Dramentexte (aus heutiger Perspektive), daß Lessing mit Hilfe von Verhüllungstechniken die schwierige Aufgabe, zumindest vom Text her, bewältigt hat, d. h. Lessing hat in *Emilia*, im Unterschied zu *Sara*, vom Text her die Voraussetzungen eines potentiellen Kommunikationsaktes geschaffen.

Was dennoch das anvisierte Verständnis verhinderte, war die Tatsache, daß die Normen, auf denen das Publikumsinteresse und die Beurteilungsmaßstäbe der Rezensenten beruhten, noch die der *Sara*-Stufe waren. Die Durchbrechung dieses von *Sara* geschaffenen Erwartungshorizonts durch *Emilia* stieß denn auch zunächst auf Unverständnis: Die Kategorien der Beurteilung waren dem neuen Produkt so wenig angemessen, wie die rationalistischen Kriterien einst der Bewertung von *Sara*. Der Vorgang des Mißverständnisses wiederholte sich; nun aber in anderer Richtung.

Für das zeitgenössische Theaterpublikum stellte *Emilia* nur in bedingter Weise eine Überwindung der *Sara* dar. Das Publikum verlangte die totale Illusion, die ungestörte Rührung, den ungetrübten Affekt. So erklärt sich auch in einer zeitgenössischen Rezension die Bevorzugung des älteren Stücks im Hinblick auf die erzielte Wirkung: „Doch in Absicht der tragischen Wirkung auf der Bühne glauben wir noch immer, daß *Miss Sara* den Preis behält".[1] Das Publikum und die Kritik hielten sich an Äußerlichkeiten auf, am Raum und an der Zeit, an rationalistischen Überlegungen zur Wahrscheinlichkeit, am dramaturgischen Aufbau, an Motivation, Sprache und Stil usw.

Nur die subtilsten Mäkler (etwa Mauvillon[2]/Unzer) hatten an der Technik des Theaterstücks etwas auszusetzen. Eine über die Theater-Erschütterung hinausreichende Wirkung kann nicht festgestellt werden: das Selbstdenken, die Reflexion fand jedenfalls nirgends einen augenfälligen Niederschlag.

Mit einiger Verspätung erkannten manche Zeitgenossen und die folgende Generation das politische Ziel. Der Erwartungshorizont, der bei den ersten Theateraufführungen noch nicht zur adäquaten Aufnahme des Stücks geeignet war, hatte sich in der von Lessing anvisierten Weise verändert. Insofern hatte das Stück, mit der Verspätung, die seine Spitze teilweise brach, den angestrebten Effekt. Mit der Französischen Revolution war der literarische Anstoß zum Überdenken gesellschaftlicher Positionen teilweise überholt worden. Daß sich *Emilia* im intendiert ‚politischen' Sinn dennoch das ganze 19. Jahrhundert lebendig erhalten hat, lag an der restaurativen Tendenz, die sich nach der Niederwerfung der 48er Revolution breitgemacht hatte.

Bei der Frage nach Überholbarkeit und Überwindung hat für den Autor die Fest-

stellung ein großes Gewicht, ob die tatsächliche Wirkung mit seinen Intentionen übereinstimmt. [...]
Für die Gegenwart könnte aus Lessings eigener Haltung, die ‚überholte' *Sara* durch ein besseres Stück zu ersetzen, die (allerdings problematische) Folgerung gezogen werden, das Drama müsse nicht nach den historisch rekonstruierten Intentionen inszeniert werden, die Inszenierung sollte vielmehr (auf die Gefahr einer Verfälschung der ursprünglichen Intentionen hin) der Problemlage des gegenwärtigen Publikums Rechnung tragen. Diese Konsequenz würde Kortners[3] Verfahren rechtfertigen, Lessings Geist wider seinen Buchstaben zu retten, indem er das Trauerspiel ‚gegen den Strich' inszeniert.
Nur so ließe sich erreichen, daß das ursprünglich gegen erstarrte Tradition gerichtete Drama noch heute Widerstand gegen (eine veränderte) Tradition mobilisieren könnte, und ließe sich vermeiden, daß es selbst – wogegen es ankämpfen wollte – zum historischen Petrefakt[4] würde.

[1] Rezension über „Emilia Galotti", in: Neue Zeitungen von Gelehrten Sachen auf das Jahr 1772, Leipzig 1772. –In: Steinmetz, Horst (Hrsg.): Lessing – ein unpoetischer Dichter, Frankfurt/M., Bonn 1969, S. 92
[2] Mauvillon: → Text **15**
[3] Kortner: → Text **25**
[4] Petrefakt: griech.-lat. Kunstwort: Versteinerung

Karl Lessing an seinen Bruder über den Leseeindruck Moses Mendelssohns, 12. März 1772

[Der jüdische Schriftsteller und Philosoph Moses Mendelssohn (1729–1786) war mit Lessing eng befreundet.]

13 Aber höre einmal, was mir mit Herrn Moses darüber begegnet ist. Ich fragte ihn, wie ihm Deine Tragödie gefallen habe. „Im Ganzen vortrefflich, sagte er; wir haben noch nichts so Vortreffliches: und vielleicht können Franzosen und Engländer nichts aufweisen, wo jedes Wort so bedächtlich, so ökonomisch angebracht ist; selbst die Ausführung der Charakter findet man selten so. Welch ein allerliebstes Mädchen ist nicht die Emilia! –" Die Emilia? unterbrach ich ihn, und Du kannst Dir leicht vorstellen, mit was für Augen. – Er fuhr fort: „Bey den Worten: *Perlen bedeuten Thränen,* habe ich vor Thränen selbst nicht fortlesen können. Das ganze Stück hat mich so angegriffen, daß ich die Nacht nicht werde davor schlafen können." Wir disputirten eine Weile über die Emilia, und endlich fragte ich ihn, ob er denn gar nichts gefunden, das er besser oder anders wünschte? Und was dächtest Du wohl, was es war? Der Prinz; der scheint ihm im Anfange thätiger und tugendhaft, und am Ende ein unthätiger Wollüstling. Und hiermit bin ich nicht zufrieden. Nicht darum, weil er mich widerlegt hatte, sondern weil ich Gründe habe, daß der Prinz so seyn muß. Er nimmt sich der Regierung an, er ist ein Liebhaber von Wissenschaften und Künsten, und wo seine Leidenschaften nicht ins Spiel kommen, da ist er auch gerecht und billig; er ist überdies fein, und hat allen Schein eines würdigen Fürsten: aber das sind noch nicht die rechten Beweise, daß er es wirklich ist. Folglich hast Du uns an seiner moralischen Güte noch immer zweifelhaft gelassen; und nur gezeigt, wie heut zu Tage Prinzen von guter Erziehung, welche die Natur nicht ganz unbegabt gelassen, seyn können. Seine Tugend soll

Emilia Galotti. Stich von Carl Mayr nach einer Zeichnung von J. Buchner

in seiner ungerechten Liebe gegen Emilia mit dem Marinelli geprüft werden, und da hält sie nicht die Probe. Daraus entsteht dann die schreckliche Handlung des alten Galotti, welcher sonst unmenschlich an seiner Tochter handelte, wenn sie von ihren Verführungen anders gerettet werden könnte, und er es nicht thäte. Kurz, gegen die Oekonomie des Stücks und gegen die Ausführung der Charaktere, dächte ich, könnte nicht so leicht etwas eingewendet werden. Von Deinem Dialog meynte Moses: es schiene ihm, als ob Du hingerissen worden seyst, die Frauenzimmer gar zu nachdrücklich, gar zu präcis und kräftig sprechen zu lassen. Aber mir deucht, daß es Vorsatz von Dir ist, hier die Sprache etwas anders zu machen, als sie von Natur seyn sollte. Denn was reitzt nach vielfältiger Wiederholung des Stücks, es immer wieder zu lesen? Die körnichte Sprache und die Charaktere.

Friedrich Nicolai an Lessing, 7. April 1772

[Friedrich Nicolai (1733–1811), Schriftsteller, Philosoph und Verleger, war mit Lessing eng befreundet.]

14 Ich habe warten wollen, Ihnen meine Meynung über Ihre Emilia zu sagen, bis ich sie hätte vorstellen sehen. Dies ist gestern geschehen. Soll ich Ihnen über Ihr Meisterstück Complimente machen? Das erwarten Sie nicht, und das werde ich auch nicht thun. Daß mir das Ganze überschwenglich gefällt, können Sie voraus setzen. Die Anlegung des Plans und die Art, wie sich sowohl die Fabel als besonders die Charaktere entwickeln, hat meinen ganzen Beyfall. [...]

Viele haben es nicht begreifen können, und halten es für unnatürlich, daß der Vater seine geliebte Tochter blos aus *Besorgniß der Verführung erstechen* könne. Diese aber sehen die große Wahrheit nicht ein, die Emilia sagt, daß Gewalt nicht Gewalt, sondern daß Verführung, liebreizende Verführung, Gewalt ist. Mein Freund, der Prediger Eberhard, sagt: die Emilia ist ein Rock auf den Zuwachs gemacht, in den das Publicum noch hinein wachsen muß. Dies gilt unter andern auch von der letzten Scene. Sollte ich aber etwas hierbey wünschen, so wäre es, daß Sie von der Verführung etwas auf dem Theater hätten vorgehen lassen, daß Sie den Prinzen hätten in einer Scene pressant[1] seyn lassen, und daß Emilia zwar nicht gewankt hätte, aber doch in einige Verlegenheit gerathen wäre. Alsdann würde das Publicum die Bitte der Emilia um den Dolch gerechter gefunden haben, als jetzt, da es die gefährlichen Grimaldis nicht vor Augen sieht, und den Prinzen noch lange nicht dringend genug findet.

Viele finden die poetische Gerechtigkeit nicht genug darin beobachtet, daß Marinelli nicht bestraft wird. Hierauf antworte ich: Es ist genug, wenn Jedermann den Marinelli verabscheuet. Und ich leihe Ihnen noch einen Grund: Ich sage, dies ist die lebhafteste Schilderung des Charakters schlechter Prinzen, und zugleich eine treffende Satire auf dieselben. Wenn sie sich von ihren Günstlingen, die ihren Wollüsten fröhnen, Schritt für Schritt verführen lassen, die größten Gewaltthätigkeiten und Schandthaten durch Zulassung zu begehen: so bestrafen sie den Günstling mit einer Verweisung auf seine Güter, und nehmen einen andern. Denen die hiermit nicht zufrieden sind, sage ich, daß ich eine komische Oper: *Marinellis Execution*, unter der Feder habe, worin der Gerechtigkeit Genüge geschehen soll.

Nun auf die Charaktere! Marinelli ist ganz vortrefflich geschildert. [...] Die Feinheiten in diesem Charakter sind allein ein Paar ganze Schauspiele anderer Schriftsteller werth. Der Prinz ist meines Erachtens ganz nach der Natur geschildert. Man findet, daß er am Ende gar zu matt und unthätig wird, und im fünften Acte nichts mehr von dem Geiste hat, den er in der ersten Scene verspricht. Aber dies ist eben der wahre Charakter gewisser Prinzen, die schöne Worte in ihrem Cabinette führen, und wenn sie das geringste thun sollen, sich von ihren Kammerherren bey der Nase herumführen lassen. Mir hat, aus einem geheimen antidespotischen Grolle gegen schlechte Prinzen, dieser Charakter eben so wohl gefallen, als Ricaut[2], aus einem antigallikanischen[3] Grolle gegen schlechte Franzosen. Nur das Einzige wünschte ich, daß der Prinz bey der Emilia thätiger wäre; die kleinen Süßigkeiten und Schmeicheleyen, die ein Frauenzimmer übertölpeln, pflegen ja sonst den Püppchen nicht zu fehlen, die Länder regieren, und sich von ihren Kammerherren regieren lassen.

1 pressant: franz. hier: zudringlich
2 Riccaut de la Marlinière: Figur aus Lessings Komödie „Minna von Barnhelm". Riccaut, französischer Offizier und Falschspieler, zeichnet sich durch aufgeblasene Eitelkeit aus
3 antigallikanisch: antifranzösisch

Jakob Mauvillon: Von der Schwierigkeit, Mitleid zu empfinden. Rezension über „Emilia Galotti" (1772)*

Jakob Mauvillon (1743–1794) war ein bedeutender reformorientierter Staatswissenschaftler und Literaturkritiker des 18. Jahrhunderts. In literarischen Kreisen wurde er durch seine kritischen Rezensionen über zeitgenössische Schriftsteller sehr bekannt. An Lessings Trauerspiel „Miß Sara Sampson" schätzte er insbesondere den dramatischen Effekt, im Publikum Mitleid und Rührung zu wecken und damit eine tugendhaft-empfindsame Haltung zu erzeugen, die – politisch gesehen – ein ständeübergreifendes bürgerliches, d. h. allgemein menschliches Gesinnungsideal formieren könnte. Diese illusionäre aufklärerische Forderung sah er in der „Emilia Galotti" nicht erfüllt. Offensichtlich mutete das Stück dem aufgeklärt-empfindsamen Erwartungshorizont des Publikums starke Irritationen zu. Auffällig ist, daß der scharfsinnige Kritiker und Staatsrechtler Mauvillon die mögliche politische Tendenz von Lessings Trauerspiel in seiner umfangreichen Rezension nicht anspricht.

15 Der Grund- und Hauptfehler dieses Stückes liegt im Plan, in der allerersten Grundlage. Ein theatralisches Stück muß seine Ordonnanz[1] haben wie ein Gemälde. Es muß in demselben die Hauptfigur oder wenigstens die Hauptgruppe sein, die gleich in die Augen fällt und sich vor allen andern hebt. Die übrigen müssen nach dem verschiednen Anteil, den sie an der Sache haben, in ihr gehöriges Licht gesetzt sein und dennoch alle sämtlich zur Hebung der Hauptperson oder -gruppe konkurrieren. Das ist aber hier gar nicht beobachtet. Denn wer ist die Hauptperson? Billig sollte es wohl Emilia sein, nach dem Titel, doch der ist eine Kleinigkeit; aber auch nach dem Zweck des Stückes. Denn der Prinz, der wirklich die Hauptperson ist, auf den kann, wegen des gehässigen Lichtes, in welchem sich seine Leidenschaft zeigt, kein Interesse fallen. Dieses gehässige Licht besteht aber, das muß ich sagen, besonders darinnen, daß er, ohngeachtet er nicht wiedergeliebet wird, dennoch versucht, seiner Geliebten habhaft zu werden, mit welcher Empfindung wir durchaus nicht sympathisieren können; denn liebte ihn Emilia und nähme den Appiani bloß aus Gefälligkeit für ihre Eltern, so würden wir ihm alle seine Handlungen als Ausbrüche einer zur Verzweiflung gebrachten Leidenschaft, mit der wir sympathisieren, verzeihen und Mitleid für ihn empfinden. Daher, wenn man auch setzt, daß Emilia und der Prinz die Hauptgruppe formieren, so ist allezeit das Interesse, vermöge der gemeldeten Beschaffenheit der Leidenschaft des Prinzen, verloren. Es müßte durchaus Emilia und Appiani die Hauptgruppe sein, wenn wir recht gerühret sein sollten, und alle übrigen darauf losarbeiten, diese Figuren im Gemälde herauszuheben. Allein hier ists leicht zu sehen, wie sehr dies Paar unvorteilhaft gestellet ist, denn es wird gänzlich von dem Prinzen verdunkelt. Der Prinz ist im gegenwärtigen Stücke allein die Figur, die recht heraustritt und sich dem Auge des Zuschauers in dem ganzen Lichte zeigt. Daraus entsteht wieder das Ungemach, daß, wenn auch Emilia mit ihm die Hauptgruppe formieren könnte, wenn Obbemeldetes[2] es nicht hinderte, so ginge es doch so nicht an, da die Emilia weit gegen den Prinz zurückbleibt und ihm viel zu sehr untergeordnet ist, um mit ihm gruppieren zu können. Das ist ein Hauptfehler dieses Stücks, dessen Anordnung diese ist. Eine falsche Figur zur einzigen Hauptfigur, das ist der Prinz. Um den Fehler noch zu vergrößern, ist neben dem Prinzen eine Figur gestellt, um diesen noch mehr zu heben, die aber mit ihm fast in gleichem Lichte zu stehen kommt, so daß diese untergeordnete Person, nemlich der Kammerherr Marinelli, sich vor allen viel wichtigern vorstellt und sie verdunkelt. Die übrigen sind alle weit hinter diese beiden zurückgeworfen und nehmen sich noch dazu fast keine vor der andern aus: die einzige Emilia ist ein klein wenig vor den andern hervorstechend, aber doch so, daß man sie vor dem Prinzen und vor Marinelli lange nicht genau genug bemerken kann. Denn, ohngeachtet es das viel auf dem Theater sein nicht ausmacht, daß eine Person uns interessant wird, so kann sie es doch nicht werden, wenn sie uns zu sehr aus dem Gesicht gerücket wird, indem wir nur uns alsdenn für die Leute interessieren, wenn wir von ihrer Denkungsart genugsam unterrichtet sind, so daß wir genau wissen, welche Wirkung die Zufälle, die ihnen begegnen, auf sie machen, und daß wir alsdenn mit diesen ihren Empfindungen und daraus entstehenden Handlungen sympathisieren. Dies gehet nun aber nicht an, ohne daß sich die Person oft zeige und uns auf die Art das Innerste ihres Herzens aufschließen könne. Bei dem Prinzen ist das der Fall und auch bei Marinelli. Bei jenem sinds die Reden hauptsächlich, bei diesen noch besonders die Handlungen, die uns ihren Charakter, ihre Gesinnung ganz entdekken. Bei den übrigen aber ist nichts dergleichen genau genug angegeben, um das Teilnehmende für sie bei uns in einem zur tragischen Empfindung gehörigen Grade hervorzubringen. Im Gegenteil ist das bißchen Interesse, was auf sie kömmt, unter die übrigen so verteilt, daß es dadurch noch schwächer wird. Denn da es für keinen von ihnen besonders wirksam ist, sondern auf alle gleich fällt, so verändert sich's alle Augenblicke und ist bald für Emilien ein wenig, denn für Appiani, für den Vater und die Mutter, aber für alle nur ein wenig, in Bewegung. [...]

Das ist der Grundfehler des Stücks, welcher macht, daß man, ohnerachtet der Schönheit, wovon es voll ist, (denn wo sollte Lessing was schreiben können, das deren nicht im Überflusse hätte), doch nicht sehr gerühret wird.

[1] Ordonnanz: Anordnung, Komposition
[2] obbemeldet: oben angegeben

Johann Gottfried Herder: Briefe zur Beförderung der Humanität (1794)

Lessings Auffassung vom bürgerlichen Trauerspiel ist von Denis Diderot, der eine Theorie dieser Gattung in seinen „Entretiens sur le fils naturel“ (1757) entwickelte, deutlich beeinflußt. Diderot kritisierte die Publikumsferne der traditionellen heroischen Tragödie und plädierte für die Einführung einer „Mittelgattung“, insbesondere der „bürgerlichen Tragödie“. Lessing übersetzte die Abhandlung Diderots und teilte dessen Auffassung in vielen Punkten. Seine Forderung nach dem „gemischten“ Charakter (→ Kapitel 6.2.4) anstelle des „vollkommenen“ Charakters steht in einem Zusammenhang mit Diderots zentraler Aussage: „Daß man, eigentlich zu reden, nicht mehr die Charaktere, sondern die Stände auf die Bühne bringen muß. Bisher ist in der Komödie der Charakter das Hauptwerk gewesen; und der Stand war nur etwas Zufälliges; nun aber muß der Stand das Hauptwerk, und der Charakter das Zufällige werden.“ Herder spielt auf diesen Zusammenhang an; er bezieht sich vor allem auf das 86. Stück der „Hamburgischen Dramaturgie“ Lessings.

16 *Leßings* Emilia Galotti hat mich wieder einmal ins Theater gelockt; wie zufrieden ja gesättigt bin ich hinausgegangen! Ein Theaterstück muß gesehen, nicht gelesen werden: denn wenn es ist, was es seyn soll, so ist ja eben auf die Vorstellung alles berechnet. Ich kann mir nicht einbilden, daß wenn Stücke dieser Art, (aber auch keine andre als solche) wöchentlich nur *einmal,* auf die leidlichvollkommenste Weise gegeben würden, und diese Stücke lauter Stände und Situationen unsrer Welt, wie dieses, enthielten, das Publicum ungebildet, unerleuchtet bleiben könnte.

Bei der zweiten Ausgabe des *Diderot*schen Theaters bezeugte Leßing diesem Schriftsteller öffentlich seine Dankbarkeit als dem Manne, der an der Bildung seines Geschmacks großen Antheil habe. „Denn, fährt er fort, es mag mit diesem auch beschaffen seyn, wie es will: so bin ich mir doch zu wohl bewußt, daß er ohne *Diderots* Muster und Lehren eine ganz andre Richtung würde bekommen haben. Vielleicht eine eignere; aber doch schwerlich eine, mit der am Ende mein Verstand zufriedener gewesen wäre.“ Und setzt sodann weiter den Einfluß ins Licht, den *Diderots* Stücke, insonderheit sein *Hausvater*[1] auf das Deutsche Theater gehabt habe.

Sie wissen, wieviel *Diderot* darauf hielt, daß *Stände* aufs Theater gebracht werden sollten, und was *Leßing* in seiner Dramaturgie dabei zu erinnern fand. Natürlich können Stände ohne bestimmte Chraktere auf dem Theater keine Wirkung thun; aber bilden sich die Charaktere der Menschen nicht in und nach Ständen? und welcher Stand hätte auf den Charakter mehr Einfluß, als der Stand eines Prinzen? Hier hatte also Leßing ein weites Feld, das *philosophische Allgemeine,* dadurch Aristoteles die Poesie von der nackten Geschichte unterscheidet, als Philosoph und Dichter zu bearbeiten. Er zeigt den Charakter des Prinzen in seiner gegenwärtigen Gemüthsstimmung mit den verschiedensten Personen, Männern und Weibern, mit Künstler und Canzler, Kammerherr und Kammerdiener, mit einer Geliebten, die er jetzt nicht geliebt haben, und einer andern, die jetzt von ihm eben nicht geliebt seyn will, und dem Vater, der Mutter, dem Bräutigam derselben, ja mit sich selbst in Gespräch und Handlung; er unterläßt auch keine Gelegenheit, in jeder dieser Situationen eigentlich nach dem Ringe zu rennen, und wenn mir der Ausdruck erlaubt ist, das *Prinzliche* dabei zu charakterisiren. Niemand wird unverschämt gnug seyn, deßhalb das Stück eine Satyre auf die Prinzen zu nennen: denn nur *dieser* Prinz, ein Italiänischer, junger, eben zu vermählender Prinz ists, der sich diese Späße giebt und bei Marinelli andre zuläßt. Auch ist sein Stand, seine Würde, selbst sein persönlicher Charakter in Allem zart gehalten, und mit wahrer Freundlichkeit geschonet. Am Ende des Stücks aber, wenn der Prinz sein verächtliches Werkzeug selbst verachtend von sich weiset, und dabei ausruft: „Gott! Gott! ist es zum Unglücke so mancher nicht genug, daß Fürsten Menschen sind; müssen sich auch noch Teufel in ihren Freund verstellen?" und die unschuldige Braut dabei im Blut liegt, der Vater, ihr Mörder, sich eben vor diesen Fürsten, als vor seinen Richter stellt, Marinelli, der Unterhändler dieses Gewerbes, sich noch bedenkt, den Dolch aufzuheben; wer ist, dem, wenn in solcher Situation der Vorhang sinkt, nicht noch andre Gedanken, außer dem den der Prinz sagt, in die Seele strömen? Nothwendig fragt man sich, wie wird das Gericht über den alten Odoardo ablaufen? wie lange wird Marinelli entfernt seyn? d. i. wie bald wird er, wenn sein Dienst abermals brauchbar ist, wiederkehren? u. f.

[...]

Die alte Tragödie ging darauf hinaus, durch Darstellung unerwartet-schrecklicher Königsunfälle und Katastrophen die Urtheile der Menschen zu berichtigen, ihre Grundsätze zu sichern, und das *poco piu* und *poco meno*[2] der Leidenschaften, der Furcht und des Mitleids, dem Zuschauer auf ächter Waage vorzuwägen. Die neuere Tragödie, wenn sie gleich ihren Bogen nicht so scharf spannen und ihre Käule so rasch schwingen kann, als die alte, hat dennoch mit ihr *einerlei* Endzweck. Sie spricht zum innersten Gefühl, zur treuesten Ehrlichkeit des Menschen; die Uebelthat kann sie auch jenseit der Gesetze[3] verfolgen, so wie das Lustspiel die Thorheit auch jenseit der Gesetze straft. Beide sind Sprecherinnen vor dem erhabensten Richterstuhl unsres Geschlechts, vor der *Humanität* selbst, und ventiliren, bescheinigen und gegenbescheinigen[4] vor ihr auf die schärfste, freieste Weise.

1 Hausvater: Diderots „Père de famille" erschien 1758
2 poco piu: ital. etwas mehr; poco meno: etwas weniger
3 jenseits der Gesetze: außerhalb der Gesetzgebung und Rechtspraxis
4 ventiliren, bescheinigen, gegenbescheinigen: juristische Fachausdrücke

Johann Wolfgang Goethe: Über den politischen Gehalt der „Emilia Galotti" (1814 und 1827)*

17 Den entschiedensten Schritt jedoch [in der Kritik von Hof und Adel] tat Lessing in der „Emilia Galotti", wo die Leidenschaften und ränkevollen Verhältnisse der höheren Regionen schneidend und bitter geschildert sind. Alle diese Dinge sagten dem aufgeregten Zeitsinne vollkommen zu, und Menschen von weniger Geist und Talent glaubten das gleiche, ja noch mehr tun zu dürfen [...].

(Dichtung und Wahrheit)

Goethe schalt heute auf gewisse Kritiker, die nicht mit *Lessing* zufrieden und an ihn ungehörige Forderungen machen.

„Wenn man", sagte er, „die Stücke von Lessing mit denen der Alten vergleicht und sie schlecht und miserabel findet, was soll man da sagen! – Bedauert doch den außerordentlichen Menschen, daß er in einer so erbärmlichen Zeit leben mußte, die ihm keine besseren Stoffe gab, als in seinen Stücken verarbeitet sind! – Bedauert ihn doch, daß er in seiner ‚Minna von Barnhelm' an den Händeln der Sachsen und Preußen teilnehmen mußte, weil er nichts Besseres fand! – Auch daß er immerfort polemisch wirkte und wirken mußte, lag in der Schlechtigkeit seiner Zeit. In der ‚Emilia Galotti' hatte er seine Piken auf die Fürsten, im ‚Nathan' auf die Pfaffen."

(Goethe im Gespräch mit Eckermann, 7. Februar 1827)

*Heinrich Heine: Lessings politische Intention * (1833)*

18 Lessing war der literarische Arminius[1] der unser Theater von jener Fremdherrschaft befreite. Er zeigte uns die Nichtigkeit, die Lächerlichkeit, die Abgeschmacktheit jener Nachahmungen des französischen Theaters, das selbst wieder dem griechischen nachgeahmt schien. Aber nicht bloß durch seine Kritik, sondern auch durch seine eignen Kunstwerke, ward er der Stifter der neuern deutschen Originalliteratur. Alle Richtungen des Geistes, alle Seiten des Lebens, verfolgte dieser Mann mit Enthusiasmus und Uneigennützigkeit. Kunst, Theologie, Altertumswissenschaft, Dichtkunst, Theaterkritik, Geschichte, alles trieb er mit demselben Eifer und zu demselben Zwecke. In allen seinen Werken lebt dieselbe große soziale Idee, dieselbe fortschreitende Humanität, dieselbe Vernunftreligion, deren Johannes er war und deren Messias wir noch erwarten. Diese Religion predigte er immer, aber leider oft ganz allein und in der Wüste.[2] Und dann fehlte ihm auch die Kunst den Stein in Brot zu verwandeln[3]; er verbrachte den größten Teil seines Lebens in Armut und Drangsal; das ist ein Fluch, der fast auf allen großen Geistern der Deutschen lastet, und vielleicht erst durch die politische Befreiung getilgt wird. Mehr als man ahnte war Lessing auch politisch bewegt, eine Eigenschaft die wir bei seinen Zeitgenossen gar nicht finden; wir merken jetzt erst was er mit der Schilderung des Duodezdespotismus in „Emilia Galotti" gemeint hat.

[1] Arminius, ca. 16. v. Chr. – 21. n. Chr., genannt Hermann der Cherusker, vereinigte mehrere germanische Stämme zur Erhebung gegen die römische Herrschaft; schlug die römischen Legionen unter Varus (9 n. Chr.)
[2] in der Wüste: Anspielung auf Matthäusevangelium 3,1
[3] die Kunst den Stein in Brot zu verwandeln: Anspielung auf Matthäusevangelium 4,3

Franz Mehring: „Emilia Galotti" aus marxistischer Sicht (1893)*

19 [Als] Lessing 1757 in Leipzig den ersten Plan zu seiner bürgerlichen Virginia, zur „Emilia Galotti" faßte, ahnte er wenig, welche furchtbare Satire auf die deutschen Zustände des achtzehnten Jahrhunderts die Nachwelt in der Katastrophe seines dramatischen Meisterstücks erblicken würde, in der flehentlichen Bitte der Tochter an den eigenen Vater, sie zu morden, da sie ihr Blut, ihre Sinne fürchte im Kampfe mit den lüsternen Bewerbungen des Despoten, der eben an der Schwelle des Altars durch feigen Meuchelmord den Geliebten ihres Herzens hatte morden lassen. Es ist die Achillesferse des Trauerspiels, die der Dichter schon mit Unbehagen erkannte und die mißgünstige Krittler von jeher verspottet, aber auch sachliche Kritiker von jeher getadelt haben. Sie ist nun einmal nicht zu beseitigen, auch nicht durch die wohlwollende Auslegung Goethes, die vielmehr der ganzen Tragödie den Rücken bricht, es sei nur nicht deutlich genug ausgesprochen, daß Emilia den Prinzen heimlich liebe. Wenn Emilia den Prinzen heimlich liebte, dann wäre der alte Odoardo kein tragischer Held; dann tötete er die Tochter, um ihre anatomische Unschuld zu sichern oder den Prinzen um seine sichere Beute zu betrügen, und Lessing läßt ihn wohlweislich in seinem letzten Monologe sagen, daß, wenn das Pärchen einverstanden wäre, die Tochter nicht wert sein würde, vom Dolche des Vaters zu fallen. Nein, Emilia liebt den Prinzen nicht, soll ihn nach des Dichters Absicht nicht lieben, aber daß sie und ihr Vater dennoch vor der Despotenwillkür und – der eigenen Fürstenfürchtigkeit keine Rettung wissen als den Mord der Tochter durch den Vater, das ist jenes Gräßliche, das weder Furcht noch Mitleid erregen und das, wie Lessing im 79. Stück der „Dramaturgie“ an der Hand von Aristoteles so überzeugend auseinandergesetzt hat, keine tragische Wirkung haben kann, auch wenn es in der Geschichte begründet ist.

Tragisch läßt sich der Ausgang der „Emilia“ nicht begründen, und zwar deshalb nicht, weil er sich historisch nur allzugut begründen läßt. Darin haben all die berühmten Kritiker von Friedrich Schlegel bis zu Friedrich Vischer entschieden unrecht, daß sie die „Emilia“ vom historischen Standpunkt anfechten als die künstliche Übertragung einer Tat rauher Römertugend in moderne Zustände. Mit Recht hat schon Stahr[1] hervorgehoben, daß Lessing aus des römischen Historikers bekannter Erzählung von der Virginia nichts entnommen habe als die Tatsache, daß ein Vater seine Tochter töte, um ihre jüngfräuliche Ehre vor der Vergewaltigung eines Tyrannen zu retten. Oder noch genauer: In der berühmten Erzählung des Livius erkannte der junge Lessing zuerst die empörendste und erschütterndste Begleiterscheinung der sozialen Unterdrückung, die Vergewaltigung der jungfräulichen Ehre, die im achtzehnten Jahrhundert so modern war wie vor zweitausend Jahren, wie sie heute noch ist und wie sie immer sein wird, solange soziale Unterdrückung besteht. Lessing bewährte seinen sozialen Scharfblick, wenn ihm jenes tragische Moment in seiner weltgeschichtlichen Allgemeinheit unendlich viel bedeutsamer erschien als der einzelne Fall, der den zufälligen Anstoß zu einer politischen Umwälzung gegeben hatte. Eine „bürgerliche Virginia“ wollte er schreiben, weil „das Schicksal einer Tochter, die von ihrem Vater umgebracht wird, dem ihre Tugend werter ist als ihr Leben, für sich schon tragisch genug und fähig genug ist, die ganze Seele zu erschüttern, wenn auch gleich kein Umsturz der ganzen Staatsverfassung darauf folgte“. Lessing verflachte den Fall der Virginia nicht, wie Dühring[2] behauptet, sondern er vertiefte ihn.

1 Stahr, Adolf: G. E. Lessing. Sein Leben und seine Werke. 2 Bde. Berlin 1859

2 Dühring, Karl Eugen: Die Überschätzung Lessings und dessen Anwaltschaft für die Juden, Berlin 1881. Dühring vertrat als Philosoph und Nationalökonom einen pseudorationalen Positivismus und Materialismus mit agressiver antijüdischer und antichristlicher Tendenz.

Heinrich Mann: Rede zum 150. Todestag Lessings (1931)

20 Die Gattung des bürgerlichen Trauerspiels war ein Zeichen dafür, daß man damals anfing, die Gesellschaft mit anderen Augen zu sehen, ja, daß man innerlich und mit dem Gefühl eine gesellschaftliche Umwälzung vornahm. Die bürgerliche Umwälzung hatte innerlich begonnen, sobald bürgerliche Trauerspiele eine Menge Zuschauer fanden. Infolgedessen konnte sie auch im öffentlichen Leben eintreten, wenn auch noch nicht für Deutschland. Wir müssen festhalten, daß die politische Revolution in Deutschland 1789 noch nicht ausbrach. Die Denkenden gingen Wege, die von denen der französischen Geister nicht sehr verschieden waren, nur konnte hier nicht danach gehandelt werden. Die Hofdichtung konnte auch hier abgeschafft werden, der feudale Heroismus zog nicht länger, und die erkünstelten Gefühle der Vornehmen ergaben kein erfolgreiches Schauspiel mehr. Das Theater rührte fortan sein Publikum mit bürgerlichen Schicksalen, es mochte die Zeitgenossen sogar aufreizen, wie durch das Stück Lessings. In Wirklichkeit aber blieb alles beim Alten, und diese Tatsache der Wirklichkeit bestimmte mit vollem Recht auch die Schlußwendung des Stückes und seine Moral.

Denn in Emilia Galotti wird die Schuld nicht bestraft, und die Unschuld stirbt ungesühnt. Das ist dem Trauerspiel immer vorgeworfen worden, – aber verlief denn die Wirklichkeit anders? Wurde vielleicht in der Wirklichkeit ein unanständiger Fürst von seinen Untertanen zum Teufel geschickt? Das Höchste war schon, wenn er sich auf einen schuftigen Untergebenen ausredete und den Kammerherrn Marinelli eine Zeitlang vom Hofe verbannte. Mehr war nicht zu machen – im wirklichen Leben nicht, und daher auch nicht in dem Werk eines wahrheitsliebenden Mannes. Lessing ging in seiner Wahrheitsliebe noch weiter; er zog mit in Betracht, daß die Werbungen des Fürsten das Mädchen auf die Dauer nicht kalt lassen konnten. Sie liebte ihn nicht, aber natürlich meldete sich ihr Blut. Die Sache spielte im warmen Italien, in Deutschland hätte sie, nicht nur wegen der Kälte, nicht spielen dürfen. Die arme Emilia war doppelt bedroht, von fremder Gewalt und von ihren eigenen Sinnen. Das machte den Verlauf noch trauriger für die bürgerliche Ehre. Ihr Tod von der Hand ihres Vaters war eine Tat der Verzweiflung, mit tragischer Schuld und tragischer Sühne hatte er wenig zu tun. Dafür war er wahr. So sahen die bürgerlichen Trauerspiele im Leben aus.

Dies wurde auch bewiesen durch die Aufnahme des Stückes. In Braunschweig, wo es entstanden war, suchte der Klatsch nach den Vorbildern; in Gotha wurde es verboten; in Berlin ging die Kritik kühl darüber hinweg. Es muß ein gewaltig unbequemes Stück gewesen sein: wirksam, lebensecht, hochkultiviert und bei all dem revolutionär! Da half nur größte Vorsicht, sooft man damit zu tun bekam. Nach einiger Zeit mußte Lessing schmerzlich bekennen, er bemühe sich, sein Stück zu vergessen. Die Besten damals vergaßen es keinen Augenblick – Schiller nicht, als er Kabale und Liebe schrieb, Goethe ebensowenig. Goethe nannte die Emilia Galotti einen entscheidenden Schritt zur sittlich erregten Opposition gegen tyrannische Willkürherrschaft.[1] Als Goethe schon alt war und gegen die Willkürherrschaft, die noch immer bestand, keine Emilia Galotti mehr geschrieben wurde, gestand er, sie sei von ungeheurer Kultur gewesen, jetzt sei man schon wieder barbarisch.

[1] → Text **17**

Fritz J. Raddatz: Ein Bürger, ein Radikaler. Zum 200. Todestag Lessings (1981)

21 Also, lieber Göthe, noch ein Kapitelchen zum Schluße: und je cynischer je besser!" – damit endet jener Brief Lessings vom 26. Oktober 1774 an Johann Joachim Eschenburg, der ihm gleich nach Erscheinen die „Leiden des jungen Werthers" zugesandt hatte; denn, noch heute eine der beliebtesten Fragen in germanistischen Staatsexamen: Welches Buch lag aufgeschlagen neben dem toten Werther? – „Emilia Galotti". Nun ist das mehr als Literaturquiz oder Hommage eines literarischen Debütanten aus gutem Frankfurter Hause an einen bereits Gefeierten. Es ist schon Literaturgeschichte in dem Sinne, daß Literatur Interpretation – gelegentlich Röntgenbild – von Geschichte ist; also von Gesellschaft. Und zwar auf doppelte Weise. „Emilia Galotti" ist das *bürgerliche* Trauerspiel par excellence, ist – fast drei Jahrzehnte vor Schillers „Kabale und Liebe" entstanden – *die* radikale Kampfschrift gegen Fürstenwillkür und für Menschenwürde im Sinne der Aufklärung. Jenes Stück, dessen Prinz in banallüsterner Eile „recht gern" sagt, als man ihm ein Todesurteil zur Unterschrift vorlegt, der „vor einem kleinen Verbrechen nicht erschrickt", lügen, betrügen, verraten und morden läßt für eine gewähnte Nacht – und dessen Summe im Satz der schnöde abgelegten Geliebten Orsina gezogen wird: „Wer über gewisse Dinge den Verstand nicht verliert, der hat keinen zu verlieren."

Dieser Appell an den Verstand durchzieht Lessings Œuvre; Verstand ist Moral, das eine existiert nicht ohne das andere. Und der Schriftsteller, der Shakespeare gegen die Franzosen – damit eine deutsche nationale Literatur – durchsetzte, bekennt dennoch, daß es (der von ihm übersetzte) Diderot war, „der an Bildung meines Geschmacks so großen Anteil hat"; das ist der deutsche Schriftsteller, der sich empört hatte, „Ruft immer mit jenem französischen Bedienten: Es lebe das Leben! Ich rufe: Es lebe der Tod! – Sollte es auch nur seyn, um mit keinem französischen Bedienten etwas gemein zu haben"; und über den Matthias Claudius zu seinem Sohn sagte, „Wenn Dir Lessing begegnet, kannst Du immer den Hut vor ihm abnehmen."

[...]

Es ist die Dialektik zwischen Bitte und Aufschrei, die Gebärde des Protests und des gleichzeitigen Wissens seiner Vergeblichkeit, die Lessings Radikalität so „modern" macht. Kehren wir einen Augenblick zum „Werther" zurück, und zur „Emilia Galotti": Da gibt es im vorletzten Auftritt das nahezu vorwurfsvolle Flehen der Tochter: „Ehedem wohl gab es einen Vater, der, seine Tochter vor der Schande zu retten, ihr den ersten den besten Stahl in das Herz senkte ... aber solche Taten sind von ehedem! Solcher Väter gibt es keinen mehr!"

Das nun findet sich, gleichsam verbal wie logisch fortgesetzt, in einem Aufsatz des Jahres 1776, in dem es heißt: „Den Verlust eines *solchen* Sohnes kann jeder Vater fühlen. Aber ihm nicht unterliegen, kann nur ein *solcher* Vater." Das steht zum Beginn einer Vorrede zu den philosophischen Aufsätzen jenes „yxx", wie Lessing ihn noch im Brief an Eschenburg abkürzt: Karl Wilhelm Jerusalem, Pate des Braunschweiger Erbprinzen und mit dreiundzwanzig Jahren geschätzter Gesprächspartner Lessings in Wolfenbüttel, von intellektuellem wie gesellschaftlichem Ehrgeiz zerfressen, unglücklich verliebt in Wetzlar, wo Goethe dem Gesandtschaftssekretär Johann Christian Kestner dessen Verlobte Charlotte Buff entführte.

„Dürfte ich Ew. Wohlgeb. wohl zu einer vorhabenden Reise um Ihre Pistolen gehorsamst ersuchen? J." – dies waren die letzten Zeilen des von der verheirateten Geliebten Zurückgestoßenen, von der

Tafel des Gerichtspräsidenten Graf Bassenheim abgewiesenen jungen Mannes. Er erschoß sich mit der Pistole Kestners.
„Handwerker trugen ihn. Kein Geistlicher hat ihn begleitet" – diese noch heute so berühmten Schlußsätze des Werther-Romans stammen nicht von Goethe. Wie den Vorfall, so hat er auch die Worte aus der Wirklichkeit übernommen – aus Kestners Bericht über den Freitod.
Lessing mocht Goethes Love-Story-Bestseller nicht und fand den Impuls seiner „Emilia Galotti" hineincollagiert statt aufgenommen. „Je cynischer je besser": das muß ja ins heutige übersetzt werden; „cynisch" – das hieß gesellschaftlich aggressiv, nicht zynisch *gegen* Personen, sondern *mit* Personen. Dies ist die zentrale Theorie von Lessings Dramentheorie, damit seines Konzepts von Politik und Moral.

Inhaltsangabe einer Schülerinszenierung, Wolfenbüttel 1978

22 Die kürzeste Inhaltsangabe stammt aus Wolfenbüttel selbst, von Gymnasiasten der sogenannten Großen Schule, die im Sommer 1978 Lessing spielend und spielerisch vorgeführt und ihren Zuschauern eine Lektion im unbefangenen Umgang mit diesem unbefangenen Autor erteilt haben. Da heißt es: „Emilia Galotti. Der Prinz des Landes begehrt die Tochter von Odoardo Galotti, muß aber feststellen, dieß diese einen anderen heiraten soll. Daraufhin sieht er keinen anderen Ausweg, als Emilia zu entführen, wobei jedoch der Bräutigam ermordet wird. Die Exgeliebte des Prinzen weiht auf dem Schloß den Vater Emilias, Odoardo, in die Machenschaften ein. Um der Schande zu entgehen, stirbt Emilia."

5.2 „Emilia Galotti" auf dem Theater: Uraufführung und moderne Inszenierungen

Johann Arnold Ebert: Bericht an Lessing über die Uraufführung, 14. März 1772
[J. A. Ebert war Schriftsteller und Professor am Carolinum in Braunschweig. Als enger Freund Lessings vermittelte er diesem die Bibliothekarsstelle in Wolfenbüttel.]

23 Ich befinde mich itzt in eben dem Falle, worinn sich jener Schüler in England befand, da ihm aufgegeben war, eine Grabschrift auf Ben Johnson[1] zu machen. Er konnte, wie Sie wissen, nichts weiter hervorbringen, als – *O rare Ben Johnson!* – Und ich kann nichts mehr sagen, als: O liebster, bester, unvergleichlicher Lessing! – Wie gern wollte ich Ihnen meine Bewunderung, Rührung, und Dankbarkeit, die ich gestern bey der Vorstellung Ihres neuen Stücks empfunden habe, lebhaft ausdrücken! Aber eben diese Empfindungen machen es mir unmöglich. Nur so viel kann ich Ihnen sagen, daß ich durch und durch, mit Klopstock[2] zu reden, laut gezittert habe. Selbst die comischen Scenen oder Züge haben eine ähnliche Empfindung mit der bey mir hervorgebracht, die ich einmal bey Durchlesung der ersten Scene Ihrer Minna hatte. O Shakespear-Lessing! – Zu andern, als Ihnen, würde ich vielleicht noch mehr sagen. – Gott segne Sie dafür mit seinem besten Segen! – Ich habe davor fast nicht einschlafen können, und hernach einen sehr unruhigen Schlaf gehabt. Und itzt, da ich aufgestanden bin, kann ich nichts anders denken und vornehmen. Die Geister Ihrer Personen spüken noch immer um mich her, und schweben mir auf jedem Blatte, das ich lesen will, vor Augen. – Wie froh bin ich, daß ich das Stück vorher nicht gelesen hatte! Hieraus können Sie schliessen, daß es auch nicht schlecht gespielt worden. Sie wissen, wie weit meine Forderungen von dieser Art zu gehen pflegen, und daß ich mich hierinn nicht immer so leicht begnüge, wie Sie. Aber die Schauspieler haben fast alle mit einander meine Erwartung weit übertroffen; so wie Sie selbst ihr völlig Genüge gethan haben; denn übertreffen können Sie dieselbe wohl niemals. – Die Hohlen und die Schultzen haben ganz unverbesserlich schön gespielt. Die Méziere, (Sie wissen wohl, daß diese bisher mein einziges Ideal in dieser Art gewesen,) hätte unmöglich besser spielen können. Selbst Döbbelin[3] spielte seine Rolle mit wahrer Würde und mit einem theils fürchterlichen, theils rührenden Ernste. – Nachdem der Vorhang niedergelassen war, wurde von mir und einigen Mitverschwornen dem glorwürdigen Verfasser zu Ehren geklascht. Wenn er selbst zugegen gewesen wäre, so hätte ich, glaube ich, überlaut seinen mir unbeschreiblich süssen und wehrten Namen ausgeschrieen. Bald darauf wurde eben das Stück auf künftigen Montag wieder angekündigt, und da klatschten wir von neuem. Aber leider werde ich es da nicht wieder sehen können, weil ich zum EP.[4] muß. Dieser ist gestern incognito da gewesen, und hat immer nachgelesen. Wenn er dadurch nur nichts von dem ungemein beredten Spiele der beiden vortrefflichen Weiber verlohren hat! Gönnen Sie sich doch selbst bald das Vergnügen, sie zu sehen, als die geringste Belohnung für alles das unaussprechliche Vergnügen, das Sie uns gemacht haben, o Shakespear-Lessing!

[1] Ben Jo(h)nson (1572–1637), engl. Dichter und Schauspieler, dessen Dramen Shakespeare beeinflußten

[2] Klopstock, Friedrich Gottlieb (1724–1803), bedeutendster Dichter der Empfindsamkeit. Sein Epos „Der Messias“ (1748) übte auf die Zeitgenossen eine starke Wirkung aus.

[3] Döbbelin, → Text **7**, Erläuterung 1

[4] EP: Erbprinz

Eva König an Lessing über die erste Aufführung in Wien, 17. Juli 1772

[Eva König, Gattin des Hamburger Seidenhändlers Engelbert König, mit dessen Familie Lessing während seiner Hamburger Zeit Freundschaft schloß, verlobte sich nach dem Tode ihres Mannes mit Lessing im Jahre 1771. 1776 heiratete sie ihn.]

24 Ihr neues Stück ist vorige Woche drey Tage nach einander aufgeführt worden, und zwar mit außerordentlichem und allgemeinem Beyfall. Der Kaiser[1] hat es zweymal gesehen, und es gegen G.[2] sehr gelobt. Das muß ich aber auch gestehen, hat er gesagt, daß ich in meinem Leben in keiner Tragödie so viel gelacht habe. Und ich kann sagen: daß ich in meinem Leben in keiner Tragödie so viel habe lachen hören; zuweilen bey Stellen, wo, meiner Meinung nach, eher hätte sollen geweinet, als gelacht werden.

Die Vorstellung ist sehr mittelmäßig ausgefallen. Nur allein die Huberinn, die die Rolle der Mutter machte, hat, meines

Szenenfolge aus Lessings „Emilia Galotti". Radierung von J. W. Meil, o. J.

Erachtens, in der größten Vollkommenheit gespielt. Wenigstens ich habe in meinem Leben keine Rolle so ausführen sehen, und bey keiner das empfunden, was ich bey der empfand. Den Prinzen machte Stephanie der Aeltere, ich möchte fast sagen: so schlecht wie möglich. Die schöne Scene mit dem Mahler, die verliert hier ihren ganzen Werth. Denn die spielt der Prinz und der Mahler, beyde zugleich so abgeschmackt, daß man sie möchte mit Nasenstübern[3] vom Theater schicken. Stephanie wird täglich affektirter und unerträglicher, besonders in seinem stummen Spiele. Was thut er zuletzt in Ihrem Stücke? Er reißt sein ohnedem großes Maul bis an die Ohren auf, streckt die Zunge lang mächtig aus dem Halse, und leckt das Blut von dem Dolche, womit Emilia erstochen ist. Was mag er damit wollen? Ekel erregen? Wenn das ist, so hat er seinen Endzweck erreicht.

[1] Kaiser: Joseph II (1765–1790)
[2] G.: Freiherr von Gebler, österreichischer Staatsrat und Schriftsteller
[3] Nasenstüber: Stoß vor die Nase mit geschnelltem Finger

Ivan Nagel: Kortners Inszenierung am Theater in der Josefstadt (Wien 1970)*

25 Dem Palast des Prinzen Guastalla [...] fehlt der böse, parasitische Prunk. Entweder ist die Ausbeutbarkeit des winzigen Staates oder die Ausbeutungslust seines jungen Prinzen knapp begrenzt. Die glanzlos mattbraunen Blöcke des fast monochromen Bühnenbilds, zwischen denen sich trist klaffende Ausgänge ins Dunkle verlieren, setzten auf die enge Josefstadt-Bühne ein noch engeres Kabinett; und die dekorative Stuckpracht des Zuschauerraums hebt die

Kargheit dieses Dekors noch hervor. Im trüben, schütteren Morgenlicht, wenn der Vorhang aufgeht, improvisiert der Prinz traurige Piecen auf dem Cembalo. Er hüllt sich in einen langen schneeweißen Mantel, als friere er: ein schwermütiger, aber sensibel-lebensvoller Junge, einnehmend in seiner Liebeskrankheit, wie ein ferner Verwandter des Leonce[1]. Das Private, ganz und gar nicht Herrscherliche, das vom Bild ausgeht, setzt sich in den Umgangsformen dieses Hofes fort. Dem Prinzen schlurft ein unausgeschlafener, mürrischer (mir scheint: sehr wienerischer) Lakai entgegen und gähnt ihm ins Gesicht. Der Maler Conti schüttelt ihm die Hand wie einem Kumpan, belehrt ihn akademieprofessorhaft über Kunst und Künstler. Der Höfling Marinelli tadelt ihn beleidigt, schreit ihn auch rüde an. Tyrannische Macht, die familiäres Glück zerstört, läßt sich auf der Bühne so nicht exponieren.

Kortner schildert stattdessen die persönliche Lage eines hübschen, sympathisch verschwärmten Halbwüchsigen, der seinem Amt nicht gewachsen ist. Auch die beiden unvergeßlich nachdrücklichen Empfindungen der mimischen und körperlichen Ausdruckssprache, die der Regisseur für den ersten Akt bereitstellt, geben von dieser Lage Zeugnis. Der Prinz stellt Emilias Bildnis auf den Boden, kniet nieder und neigt und streckt sich, schon fast auf dem Bauch liegend, zu ihm hin und küßt es. In diesem Augenblick tritt der Lakai wieder ein, schüttelt mißbilligend den Kopf – und funktioniert so die lyrisch beseelte Übernatur der Geste in komisch verstiegene Unvernunft um. – Später beredet sich der Prinz mit Marinelli, bald überschwenglich, bald verzweifelt (auch hier ohne jene offiziöse Verstellung, die man oft Würde nennt). Die Krise kommt: Marinelli schlägt die Täuschung und Entfernung Appianis vor. Plötzlich verändert sich das betrübte Gesicht des Prinzen, beginnt dankbar und begeistert zu strahlen. In der bösen Versprechung sieht er, unschuldig wie unverantwortlich, nur neue Liebeshoffnung. Sein Lächeln hat eine bestürzende Reinheit – bestürzend, weil sie mehreren Menschen das Genick bricht. Kurt Heintels Marinelli wird aber in diesem Augenblick ebenso wenig dämonisiert wie Klaus Maria Brandauers Prinz. Das Böse, das diesem nur schwärmerische Erleuchtung ist, ist jenem bloß routinierter Einfall.

[...]

[Kortner läßt den ersten] Akt nicht mit der wirkungsvoll gebauten Rota-Szene enden, die das absolutistische System anklagt, sondern mit dem kurzen, atemlosen Prinz-Monolog, der den liebenden Privatmann verständlich macht. In die Erinnerung prägt sich fürs Folgende nicht die pathetisch-entsetzte Frage Rotas ein: „Ein Todesurteil recht gern?“ – sondern die tastend-hoffnungsvolle Frage des Prinzen: „Wie wenn ich sie da zu sprechen suchte?“ Dies ist Kortners einziger Eingriff in die Struktur des Stückes (der Wegfall der Angelo-Pirro-Szene ist nur Ökonomie). – Selbst wer für Kortners Sprache der dramatischen Deutung schwerhörig ist, muß spätestens bei diesem umgedrehten Aktschluß begreifen: Der Fortfall von antifeudaler Analyse und Attacke in der gesamten Exposition konnte kein Zufall oder Unfall sein. Deren Schwung und Dankbarkeit übersah Kortner gewiß nicht. Aber er erkannte, daß der vielgerühmt sichere, untrüglich kalkulierte Lessingsche Effekt (Hebbel nannte das mit perfidem Lob die „mächtige, fast dichterische Wirkung“ des Stückes) nicht allein dramaturgischen, sondern zugleich ideologischen Wesens ist: untrennbar von der Demagogie einer aggressiven bürgerlichen Selbstgerechtigkeit.

[...]

Die bürgerliche Selbstgerechtigkeit, von der sich Kortner durch die merkwürdig zurückhaltende Inszenierung des ersten Akts distanziert hat, wird im zweiten Akt zum Objekt einer scharfen, lebendig nuancierten Kritik. Es ist, als würden Metier und Phantasie des Regisseurs erst hier von seiner Idee der „Emilia Galotti“ ganz geweckt. Das Spiel beginnt mit der polternd-besitzergreifenden Ankunft des Hauptmanns Galotti in der Stadtwohnung seiner Frau und Tochter. Obwohl Odoardo nur in dieser einen, langen Szene auf der Bühne steht (die unterbrechende Angelo-Pirro-Episode wurde ja eliminiert), beherrscht er den ganzen Akt. Diese gute Stube ist sein Reich. Die drei Figuren, die hierher gehören: seine Frau Claudia, seine Tochter Emilia und sein künftiger Schwiegersohn Graf Appiani – sie sind so, wie Odoardo Galotti sie haben will. Seine störrische Pedanterie, sein moralischer Rigorismus, seine patriarchalische Herrschsucht sind die Kräfte, die drei Abhängige in diesem Raum versammelt haben: die Kräfte einer sich absolut setzenden Bürgerlichkeit. Kortner zeigt, wo andere Idylle ansonsten, einen neuen Schauplatz der Weltgeschichte; und Odoardo okkupiert ihn mit wenigen schnarrenden Fragen und Weisungen an Claudia, die sie unterwürfig aufnimmt; und in weiten, selbstsicheren Gesten und Gängen, welche sich die Bühne restlos aneignen.

[...]

An der Figur der Emilia entscheidet sich jede Deutung des Stückes. Marianne Nentwich hat ein schönes, kraftvolles, dunkeläugiges Gesicht, wie von einem Renaissanceporträt. Es macht Emilias Kraft zur sinnlichen Leidenschaft glaubhaft, die Odoardo nicht nur aus patriarchalischer Frauenverachtung oder aus väterlicher Eifersucht fürchtet, sobald er sie aus den Augen verliert. Diese Emilia ist kraft ihrer Jugend und Natur nicht zu jener elenden Mentalreserve[2] fähig, mit der sich ihre Mutter gegen Odoardos Mißtrauen und Strenge schützt. Die Energie ihrer Triebe muß zur Gefahr werden für Odoardos System – oder für sich selbst. Ihr, die in anderen Inszenierungen oft seelenlos bleibt vor idealischer Triebschwäche und Tugendstärke, gab Kortner zwei Seelen. Vom ersten Augenblick an zeigt er unmißverständlich, daß Emilia den Prinzen liebt. Mit genialem sprachlichen Spürsinn – dem genauesten und mächtigsten, den heute ein deutscher Theatermann besitzt – entdeckte Kortner jene Ballungen der nichtbegrifflichen, rein dramatischen Sprache, durch die Lessing fast wider willen die Liebe Emilias bezeugt. Ihre Erzählung von der Begegnung mit dem Prinzen kommt zum atemlosen Stillstand in jenem über drei Sätze verzögerten, dann schmerzlich-triumphal ausbrechenden „Ihn selbst“ – zwei der größten Worte, wie man jetzt erfährt.

Von da aus spannt sich ihre Rolle bis zur erschütternd ambivalenten, sehnsüchtig-todesstarren Wiederholung des Satzes „Ich allein in seinen Händen?“, auf die der Entschluß zum Sterben folgt. Kortner mag Lessings Tendenzen und Effekte kritisieren; seiner Sprache glaubt er ohne Vorbehalt. Es ist eine Sprache voll Sparsamkeit und Intelligenz (wie zierlos und stark sie ist, wie neu sie selbst für Lessing war, zeigt sich am deutlichsten, wenn man nacheinander eine Szene aus „Miß Sara Sampson“ und aus „Emilia Galotti“ liest). Die Lükken zwischen ihren kurzen Sätzen, in die Bedeutung einströmt, ermöglichen es Marianne Nentwich, immer wieder den jähsten Umschlag vom verzückten Liebesgefühl zur pflichtbewußten Selbstanklage zu sprechen und zu spielen. In engstem Zeitraum spricht aus ihr gleichsam erst ihre eigene, dann Odoardos Stimme – ihre Zerrissenheit wird in solchen Augenblicken unmittelbar glaubhaft. Nur die tödliche Verwirrung des Stückschlusses, in der beide Emotionen gleichzeitig erlebt und dargestellt werden müßten, damit ihr Widerspruch den Untergang erzwingt, übersteigt ihre schauspielerischen Kräfte. Mit Emilias Angst, dem Prinzen zu verfallen – die sie in den üblichen Aufführungen nur als dramaturgischer Kniff, nicht als reale Agonie[3] in den Selbstmord treibt,

– hat Kortner ernst gemacht. Emilia liebt den Prinzen; folglich liebt sie Appiani nicht. [...]
Nach einem erregend phantasievoll ausgesponnenen Schluß bleibt der Prinz mit der toten Emilia allein. Er neigt und streckt sich zu ihr hin und küßt sie: wie zu Beginn ihr totes Bildnis. Damit endet das Trauerspiel, dessen Tyrann nicht der Prinz, sondern Odoardo Galotti war. Einem Stück der Aufklärung wurde ein Stück Aufklärung abgewonnen.

[1] Leonce: Titelheld in Georg Büchners Lustspiel „Leonce und Lena“ (entstanden 1836)
[2] mental: lat. den Geist betreffend, gedanklich
[3] Agonie: griech. Todeskampf

Hellmuth Karasek: Kortners Wiener Inszenierung, Berliner Festspielwochen 1970

26 Die Schlagworte von bürgerlicher Erhebung gegen absolutistische Willkür hielten der peinlich genauen Befragung des Lessingschen Textes nicht stand. Einmal zeigte sich, daß die absolutistische Welt so absolutistisch nicht mehr ist, wie sie das vor ihr erzitternde Bürgertum wahrhaben wollte. Klaus Maria Brandauers Prinz verbreitete um sich keine Aura[1] von Schrecken und Pracht, er war eher ein melancholischer Leichtfuß, sympathisch nachlässig, mit widerborstigem Haar und falsch geknöpfter Kleidung, im Gespräch mit Conti ein zerstreuter Partner, der sich dennoch bemüht, auf sein Gegenüber einzugehen; bei dem Diener ruft er ob seiner jähen, liebenswürdigen Ungezwungenheiten ein ständiges Kopfschütteln hervor. Vor allem aber zeigt sein Umgang mit Marinelli, daß seine Launen nicht wirklich zu fürchten sind: Die Umschwünge von Gnade zu Ungnade, von Freundlichkeit zu Gereiztheit waren Ausbrüche unter Vertrauten; wenn sie etwas signalisierten, dann mehr ein Sichgehenlassen ohne Konsequenzen als ein Ausspielen von Macht.
Das war der vielleicht aufregendste Zug, den Kortner an der Mechanik der ausgespielten Intrige entdeckte: daß da ein Prinz in sie hineinschlitterte, der sich ängstlich und verlegen Finger kauend die immer über seine Vorstellungen hinausgehenden Konsequenzen ausmalt. Die schönste, schlüssigste Szene hierfür: Brandauer folgt gebannt wie ein staunendes Kind dem im Augenblick improvisierten Plan Marinellis, wie man Emilia von dem sie abholenden Vater dennoch trennen kann. Einer, der zunächst nur ungeschickt und überrascht mitspielen kann, was da vor seinen Ohren als plausibler Ausweg entwickelt wird, ist schließlich hingerissen von der Rolle, die zu spielen ihm angeboten wird. Und er empfindet echtes, verständnisloses Entsetzen, wenn der Vater ihm das Kloster als Emilias Zukunft ausmalt; weil ihm der Gedankengang grausam und fremd ist und weil er diese Bestimmung, selbst abgesehen von seiner Leidenschaft, für entsetzlich hielte, noch dazu, da sie die Konsequenz seines Vorgehens ist.
Entscheidend daran ist, daß die Zug-um-Zug-Konsequenz der Emilia-Entführung sich als Folge von ungeplanten Zufällen erweist, in die der Prinz und Marinelli Schritt für Schritt hineinstolpern. Daß aber die Tragödie nichts weniger als zufällig erscheint, weil sie mit der moralischen Unbedingtheit des Bürgerhauses zusammenfällt.
Die Galottis, das sind in Kortners Inszenierung *calvinistische* Katholiken, wenn es so etwas gäbe. Der Vater (Erik Frey) ist starr, streng und jäh. Man hört in Kortners Inszenierung die Textstellen besonders genau, in denen er seinen Abscheu darüber kundtut, in der Stadt, in der Nähe des lasziven[2] Hofs leben zu müssen. Oder die,

Klaus Maria Brandauer (Prinz) und Marianne Nentwich (Emilia) in Kortners „Emilia Galotti“ – Inszenierung im Theater in der Josefstadt, Wien 1970

in denen seine Genugtuung darüber laut wird, daß sein künftiger Schwiegersohn mit seiner Frau sofort nach der Hochzeit aufs Land ziehen wird. Dorthin, wohin die Versuchungen der Stadt nicht dringen.
Was in diesem zweiten Akt frappant deutlich wird, ist folgendes: Der bürgerliche Rückzug in die schützenden vier Wände ist Ausdruck einer nur vermeintlichen Unabhängigkeit. Da die Teilnahme am Staatsleben so lange verwehrt war, wird sie nicht etwa erstrebt, sondern mit moralischen Argumenten verworfen. Dadurch wird zementiert, was sich vielleicht ändern ließe. Was sich hier mit moralischer Selbstgerechtigkeit feiert, wird später Teilhabe an Politik für *schmutzig* erachten.
Diese *Emilia Galotti* zeigt aufs eindringlichste, wie die Familie zu dem Schlachtfeld wird, auf dem man das ertrotzt, was man den Fürsten abzutrotzen vermeint. [...]
Die Frauen sind dabei des Teufels. Man muß ihren Leichtsinn und Unverstand bekämpfen wie bei der Mutter; man muß sie rasch unter die Haube bringen, wenn es sich um die Tochter handelt. Wenn Emilia (Marianne Nentwich war von einer glühenden Kindlichkeit) aus der Messe kommt, dann zeigte Kortner einmal mit dieser Szene, wie sie sich erst mit mädchenhafter Verstellung auf die Bestürzung vorbereitet, die es ihr ermöglicht, der Mutter das zu erzählen, was sie so gerne erzählen möchte. Zum andern, wie die Mutter, im geheimen Einverständnis mit der Tochter, die Leidenschaft wünscht und sie ihr doch gleichzeitig mißgönnen muß, weil sie ihr in ihrer Ehe so wenig zuteil werden durfte, wie die Tochter sie für ihre zu erwarten hat.
Eine geradezu unheimliche Schlüsselszene wird der Besuch des Bräutigams (Alfred Reiterers Appiani: ein Standbild hölzerner, weltungewandter Redlichkeit, auf seltsame Weise mit Kortners Münchner Ferdinand und dessen sympathischem Provinzlertum verwandt). Wo Emilia von Perlen und Kleidern spricht, redet er von Bedeutungen und Prinzipien; wo sie auf einen Begrüßungskuß wartet, bekommt sie einen hochgerichteten Blick. Hier wird einsichtig, daß sie bewundernd, erschreckend und traurig zu dem aufblickt, was ihr als Bestimmung eingetrichtert wurde und was doch all ihren sinnlichen Erwartungen widerspricht. Ihr Tod wird dann die endgültige Abtötung dessen sein, was Frauen in dieser Welt stets zu fürchten haben, würde ihnen die Entscheidung des Blutes nicht von strengen Vätern und Männern abgenommen.

[1] Aura: griech. Luft, Hauch
[2] laszív: lat. wollüstig

Friedrich Dürrenmatt: Macht und Verführung oder die Macht der Verführung. Programmheft zu seiner Zürcher Lessing-Inszenierung, 1974

27 *Meine Deutung*
Skizze zu einem deutschen Trauerspiel, flüchtig, während der Proben geschrieben, in einer Nacht im Hotel Sonnenberg, Zürich. *Emilia Galotti,* eines der größten Trauerspiele unserer Literatur, [...] muß, als Werk eines Kritikers, nicht nur interpretiert, sondern auch entschlüsselt werden. Entschlüsselt darum, weil es zugleich die Kritik an einem politischen System und den Konflikt zwischen Mann und Frau darstellt. Das politische System, das Lessing kritisierte, war damals, als das Werk entstand, noch gang und gäbe, der Konflikt zwischen Mann und Frau überdauert jedes politische System [...].

Emilia wird von dem Mann, der sie zeugte, und vom Mann, der sie zum Weibe macht, gleichermaßen mißbraucht – als ‚Ding' behandelt statt als Mensch –, bis sie, in der mythischen Schlußszene, in ihrem Vater beides in einem sieht, den Vater und den Geliebten, beide gleich gehaßt und geliebt, und so, aus Stolz, ein Mensch zu sein und kein ‚Ding', herbeizwingt, was als hoffnungsloser Ausweg am Grunde des Konflikts lauert, den Mord des Mannes am Weib, des Vaters an der Tochter. (Daß Lessing diesen Konflikt, den Emilia-Komplex, als Gegensatz zum Ödipus-Komplex, an zwei Gestalten entwickelt, an der Hetäre[1] Orsina und an der Jungfrau Emilia, am Bewußtsein und am Unbewußten, setzt uns, die nach Freud Geborenen, in Staunen).

Doch wer wird in diesem Stück nicht alles mißbraucht! Claudia von ihrem Gatten Odoardo, indem er sie unterjocht, in steter Furcht hält, alleinläßt, um, wie wir uns vorstellen können, täglich, schwitzend, von Sabionetta nach Guastalla reitend, Emiliens Unschuld zu konstatieren, Odoardo wiederum von der Gräfin Orsina, Orsina desgleichen von Marinelli, indem er sie, die durchs Bett an die Macht kam wie er durch die Intrige, fallenläßt, Marinelli endlich durch den Herzog Hettore Gonzaga, den wir hier mit ‚Fürst' statt mit ‚Prinz' anreden lassen, ist doch die Anrede ‚Prinz' zu vage und deutet vor allem nicht auf einen regierenden absolutistischen Landesherrn hin. Aber auch der Herzog wird mißbraucht, vom Maler Conti nämlich, der ihm durchaus nicht zufällig das Porträt Emilias zuspielt, Conti mißbraucht, um nicht nach Brot gehen zu müssen, gleich das ganze System: die Kehrseite des Mäzenats[2]; das Stück beginnt nicht mit einer ästhetischen Szene, wie die pädagogische Deutung uns einredet, sondern mit einer handfesten Kuppelei.

Kritik eines Systems: Im Verhältnis des Fürsten zu Marinelli wird auf eine geniale Weise dialektisch dargestellt, wie die Maschinerie der Macht ‚an sich' funktioniert, indem sie nämlich in einen unberechenbaren und in einen berechenbaren Teil zerfällt, in einen, der die Macht besitzt, und in einen, der die Macht benutzen will, um an der Macht teilhaben zu können. Die Tradition sieht im Fürsten den durch Geburt mächtigen Schwächling, in Marinelli dessen Verführer, sie nimmt den Schlußsatz des Stückes ernst. „Gott! Gott! Ist es zum Unglücke so mancher nicht genug, daß Fürsten Menschen sind, müssen sich auch noch Teufel in ihren Freund verstellen?"

In meiner sicher ausgefallenen Sicht, die, mißtrauisch gegen jene Worte, in jedem Wort, jedem Satz etwas Doppel-, Drei-, Vierdeutiges wittert, stellt dieser Satz den zynischsten Ausspruch dar, mit dem je ein Stück endete. Nicht Marinelli ist der Verführer, sondern der Fürst verführt Marinelli, Marinelli ist nicht unmenschlich, er ist bloß der Funktionär, der an der Macht bleiben will. Er ist der Berechnende. Er berechnet, was ihn mit der Macht verknüpfen könnte, er führt aus – instinktiv, aus Furcht, seinen Posten zu verlieren –, was ihm der Fürst suggeriert, und wird damit (hier setzt innerhalb des Trauerspiels die Komödie ein) immer ins Unrecht gesetzt: Da Marinelli, eingerostet wie eine alte Zahnradbahn, beinahe schon biologisch stets auf indirekten Befehl handelt, auf eine vage Andeutung des Fürsten hin, steht der Fürst prompt als Unschuldiger da, beinahe wie ein Wunder – er hat alles nie gewollt, wäscht seine Hände in Unschuld –, um so perfider, weil der Fürst durch seine Unberechenbarkeit jeden Plan zunichte macht: Im dialektischen Verhältnis des Fürsten zu Marinelli zeichnet sich gleichsam ein ‚kernphysikalisches' Muster ab, das jedem Machtzentrum zugrunde liegt, auch den heutigen Machtzentren, machen wir uns nichts vor: Die Macht ist an sich unberechenbar. Was sie zu ihrer Rechtfertigung von sich gibt,

ist Ideologie, Ausrede, noch scharfsichtiger gesehen: Phrase. […]
„O Galotti, wenn Sie mein Freund, mein Führer, mein Vater sein wollten!" eine ebenso ungeheuerliche Behauptung wie jene in die Geschichtsbücher eingegangene Meinung eines aufgeklärten absolutistischen Herrschers, der sich als erster Diener des Staates sah, so gesehen werden wollte: Wehe dem, der ihn nicht in dieser Rolle sah.
Konflikt Mann – Weib: Emilia ist zwischen zwei Vaterfiguren gestellt, von zwei Vaterfiguren umstellt. Noch schlimmer. Im Grafen Appiani, von ihrem Vater als Gatte bestimmt, erscheint ihr eine, wenn auch ins Lächerliche verzerrte, Vaterfigur: ein treuherziger, naiver Mann, der von ihrem Vater schwärmt. Im Fürsten stellt sich der Mann als frei dar, als räuberisch, sexuell allgewaltig, omnipotent[3], in ihrem Vater als dessen Gegenbild, als einer, der nicht aus sich heraus, sondern gegen sich handelt, als einer, der seine Sexualität unterdrückt, als einer, der sich, zu seinem Schutz, mit Gesetzen umstellt, mit Regeln, in deren Gehege er sich und seine Familie zwängt. Fürchtet Emilia den Fürsten als ein freies Raubtier, fürchtet sie ihren Vater als einen Kerkermeister. Vom Raubtier bezwungen, erkennt sie das Wesen beider: Der eine ist so wesenlos wie der andere. Nicht die Gewalt ist das Entscheidende, die Gewalt, die sie von dem einen wie von dem anderen erlitt, sondern die Verführung, die von dem einen wie von dem anderen ausging, vom Vater wie vom ‚Gegenvater' (um diese Polarität auszudrücken). Indem der Mensch (ob Weib oder Mann) verführt wird, wird auch sein Wille umgestellt, umgedreht (im kantischen Sinne), man will nun, was man nicht wollte. Doch damit stößt Emilia, ohne es zu wissen – denn sie ist gänzlich unbewußt –, auf den innersten Kern der Diktatur; diese zwingt nicht den Menschen, sondern wird vom Menschen herbeigezwungen (der Mensch zwingt die Diktatur sich selber auf, ein Verdacht, der das ganze Stück vollends außerhalb der heutigen soziologischen Untersuchungen treibt).
Die Antwort Emilias auf die Welt des Fürsten Gonzaga besteht darin, daß sie den Vater aus dem unendlichen Stolz ihres Geschlechts heraus beim Wort nimmt, sie zwingt ihn, nach seiner Tugend zu handeln, nach dem Moraliengebäude, das er gegen den Fürsten errichtete, rein innerlich, um ja nicht handeln zu müssen, sie zwingt ihn, sie, seine Tochter, zu ermorden, und er ermordet sie. Odoardo handelt aus Schwäche, um seine Innerlichkeit nicht aufgeben zu müssen, seine Moral. Um nicht Revolutionär zu werden, ermordet er seine Tochter, nicht den Fürsten (der Richter kann dann etwas Jenseitiges sein, Gott eben, Gott sei es geklagt).
Eine sehr finstere Deutung des Stücks […]. Eine Deutung, der nur noch ein Aspekt hinzuzufügen ist: Indem diese Tragödie den Menschen als verführbar zeichnet, hebt sie sich als Tragödie auf: sie wird auf eine schreckliche Weise sinnlos. Emilia, die weiß, daß ihre Unschuld nicht zu bewahren ist, weil sie ihre Unschuld nicht bewahren will, ist als Objekt all der Intrigen, die sich um ihre Unschuld spinnen, als Ursache all des Raubens und des Mordens ein geradezu sinnloses Objekt, eine unsinnige Ursache.
Ich spürte diesen Ureinwand gegen das Stück, während die Regie fortschritt, immer quälerischer, immer beängstigender: Die Opfer, die da fallen, auch Emilia selbst, sind stumpfsinnige Opfer. Mit dieser Tatsache aber wird dem System der Todesstoß versetzt, denn jedes Machtsystem, mehr, jedes totale System fordert, daß die Opfer, die es verlangt, wenigstens sinnvoll dargebracht werden. Die Opfer eines Systems für sinnlos erklären heißt das System für sinnlos erklären. […] Wer in Emilias Schuld nur den Verlust ihrer Keuschheit sieht, hat das Stück ebensowenig begriffen wie der, der im Staate Het-

Käthe Winter (Claudia) und Sonja Mustoff (Emilia) in Dürenmatts „Emilia Galotti“ – Inszenierung im Schauspielhaus Zürich, 1974

tore Gonzagas nur ein fingiertes Fürstentum der Spätrenaissance sieht: Es geht um unser aller Schuld, und es geht um ein System, das uns in irgendeiner Form allen droht.

1 Hetäre: griech. Freundin, Geliebte, Freudenmädchen
2 Mäzenat: Kunstgönnerschaft
3 omnipotent: lat. allmächtig

6. Ansätze zur Interpretation der „Emilia Galotti“

6.1 Deutungskontroverse: „Emilia Galotti“ – ein politisches Stück?

6.1.1 Die direkte politische Intention: Protest gegen das Feudalsystem

Joachim Müller (1955)

28 Keiner wußte besser als Lessing, daß eine deutsche Nationalkultur damals nur eine bürgerliche Kultur sein konnte, und das hieß eine antifeudalistische. Es ist also nur eine innere Notwendigkeit seines kunstpolitischen Bemühens gewesen, wenn er selbst als Dramatiker einen Stoff aufnahm, der eine ausgesprochen gesellschaftspolitische Bezogenheit hatte und eine scharfe Anklage gegen die Mißwirtschaft der Fürstenhöfe bedeutet. Freilich ist es bezeichnend, daß der Dichter nicht wagen konnte, das Drama in Deutschland spielen zu lassen, er mußte die Handlung an einen Hof der italienischen Renaissance verlegen, aber die Bezogenheit auf die deutschen Verhältnisse des 18. Jahrhunderts war so eindringlich und unverkennbar, daß jeder Zuschauer sofort Bescheid wußte, ohne daß die fürstlichen Behörden wagten, das Stück zu verbieten, weil sie ja damit bezeugt hätten, daß sie sich getroffen fühlten. Lessing hatte die Druckabzüge [...] seinem Herzog mit dem Bemerken übersandt, es sei nur alte römische Geschichte in neuer Einkleidung; in Wirklichkeit war es neueste deutsche Geschichte in römisch-italienischer Einkleidung. Eine besondere Ironie liegt darin, daß „Emilia Galotti“ am 13. März 1772 in Braunschweig zum Geburtstag der Herzoginmutter erstaufgeführt wurde! Der Hof war so klug, sich nicht getroffen zu fühlen.[1]
Alte römische Geschichte! Ein römischer Geschichtsschreiber erzählt eine Anekdote aus der römischen Frühgeschichte[2]: Der Despot Appius Claudius will sich der Tochter des Plebejers Virginius, Virginia, bemächtigen. Da nach altrömischem Recht der Vater das Eigentumsrecht an seinen Kindern hat und sich auch ein Despot nicht ohne weiteres über diese festgewurzelte Anschauung hinwegsetzen kann, ohne die öffentliche Meinung gegen sich aufzubringen, versucht Appius Claudius auf dem Forum, dem römischen Markt, in zynischer Rechtsverdrehung dem Vater das Eigentumsrecht an der Tochter abzusprechen. Da ergreift Virgi-

nius ein bereitgehaltenes Messer und ersticht sie. Die Plebejer nehmen das als Fanal, erheben sich gegen die Machthaber, eine despotische Kaste, und erkämpfen die politische Gleichstellung mit der bisherigen herrschenden Klasse, den Patriziern.

Bezeichnend ist nun, daß Lessing nicht die Öffentlichkeit der Handlung übernehmen konnte. In der deutschen Situation konnte der Dichter keinen Vater einer von fürstlichen Despoten belästigten Tochter auf die Straße schicken und ans Volk appellieren lassen. Die Tötung der Tochter konnte nicht zum Aufstand der unterdrückten Klasse führen. Aber die aktuelle politische Bedeutung des Dramas war nicht zu verkennen und ist von den Zeitgenossen auch klar erkannt worden. Man verstand, wie das stoffliche Sinnbild als Fanal gemeint war und gegen die Übergriffe des Feudalabsolutismus aufrief: Wie der plebejische Vater einst durch die Tötung der Tochter in den plebejischen Massen eine revolutionäre Bewegung auslöst, so soll Odoardos, des Vaters der Emilia, Tat die deutschen Bürger in Wallung bringen. Lessing hat daher nicht etwa die zahlreichen Dramatisierungen des seit der Renaissance besonders beliebten Virginia-Motives durch eine neue, lediglich stofflich oder ästhetisch interessante vermehrt, sondern dieses Motiv an einen Renaissancehof versetzt, der unmittelbare Gleichklänge mit den deutschen Verhältnissen aufweist. Lessing mußte zudem die römische Rechtsfrage aus dem Stoff auslassen, nach der das Familienoberhaupt die absolute Gewalt über Leben und Tod auch der erwachsenen Kinder hat. Dafür hat der deutsche Dichter die brutale fürstliche Gewalt und die freie Zustimmung der Emilia eingeführt.

[...]

Man darf in ihrem [Emilias] Eingeständnis, daß auch sie ein jugendliches, warmes Blut hat, daß auch ihre Sinne Sinne sind, daß sie für nichts steht, daß Verführung die wahre Gewalt ist, keinen seelischen Bruch sehen, sondern gerade den Ausdruck der objektiven Widersprüchlichkeit des Bürgertums, das ebenso entschlossen protestiert, wie es um die Ohnmacht der durch den Despotismus terrorisierten Klasse weiß. Gerade diese tragische Wahrhaftigkeit gibt dem Schluß des Dramas das Unkonstruierte. In Emilias Unsicherheit siegt die realistische Gestaltungskunst Lessings, weil sich ja darin die Klassenlage dieses Bürgermädchens besonders eindringlich spiegelt: Ihre strenge Erziehung, die übrigens ganz nach höfischer Konvention erfolgte (II/4), macht sie unerfahren und unselbständig, so daß sie sich den Verführungskünsten des Prinzen nicht gewachsen fühlt. Es ist darin in erstaunlicher gesellschaftlicher Objektivität vom Dichter ausgesagt, daß hinter Emilia noch keine bewußte Klasse steht – und das ist eine schonungslose Selbstkritik des Bürgertums, die der tief in die gesellschaftliche Struktur dringende Blick des Dichters wagt. Man darf freilich nicht übersehen, daß sich in der Todesszene in echter Dialektik ein Neues wiederum daraus ergibt, daß Emilias Entschluß, den Vater zur notwendigen Tat aufzufordern, die Gewissensentscheidung und die sittliche Selbstbestimmung der zum bewußten Weib gereiften Frau bedeutet. Die Furchtsamkeit und die Angst der dem verbrecherischen Despotismus unterliegenden Bürgerin wird zuletzt zur Entschlossenheit, mit dem Opfertod dem Bürgertum das Zeichen zu geben, daß das Maß voll ist. Mag auch der Tod Emilias ohne direkte Folgen sein, ist auch anzunehmen, daß das Volk weiter stillhalten wird, daß der Prinz die Untersuchung gegen Odoardo niederschlagen muß, um sich nicht bloßzustellen, daß die Opfer heimlich begraben werden, so war doch die dramatische Vergegenwärtigung der schamlosen Gewalttaten des Absolutismus, der verbrecherischen Willfährigkeit kriecherischer Kreaturen und des Ausblutens der gepeinigten

Untertanen eine künstlerische und geschichtliche Tat, so daß selbst Goethe, der in jungen Jahren die Emilia Galotti zu „gedacht" fand, später in ihr, „wo die Leidenschaften und ränkevollen Verhältnisse der höheren Regionen schneidend und bitter geschildert sind" (Dichtung und Wahrheit. III/13), den „entscheidenden Schritt zur sittlich erregten Opposition gegen die tyrannische Willkürherrschaft" sah.[3]

[1] → D. Hildebrandt, Das provokante Geburtstagsgeschenk, Text **59**
[2] → Titus Livius: Die Geschichte der Virginia, Text **2**
[3] → J. W. Goethe, Text **17**

6.1.2 Die indirekte politische Intention: Emilias Tod als Kritik am bürgerlichen Tugendoptimismus

Horst Steinmetz (1972)

29 Die politische Bedeutung der *Emilia Galotti* ist auch nach Dilthey[1] immer wieder in Frage gestellt worden. In den Auseinandersetzungen mit diesem Aspekt sieht man dabei gewöhnlich in der Tragödie entweder ein politisches Drama, das ausschließlich als ein solches verstanden werden müsse, oder man leugnet den politischen Akzent völlig, sich auf Lessings Wort berufend, er habe „die Geschichte der römischen Virginia von allem dem abgesondert, was sie für den ganzen Staat interessant machte".[2] Doch ist die Alternative falsch, die sich jeder der Interpreten freiwillig gestellt hat. Das eine schließt hier das andere nicht aus. Es muß doch völlig außer Zweifel stehen, daß das Stück eine politische Dichtung ist. Seine politisch-gesellschaftliche Relevanz hat auch Lessing selbst natürlich nicht übersehen, sonst hätte er sich nicht gezwungen gefühlt, den vorsorglichen Brief an den Braunschweigischen Herzog zu schreiben, der von der Möglichkeit einer politischen Wirkung ausgeht. Daß Despotismus, Willkür und Machtmißbrauch in diesem Drama angeklagt und verurteilt werden, bedarf doch keines ausdrücklichen und ausführlichen Beweises! Anklage und Verurteilung sind um so lauter und eindringlicher, als die Tragödie den Untergang bürgerlich-unpolitischer, unschuldiger Menschen zeigt, die in ihre ausweglose Lage geraten, weil ihre Gegner die ihnen zur Verfügung stehende Macht schamlos ausnutzen.

Doch damit ist *Emilia Galotti* nicht *nur* ein politisches Drama. Die Aussparung aller direkt politischen Thematik weist darauf hin, daß Lessing ein grundsätzlicheres Problem darstellen wollte, dessen Horizont die politisch-gesellschaftliche Thematik einschließt. Denn Ohnmacht und Hilflosigkeit der Galottis ist nicht allein die Folge der politischen Situation, in der sie leben. Ebenso folgenreich ist die Tatsache, daß das Prinzip, welches sie zur obersten Richtschnur ihres Lebens machen, sich als anfällig erweist. Das wird durch einen neuerlichen Vergleich mit dem Ausgang der simplen Schwarz-Weiß-Dramatik der Gottschedzeit vollends anschaulich. Appianis Tod entspricht in groben Umrissen dem Untergang der tugendhaften Helden in diesen Werken: er wird schuldloses Opfer des Bösen. Sein Untergang, wie der der guten Helden im Drama der vierziger Jahre, beeinträchtigt jedoch Idee und Geltung von Tugend und Vernunft nicht, weil er nur physisch seinen Gegnern unterliegt. Anders steht es dagegen mit Emilias Tod. Daß sie stirbt, ohne einen gravierenden Fehler begangen zu haben, könnte notfalls sogar noch mit der soeben angedeuteten Tradition erklärt werden, wenngleich dann der Bruch mit Lessings Tragödientheorie offenkundig wäre. Daß Emilia aber bereit ist, sich selbst zu töten, ja in bestimmtem Sinne auch Selbstmord verübt, läßt ihr Handeln gerade vor dem Hintergrund von Lessings entschiedener Ablehnung des Selbstmordes in zweifelhaftem Licht erscheinen. Daß sie schließlich stirbt, weil sie ihrer selbst nicht mehr sicher, weil die Tugend verführbar ist, weil sie eine Art Einwilligung in das Laster fürchtet – das kann nicht anders gedeutet werden, als daß die Tugend in dieser Tragödie brüchig geworden ist und daß damit auch das aufklärerische Prinzip als solches in Zweifel gezogen wird. Im Gegensatz zu allen Tragödien der Aufklärungszeit hält hier die Tugend nicht dem Tode stand, wird ihr auch nicht durch einen Sühneakt zum Siege verholfen. Die Tugend triumphiert hier nicht über Gewalt und Tod, sondern sie kann sich als Prinzip allein um den Preis des Lebens behaupten und retten. Weil die von innen her bedrohte Tugend und Würde des Menschen bewahrt werden soll, sieht sich der Mensch gezwungen, gegen Tugend und Menschenwürde zu verstoßen: der Vater muß seine Tochter töten. Oder, um die in dieser Tragödie sich vollziehende Zuspitzung des Konflikts noch schärfer zu konturieren: der Selbstmord, der verurteilt wurde, weil er den Verlust des Glaubens an Tugend und Menschenwürde bedeutet, wird als Mittel und Ausweg akzeptiert, um diese Werte nicht aufzugeben.

Zweifellos dokumentiert sich in Emilias Willen zum Sterben sowie im freiwilligen Tode auch Würde und Freiheit des Menschen. Emilia gibt eine Existenz auf, „in die sie fremder Wille mit Gewalt gebracht hat, in der ihr nicht mehr zugestanden wird zu leben, wie sie soll und will, in der sie nicht mehr so sein darf, wie Frömmigkeit und Tugend ihr gebieten.“[3] Man darf darin sogar eine besonders heroische und sittliche Tat erblicken, da Emilia ihre Reinheit und Tugend auch gegen die Gefährdung erhalten will, die ihr von ihr selbst droht. Und doch verliert die sich hierin manifestierende Freiheit des Menschen von ihrem strahlenden Glanz. Denn der Tod wird zur notwendigen Wahl, weil das Vertrauen in den freien Willen und in die Stärke der Tugend auch dort versagt, wo sie nicht einer fremden Macht unterworfen sind. Darin liegt das für den Optimismus der Aufklärung niederschmetternde Fazit dieser Tragödie. In ihr wird letztlich Tugend- und Vernunftgewißheit der Aufklärung preisgegeben.

Die von hier aus sich über das ganze Drama erstreckende Düsterkeit und Hoffnungslosigkeit wird durch andere Züge der Handlung verstärkt. Jetzt erst wird die scheinbare Entpolitisierung des Stoffes wirklich sprechend. Ist es schon erschütternd genug, daß der unpolitische Vater seine unschuldige Tochter zu töten gezwungen wird, so wird die Erschütterung noch durch die Reminiszenz an die politische Parallele gesteigert, mit der das private Schicksal besiegelt wird. Odoardo ersticht seine Tochter, nachdem sie ihn an die Tat des Virginius erinnert hat. Gerade diese Gegenüberstellung und Parallelisierung unterstreicht die Furchtbarkeit und Sinnlosigkeit des nun Geschehenden. Der Tochtermord, der einstmals zu Revolution und Umsturz führte, wird hier zum unauffälligen Ereignis ohne alle politische Folgen in der Geschichte eines kleinen Fürstentums. Odoardos letzte Worte: „Ich gehe, und erwarte Sie, als Richter. Und dann dort – erwarte ich Sie vor dem Richter unser aller!“[4] fassen nochmals Ohnmacht und Schwäche der Opfer zusammen. Man unterwirft sich dem schuldigen irdischen Richter und vertröstet sich auf die Gerechtigkeit des jenseitigen. Man findet wohl die Kraft, die göttlichen Gebote im eigenen privaten Bereich zu brechen, doch findet man sie nicht, wenn es gilt, sich gegen den zur Wehr zu setzen, der an diesem Verstoß gegen die Gesetze des Schöpfers schuldig ist. Der Bürger ist unsicher und verstrickt sich im politischen Bereich in einen Tugend- und Gehorsamsformalismus, der ihn im privaten Bereich seinen tiefsten Überzeugungen und Glaubenssätzen zuwiderhandeln läßt.

[1] Dilthey, Wilhelm: Das Erlebnis und die Dichtung, Stuttgart/Tübingen [13]1957, S. 50f. (1. Auflage 1906)
[2] Brief an Nicolai vom 21. Jan. 1758, → Text **6**
[3] Gerd Labroisse, S. 314, → Text **30**
[4] Emilia Galotti: V, 8

6.1.3 Die moralische Intention: Emilias Tod als sittliche Notwendigkeit

Gerd Labroisse (1972)

30 Viel zu wenig ist bisher Lessings spezifischer Wortgebrauch bei der Interpretation beachtet worden. Dabei ist auffällig, wie häufig Lessing die Verben wollen, sollen, dürfen verwendet, wie intensiv er mit ihnen an allen entscheidenden Stellen des Werkes arbeitet, wie er sie durch Satzbau und Interpunktion für Zuhörer und Leser noch besonders hervorhebt.

Als der Prinz zu Beginn (I,6) fragt, ob die von ihm so begehrte Emilia Galotti wirklich „heute? ... schon heute?" heirate, antwortet Marinelli: „Erst heute – soll es geschehen. Und nur geschehenen Dingen ist nicht zu rathen". Mit des Prinzen Bitte an Marinelli, „alles" zu tun, was die Heirat verhindere, „was diesen Streich abwenden kann" [II,6], der seinen Wünschen entgegensteht, werden die Pläne Emilias und Appianis durchkreuzt, wird die Kette von Ereignissen ausgelöst, die zur Katastrophe führen.

Nachdem der Hochzeitszug überfallen und Appiani getötet ist, setzt Marinelli den Willen des Prinzen auch gegen Emilias Vater durch. Er zerstreut des Prinzen Befürchtung, Odoardo könnte die Tochter mit sich nehmen und damit alle Hoffnungen, sie zu besitzen, zerstören: „Weiter als zum Wollen, soll er es gewiß nicht bringen. Gewiß nicht!" [V,1]. Und so begegnet er Odoardos „Sie soll nicht mehr nach Guastalla./Sie soll mit mir" mit der Eröffnung, daß zwar „der künftige Aufenthalt der Tochter einzig von dem Willen des Vaters" abhänge: „nur vors erste –/Werden Sie wohl erlauben müssen ..., daß sie nach Guastalla gebracht wird" [V,3]. Daß ihm als Vater die Tochter vorenthalten werden soll, läßt Odoardo fragen: „Wer will das? Wer darf das? – Der hier alles darf, was er will?"[V,4].

Als Emilia ihre Ahnung, daß Appiani tot ist, bestätigt erhält und von ihrem Vater erfährt, daß sie „in den Händen (ihres) Räubers" bleiben muß, will sie sehen, „wer (sie) hält, – wer (sie) zwingt, – wer der Mensch ist, der einen Menschen zwingen kann", zwingen zu „leiden, was man nicht sollte", zu „dulden, was man nicht dürfte"[V,7]. In diesen geradezu kantischen Formulierungen steckt die ganze Problematik des Werkes: Emilia kann und will nicht erdulden, was der Prinz und Marinelli, alle Schranken von Sitte und Gesetz durchbrechend, getan haben, weil das ihrer Auffassung vom Menschen elementar widerspricht. Als sie noch hören muß, der Prinz würde sie „unter dem Vorwande einer gerichtlichen Untersuchung" aus den Armen ihrer Eltern reißen und zu den Grimaldis bringen, entgegnet sie: „Reißt mich? bringt mich? – Will mich reißen; will mich bringen: will! will! – Als ob wir, wir keinen Willen hätten, mein

Vater!" [V,7]. Aus der „Furchtsamsten" ist die „Entschlossenste (ihres) Geschlechts" [IV,8] geworden. Sie will jetzt ihrerseits die Absichten des Prinzen durchkreuzen. Sie will sich töten, denn es gibt keinen anderen Ausweg aus dieser Lage, in die sie fremder Wille mit Gewalt gebracht hat, in der ihr nicht mehr zugestanden wird zu leben, wie sie soll und will, in der sie nicht mehr so sein darf, wie Frömmigkeit und Tugend ihr gebieten.

[...]

Daß Lessing die Tochter vom Vater töten läßt, ist sicher nicht nur eine Frage der Livius-Vorlage, schließlich hat er diese durch die Wahl eines anderen Schauplatzes, einer anderen Zeit, vor allem aber durch das Fortlassen alles Politischen und das Herausarbeiten des sittlichen Problems tiefgreifend verändert. Wenn Emilia sogar ihren eigenen Vater zu dieser ungeheuerlichen Tat zu bringen vermag, dann ist das ein Beweis für die Überzeugungskraft ihrer Argumente. Außerdem ist es nicht nur dramatisch ungemein wirkungsvoll, sondern auch gedanklich von Bedeutung, denjenigen, der tötet, mit den Konsequenzen seines Tuns zu konfrontieren. In der auf Emilias Erdolchung folgenden Schlußszene nimmt Odoardo die Tötungsschuld voll auf sich und weist er Emilias Versuch, ihn zu entlasten, sehr bestimmt zurück: „Gehe mit keiner Unwahrheit aus dieser Welt" [V,8]. Er stellt sich dem irdischen Richter und erwartet ihn, der zugleich der Vernichter seiner Tochter ist, vor dem „Richter unser aller". Damit wird noch einmal die Problemtiefe angesprochen. Odoardo vermag diese Schuld auf sich zu nehmen, weil Gott nicht wollen kann, daß ein Mensch verdirbt, gehen doch die sittlichen Gebote von ihm aus; das „er will meine Hand; er will sie!" des Monologs vor dem Zusammentreffen mit Emilia korrespondiert hiermit. Die Schlußszene läßt also keinen Zweifel daran, daß die Tat bewußt geschehen ist, daß sie aus einer bestimmten Konzeption vom Menschen erwachsen ist. Von daher auch, daß die Tötung der eigenen Tochter tragisch, aber nicht gräßlich wirkt.

[...]

Mit der Tötung Emilias durch ihren Vater bleibt Lessing im Horizont eines religiös-ethisch fundierten und orientierten Bürgertums. Der entstandene Konflikt wird ethisch, nicht aber politisch-revolutionär durch Ermordung des Prinzen gelöst, denn im Zentrum steht der Mensch als sittliches Wesen; an sittlichen Maßstäben wird sein Tun und Lassen gemessen. Die bestehende gesellschaftliche Ordnung wird nicht angetastet, wird nicht zum Problem. Lessing zeichnet den Prinzen als „Wollüstling" [II,4] und nicht als tyrannischen Herrscher. Seine Stellung als Landesherr erschwert Emilias Lage und macht sie hoffnungslos, ausgelöst und erzwungen aber wurde sie von der hemmungslosen Leidenschaft des begehrenden Liebhabers. – Dabei mag offenbleiben, ob nicht gerade diese Art der Darstellung eines höchsten Vertreters der irdischen Ordnung, der sich so sehr seinen augenblicklichen Leidenschaften überläßt, daß er ihnen alles andere unterordnet, und jede sittliche Verantwortung vermissen läßt, obwohl er doch als Landesvater alle Tugenden verkörpern und mit gutem Beispiel vorangehen sollte, viel „politischer" ist, was die Wirkung auf den Zuschauer der Lessing-Zeit anbelangt, als eine doch nur im fiktiven Raum des Theaters geschehende Ermordnung des Prinzen. – Der Mensch kann und soll über sich selbst entscheiden: Emilia kann sich töten lassen wollen; Odoardo kann das tun, weil er sich überzeugt hat, daß das die einzige Möglichkeit ist, die sittliche Integrität seiner Tochter zu bewahren, für die er als Vater auch eine Verantwortung trägt. Eine Tötung des Prinzen wäre dagegen inadäquat, verstieße in gleicher Weise gegen Gesetz und Sitte wie dessen Handeln, wäre reiner Mord.

Die Betrachtung von Lessings Wortgebrauch hat gezeigt, daß die Überlegungen und Handlungen der Emilia und ihres Vaters im letzten Akt unter einer anderen Perspektive zu beurteilen sind, als bisher üblich, und die Interpretation des Werkes da ansetzen muß, wo das neue Humanitätsideal des 18. Jahrhunderts seine Wurzeln hat: in dem problematischen Verhältnis von Sollen und Wollen. Lessing hat zwar Emilia als ein frommes Mädchen gezeichnet, dem die Keuschheit unendlich viel bedeutet. Doch es ist nicht ihre Frömmigkeit, die sie zur Wahrung ihrer Tugend in den Tod treibt, sondern ihre Einsicht, daß ein menschenwürdiges Leben nur mit der Freiheit der Person gegeben ist. Emilia setzt die Verführung durch den Prinzen in Beziehung zur Gewalt – „Verführung ist die wahre Gewalt“ – und nimmt damit das vorher gesprochene Wort von dem ihr zustehenden freien Willen („Als ob wir, wir keinen Willen hätten ...“) wieder auf. Mag auch ihre Frömmigkeit mitschwingen, der Kampf geht um die innere Freiheit des Menschen. Daß der das treibende Moment ist, zeigen ihre letzten Worte: „Ah – mein Vater –“: Odoardo gab ihr mit seiner Tat, mit dem Dolchstoß aus „väterliche(r) Hand“[V,7,8], zum zweiten Male – und jetzt in einem tieferen Sinne – das Leben. Damit verwirklicht, vollendet sie ihre Persönlichkeit.

Lessing bleibt in der Tradition, wenn seine Gestalten davon überzeugt sind, daß sich erst am Ende zeige, was der einzelne Mensch ist, wenn er Appianis Gedanken hervorhebt: „noch einen Schritt vom Ziele, oder noch gar nicht ausgelaufen seyn, ist im Grunde eines“[II,8]. Erst im Tod, im Ziel, ist alles endgültig; vorher ist der Mensch ständig gefährdet, bedrohen ihn die dunklen Gewalten der Sinne, die Leidenschaften, können beste Absichten noch vereitelt werden, kann er auch schwach werden angesichts einer erforderlichen Entscheidung. Sein Tun ist erst getan, wenn es auch zum Abschluß gebracht ist. Von daher wird deutlich, daß Claudia und Emilia wirklich „Schuld“ tragen, denn sie waren zu sicher über den ungestörten weiteren Ablauf des Tages, sicherer als ein Mensch das sein darf. Das beleuchtet aber auch, warum Emilia nicht auf die Zukunft baut, auf einen Hoffnungsstrahl wartet, sondern die Entscheidung hier und jetzt sucht, auf dem Höhepunkt ihrer Entwürdigung durch fremden Zwang.

Mit Emilias und Odoardos aus freier, vernünftiger und damit verantworteter Gewissensentscheidung erwachsenen Tat weist Lessing aber in die Zukunft, auf den sich seiner Vernunft und Sittlichkeit bewußten Menschen der Klassik, der die höchste Freiheit und Würde dort erringt, wo sein Wollen mit dem Sollen in Einklang gebracht ist.

6.1.4 Die religiöse Intention: Tragödie als Theodizee

Benno von Wiese (1952)

31 Zwischen bürgerlicher Gelassenheit und zur Revolution entschlossener Empörung dichtet Lessing die *Tragödie der sittlichen Innerlichkeit,* die an der Reinheit ihrer Werte nur noch festhalten kann, wenn sie ihr eigenes Dasein in dieser Welt zum Opfer bringt. Das Bild der Tochter ergänzt hier das des Vaters. Sie wächst in einer wohlbehüteten Welt auf, wo die Rechtschaffenheit und Lauterkeit des Herzens mit dem gelassenen Gehorsam unter das Familiengesetz selbstverständlich übereinstimmt. Aber aus der Problemlosigkeit solcher Passivität erwacht sie zum Rechte der freien, sittlich verstandenen Selbstbestimmung.

Freilich hat die Art, wie sie sich sentenzenreich und allzu verstandesklar mit ihrer eigenen tragischen Lage auseinandersetzt, etwas Unwirkliches und Abstraktes. Lessing überschreitet hier die Grenze des von ihm selber geforderten menschlich Verstehbaren und dichtet eine moralische Märtyrerin, die sich in ihrer Weltunkenntnis vor der Verführung durch das eigene Blut fürchtet, seltsam schwach und ausgeliefert an ein unbegreiflich gewordenes Geschehen, aber auch wieder von der fanatischen Entschlossenheit einer Heiligen erfüllt, die sich jedem irdischen Zwang entzieht, „die Furchtsamste und Entschlossenste ihres Geschlechts". „Nichts Schlimmers zu vermeiden, sprangen Tausende in die Fluten, und sind Heilige!"[Emilia Galotti V,7] Aber damit wird Emilia in eine Idealsphäre entrückt, die die Tragik wieder auflöst. Sie ist dem Irdischen nicht ausgeliefert genug, dessen Gefährdung sie nur in der Phantasie vorwegnimmt, aber nicht eigentlich durchlebt, an das Himmlische jedoch nur durch den allzu abstrakt gewordenen Gedanken einer inneren Freiheit gebunden, die den väterlichen Dolch als Todesgnade erbittet und sich geradezu mit moralischer Virtuosität aus dem „lasterhaften Leben" herausredet.

Nicht die sterbende Emilia, sondern der die Schuld auf sich nehmende Vater ist das eigentliche Opfer der zum Tragischen verdichteten Situation. Seine Tat ist Verbrechen, Mord an der eigenen Tochter. Er geht und liefert sich selbst ins Gefängnis und erwartet den Prinzen als seinen Richter. „Und dann dort – erwarte ich Sie vor dem Richter unser aller!" Die sittliche Selbstbestimmung wird zur tragischen Schuld innerhalb der sozialen, menschlichen Lebensordnung. Fast scheint hier schon der Widerspruch von Gewissensreinheit und Gebrechlichkeit der Welt, der uns im klassischen Drama Schillers begegnet, vorweggenommen. Eine Auflösung dieses im Diesseits durchbrechenden Konfliktes, den Odoardo als Vater, Bürger und sittliche Person durchleiden muß, ist im Irdischen nicht mehr zu erwarten. Das harmonische Weltbild der Aufklärung mit seiner Übereinstimmung von Vernunft, Sittlichkeit und Lebensordnung ist durch die tragische Gewalt der *im Innern des Menschen bereits irrational und gefährlich erlebten Selbstbestimmung des Gewissens* gesprengt. Die Freiheit des Gewissens verstrickt in dieser Welt, so wie sie nun einmal ist, in das Tragische. Hinter dem versöhnlichen Bilde der gütigen und zweckvoll geordneten göttlichen Schöpfung wird die unheimliche Wirklichkeit eines noch moralisch verstandenen Charakters sichtbar, dessen freie Sittlichkeit die ganze Fragwürdigkeit der Daseinsordnung erst enthüllt. Hier ist das „gute Gewissen" kein sanftes Ruhekissen, sondern der sehr eng und schmal gewordene Pfad, auf dem der Mensch seine Bedrohung durch die Welt erfährt. Noch hält Lessing dabei an der „besten aller Welten" fest, noch überfällt ihn kein Zweifel an der Weisheit und Güte der göttlichen Vorsehung und an dem versöhnenden Ausgleich aller dieser Widersprüche in der göttlichen Vernunft. Das Irdische und das Transzendente bleiben geschieden, und die Tragödie stößt nur bis zu der Frage vor, die von der im Sittlichen aufbrechenden Not in das Ewige hinüberruft. Noch bleibt es der Glaube des Verfassers der „Erziehung des Menschengeschlechtes", daß unser irdischer, gefahrvoll gewordener und von Irrtum und Schuld bedrohter Weg Annäherung an die göttliche Weisheit und Vollkommenheit ist. „Was habe ich denn zu versäumen? Ist nicht die ganze Ewigkeit mein?"[1]

[...]

Damit aber wird die *Tragödie* für Lessing zur *Theodizee*[2]. Was in der Welt für uns durch Überfülle und Allverwebtheit der Erscheinungen nicht mehr sichtbar zu werden vermag, nämlich daß alle diese Erscheinungen in einer in Gott gründenden Ordnung zusammenhängen, das vermag die Tragödie durch ihre perspektivische Verkürzung zu erreichen, bei der das Ganze der Welt in der Verdichtung des dramatischen Kunstwerkes neu erscheint. „Das Ganze dieses sterblichen Schöpfers sollte ein Schattenriß von dem Ganzen des ewigen Schöpfers sein, sollte uns an den Gedanken gewöhnen, wie sich in ihm Alles zum Besten auflöse, werde es auch in jenem geschehen".[3] Das Motiv von dem Kunstwerk als dem „Schattenriß" der göttlichen Schöpfung kehrt später bei Herder fast wörtlich und dennoch in einem abgewandelten Sinn wieder. *Tragödie als Rechtfertigung Gottes wiederholt den von Gott mit der Welt gemeinten Sinn durch das Drama auf menschlichem Wege und gestaltet ihn zugleich neu.* „Nachahmung" bedeutet dann für das künstlerische Genie: den göttlichen Plan vernehmen, ihn wiederholen, dem endlichen Geiste zugänglich machen und ihn auf diese Weise noch einmal hervorbringen. *Mit dieser Deutung ist die Bedrohung des Tragischen weitgehend wieder aufgehoben.* Die Kunst wird zur Sinndeutung der Wirklichkeit (Natur), indem sie diese Wirklichkeit von ihrem scheinbar Zufälligen befreit und den in die Situationen hineingestellten Charakter ins allgemein Menschliche und damit philosophisch Bedeutsame erhebt. In diesem Sinn spricht Lessing von der *Einheit der Handlung,* die sich von den mechanisch verstandenen und daher abgelehnten Einheiten des Raumes und der Zeit durchaus unterscheidet. Denn Handlung im Lessingschen Sinne ist ein notwendiger Sinnzusammenhang von Charakter und Ereignis, der eine Art „prästabilierter Harmonie" bedeutet. Wenn Charakter und Faktum, Wesenseigentümlichkeiten und Geschehnisablauf sich gegenseitig durchdringen, so möchte man dahinter den „Schattenriß" der göttlichen Schöpfung vermuten, den dramaturgischen Bauplan Gottes.

[1] Lessings Werke, hrg. von Julius Petersen (Berlin, Leipzig o. J.), Bd. 6, S. 83
[2] Theodizee: griech. Rechtfertigung Gottes; Suche nach der Beantwortung der Frage, wie das physische und moralische Übel, das Böse in der Welt, mit der Allmacht und Weisheit Gottes zu vereinbaren ist. Leibniz' optimistische Beantwortung dieser Frage gründet auf der Annahme einer „prästabilierten Harmonie", d. h. eines von vornherein von Gott angelegten Gleichklangs.
[3] Lessings Werke, Bd. 5, S. 329 f.

6.1.5 Die ästhetische Intention: Dramaturgische Motivierung des tragischen Endes

Ernest L. Stahl (1958)

32 Für den weiteren Verlauf der Handlung, vor allem für die Motivierung der Katastrophe ist die Tatsache, daß Lessing in diesem Prinzen nicht in erster Linie einen Tyrannen schildert, besonders wichtig. Eine sozialkritische Bedeutung kann dem Trauerspiel nicht als hauptsächlicher Gehalt beigelegt werden. Eine solche Absicht liefe der aristotelischen Auffassung vom Wesen und Zweck der Tragödie durchaus zuwider, welche Lessing sich schon zur Zeit des Briefwechsels mit Nicolai und Mendelssohn, also um 1756, aneignete, bevor er noch mit der Grundkonzeption der „Emilia Galotti" völlig im reinen war. Nicht einmal Odoardo stellt sich dem Prinzen als Tyrannen entgegen; für ihn ist er immer nur der „Wollüstling", an dessen Hof das Laster blüht. Auch ist Odoardo nicht als Vertreter eines politisch bewußten Bürgertums gedacht. Mit keinem Wort und

keiner Wendung hat Lessing eine derartige Interpretation nahegelegt.
Man hat immer wieder vergeblich versucht, Lessings Bürgerdramen als Kundgebung einer neu erwachten sozialen Gesinnung zu würdigen, obwohl selbst seine Toleranzidee nicht gesellschaftlich, sondern religiös und allgemein menschlich fundiert ist und seine bürgerlichen Tragödien im Grunde immer vertiefte Familiendramen sind. Wie „Miß Sara Sampson“, so auch „Emilia Galotti“. Der Prinz ist Mellefonts[1] Gegenstück auch darin, daß er vor allem den Verführer spielt. Wohl ist er ein Herrscher, der im geeigneten Zeitpunkt Gehorsam zu gebieten weiß, doch erstreckt sich seine Herrschaft, den Gegebenheiten des Dramas nach, nicht allzu weit. Er verfügt nicht über den Wohnort oder die Lebensweise eines Galotti oder Appiani. Auch darf sich Marinelli zuweilen die merkwürdigsten Freiheiten seinem Gebieter gegenüber erlauben und offene Kritik an seinen Handlungen üben. Es wäre also im Sinne der Handlungsführung, wie sie tatsächlich vorliegt, ganz verfehlt zu glauben, der Prinz werde seinen Willen bei Emilia ohne weiteres durchsetzen können, sobald sie in seiner Gewalt ist. Sein Verhalten in der Kirche wie auf Schloß Dosalo bezeugt Lessings Absicht, die Gewalttat des Dezemvirs aus dem Virginiastoff[2] durch ein die Sinne berückendes Gaukelwerk des erfahrenen Weltmannes zu ersetzen.
Emilia darf genau wissen, daß ihr gerade von jener Seite die größte Gefahr droht: „Gewalt! Gewalt! Wer kann der Gewalt nicht trotzen? Was Gewalt heißt, ist nichts: Verführung ist die wahre Gewalt.“ Mit dieser, in jedem Sinne merkwürdigen Behauptung will sie sagen, die Verführung sei deswegen so viel wirksamer als die bloß physische Gewalt, weil sie eine gewisse Zustimmung voraussetzt und die Mitschuld der Verführten andeutet. Emilias Wissen um ihre Verführbarkeit und ihr Geständnis, sie habe so jugendliches, so warmes Blut als eine, berühren die ganze Frage der Motivierung ihrer Tötung, indem ihr eigener Anteil an der Kette von Ursache und Wirkung zum Problem des Stückes überhaupt wird. Ist sie ein schuldloses oder ein halbverschuldetes Opfer der Nachstellungen des Prinzen? Diese Frage führt an den Kern der Lessingschen Auffassung vom Wesen der Tragödie.
Es sei zuerst in diesem Zusammenhang eine Stelle angeführt aus Lessings Brief vom 10. Februar 1772 an den Bruder, der gegen gewisse Teile des Dramas, so gegen die Charakterschilderung der Heldin im zweiten Akt, Bedenken erhoben hatte: „Am Ende wird denn auch freilich der Charakter der Emilia interessanter und sie selbst tätiger. Nur käme das ein wenig zu spät, wenn es wahr wäre, daß sie schon einen kleinen Begriff von sich erweckt hätte.“[3] Offensichtlich will Lessing damit sagen, er habe nicht beabsichtigt, Emilias Verführbarkeit und damit ihre halbverschuldete Teilnahme an der tragischen Handlung schon im zweiten Akte klarzustellen. Das Geständnis ihrer Gefährdung sollte im fünften Akte überraschend wirken, aber nicht im Sinne einer Charakterentwicklung: für diese Möglichkeit besteht in Lessings Drama keine Voraussetzung. Lessing wollte den ganzen Charakter der Heldin erst im entscheidenden Augenblicke, am Ansatzpunkt der Katastrophe, als notwendiges Glied in ihrer Motivierung enthüllen. Mit anderen Worten, das Geständnis ist gedacht als ein Stück Exposition, das aufs engste mit der endenden Handlung verquickt ist. Nicht vom psychologischen Standpunkte aus sollte man also jene viel erörterte Stelle beurteilen, denn so wird man sie immer als verfehlt betrachten müssen, sondern lediglich vom Standpunkt des dramatischen Aufbaus, dem ja Lessing in der Theorie wie in der Praxis die größte Aufmerksamkeit widmete. Er wollte Emilia am Anfang der Handlung davon abhalten, „einen kleinen

Begriff von sich" zu erwecken, damit die Wirksamkeit der letzten Szenen nicht beeinträchtigt werde. Erst im fünften Akte erfahren wir, daß ein Tumult der Sinne schon damals in ihr entstanden sei, als sie das Haus der Grimaldi betrat – auch das ein Stück Exposition, dem nichts in der vorhergehenden Handlung widerspricht.
Lessing enthüllt also Emilias Verführbarkeit erst am Ende des Trauerspiels aus guten dramatischen Gründen, und zwar rein aus Gründen der dramatischen Konstruktion. Doch stellt er die Heldin schon im zweiten Akt, gleich beim ersten Auftreten, in einem Zustand vor, der oft mit jenem in der vorletzten Szene gleichgesetzt worden ist, der aber ein ganz anderes, ebenfalls zur Katastrophe beitragendes Motiv bedeutet. Zum Erlebnis der erweckten Sinnenlust gesellt sich das Schuldbewußtsein, das Emilia bereits in der Kirche bei den Dominikanern empfindet. Man kann nicht umhin, den Worten, die sie nach ihrer Rückkehr aus der Kirche im Zustande der höchsten Erregung spricht, einen besonderen Sinn beizulegen:

EMILIA. Nie hätte meine Andacht inniger, brünstiger sein sollen als heute; nie ist sie weniger gewesen, was sie sein sollte.
CLAUDIA. Wir sind Menschen, Emilia. Die Gabe, zu beten, ist nicht immer in unserer Gewalt. Dem Himmel ist beten wollen, auch beten.
EMILIA. Und sündigen wollen, auch sündigen.
CLAUDIA. Das hat meine Emilia nicht wollen!
EMILIA. Nein, meine Mutter, so tief ließ mich die Gnade nicht sinken. – Aber daß fremdes Laster uns wider unsern Willen zu Mitschuldigen machen kann! [II,6]

Es liegt nahe, das „sündigen wollen" auf Emilia sowie auf den Prinzen zu beziehen, obwohl sie bald darauf der Genugtuung Claudias, daß der Vater sie in ihrer Verwirrung nicht gesehen habe, mit den Worten entgegnet: „Nun, meine Mutter? – Was hätt er an mir Strafbares finden können?" Dem entspricht auch Claudias Beteuerung in der achten Szene des vierten Aufzugs: „Aber wir sind unschuldig. Ich bin unschuldig. Deine Tochter ist unschuldig. Unschuldig, in allem unschuldig!" Doch empfindet Emilia ganz deutlich, daß sie vom Prinzen zur Mitschuldigen gemacht worden ist. Er selbst ist über die Art ihrer Bestürzung verblüfft; er schildert in der dritten Szene des dritten Aufzugs ihre Haltung in der Vorhalle der Kirche als die einer scheinbar tief in Schuld Verstrickten: „Mit allen Schmeicheleien und Beteuerungen konnt ich ihr auch nicht ein Wort auspressen. Stumm und niedergeschlagen und zitternd stand sie da, wie eine Verbrecherin, die ihr Todesurteil hört."
Erst dieser Zusammenhang erklärt die Bedeutung ihres Ausrufs, als ihr Verdacht vom Tode Appianis durch den Vater bestätigt worden ist: „Und warum er tot ist! Warum!"[V,7] Der Ausruf kann nur besagen, daß sich ihr Schuldgefühl aufs äußerste gesteigert hat, nachdem ihr die „ganze schreckliche Geschichte" klar geworden ist. Doch erwähnt sie dem Vater gegenüber nichts von dem Vorfall in der Kirche (den er aber schon von Orsina und Claudia erfahren hat) und auch nichts von dem Fehler, den sie auf Anraten der Mutter damit beging, daß sie die Begegnung Appiani gegenüber verschwieg. Von ihrem Schuldgefühl erfährt er also nichts und kann daher die Gründe ihrer Todesbereitschaft nicht ganz durchschauen. Auch das gehört mit zu der Motivierung ihrer Tötung. Es ist ferner wichtig, daß Emilia erst zu ihrem Todesentschluß gelangt, nachdem sie vom Vater vernommen hat, sie müsse in den Händen des Prinzen bleiben und solle im Hause der Grimaldi untergebracht werden. Kurz vorher sann sie noch auf Flucht. Sie faßt den Entschluß zu sterben erst, als dieser Ausweg versperrt ist. Die Situation wird also von Lessing so gestaltet, daß das

Motiv von Emilias Verführbarkeit, welches mit der Nennung der Grimaldis hier in Gang gesetzt wird, zu jenem ihrer Mitschuld hinzukommt, um ihre Todesbereitschaft herbeizuführen.
Keineswegs darf nun Emilias Bereitwilligkeit zu sterben als moralische Überwindung ihrer Schuld aufgefaßt werden. Es lag Lessing fern, Emilia irgendwelche heroisch-erhabene Gesinnungen, etwa im Schillerschen Sinne, beizulegen.
[…]
Die Tötung [Emilias] ist letzten Endes eine unbesonnene Tat, die durch Emilias Appell an das Ehrgefühl ihres Vaters ausgelöst wird. Sie entspricht genau dem Charakter Odoardos, der in dem Stück stets aus bedenklichen Beweggründen voreilig handelte.
Darin besteht die Tragik von Lessings großem Trauerspiel. Keine der dargestellten Projekte, auch nicht die lautersten, gelingen, oder gelingen so wie sie geplant wurden, denn es sind menschliche Fehler und Schwachheiten[4] und nicht die Souveränität des freien Willens, die ihnen die wahre Richtung gaben. Auch kann man bei Lessings „Emilia Galotti" nicht von einer Fatalität der Ereignisse im Sinne der Schicksalstragödie reden. Es handelt sich durchgängig, trotz der Häufung scheinbarer Zufälligkeiten, um die Vereitelung menschlicher Anschläge und Vorkehrungen durch das ebenso verfehlte Eingreifen fremder Willensäußerungen, bis die ungeheuerliche Tat geschieht, die wohlvorbereitet, aber überraschend das ganze Gewebe von Intrige und Verschwörung zerreißt. In dieser Weise schmiedete Lessing jene Kette von Ursache und Wirkung, die er als die wahre Leistung des dramatischen Genies anerkannte.

[1] Mellefont: Figur aus Lessings Drama „Miß Sara Sampson"
[2] → Titus Livius, Die Geschichte der Virginia, Text **2**
[3] → Text **9**
[4] → Hamartia, Kapitel 6.2.4, Text **42**

6.1.6 Vermittlung zwischen verschiedenen Deutungspositionen

Karl S. Guthke (1980)

33 Problematischer und differenzierter [als in den populären bürgerlichen Familiendramen der Zeit] ist der Standesunterschied dort gesehen, wo er tragisch aufgefaßt wird, im bürgerlichen Trauerspiel seit *Emilia Galotti* (1772). Das empfindsame, rein moralisch orientierte bürgerliche Trauerspiel der fünfziger und sechziger Jahre, für das die Standeszugehörigkeit der Personen gleichgültig war, wird nun abgelöst durch das sozialständische, das, bei allem Weiterwirken des empfindsamen Typus, für die siebziger und achtziger Jahre, bis zu *Kabale und Liebe* (1784), kennzeichnend ist. Durchweg sind die *dramatis personae* hier als Vertreter eines genau fixierten, aus der zeitgenössischen gesellschaftlichen Wirklichkeit reflektierten konkreten Standes- und Berufsmilieus und eines entsprechenden sozialen Selbstverständnisses und Ethos dargestellt statt als moralische oder unmoralische Privatmenschen in abstrakter Allgemeinheit; und als solche Standesexponenten geraten sie in tragischen Konflikt miteinander. Genauer ist das übergreifende Thema dieser Dramengruppe der Gegensatz von Bürgertum und Adel, manchmal einschließlich der obrigkeitlichen Hofkreise (seltener auch die Spannung zwischen höherem und niederem Bürgertum wie besonders in Heinrich Leopold Wagners *Die Reue nach der Tat*, 1775). Aktualisiert wird der Gegensatz meistens durch das Motiv der Liebe über die Grenzen der gesellschaftlichen Schichten hinweg. Dabei braucht sich die gesellschaftskritische Spitze jedoch nicht nur gegen den Adel zu richten, wie es in den erörterten bürgerlichen *Schauspielen* der Fall war; sie kann zugleich auch das Bürgertum zur Zielscheibe wählen: seine passive Hinnahme der Mißlichkeiten der ständischen Ordnung oder seinen damit nicht unvereinbaren gesellschaftlichen Aufstiegswillen. In jedem Fall aber sind es, im Gegensatz zum *empfindsamen* bürgerlichen Trauerspiel, standesgebundene Verhaltensweisen, die im Licht der Kritik erscheinen. Das bürgerliche Drama hat sozialpolitische Sprengkraft entwickelt.

Voll ausgeprägt ist diese zum erstenmal in *Emilia Galotti*, die dann in mehr oder weniger direkter Weise der gesamten sozialkritischen bürgerlichen Dramatik des Sturm und Drang den entscheidenden Anstoß vermittelt hat, in besonders greifbarer Weise noch Schillers „bürgerlichem Trauerspiel" *Kabale und Liebe,* das von *Emilia Galotti*-„Zitaten" nur so wimmelt.

Die Zeitgenossen, Goethe eingeschlossen, verstanden *Emilia Galotti* in überwiegendem Maße als bürgerliche Anklage gegen den fürstlichen Absolutismus und seine Ständegesellschaft oder doch zumindest gegen die damit verbundenen Übelstände. Diese Deutung, die auch heute noch die vorherrschende ist, begreift Odoardo Galotti, den Vertreter prononciert bürgerlicher, antihöfischer Tugendgesinnung, sozusagen als den Sprecher des Dramatikers. Sie setzt voraus, daß Lessing Odoardo rückhaltlos als vorbildlich dargestellt habe, in ihm also „dem Bürgertum ein leuchtendes Fanal seiner moralischen Integrität und sittlichen Kraft"[1] errichtet habe.

Aber – so fragen manche neuere Interpretationen – stellt Lessing sein Charakterporträt nicht im Gegenteil ab auf die Demonstration von Odoardos moralischem Versagen, sei es, daß seine ins Absurde und Inhumane übertriebene „bürgerliche" Moralanschauung mehr in den Vordergrund gerückt wird, der die Ermordung seiner Tochter akzeptabler ist als deren mögliche Entehrung durch den Prinzen, oder seine im Grunde labile, kopflose Art, die seine Republikanertugend als Schein und Maske entlarvt. Von dieser Sicht aus kann natürlich nicht mehr die Rede sein von einer politisch aggressiven Wendung gegen die „höheren Stände" (Goethe), wohl aber von einem bürgerlichen Trauerspiel im Sinne der Kritik an jener Bürgerlichkeit, die mit Odoardo ins Spiel kommt. Odoardos moralisches Versagen, indem er seine Tochter tötet, um ihre Tugend zu retten, sich dann aber dem Richtspruch des Prinzen unterstellt, statt ihn mit demselben Dolch zu durchbohren, wird folglich von manchen neueren Lesern der *Emilia Galotti* als politische Fehlhaltung ausgemünzt und als Anklage der Passivität des Bürgertums ausgelegt, das sich nicht aufraffen kann zur befreienden politischen Tat. Der wunde Punkt dieser Interpretation ist der gleiche wie der der entgegengesetzten: auch für sie fehlt der im Stück selbst gegebene Standard des vorbildlichen Handelns.

Wenn die Welt des Dramas daher in dieser wie jener Optik – so oder so – als eine höchst gebrechliche und problematische soziale Wirklichkeit erscheint, so ist es nur folgerichtig, daß Lessing in den Schlußworten diesen gesellschaftlichen Rahmen transzendiert[2], nämlich in Odoardos Appell an den Richtergott als letzte Instanz. Damit spritzt sich die zunächst rein sozial fundierte tragische Demonstration auf die Theodizeefrage[3] zu. Nimmt man diese Perspektive ernst als mehr denn bloß rhetorische Floskel, so bleibt trotzdem noch in der Schwebe, ob von einer Rechtfertigung Gottes zu sprechen ist oder im Gegenteil von einem Prozeß gegen einen versagenden Gott, dem sich der versagende Gläubige, Odoardo, allzu problemlos unterwirft wie seinem weltlichen Herrn auch. Lessings „bürgerliche Virginia“ gehört vielleicht eben deswegen zu den wenigen noch heute lebendigen Dramen des 18. Jahrhunderts, weil sie mehr Fragen stellt als beantwortet. Soviel dürfte aber gewiß sein, daß das Tragische hier nicht schon im sozialpolitischen Mißstand beschlossen ist, sondern darüber hinaus, unsicher genug, in die Dimension der religiösen Desorientierung verweist, die der Trägödie jedenfalls bis in die Zeit der Klassik hinein unabdingbar gewesen ist.

Trotzdem bleibt der Unterschied, daß das Tragische in der *Emilia Galotti* nur resultativ in die religöse Dimension deutet, nicht auch aus ihr begründet oder verursacht wird: daß es in die Metaphysik ausmündet, aber der Immanenz entspringt. Diese Optik entspricht den Denkformen des bürgerlichen Trauerspiels, wie sie Theoretiker von Lessing bis Beaumarchais und Mercier gegen den „Fatalismus“ der *haute tragédie*[4] zur Geltung gebracht haben. Von ihr aus wird auch verständlich, daß die tragischen Widersprüche in der *Emilia Galotti*, im Gegensatz zur klassischen Tragödie, nicht „versöhnt“ werden, sondern bestehen bleiben im gebrochenen, thematisch offenen Schluß. Analog vielleicht den realen Widersprüchen des geistesgeschichtlichen Zeitpunkts, ist der Schluß politischer Appell und theologische Frage in einem – und in beiderlei Hinsicht alles andere als eine unmißverständliche Reveille[5].

[1] H. Selver: Die Auffassung des Bürgers im deutschen bürgerlichen Drama des 18. Jahrhunderts. Diss. Leipzig 1931, S. 61
[2] transzendieren: lat. überschreiten
[3] Theodizee: → B. von Wiese, Text **31**, Erläuterung 2
[4] Die französischen Schriftsteller P.A.C. de Beaumarchais (1732–1799) und L.-S. Mercier (1740–1814) kritisierten die ständischen Schranken der gehobenen Tragödie der französischen Klassik (haute tragédie) und propagierten entscheidend die Entwicklung des bürgerlichen Trauerspiels
[5] Reveille: franz. früher: militärisches Wecksignal; hier: ein aufrüttelnder Appell

6.2 „Emilia Galotti“ im Lichte der Lessingschen Dramaturgie

6.2.1 Von der Wanderbühne zum Hof- und Nationaltheater

„Emilia Galotti“ wurde am 13. März 1772 anläßlich des Geburtstags der Herzogin von Braunschweig im Hoftheater der Residenz uraufgeführt. Nachdem die von Lessing mitgetragene Idee eines bürgerlichen Nationaltheaters in Hamburg nicht zu verwirklichen war (der Versuch scheiterte nach zweijähriger Dauer 1769), vollendete er als herzoglicher Bibliothekar in Wolfenbüttel sein „bürgerliches Trauerspiel“ auch mit Blick auf die Verhältnisse am Braunschweiger Hof (→ Text **59**).

*Reinhart Meyer: Das Theater zur Zeit Lessings**

34 Das Wanderleben der Truppen in Deutschland hat objektive Bedingungen. Erst mit diesen kann sich daher auch jenes ändern. Der Zwang zum Wandern ergibt sich aus den niedrigen Einwohnerzahlen der deutschen Städte, deren gebildetes und kulturell interessiertes Publikum eine Truppe nur kurze Zeit finanzieren kann. Die Theatertruppen können deshalb ihr relativ kleines Repertoire an jedem Ort bestenfalls einmal durchspielen. Im Lauf des [18.] Jahrhunderts wachsen die Städte und damit auch die Spielmöglichkeiten der Truppen; darüber hinaus sorgt das erhöhte Bildungsbedürfnis der Bürger für steigende Zuschauerzahlen; und schließlich billigen auch konservative Kreise mit der beginnenden Verbürgerlichung der Schauspieler das Theater.

Ab Mitte des Jahrhunderts werden vereinzelt feste, zum großen Teil noch hölzerne Theaterbauten errichtet. Damit sind die Truppen zwar noch nicht seßhaft geworden, doch ist eine wesentliche Voraussetzung dazu erfüllt – und das verändert auch das Repertoire: Es wird umfangreicher, wechselt schneller, wird kostspieliger, zugleich steigt die Belastung der psychischen und physischen Leistungsfähigkeit der Schauspieler. [...]

1767 eröffnet man in *Hamburg* eine ‚Entreprise'[1], die als erstes Nationaltheater berühmt wird, vor allem auch dank Lessings ‚Hamburgischer Dramaturgie', die er im Auftrag der Direktion verfertigt. Organisatorisch knüpft das Unternehmen an die 1678 gegründete und erst sechzig Jahre später wieder geschlossene Hamburger Oper an: Die Ackermannsche Truppe[2] wird in eine Aktiengesellschaft umgewandelt, die ein Konsortium[3] bürgerlicher Unternehmer trägt. Der Versuch, durch Lessings Aufführungskritiken an Publizität zu gewinnen, erweist sich jedoch lediglich für die Dramentheorie als außerordentlich fruchtbar und begründet die Theaterjournalistik, die in der Folgezeit eine Vielzahl theatralischer und dramaturgischer Zeitschriften hervorbringt; er kann jedoch das Scheitern des Unternehmens nicht verhindern. Unsachgemäße Leitung und Organisation, Streitigkeiten zwischen den Schauspielern und mit den Unternehmern, in die auch Lessing hineingezogen wird, frühzeitiger Nachdruck der Dramaturgie, der Lessing zu Unterbrechungen zwingt und damit seine Kritik von den Aufführungen ablöst, Parteienkämpfe im Publikum usw. führen zum Abbruch des Unternehmens und zur Zersplitterung der Truppe. Resignierend zieht Lessing im 101.–104. Stück der Dramaturgie das Fazit des gescheiterten patriotischen Unternehmens: „Wir haben Schauspieler, aber keine Schauspielkunst."

Mit einem Teil der Hamburger Truppe versucht Ekhof[4] später, in Gotha ein Nationaltheater zu gründen, was aber am Machtspruch des Fürsten scheitert. Das Wiener Theater fällt von einem Bankrott in den anderen, es kann sich nur halten, weil auf kaiserlichen Befehl immer wieder ein Adliger die Leitung zu übernehmen und für die Defizite aus eigener Tasche aufzukommen hat. Die Theater in Mannheim und München werden durch fürstliche Unterstützung am Leben erhalten, nicht anders ist die Situation in Berlin und später in Weimar.

Trotz solcher Dauerkrisen etabliert sich das deutsche Theater deshalb am Hof, weil das Bürgertum der großen Städte nicht fähig oder bereit ist, es zu fördern. Am Hof übernimmt es dann in der Regel die jeweilige Funktion der aus fiskalischen Gründen aufgehobenen französischen Hofbühne, teilweise sogar der verabschiedeten italienischen Oper: Die deutsche Bühne ist unvergleichlich billiger – und ehe die deutschen Fürsten überhaupt auf

das Theater verzichten, nehmen sie auch mit einem deutschen vorlieb.
Das deutsche Theater verdankt einerseits der Aufklärung einen neuen und hohen Kulturanspruch, zum anderen ist es wohlfeil. Beides ermöglicht seine Etablierung als Hof- und Nationaltheater. Es profitiert von den teilweise katastrophalen Kassenverhältnissen der aufgeblähten Hofhaltungen, den gezwungenermaßen einsetzenden Reformen und Sparmaßnahmen, sowie dem nach wie vor bestehenden Repräsentations- und Vergnügungsinteresse des Hofes. Was für die bürgerlichen Truppen einen enormen Aufstieg darstellt, ist für den Hof eine Notlösung. Die subventionierten Hofbühnen werden der Öffentlichkeit zugänglich gemacht, sie erhalten die Erlaubnis, Eintrittskarten zu verkaufen, werden also – wie schon im 17. Jahrhundert die Hamburger und dann auch die Braunschweig-Wolfenbütteler Oper – zu Geschäftstheatern, die sich von Ort zu Ort allerdings in ihrer Verwaltungsform unterscheiden. Teilweise übernehmen Adlige die Leitung, teilweise treten Bürgerliche ohne wesentliche Befugnisse an ihre Stelle; es werden Aktiengesellschaften, Einzelunternehmungen, Hof- und Adelsintendanturen mit teilweise verzwickten Abhängigkeitsverhältnissen durchgeprobt.
[...]
Mit der Etablierung des deutschen Hoftheaters wird die von Gottsched initiierte Reform des Theaters ‚von unten' als Eigeninitiative aufgeklärter Bürger in der ersten Hälfte des Jahrhunderts in eine Reform ‚von oben' verwandelt: Das Theater wird zur Institution des aufgeklärten Absolutismus. Das Dilemma ist offensichtlich: Als Aktiengesellschaft ist das Theater vom guten Willen des zahlungskräftigen Bürgertums abhängig; als Hoftheater mit adliger Intendantur an den absolutistischen Staat gebunden. Derart in bürgerliche Profitzwänge und staatliche Aufsichten eingeklemmt, kann das Nationaltheater keinen ernsthaften Aufklärungsanspruch erheben. [...]
Illusion ist ein Prinzip der höfischen Oper; die Wanderbühne kann sie schon deshalb nicht vermitteln, weil sie in der Regel in ungeeigneten und oft in primitiven Räumen aufgebaut wird. Erst mit der Übernahme als Hof- und Nationaltheater sind alle wesentlichen Bedingungen erfüllt, Illusion auch im deutschen Theater zu ermöglichen. Im Namen der Kunst verzichten die Bürger vorerst auf die Repräsentation ihres gesellschaftlichen Rangs. Sie sitzen, jeder für sich allein im Dunkeln, und ‚fühlen sich ein', fühlen mit der oder den Personen auf der Bühne.
[...]
In der zeitgenössischen Theorie pflegt man im Zusammenhang mit der Illusion vom ‚Menschlichen' zu sprechen, das dem Zuschauer das Mit-leiden, das Sym-pathisieren mit dem dargestellten Leiden auf der Bühne ermögliche. Im Theater illusionär der gesellschaftlichen Wirklichkeit enthoben, entkleiden die Bürger auch die Figuren auf der Bühne ihres sozialen Standes – de facto machen sie sie damit zu Bürgern, die mehr oder weniger zufällig Könige sind; im bürgerlichen Selbstverständnis bedeutet dies: zu ‚Menschen'.
Die Illusion versetzt den Zuschauer in eine spezifische Spannung zwischen dem Verständnis des Dargestellten als Kunstwerk und als Realität. Es entstehen im Zuschauer jene ‚vermischten Empfindungen', mit deren Analyse sich Moses Mendelssohn[5] jahrelang beschäftigt, und die auch für Schillers theoretisches Verständnis von Bedeutung sind. Sie verweisen auf eine neue Form der *Rezeption*, die im 17. Jahrhundert nur ansatzweise vorhanden war.
[...]
Hier sitzt der Zuschauer dem Mord auf der Bühne mit einem andächtigen Interesse gegenüber, über das noch wenig psychologische Selbstreflexion getrieben wird. Dies ist später der Fall. Das Faktum

allein, der Mord, die Grausamkeit, reicht nur unter der Bedingung noch aus, Interesse zu erwecken, daß der Zuschauer mit den ‚Menschen' auf der Bühne mitleiden kann. Er spielt das Leiden sozusagen auf Probe durch, ohne eigenes Risiko, unter der Voraussetzung, daß es den ‚Neben-Menschen' und nicht die ‚Standesperson' trifft. Mit ihr identifiziert er sich nicht. Sie erlaubt keine Illusion.

[1] Entreprise: franz. Unternehmen
[2] Ackermann, Konrad Ernst (1712–1771), berühmter Schauspieler und Ensembleleiter
[3] Konsortium: lat. Vereinigung von Personen mit geschäftlichem Ziel
[4] Ekhof, Konrad (1720–1778): berühmter Schauspieler und Theaterleiter
[5] Mendelssohn: → Text **42**, Erläuterung 2

6.2.2 Ein neuer Dramentyp: Das bürgerliche Trauerspiel

Lessings „Miß Sara Sampson" (entstanden 1755) trägt den Untertitel „Ein bürgerliches Trauerspiel". Das Drama, angeregt u. a. durch Lillos „The London Merchant", gilt als erstes bedeutsames deutsches Beispiel der neuen dramatischen Gattung „bürgerliches Trauerspiel". Wenn das Attribut „bürgerlich" hier noch weitgehend auf die Darstellung bürgerlicher Empfindsamkeit bezogen ist, so stellt sich im Hinblick auf „Emilia Galotti", die Lessing als „bürgerliche Virginia" bezeichnete, die Frage, inwieweit sich der Gattung des bürgerlichen Trauerspiels mit diesem Beispiel ein neuer Bedeutungshorizont erschließt. Im 14. Stück seiner „Hamburgischen Dramaturgie" kritisiert Lessing die bis ins 18. Jahrhundert hinein geltende „Ständeklausel" der älteren normativen Poetik, die die Forderung aufstellt, daß der Tragödie die Schicksale von Königen und adligen Personen vorbehalten sind, während in der Komödie bürgerliche Personen zur Darstellung kommen. Das neue bürgerliche Trauerspiel durchbricht also die traditionelle Regel.

*Karl S. Guthke: Das bürgerliche Drama**

35 Der Ausdruck „bürgerlich" in der Untertitelbezeichnung eines Dramas ruft beim heutigen Leser derart widersprüchliche Vorstellungen hervor, daß neuere Autoren wie Peter Hacks, Rainer Werner Fassbinder und Adolf Muschg ihn nur noch mit literarhistorischer Ironie auf das Titelblatt ihrer Stücke setzen. Meint „bürgerlich" in dem dramatischen Gattungsetikett den Bürger des „bürgerlichen Rechts" (des Privatrechts) oder den Citoyen (den Staatsbürger)? Meint es den durch seine ökonomische *Klasse* und deren Denken definierten Bürger im Gegensatz zum Proletarier (wie in dem marxistischen Schlagwort „bürgerliche Germanistik") oder jenen gesellschaftlichen *Stand*, für den in absolutistischen Zeiten der „Bürgersteig" vorgesehen war im Gegensatz zu dem auf der Straßenmitte einherreitenden Adel? Ist mit der Bezeichnung „bürgerliches Drama" überhaupt eine Relation des literarischen Werks zu realhistorischen sozialen Schichtungsverhältnissen angedeutet, und wenn ja, was für eine? […]

Den Anfang des bürgerlichen Dramas markiert Lessing 1756 in einer Bemerkung, die nicht nur den besonderen ästhetisch-emotionalen Reiz des Neuen nachempfinden läßt, sondern auch dessen theoretisch grundsätzlichen Charakter. In der Vorrede zu einer deutschen Übersetzung von James Thomsons Trauerspielen schreibt er:

„So wie ich unendlich lieber den allerungestaltesten Menschen, mit krummen Beinen, mit Buckeln hinten und vorne, *erschaffen*, als die schönste Bildseule eines *Praxiteles* gemacht haben wollte: so wollte ich auch unendlich lieber der Urheber des *Kaufmanns von London* [von George Lillo], als des *sterbenden Cato* [von Gottsched] seyn, gesetzt auch, daß dieser alle die mechanischen Richtigkeiten hat, derenwegen man ihn zum Muster für die Deutschen hat machen wollen. Denn warum? Bey einer einzigen Vorstellung des ersten sind, auch von den Unempfindlichsten, mehr Thränen vergossen worden, als bey allen möglichen Vorstellungen des andern, auch von den Empfindlichsten, nicht können vergossen werden. Und nur diese Thränen des Mitleids, und der sich fühlenden Menschlichkeit, sind die Absicht des Trauerspiels, oder es kann gar keine haben."[1]

[...]

Die moralisch bessernde Wirkung, die dem bürgerlichen Drama gegenüber dem heroischen zugeschrieben wird, besteht letztlich in nichts anderem als in der Erziehung zu solcher optimaler Gefühlsfähigkeit („Fühlbarkeit") und philanthropischer Sympathie. Sie äußert sich sowohl in der herzbewegenden „Freude" (Gellert) über die Tugend [...] wie auch und besonders im „Mitleiden"; denn „*der mitleidigste Mensch ist der beste Mensch* [...]. Wer uns also mitleidig macht, macht uns besser und tugendhafter" (Lessing an Nicolai, [13.] November 1756)[2].

Wie aber erreicht der „bürgerliche" Dramatiker diese Besserung durch Rührung? Am sichersten, wenn er dem Zuschauer eine ununterbrochene und ungetrübte Wirklichkeitsillusion vermittelt, also eine Vorspiegelung des gegenwärtigen „gemeinen Lebens", wie das Publikum es aus der täglichen Erfahrung kennt. „Tugenden, Laster, Begebenheiten, alles ist uns wahrscheinlicher, weil sie aus der Sphäre unserer eignen Erfahrung genommen sind." „Wir sind sozusagen unter uns, und nehmen an dem, was vorgeht, um so mehr Anteil, als das, was wir sehen, unseren Anverwandten, unsern Freunden – uns selbst begegnen kann."[3] „Wir" finden also im bürgerlichen Drama (im Unterschied zum historisch-theologisch-politischen Heldendrama) „unsere" Wirklichkeit auf der Bühne wieder. Das ist von entscheidender Wichtigkeit in der Theorie des bürgerlichen Dramas; denn nur durch eine derart vollkommene Illusion ist jene Identifikation unserer selbst mit den auf der Bühne weniger agierenden als lebenden *dramatis personae* möglich, welche ihrerseits die unentbehrliche Voraussetzung dafür ist, daß wir gerührt werden, Mitleiden und Mitfreude empfinden. Wer „wir" sind, dürfte dabei keinem Zweifel mehr unterliegen: wir sind, so heißt es schon 1755 bei Pfeil, „keine Sieger, keine Tyrannen, keine ihrer Kronen und ihres Lebens beraubte Prinzen; sondern Bösewichter und redliche Männer, wie wir sie täglich im gemeinen Leben wahrnehmen", mit einem Wort „Privatpersonen"[4]. Was „wir" Zuschauer mit den Menschen des bürgerlichen Dramas der ersten Phase gemeinsam haben, ist in der typischen Theorie dieses Dramas also nicht so sehr die gesellschaftliche Schicht (Stand, Klasse) und deren spezielle soziale Probleme wie etwa Ständekonflikt, von Standes- oder Klassenbewußtsein ganz zu schweigen, sondern die vom Bereich des Geschichtlich-Öffentlichen abgegrenzte „sich fühlende" Mitmenschlichkeit, an der der Sache nach „das ganze menschliche Geschlecht" teilhat, wie es bei Sonnenfels heißt[5]. Wir sollen „nichts als den Menschen hören"[6], der rein moralisch und seelisch definiert ist: in sittlicher Hinsicht repräsentiert er den vom aristotelischen „mittleren Charakter" nicht grundsätzlich verschiedenen Durchschnitt von unserm „Schrot und Korn" (keine „aufgeblasenen Heldentugenden", keine „Ungeheuer"[7]); in seelischer Hinsicht ist er durch seine Gefühlsbeziehungen zum Mitmenschen definiert, gebunden durch seine Verpflichtungen und Verantwortungen in einer betont unhöfischen, unpolitischen Gemeinschaft, die primär auf solcher seelischer Bindung beruht: der Mensch ist nur da ganz Mensch, wo er fühlt. Das bürgerliche Drama etabliert sich daher um die Jahrhundertmitte in der Theorie nicht so sehr als ständisches wie als empfindsames Drama. (Ständisch ist es für die Theoretiker allenfalls insofern, als der ungebildete, daß heißt nicht empfindungsfähige „Pöbel" manchmal *expressis verbis* ausgegrenzt wird.) So ist es nur folgerichtig, daß bürgerliche Dramen dieser Phase auch, und zwar sehr häufig, in adeligen Kreisen spielen können, ja – seltener und eher später – selbst im Milieu der „Großen", nämlich sofern diese statt als Könige ganz als Menschen, als Väter, Mütter, Söhne, Töchter, Freunde, Nachbarn dargestellt werden und in dieser Funktion jenen Anteil erwecken, den „wir" ihnen als politischen Figuren versagen – so in der Theorie Lessing im 14. Stück der *Hamburgischen Dramaturgie* [...].

[...]

Das heißt aber nicht, wie manche Historiker (ohne damit im klassenkämpferischen oder im „bürgerlichen" Lager durchzudringen) angenommen haben, daß die empfindsame Dramatik in Deutschland unbürgerlich sei, unberührt von den realgeschichtlichen Bemühungen des Bürgertums der Zeit, sich seiner zunehmenden ökonomischen Potenz gemäß im gesellschaftlichen Gefüge des absolutistisch regierten Feudalstaats stärker zur Geltung zu bringen. Nur scheinbar ist die empfindsame bürgerliche Dramatik ein Symptom des Rückzugs in die Innerlichkeit. In Wirklichkeit propagiert sie durch ihre rein moralische Akzentsetzung jene empfindsamen Tugendideale der Mit- und Allgemeinmenschlichkeit, die das Bürgertum der Zeit sich nachweislich zu eigen gemacht hat (wie wir z. B. aus den Moralischen Wochenschriften entnehmen können, die zur kennzeichnenden Lektüre dieses Standes gehören). Das Bürgertum war der Hauptträger der Empfindsamkeit und ihrer Moralgesinnung. Wenn die „bürgerliche" Dramatik also das empfindsame Ethos und die empfindsamen Werte des zeitgenössischen Bürgertums auf der Bühne triumphieren läßt, sei es unter Angehörigen des dritten oder des ersten Standes, unter Kaufleuten, Beamten oder Landadeligen, dann ist daraus in „vermittelter", indirekter Form eine mehr oder weniger polemisch selbstbewußte Reaktion des dritten Standes gegen seine Unbedeutendheit in der gesellschaftlichen und politischen Wirklichkeit abzulesen: die sozial-politische Zweitrangigkeit in der Öffentlichkeit wird in der Privatheit moralisch kompensiert. Die beliebte Wahl eines kleinadligen Milieus wäre demgemäß (obwohl die Theorie des empfindsamen bürgerlichen Dramas es nicht wahrhaben will) eine indirekte gesellschaftliche Eroberung oder Emanzipation mit moralischen Mitteln, eine kaschiert aggressive Selbstbestätigung des Bürgertums.

Zu diesem Zweck bedarf es in der empfindsamen Phase der bürgerlichen Dramatik noch nicht des Standesgegensatzes oder Klassenkampfes als dramatischen Konfliktstoffes. Aber es war nur konsequent, geschah (mit Goethes Worten) „auf einem natürlichen Wege", daß das bürgerliche Selbstgefühl den moralischen Gegensatz schließlich, besonders seit der *Emilia Galotti* (1772), auch als ständischen Gegensatz artikulierte, nämlich dazu überging, von seinem Ethos aus „die höheren Stände herabzusetzen und sie mehr oder weniger anzutasten" (Goethe)[8].

1 LM, Bd. VII, S. 68
2 → Text **38**
3 Ch. H. Schmid: Über das bürgerliche Trauerspiel. In: Litterarische Chronik. Hrsg. v. J. G. Heinzmann. III, 1788, S. 212 (zuerst 1768)
4 G. B. Pfeil: Vom bürgerlichen Trauerspiele. In: Neue Erweiterungen der Erkenntnis und des Vergnügens. VI. 31. Stück. 1755, § 5 und 3. (Wiederabdruck in Lessing, Miß Sara Sampson. Hrsg. v. K. Eibl. München 1971).
5 J. von Sonnenfels: Briefe über die Wienerische Schaubühne. 1768. Neudruck: Wien 1884, S. 145
6 Lessing, Hamburgische Dramaturgie, 80. Stück
7 Lessing, Hamburgische Dramaturgie, 75. Stück, → Text **41**
8 Goethe, Dichtung und Wahrheit. 13. Buch. Hamburger Ausgabe. IX, S. 569

G. E. Lessing: Kritik der „Ständeklausel“ (Hamburgische Dramaturgie, 14. Stück)*

36 Das bürgerliche Trauerspiel hat an dem französischen Kunstrichter, welcher die Sara seiner Nation bekannt gemacht,[1] einen sehr gründlichen Verteidiger gefunden. Die Franzosen billigen sonst selten etwas, wovon sie kein Muster unter sich selbst haben.

Die Namen von Fürsten und Helden können einem Stücke Pomp und Majestät geben; aber zur Rührung tragen sie nichts bei. Das Unglück derjenigen, deren Umstände den unsrigen am nächsten kommen, muß natürlicher Weise am tiefsten in unsere Seele dringen; und wenn wir mit Königen Mitleiden haben, so haben wir es mit ihnen als mit Menschen, und nicht als mit Königen. Macht ihr Stand schon öfters ihre Unfälle wichtiger, so macht er sie darum nicht interessanter. Immerhin mögen ganze Völker darein verwickelt werden; unsere Sympathie erfordert einen einzeln Gegenstand, und ein Staat ist ein viel zu abstrakter Begriff für unsere Empfindungen.

„Man tut dem menschlichen Herze Unrecht, sagt auch Marmontel[2], man verkennet die Natur, wenn man glaubt, daß sie Titel bedürfe, uns zu bewegen und zu rühren. Die geheiligten Namen des Freundes, des Vaters, des Geliebten, des Gatten, des Sohnes, der Mutter, des Menschen überhaupt: diese sind pathetischer, als alles; diese behaupten ihre Rechte immer und ewig. Was liegt daran, welches der Rang, der Geschlechtsname, die Geburt des Unglücklichen ist, den seine Gefälligkeit gegen unwürdige Freunde, und das verführerische Beispiel, ins Spiel verstrikket[3], der seinen Wohlstand und seine Ehre darüber zu Grunde gerichtet, und nun im Gefängnisse seufzet, von Scham und Reue zerrissen? Wenn man fragt, wer er ist; so antworte ich: er war ein ehrlicher Mann, und zu seiner Marter ist er Gemahl und Vater; seine Gattin, die er liebt und von der er geliebt wird, schmachtet in der äußersten Bedürfnis, und kann ihren Kindern, welche Brod verlangen, nichts als Tränen geben. Man zeige mir in der Geschichte der Helden eine rührendere, moralischere, mit einem Worte, tragischere Situation! Und wenn sich endlich dieser Unglückliche vergiftet; wenn er, nachdem er sich vergiftet, erfährt, daß der Himmel ihn noch retten wollen: was fehlet diesem schmerzlichen und fürchterlichen Augenblicke, wo sich zu den Schrecknissen des Todes marternde Vorstellungen, wie glücklich er habe leben können, gesellen; was fehlt ihm, frage ich, um der Tragödie würdig zu sein? Das Wunderbare, wird man antworten. Wie? findet sich denn nicht dieses Wunderbare genugsam in dem plötzlichen Übergange von der Ehre zur Schande, von der Unschuld zum Verbrechen, von der süßesten Ruhe zur Verzweiflung; kurz, in dem äußersten Unglücke, in das eine bloße Schwachheit gestürzet?“

[1] Journal Etranger, Décembre 1761. Gemeint ist vermutlich Denis Diderot (1713—1784), dessen Dramen Lessing sehr schätzte und z. T. übersetzte. Sara: Lessings „bürgerliches" Trauerspiel — „Miß Sara Sampson" (1755)
[2] Marmontel, Jean-François (1723—1799), Schriftsteller der französischen Aufklärung und Mitarbeiter der Encyclopédie
[3] ins Spiel verstricket: Marmontel bezieht sich auf den „Spieler" von Edward Moore

6.2.3 Wirkungsbestimmung der Tragödie: Katharsis, Furcht und Mitleid

Aristoteles bestimmt im 6. Kapitel seiner „Poetik" den Zweck der Tragödie, indem er fordert, daß „durch [die Erregung von] Furcht (phobos) und Mitleid (eleos) eine Reinigung (katharsis) derartiger [bzw. von derartigen] Leidenschaften (Affekte) bewerkstelligt" werde. In der poetologischen Diskussion über das Wesen des Tragischen hat diese Forderung bis heute eine tragende Rolle gespielt. Die Bedeutung der Begriffe *eleos, phobos* und *katharsis* sowie deren logische Zuordnung ist auch heute nicht eindeutig geklärt. *Phobos* wurde als Furcht, Schrecken, Schauder übersetzt, *eleos* als Mitleid, Jammer, Rührung und *katharsis* als Reinigung, Ausscheidung, Läuterung, Besserung. Eine weitere Schwierigkeit bildet die Übersetzung der Genitivkonstruktion „Reinigung derartiger Leidenschaften". Als Genetivus obiectivus bedeutet die Stelle „Reinigung, Läuterung derartiger Leidenschaften", als Genetivus separativus „Reinigung, Befreiung von derartigen Leidenschaften". Lessing diskutiert die aristotelische Bestimmung der Wirkung des Tragischen in seinem Briefwechsel mit den Freunden Moses Mendelssohn und Friedrich Nicolai (1756/1757) und später in der „Hamburgischen Dramaturgie" (1767/1768). Er versteht den Satz des Aristoteles im Sinne des Genetivus obiectivus und begreift den Zweck der Tragödie in der moralischen Besserung des Zuschauers durch Katharsis. Die Reinigung besteht für ihn in der Verwandlung der tragischen Affekte (Furcht und Mitleid) in tugendhafte Fertigkeiten. Der Begriff „Furcht" wird der Übersetzung „Schrecken" vorgezogen. Die Furcht wird dem Mitleid als dem zentralen Affekt untergeordnet und als das „auf uns selbst gerichtete Mitleid" verstanden. Damit wird die Tragödie, d.h. die Bühne, zum Ort der moralischen Erziehung des Menschen, eine Auffassung, die Schiller später aufgreift und die die Diskussion über die dramatische Wirkung bis ins 20. Jahrhundert (z. B. Brecht) beeinflußt.

Lessing hat Aristoteles in einem fruchtbaren Sinne mißverstanden. Dieser hat seine zentrale Aussage — so die mehrheitliche Meinung der Forschung — im Sinne des Genetivus separativus verstanden. Demnach liegt der Zweck der Tragödie in der lustvollen Reinigung von den durch die Tragödie erregten Affekten der Furcht und des Mitleids. Furcht und Mitleid sind für Aristoteles zwei gleichwertige (ähnliche Affekte mitumfassende) Begriffe, die die Seele in schädliche Unausgeglichenheit versetzen.

Lessings Bestimmung der tragischen Affekte Furcht und Mitleid sowie seine Definition der Katharsis als einer moralischen Läuterung des Zuschauers lassen sich auf die Interpretation „Emilia Galotti“ fruchtbar anwenden. Theorie und Praxis der Dramaturgie stehen in einem wechselseitigen Bezug. Sowohl Fragen zum Handlungsaufbau, zur Personenkonstellation als auch Probleme der ästhetischen bzw. politischen Intention und Wirkung rücken in diesem Zusammenhang ins Blickfeld.

Aristoteles: Poetik

37 Jetzt sei von der Tragödie gesprochen.
Aus dem bisher Gesagten entnehmen wir die Bestimmung ihres Wesens. Die Tragödie ist die Nachahmung einer edlen und abgeschlossenen Handlung von einer bestimmten Größe in gewählter Rede, derart, daß jede Form solcher Rede in gesonderten Teilen erscheint und daß gehandelt und nicht berichtet wird und daß mit Hilfe von Mitleid und Furcht eine Reinigung von eben derartigen Affekten bewerkstelligt wird.
[...]

Da nun die Nachahmung sich durch Handeln vollzieht, so wäre notwendigerweise ein erster Teil der Tragödie der szenische Schmuck, dann die Musik und dann die Rede. Denn in diesen Dingen wird die Nachahmung gestaltet. Ich nenne „Rede“ die Verskunst als solche, „Musik“, was diese Kunst zu voller Entfaltung bringt. Da ferner die Nachahmung einer Handlung gemeint ist, jede Handlung aber von Handelnden geführt wird, welche hinsichtlich ihres Charakters und ihrer Gedanken von einer bestimmten Qualität sind (denn diese bewirken, daß auch die Handlungen selbst von bestimmter Qualität sind, und eben in den Handlungen haben alle Glück oder Unglück), also ist die Nachahmung der Handlung der Mythos. Ich verstehe hier unter Mythos die Zusammensetzung der Handlungen, unter Charakter aber das, was macht, daß wir die Handelnden so oder so nennen, unter Absicht das, worin sie etwas aussagen oder eine Meinung äußern.
Es muß also jede Tragödie sechs Teile haben, in denen sie ihre jeweilige Qualität besitzt: Mythos, Charakter, Rede, Absicht, Szenerie und Musik. Die Mittel, mit denen nachgeahmt wird, sind zwei [Rede, Musik], die Art, wie nachgeahmt wird, ist eine [Szenerie], was sie nachahmen, sind drei [Mythos, Charakter, Absicht], und außerdem gibt es nichts. Nicht wenige Dichter bauen gewissermaßen diese Teile zu selbständigen Gestaltungen aus. Denn jedes Werk hat Szenerie, Charakter, Mythos, Rede, Lied und Absicht auf dieselbe Weise.
Das Wichtigste davon ist der Aufbau der Handlungen. Denn die Tragödie ist nicht die Nachahmung von Menschen, sondern von Handlungen und Lebensweisen, von Glück und Unglück. (Glück und Unglück beruhen aber in Handlungen und das Ziel der Tragödie ist eine Handlung, keine charakterliche Qualität. Qualifiziert sind die Menschen je nach ihrem Charakter, glücklich oder unglücklich sind sie aber auf Grund ihrer Handlungen.) Sie handeln also nicht, um die Charaktere darzustellen, sondern in den Handlungen sind auch die Charaktere eingeschlossen. Darum sind Handlung und Mythos Ziel der Tragödie. Das Ziel ist aber das Wichtigste von allem.[...]
Es kann weiterhin Furcht und Mitleid aus dem Bühnenbild entstehen oder auch aus

dem Aufbau der Handlung selber; dies ist ursprünglicher und zeigt den besseren Dichter. Denn der Mythos soll so aufgebaut sein, daß auch ohne zu sehen jener, der die Handlung hört, bei den Ereignissen Schauder und Mitleid empfindet. Das wird etwa der Fall sein, wenn man den Mythos von Oidipus hört. Dies durch das Bühnenbild zu bewirken, ist kunstloser und bedarf großen Aufwandes. Wer mit dem Bühnenbild nicht Furcht, sondern bloß Gruseln erzeugt, hat nichts mit der Tragödie zu schaffen. Denn die Tragödie soll nicht jeden beliebigen Genuß verschaffen, sondern nur den ihr gemäßen. Da nun der Dichter durch Nachahmung den Genuß in der Richtung auf Mitleid und Furcht erzeugen soll, so ist es offensichtlich, daß man die Handlung danach einrichten muß.

G. E. Lessing: Brief an Nicolai, 13. November 1756

38 Es kann seyn, daß wir dem Grundsatze: *Das Trauerspiel soll bessern,* manches elende aber gutgemeinte Stück schuldig sind; es kann seyn, sage ich, denn diese Ihre Anmerkung klingt ein wenig zu sinnreich, als daß ich sie gleich für wahr halten sollte. Aber das erkenne ich für wahr, daß kein Grundsatz, wenn man sich ihn recht geläufig gemacht hat, bessere Trauerspiele kann hervorbringen helfen, als der: *Die Tragödie soll Leidenschaften erregen.*

Nehmen Sie einen Augenblick an, daß der erste Grundsatz eben so wahr als der andere sey, so kann man doch noch hinlängliche Ursachen angeben, warum jener bey der Ausübung mehr schlimme, und dieser mehr gute Folgen haben müsse. Jener hat nicht deswegen schlimme Folgen, weil er ein *falscher* Grundsatz ist, sondern deswegen, weil er entfernter ist, als dieser, weil er blos den Endzweck angiebt, und dieser die Mittel. Wenn ich die Mittel habe, so habe ich den Endzweck, aber nicht umgekehrt. Sie müssen also stärkere Gründe haben, warum Sie hier vom Aristoteles abgehen, und ich wünschte, daß Sie mir einiges Licht davon gegeben hätten; denn dieser Verabsäumung schreiben Sie es nunmehr zu, daß Sie hier meine Gedanken lesen müssen, wie ich glaube, daß man die Lehre des alten Philosophen verstehen solle, und wie ich mir vorstelle, daß das Trauerspiel durch Erzeugung der Leidenschaften bessern kann.

Das meiste wird darauf ankommen: was das Trauerspiel für Leidenschaften erregt. In seinen Personen kann es alle mögliche Leidenschaften wirken lassen, die sich zu der Würde des Stoffes schicken. Aber werden auch zugleich alle diese Leidenschaften in den Zuschauern rege? Wird er freudig? wird er verliebt? wird er zornig? wird er rachsüchtig? Ich frage nicht, ob ihn der Poet so weit bringt, daß er diese Leidenschaften in der spielenden Person billiget, sondern ob er ihn so weit bringt, daß er diese Leidenschaften selbst *fühlt,* und nicht blos fühlt, ein andrer fühle sie?

Kurz, ich finde keine einzige Leidenschaft, die das Trauerspiel in dem Zuschauer rege macht, als das Mitleiden. Sie werden sagen: erweckt es nicht auch Schrecken? erweckt es nicht auch Bewunderung? Schrecken und Bewunderung sind keine Leidenschaften, nach meinem Verstande. Was denn? [...] Ich will es sagen, was ich mir unter beyden vorstelle.

Das Schrecken in *der Tragödie* ist weiter nichts als die plötzliche Ueberraschung des Mitleides, ich mag den Gegenstand meines Mitleids kennen oder nicht. Z.E.[1] endlich bricht der Priester damit heraus: *Du Oedip bist der Mörder des Lajus!*[2] Ich erschrecke, denn auf einmahl sehe ich den rechtschafnen Oedip unglücklich; mein Mitleid wird auf einmahl rege. Ein ander Exempel: es erscheinet ein Geist; ich erschrecke: der Gedanke, daß er nicht erscheinen würde, wenn er nicht zu des einen oder zu des andern Unglück erschiene, die dunkle Vorstellung dieses Unglücks, ob ich den gleich noch nicht kenne, den es treffen soll, überraschen mein Mitleid, und dieses überraschte Mitleid heißt Schrecken. Belehren Sie mich eines Bessern, wenn ich Unrecht habe.

Nun zur Bewunderung! Die Bewunderung! *O in der Tragödie*, um mich ein wenig orakelmäßig auszudrucken, ist [sie] das entbehrlich gewordene Mitleiden. Der Held ist unglücklich, aber er ist über sein Unglück so weit erhaben, er ist selbst so stolz darauf, daß es auch in meinen Gedanken die schreckliche Seite zu verlieren anfängt, daß ich ihn mehr beneiden, als bedauern möchte.

Die Staffeln sind also diese: Schrecken, Mitleid, Bewunderung. Die Leiter aber heißt: Mitleid; und Schrecken und Bewunderung sind nichts als die ersten Sprossen, der Anfang und das Ende des Mitleids. [...] *Die Bewunderung setzt dem Mitleiden Schranken.* Das Schrecken braucht der Dichter zur Ankündigung des Mitleids, und Bewunderung gleichsam zum Ruhepunkte desselben. Der Weg zum Mitleid wird dem Zuhörer zu lang, wenn ihn nicht gleich der erste Schreck aufmerksam macht, und das Mitleiden nützt sich ab, wenn es sich nicht in der Bewunderung erholen kann. Wenn es also wahr ist, daß die ganze Kunst des tragischen Dichters auf die sichere Erregung und Dauer des einzigen Mitleidens geht, so sage ich nunmehr, die Bestimmung der Tragödie ist diese: sie soll *unsre Fähigkeit, Mitleid zu fühlen,* erweitern. Sie soll uns nicht blos lehren, gegen diesen oder jenen Unglücklichen Mitleid zu fühlen, sondern sie soll uns so weit fühlbar machen, daß uns der Unglückliche zu allen Zeiten, und unter allen Gestalten, rühren und für sich einnehmen muß. Und nun berufe ich mich auf einen Satz, den Ihnen Herr Moses[3] vorläufig demonstriren mag, wenn Sie, Ihrem eignen Gefühl zum Trotz, daran zweifeln wollen. *Der mitleidigste Mensch ist der beste Mensch,* zu allen gesellschaftlichen Tugenden, zu allen Arten der Großmuth der aufgelegteste. Wer uns also mitleidig macht, macht uns besser und tugendhafter, und das Trauerspiel, das jenes thut, thut auch dieses, oder – es thut jenes, um dieses thun zu können. Bitten Sie es dem Aristoteles ab, oder widerlegen Sie mich.

Auf gleiche Weise verfahre ich mit der Komödie. Sie soll uns zur Fertigkeit verhelfen, alle Arten des Lächerlichen leicht wahrzunehmen. Wer diese Fertigkeit besitzt, wird in seinem Betragen alle Arten des Lächerlichen zu vermeiden suchen, und eben dadurch der wohlgezogenste und gesittetste Mensch werden. Und so ist auch die Nützlichkeit der Komödie gerettet.

Beyder Nutzen, des Trauerspiels sowohl als des Lustspiels, ist von dem Vergnügen unzertrennlich; denn die ganze Hälfte des Mitleids und des Lachens ist Vergnügen, und es ist großer Vortheil für den dramatischen Dichter, daß er weder nützlich, noch angenehm, eines ohne das andere seyn kann.

[...]

Das Trauerspiel soll so viel Mitleid erwekken, als es nur immer kann; folglich müssen alle Personen, die man unglücklich werden läßt, gute Eigenschaften haben, folglich muß die beste Person auch die unglücklichste seyn, und Verdienst und Unglück in beständigem Verhältnisse bleiben. Das ist, der Dichter muß keinen von allem Guten entblößten Bösewicht aufführen. Der Held oder die beste Person muß nicht, gleich einem Gotte, seine Tugenden ruhig und ungekränkt übersehen.[...]

Das Schrecken, habe ich gesagt, ist das überraschte Mitleiden; ich will hier noch ein Wort hinzusetzen: das überraschte und *unentwickelte* Mitleiden; folglich wozu die Ueberraschung, wenn es nicht entwickelt wird? Ein Trauerspiel voller Schrecken, ohne Mitleid, ist ein Wetterleuchten ohne Donner. So viel Blitze, so viel Schläge, wenn uns der Blitz nicht so gleichgültig werden soll, daß wir ihm mit einem kindischen Vergnügen entgegen gaffen. Die Bewunderung, habe ich mich ausgedrückt, ist das entbehrlich gewordene Mitleid. Da aber das Mitleid das Hauptwerk ist, so muß es folglich so selten als möglich entbehrlich werden; der Dichter muß seinen Held nicht zu sehr, nicht zu anhaltend der bloßen Bewunderung aussetzen [...]. Der bewunderte Held ist der Vorwurf[4] der Epopee[5]; der *bedauerte* des Trauerspiels. Können Sie sich einer einzigen Stelle erinnern, wo der Held des Homers, des Virgils, des Tasso, des Klopstocks[6], Mitleiden erweckt? oder eines einzigen alten Trauerspiels, wo der Held mehr bewundert als bedauert wird? Hieraus können Sie nun auch schließen, was ich von Ihrer Eintheilung der Trauerspiele halte. Sie fällt mit Ihrer Erlaubniß ganz weg. Ich habe nicht Lust noch einen dritten Bogen anzulegen, sonst wollte ich mich noch über einige andere Punkte erklären. Ich verspare es bis auf einen nächsten Brief, welcher zugleich die Beantwortung Ihres zweyten enthalten soll.

1 z. E.: zum Exempel: lat. zum Beispiel
2 Sophokles' Trauerspiel „König Ödipus"
3 Moses Mendelssohn: → Text **42**, Erläuterung 2
4 Vorwurf: Gegenstand, Objekt für künstlerische Darstellungen
5 Epopee: griech. Epopöe: episches Werk, insbesondere Götter- und Heldenepos
6 Klopstock: → Text **23**, Erläuterung 2. Anspielung auf bedeutende epische Literatur

G. E. Lessing: Hamburgische Dramaturgie (75.–78. Stück)

39 Denn er, Aristoteles, ist es gewiß nicht, der die mit Recht getadelte Einteilung der tragischen Leidenschaften in Mitleid und Schrecken gemacht hat. Man hat ihn falsch verstanden, falsch übersetzt. Er spricht von Mitleid und Furcht, nicht von Mitleid und Schrecken; und seine Furcht ist durchaus nicht die Furcht, welche uns das bevorstehende Übel eines andern, für diesen andern, erweckt, sondern es ist die Furcht, welche aus unserer Ähnlichkeit mit der leidenden Person für uns selbst entspringt; es ist die Furcht, daß die Unglücksfälle, die wir über diese verhänget sehen, uns selbst treffen können; es ist die Furcht, daß wir der bemitleidete Gegenstand selbst werden können. Mit einem Worte: diese Furcht ist das auf uns selbst bezogene Mitleid.

[...]

Wenn Aristoteles diesen Begriff von dem Affekte des Mitleids hatte, daß er notwendig mit der Furcht für uns selbst verknüpft sein müsse: was war es nötig, der Furcht noch insbesondere zu erwähnen? Das Wort Mitleid schloß sie schon in sich, und es wäre genug gewesen, wenn er bloß gesagt hätte: die Tragödie soll durch Erregung des Mitleids die Reinigung unserer Leidenschaft[1] bewirken. Denn der Zusatz der Furcht sagt nichts mehr, und macht das, was er sagen soll, noch dazu schwankend und ungewiß.

Ich antworte: wenn Aristoteles uns bloß hätte lehren wollen, welche Leidenschaften die Tragödie erregen könne und solle, so würde er sich den Zusatz der Furcht allerdings haben ersparen können, und ohne Zweifel sich wirklich ersparet haben; denn nie war ein Philosoph ein größerer Wortsparer, als er. Aber er wollte uns zugleich lehren, welche Leidenschaften, durch die in der Tragödie erregten, in uns gereiniget werden sollten; und in dieser Absicht mußte er der Furcht insbesondere gedenken. Denn obschon, nach ihm, der Affekt des Mitleids, weder in noch außer dem Theater, ohne Furcht für uns selbst sein kann; ob sie schon ein notwendiges

Ingredienz[2] des Mitleids ist: so gilt dieses doch nicht auch umgekehrt, und das Mitleid für andere ist kein Ingredienz der Furcht für uns selbst. Sobald die Tragödie aus ist, höret unser Mitleid auf, und nichts bleibt von allen den empfundenen Regungen in uns zurück, als die wahrscheinliche Furcht, die uns das bemitleidete Übel für uns selbst schöpfen lassen. Diese nehmen wir mit; und so wie sie, als Ingredienz des Mitleids, das Mitleid reinigen helfen, so hilft sie nun auch, als eine vor sich fortdauernde Leidenschaft, sich selbst reinigen. Folglich, um anzuzeigen, daß sie dieses tun könne und wirklich tue, fand es Aristoteles für nötig, ihrer insbesondere zu gedenken.

[...]

Da nämlich, es kurz zu sagen, diese Reinigung in nichts anders beruhet, als in der Verwandlung der Leidenschaften in tugendhafte Fertigkeiten, bei jeder Tugend aber, nach unserm Philosophen, sich diesseits und jenseits ein Extremum[3] findet, zwischen welchem sie inne stehet: so muß die Tragödie, wenn sie unser Mitleid in Tugend verwandeln soll, uns von beiden Extremis des Mitleids zu reinigen vermögend sein; welches auch von der Furcht zu verstehen. Das tragische Mitleid muß nicht allein, in Ansehung des Mitleids, die Seele desjenigen reinigen, welcher zu viel Mitleid fühlet, sondern auch desjenigen, welcher zu wenig empfindet. Die tragische Furcht muß nicht allein, in Ansehung der Furcht, die Seele desjenigen reinigen, welcher sich ganz und gar keines Unglücks befürchtet, sondern auch desjenigen, den ein jedes Unglück, auch das entfernteste, auch das unwahrscheinlichste, in Angst setzet. Gleichfalls muß das tragische Mitleid, in Ansehung der Furcht, dem was zu viel, und dem was zu wenig, steuern: so wie hinwiederum die tragische Furcht, in Ansehung des Mitleids.

1 Reinigung unserer Leidenschaft: J. Petersen unterscheidet in seinem Kommentar zur „Hamburgischen Dramaturgie“ vier Gruppen von Deutungen des Begriffs der Katharsis (Reinigung): 1) Reinigung als Abhärtung gegenüber den Leidenschaften, Läuterung (purgatio); 2) Sühnung (lustratio oder expiatio) im religiösen Sinne; 3) Heilung im medizinischen Sinn; 4) Ausgleichung und Versöhnung (z. B. Goethe)

2 Ingredienz: lat. Bestandteil

3 Extremum: lat. äußerster Punkt

6.2.4 Gemischter Charakter und Hamartia (Fehler, Irrtum, Schuld)

Schon Aristoteles hat die Bestimmung des Zwecks der Tragödie, Furcht und Mitleid zu erregen, mit der Forderung nach Mischung der Charaktere verbunden. Die tragische Person gerät durch ein tragisches Versehen *(hamartia)*, d. h. durch einen Irrtum oder Fehler, in ein unverdientes Leid, in tragische Schuld. Diese in der Hamartia begründete menschliche Gebrechlichkeit der tragischen Person gibt dem Zuschauer die Möglichkeit, sich mit der dramatischen Figur als einem „mittleren“ Charakter zu identifizieren.

Lessing übernimmt in Anlehnung an das Vorbild der Dramen Diderots die Forderung des Aristoteles weitgehend und verlangt für die Tragödie den *„mittleren“* oder *„gemischten“* Charakter, die „innere Mischung des Guten und Bösen in dem Menschen“ (63. Literaturbrief), den Mann „von gleichem Schrot und Korn“, der weder ein Übermaß an Tugend noch einen Bösewicht schlechthin darstellt, damit die Erregung des Mitleidens, der Rührung im Zuschauer überhaupt bewirkt werden kann. Nicht heroische Charaktere, d.h. die Großen im Sinne des sozialen Stands, rücken in den Blick des Zuschauers, sondern der Mensch als mittlerer, d. h. gemischter Charakter (→ dazu auch Kapitel 6.2.2).

Die Forderung nach einem „gemischten" Charakter spielt bei der Deutung der dramatischen Figuren der „Emilia Galotti" eine wichtige Rolle, z. B. in Hinsicht auf den Charakter des Prinzen, Emilias und Odoardos. Das Problem der Hamartia, des tragischen Fehlers von Emilia und Odoardo, sollte bei der Erörterung der Schuld der tragischen Figuren berücksichtigt werden (→ Kapitel 6.3).

Aristoteles: Poetik

40 Da der Aufbau der Tragödie, wenn sie so schön als möglich sein soll, nicht einfach sein darf, sondern verschlungen, und da sie Nachahmung von Furcht- und Mitleiderregendem sein soll (denn dies ist die Eigenart dieser Nachahmung), so ist es zuerst klar, daß nicht anständige Leute beim Umschlag von Glück in Unglück gezeigt werden sollen (denn dies erzeugt nicht Furcht oder Mitleid, sondern Widerwillen) und auch nicht der Übergang schlechter Menschen von Unglück zu Glück (denn dies läuft der Tragödie völlig zuwider, da keine der geforderten Wirkungen sich einstellt: es ist weder menschenfreundlich noch mitleiderregend, noch erschreckend), noch darf der gar zu Schlechte von Glück in Unglück stürzen (eine solche Erfindung ist zwar menschenfreundlich, enthält aber weder Furcht noch Mitleid; Mitleid entsteht nur, wenn der, der es nicht verdient, ins Unglück gerät, Furcht, wenn es jemand ist, der dem Zuschauer ähnlich ist. Also entsteht in diesem Fall weder das eine noch das andere).

Es bleibt also nur der Fall dazwischen übrig. Er tritt ein, wenn einer weder an Tugend und Gerechtigkeit ausgezeichnet ist noch durch Schlechtigkeit und Gemeinheit ins Unglück gerät, sondern dies erleidet durch irgendeinen Fehler. Und zwar muß er zu denjenigen zählen, die großen Ruhm und Glück gehabt haben, wie Oidipus oder Thyestes, oder andere berühmte Männer aus einem solchen Geschlechte.

Es muß also ein gut gebauter Mythos eher einfach sein als zwiefach (wie einige sagen) und soll nicht aus Unglück in Glück umschlagen, sondern umgekehrt aus Glück in Unglück, und zwar nicht aus Schlechtigkeit, sondern durch irgendeinen großen Fehler eines Menschen, wie wir ihn bezeichnet haben, oder eher eines noch besseren als eines schlechteren.

G. E. Lessing: Hamburgische Dramaturgie (74., 75., 82. Stück)

41 Die Tragödie, nimmt er an, soll Mitleid und Schrecken erregen: und daraus folgert er, daß der Held derselben weder ein ganz tugendhafter Mann, noch ein völliger Bösewicht sein müsse. Denn weder mit des einen noch mit des andern Unglücke, lasse sich jener Zweck erreichen. [...]

„Das Mitleid, sagt Aristoteles, verlangt einen, der unverdient leidet: und die Furcht einen unsers gleichen. Der Bösewicht ist weder dieses, noch jenes: folglich

kann auch sein Unglück, weder das erste noch das andere erregen."[1]
[...]
Es beruhet aber alles auf dem Begriffe, den sich Aristoteles von dem Mitleiden gemacht hat. Er glaubte nämlich, daß das Übel, welches der Gegenstand unsers Mitleidens werden solle, notwendig von der Beschaffenheit sein müsse, daß wir es auch für uns selbst, oder für eines von den Unsrigen, zu befürchten hätten. Wo diese Furcht nicht sei, könne auch kein Mitleiden Statt finden. Denn weder der, den das Unglück so tief herabgedrückt habe, daß er weiter nichts für sich zu fürchten sähe, noch der, welcher sich so vollkommen glücklich glaube, daß er gar nicht begreife, woher ihm ein Unglück zustoßen könne, weder der Verzweifelnde noch der Übermütige, pflege mit andern Mitleid zu haben. Er erkläret daher auch das Fürchterliche und das Mitleidswürdige, eines durch das andere. Alles das, sagt er, ist uns fürchterlich, was, wenn es einem andern begegnet wäre, oder begegnen sollte, unser Mitleid erwecken würde: und alles das finden wir mitleidswürdig, was wir fürchten würden, wenn es uns selbst bevorstünde. Nicht genug also, daß der Unglückliche, mit dem wir Mitleiden haben sollen, sein Unglück nicht verdiene, ob er es sich schon durch irgend eine Schwachheit zugezogen: seine gequälte Unschuld, oder vielmehr seine zu hart heimgesuchte Schuld, sei für uns verloren, sei nicht vermögend, unser Mitleid zu erregen, wenn wir keine Möglichkeit sähen, daß uns sein Leiden auch treffen könne. Diese Möglichkeit aber finde sich alsdenn, und könne zu einer großen Wahrscheinlichkeit erwachsen, wenn ihn der Dichter nicht schlimmer mache, als wir gemeiniglich zu sein pflegen, wenn er ihn vollkommen so denken und handeln lasse, als wir in seinen Umständen würden gedacht und gehandelt haben, oder wenigstens glauben, daß wir hätten denken und handeln müssen: kurz, wenn er ihn mit uns von gleichem Schrot und Korne schildere. Aus dieser Gleichheit entstehe die Furcht, daß unser Schicksal gar leicht dem seinigen eben so ähnlich werden könne, als wir ihm zu sein uns selbst fühlen: und diese Furcht sei es, welche das Mitleid gleichsam zur Reife bringe.
[...]
Denn ich habe schon gezeigt, daß die Erregung des Mitleids von der Erregung der Furcht unzertrennlich ist, und daß der Bösewicht, wenn es möglich wäre, daß er unsere Furcht erregen könne, auch notwendig unser Mitleid erregen müßte. Da er aber dieses [...] nicht kann, so kann er auch jenes nicht, und bleibt gänzlich ungeschickt, die Absicht der Tragödie erreichen zu helfen. Ja Aristoteles hält ihn hierzu noch für ungeschickter, als den ganz tugendhaften Mann; denn er will ausdrücklich, falls man den Held aus der mittlern Gattung nicht haben könne, daß man ihn eher besser als schlimmer wählen solle. Die Ursache ist klar: ein Mensch kann sehr gut sein, und doch noch mehr als eine Schwachheit haben, mehr als einen Fehler begehen, wodurch er sich in ein unabsehliches Unglück stürzet, das uns mit Mitleid und Wehmut erfüllet, ohne im geringsten gräßlich zu sein, weil es die natürliche Folge seines Fehlers ist.

[1] Im 13ten Kapitel der „Dichtkunst". → Aristoteles, Text **40**

G. E. Lessing: Brief an Moses Mendelssohn, 18. Dezember 1756

42 Lesen Sie doch das 13te Hauptstück der Aristotelischen Dichtkunst.[1] Der Philosoph sagt daselbst: der Held eines Trauerspiels müsse ein Mittelcharakter seyn; er müsse nicht allzu lasterhaft und auch nicht allzu tugendhaft seyn;

wäre er allzu lasterhaft, und verdiente sein Unglück durch seine Verbrechen, so könnten wir kein Mitleiden mit ihm haben; wäre er aber allzu tugendhaft, und er würde dennoch unglücklich, so verwandle sich das Mitleiden in Entsetzen und Abscheu.
Ich möchte wissen, wie Herr Nicolai[2] diese Regel mit den bewundernswürdigen Eigenschaften seines Helden zusammen reimen könne – – Doch das ist es nicht, was ich jetzt schreiben will.
Ich bin hier selbst wider *Aristoteles,* welcher mir überall eine falsche Erklärung des Mitleids zum Grunde gelegt zu haben scheint. Und wenn ich die Wahrheit weniger verfehle, so habe ich es allein *Ihrem* bessern Begriffe vom Mitleiden zu danken. Ist es wahr, daß das Unglück eines allzu tugendhaften Menschen Entsetzen und Abscheu erweckt? Wenn es wahr ist, so müssen Entsetzen und Abscheu der höchste Grad des Mitleids seyn, welches sie doch nicht sind. Das Mitleiden, das in eben dem Verhältnisse wächst, in welchem Vollkommenheit und Unglück wachsen, hört auf, mir angenehm zu seyn, und wird desto unangenehmer, je größer auf der einen Seite die Vollkommenheit, und auf der andern das Unglück ist.
Unterdessen ist es doch auch wahr, daß an dem Helden eine gewisse ἁμαρτία[3], ein gewisser Fehler seyn muß, durch welchen er sein Unglück über sich gebracht hat. Aber warum diese ἁμαρτία, wie sie Aristoteles nennt? Etwa, weil er ohne sie vollkommen seyn würde, und das Unglück eines vollkommenen Menschen Abscheu erweckt? Gewiß nicht. Ich glaube, die einzige richtige Ursache gefunden zu haben; sie ist diese: weil ohne den Fehler, der das Unglück über ihn zieht, sein Charakter und sein Unglück kein *Ganzes* ausmachen würden, weil das eine nicht in dem andern gegründet wäre, und wir jedes von diesen zwey Stücken besonders denken würden.

[1] → Aristoteles, Text **40**
[2] Nicolai, Friedrich (1733–1811), mit Lessing befreundeter Philosoph und Verleger. Mit Nicolai und dem jüdischen Schriftsteller und Philosophen Moses Mendelssohn (1729–1786) führte Lessing seinen grundlegenden Briefwechsel über das Trauerspiel
[3] hamartia: griech. Versehen, Irrtum, Fehler, Schuld

6.3 Die Familie Galotti: Privatsphäre und bürgerliches Wertesystem

Die Familie Galotti ist im dramatischen Text keiner eindeutigen sozialen Position zugeordnet. Schon das Register der „dramatis personae“ läßt den gesellschaftlichen Stand der Familie offen. Selbst der Beruf des Obersten, den Odoardo ausübt, kann in diesem Zusammenhang unterschiedlich interpretiert werden. Entscheidende Hinweise für eine Deutung der sozialen Rolle der Galottis ergeben sich jedoch aus den Verhaltensweisen und inneren Einstellungen der Personen. Diese sozialen Attribute entsprechen weitgehend dem Rollenverhalten der bürgerlichen Kleinfamilie, die sich im 18. Jahrhundert gegenüber dem bislang repräsentativen Typus des „Ganzen Hauses“ (Großfamilie) zu entwickeln beginnt. Ordnet man die Galottis dem gehobenen Bürgertum bzw. dem städtischen Patriziat und nicht dem ständischen Adel zu, so wird man die zur Zeit Lessings schillernde Bedeutung der Begriffe *Bürger* und *bürgerlich* berücksichtigen müssen. Im Bedeutungsinhalt dieser Begriffe sind zumindest folgende Bedeutungsmerkmale und Bedeutungsvarianten zu unterscheiden: Stadtbewohner; Mitglied eines sozialen Standes (3. Stand); Untertan; Vertreter des „privaten", „häuslichen" Bereichs im Gegensatz zur „politischen", „öffentlichen" Sphäre; Mensch bzw. Menschlichkeit.

6.3.1 Bürgertum und Familie

Utz Haltern: Bürgerliche Gesellschaft

43 Der Begriff der ‚Bürgerlichen Gesellschaft' (πολιτικὴ κοινωνία) ist bis zur Mitte des 18. Jahrhunderts entscheidend geprägt worden von dem aus der ‚Politik' des Aristoteles abgeleiteten Ideal einer rechtlich geordneten Gemeinschaft von ‚Bürgern' (κοινωνία πολιτῶν), die zum Zwecke des ‚guten', d. h. eines tugendhaften und glücklichen Lebens und im Unterschied zur Herr-Knecht-Beziehung als „Freie und Gleiche miteinander verbunden und einer (in der Regel von ihnen selber getragenen) politischen Herrschaftsform" unterworfen sind.[1] Eine Scheidung zwischen Personenverband und politischer Herrschaftsorganisation besteht nicht; ‚Staat' und ‚Bürgerliche Gesellschaft' sind gleichbedeutend und identisch. Diese für die Tradition der europäischen Rechts- und Staatsphilosophie zentrale Vorstellung des politischen ‚Gemeinwesens' (civitas sive societas civilis sive res publica[2]) erwies sich als so stabil wie allgemein, daß sie als Modell auf die verschiedenen Stufen und Stationen der Gesellschaftsentwicklung übertragen werden konnte. Das traf auf die mittelalterliche Stadt- und Bürgergemeinde, die im Gegensatz zur antiken Polis[3] vorwiegend aus erwerbstätigen Kaufleuten und Handwerkern bestand, ebenso zu wie auf die unterschiedlich geschichteten und privilegierten Herrschaftsverbände der feudalständischen Gesellschaftsordnung. Die politisch-ökonomische Grundlage der ‚societas civilis' blieb theoretisch bis zum Ausgang des 18. Jahrhunderts das ‚Haus', sei es die einem Staat vorstehende fürstliche Dynastie, das an der städtischen Herrschaft maßgebend partizipierende bürgerlich-patrizische Geschlecht oder die adlige Grundherrschaft auf dem Lande. Voraussetzung der im ‚Haus' symbolisierten alteuropäischen ständischen Herrschaftsordnung ist das ‚Eigentum' (dominium), das in Form von Rechtstiteln, Privilegien und Vertragsverhältnissen in vielfältig gestufter Weise die Stellung und Zugehörigkeit des Menschen innerhalb der jeweiligen Sozialordnung regelt und bestimmt. Der Rechtsbegriff des ‚ganzen Hauses' bleibt selbst da, wo mit dem Absolutismus die politische Selbständigkeit von Adel und Stadtbürgertum relativiert wird, im Grundsatz erhalten.

Es würde zu weit führen, die von Riedel herausgearbeiteten terminologischen und semantischen Veränderungen, auch im Hinblick auf die Kennzeichnung des Begriffs des ‚Bürgers', hier im einzelnen wiederzugeben. Hervorzuheben ist, daß schließlich auf dem Boden der absolutistischen Staats- und Souveränitätslehre (Bodin[4]) das Modell der ‚societas civilis' in Bewegung gerät und im Verlauf des 18. Jahrhunderts einer Anzahl begrifflicher Unterscheidungen Platz zu machen beginnt. Unter ihnen gewinnt die Ablösung der politischen von der gesellschaftlichen Sphäre, die Dichotomie von ‚politisch' (= staatlich) und ,bürgerlich' (= zivil) die weitaus größte Bedeutung. In ihr kommt zum Ausdruck, „was geschichtlich Folge der Entstehung des modernen Staates ist: die Konzentration der politischen Herrschaftsgewalten in der Hand des absolutistischen Herrschers und seiner Bürokratie"[5]. Während sich auf der einen Seite der Bürgerbegriff auf eine Vielzahl möglicher Bedeutungen erstreckt (Stadtbewohner, Mitglied des bürgerlichen Standes; Staatsuntertan; Mensch), löst sich auf der anderen Seite die Identität der ständisch gebundenen societas civilis unter dem Eindruck der Vertrags- und Naturrechtslehren in eine Reihe gegensätzlicher Begriffspaare auf (Bürger – Untertan; Bürger – Adel; Bürger – Mensch; Privatheit – Öffentlichkeit; Bourgeois – Citoyen). Die damit bezeichneten politisch-sozialen Widersprüche können von dem Traditionsbegriff der alten ,Bürgerlichen Gesellschaft' nicht mehr aufgefangen werden. Die Französische Revolution, verstanden als Kulmination einer Vielzahl struktureller Entwicklungen, zieht hieraus die Konsequenz, indem sie einerseits Bürgerbegriff und Bürgerrecht auf prinzipiell alle Menschen bzw. Individuen einer Gesellschaft ausdehnt (droits de l'homme et du citoyen), andererseits diese als ,politische Gesellschaft' neu auf den allgemeinen Willen der gleichberechtigten Bürger (citoyens) gründet. Die Überwindung der alten ,bürgerlichen' durch die neue ,staatsbürgerliche' Gesellschaft erweist sich damit nach Riedel als die absolute „Negation des bisherigen Verständnisses des Begriffs"[6]. An seine Stelle tritt das Prinzip des allgemeinen Staatsbürgertums, mit dem eine theoretisch-rechtliche Grundlage gewonnen war, auf der sich die Emanzipation des modernen Bürgertums vollziehen und die neuzeitliche Gesellschaft entfalten konnte. Erst nach dem Ende der revolutionären Epoche treten die in den neuen ,Bürgergesellschaften' angelegten Antagonismen deutlicher hervor, die sich aus dem Widerspruch der ,droits de l'homme' als allgemeinem Menschenrecht und dem positiven, individuellen Recht auf Freiheit, Eigentum und Sicherheit ergaben.

[1] Riedel, Manfred: Artikel „Gesellschaft", in: O. Brunner, W. Conze u. R. Koselleck (Hrsg.), Geschichtliche Grundbegriffe Bd. 2, Stuttgart 1975, S. 719

[2] das Gemeinwesen als bürgerliche Gesellschaft und Staat

[3] Polis: griech. „Stadtstaat", die verbreitetste Staatsform im alten Griechenland

[4] Bodin, Jean (1530–1596), bedeutendster Staatstheoretiker des 16. Jahrhunderts. Begründer einer Staatstheorie, die von der Übereinstimmung des allgemeinen und individuellen Wohls ausgeht und den Staat zum Diener des Individuums macht. Auf ihn geht der Begriff der „Souveränität", d. h. der Unabhängigkeit der staatlichen Gewalt von innerstaatl. und ständischen Bindungen, zurück. Er gilt als Vater des Absolutismus.

[5] Riedel, a.a.O. S. 746

[6] Riedel, a.a.O. S. 764

Helmuth Kiesel: Skizzierung der Hauptgruppen im Statusaufbau einer Residenzstadt im 18. Jahrhundert

44

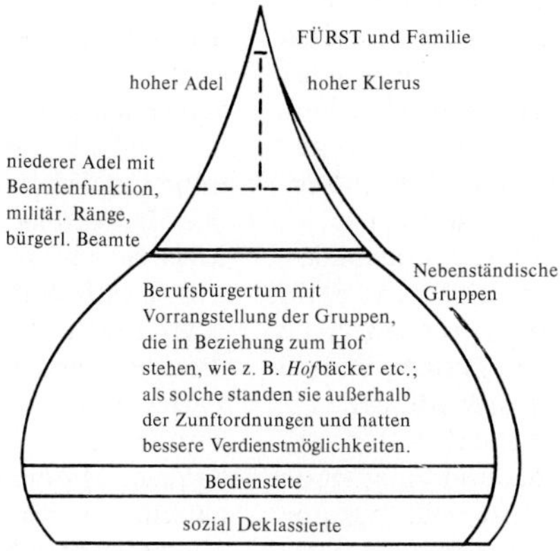

*Joachim Schmitt-Sasse: Odoardo als Bürgerlicher**

45 Der folgende Abschnitt dient der Untersuchung, auf welche Weise die bürgerlichen Vorstellungen in der „Emilia Galotti" wirksam sind. Es wird gezeigt werden können, daß Elemente des Vorstellungskomplexes der „Gleichheit" vor allem in die Charakteristik Odoardos eingehen: Die Kennzeichnung als Familienvater, als Offizier und seine Stellung zu Freundschaft und Liebe stehen mit diesem Vorstellungskomplex in Beziehung. Für die Figur der Emilia ist der Vorstellungskomplex des „Selbst" und die Tugend als dessen Maß relevant. Das zeigt sich in ihrem Verhältnis zu Appiani und in dem Gegensatz der Begriffe „Eitelkeit" und „Tugend". Der Zusammenhang der Gefährdung ihrer Tugend mit ihren Möglichkeiten zur Gegenwehr verweist zurück auf die „strenge Tugend" Odoardos. Die in der damit angesprochenen Tugendvorstellung beabsichtigte soziale und moralische Abkehr von Hof und höfischem Laster versagt gerade dadurch, daß sie aufs beste funktioniert. Apotheose[1] der Tugend ist das Selbstopfer.

Ganz analog zu den oben herausgearbeiteten Grundzügen von Lessings Anforderungen an Charaktergestaltung ist *Odoardo* nicht durch die Spezifik von Stand und Beruf gekennzeichnet. Im Mittelpunkt seiner Charakteristik steht seine Funktion als *Familienvater.* Die Familienbeziehung wird als ein Verhältnis vorausgesetzt, das allgemein von jedem Menschen erfahren wird und das gerade dadurch ein hohes Identifikationspotential anbietet. Innerhalb dieses allgemeinen Verhältnisses, aus dem ständische Spezifik ausgeklammert bleibt, interessiert dann vor allem das Denken und Handeln der Figuren, ihr Selbst, ihre Tugend.

Der Kurzbesuch Odoardos in der Stadt dient dazu, ihn zu charakterisieren. Bereits das Motiv, daß er überraschend am Hochzeitsmorgen Frau und Tochter besucht, verdeutlicht seine Fürsorge für die Familie. Die Begründung, die er für seinen Besuch angibt, macht darüberhinaus klar, daß seine Fürsorge von mißtrauischem Übereifer geprägt ist: „Wie leicht vergessen sie etwas, fiel mir ein." (II,2) Der

Satz verdeutlicht den Grad der Abhängigkeit, der zwischen den Familienmitgliedern herrscht. Der morgendliche Gedanke an die Familie wird Odoardo von dem Verdacht überschattet, seine Abwesenheit könne das Wohl der Seinen schmälern. Er vermutet einen Mangel an Selbständigkeit, dem allerdings sein sofortiges Eingreifen alles andere als abhelfen wird. Nichtsdestotrotz ist ebendiese Vermutung gängiges Inventar des bürgerlichen Familienbildes, und der aktive, fürsorgende Vater stellt die Ausgleichsfigur dar, die – indem sie den Mangel an Selbständigkeit zu lindern sucht – ihn geradezu erst schafft.

Die vorausgesetzte räumliche Distanz der Wohnorte und der dadurch motivierte Kurzbesuch signalisieren nicht nur die Störung des Familienverhältnisses, sie machen genauso auch die wechselseitigen Abhängigkeiten deutlich, die dieses Verhältnis ausmachen.

Das Wissen um die Schutzbedürftigkeit der Familienangehörigen erscheint als subjektive Voraussetzung für die Ausübung der Schutzfunktion.

Als weiteres Charakteristikum der Figur des Odoardo, das im Zusammenhang der bürgerlichen Vorstellungen gesehen werden kann, ist sein militärischer Rang als *Offizier* zu nennen. Auch noch das konkreteste Indiz sozialer Stellung ordnet ihn einem Bereich sozialer Unschärfe zwischen Bürgertum und feudalem Ständewesen zu. Es wurde schon darauf hingewiesen, daß von einem adligen Offiziersprivileg im Deutschland des 18. Jahrhunderts nur in wenigen Ausnahmefällen die Rede sein kann. Anhand einiger literarischer Beispiele kann gezeigt werden, daß die Zuordnung einer Figur zum Offizierskorps eingesetzt wird, um einen Zwischenbereich anzusprechen, in dem Standesvorrechte und -dünkel überwunden oder als überwindbar vorgestellt sind.

Vor allem gilt die Armee als ein Ort, an dem individuelles Verdienst höher bewertet wird als Vorrechte der Geburt. [...]

Die Bedeutung von *Freundschaft und Liebe* kann als dritter Aspekt in Odoardos Charakteristik dem bürgerlichen Vorstellungskomplex zugeordnet werden. Um diese Bedeutung ganz zu erfassen, muß ausgegangen werden von dem sozialen Unterschied zwischen Odoardo und Appiani. Marinelli interessiert an der Verbindung Appianis mit Emilia zunächst allein dieser Aspekt. Aus der Sicht des Hofmannes bedeutet die Hochzeit des Grafen mit dem Mädchen ohne Vermögen und Rang ein Mißbündnis (I,6); der Unterschied ist so groß, daß Appiani dadurch entehrt ist. Hier steht die Standeszugehörigkeit im Mittelpunkt. Aus der Sicht Odoardos hingegen geht es nicht um die Frage des ständischen Auf- oder Abstiegs, sondern darum, daß sich Liebe und Freundschaft hier über die sozialen Unterschiede hinwegsetzen. Nicht der Stand des einen oder des andern, ihr Verhältnis zueinander ist maßgebend; als eindeutig ständeübergreifendes ist es ein bürgerliches. Die Freundschaft Odoardos mit Appiani fußt auf der wechselseitigen Bestätigung der Tugend: Der Standesunterschied wird von beiden nicht einmal mehr problematisiert.

[1] Apotheose: griech. Vergötterung; Verklärung

*Gerhard Kaiser: Das Drama der Familie**

46 In der zweiten Hälfte des 18. Jahrhunderts entsteht eine neue Auffassung der Familie. Ich möchte hier offenlassen, wieweit sie eine neue Wirklichkeit *ab* -bildet oder *vor* -bildet und mich auf eine Skizze des Vorstellungswandels beschränken:

Nach älterem Denken ist die Familie die

kleinste Zelle der ständischen Gesellschaft, „durch ihre Aufgaben der Zeugung, der Aufzucht und des Wirtschaftens gebunden an die Zielsetzung des Staates. Ein feindliches Gegenüber zwischen häuslichen und staatlichen Wirkbereichen wurde nicht gespürt ... Der ältere Familienbegriff vertrug infolgedessen, zumindest in bestimmtem Umfange, das obrigkeitliche Regiment über die Familie, die Familienpolizei."[1] Als adliger, bäuerlicher, handwerklicher, kaufmännischer Haushalt ist die Familie zugleich Produktionseinheit. Gesinde, Lehrlinge, Gesellen, Kaufmannsgehilfen gehören ebenso zu ihr wie Ehemann, Ehefrau, Kinder und Verwandte. Familia heißt im 17. Jahrhundert noch Hausgemeinschaft und umfaßt alle, die unter einem Dache wohnen. „Die eheliche Liebe – in ihrer groben Deutung nichts anderes als die Summe häuslicher Verhaltenspflichten – enthält weder das Element der völligen psychischen Verschmelzung der Ehegatten noch das der Erotik."[2] Der Vater ist als pater familias Stellvertreter Gottes und des Fürsten.

Seit der zweiten Hälfte des 18. Jahrhunderts setzt sich demgegenüber die Vorstellung der Familie als einer Naturordnung eigenen Rechts durch, die sich aus der Gesellschaft ausgliedert und der Welt draußen gegenüberstellt. „Die Familienverbindung ist die natürlichste, älteste und heiligste unter den Menschen", sagt der Brockhaus von 1834.[3] Sie wird nun als ideale Liebesgemeinschaft von Mann und Frau, Eltern und Kindern verstanden. Ökonomische, berufliche, gesellschaftliche Zwänge werden ihr zumindest der Idee nach äußerlich. In ihr herrschen Gefühle; draußen Normen, Regeln, Interessen. Drinnen ist Wärme und Geborgenheit, daußen findet der Kampf ums Dasein statt. Die Mutter wird zur Repräsentantin des familiären Binnenraums. Sie umsorgt liebevoll den heimkehrenden Mann und bereitet den Kindern eine Sphäre der seelischen Intensität, in der Kindheit in unserem Sinne quasi erst entsteht. Die Überhöhung dieser neu gedeuteten Mutterfigur ist Mutter Natur, eine Leitvorstellung der Sturm-und-Drang-Periode. Der Vater repräsentiert demgegenüber Geist, Geschichte, Gesetz. Er ist stark als Vermittler zur Gesellschaft, zur Welt des Staates und Berufs, aber er wird zugleich problematisch in dieser Vermittlerrolle. In Schillers „Lied von der Glocke", für Generationen Kanon bürgerlicher Welt- und Familienauffassung, heißt es:

„Der Mann muß hinaus
Ins feindliche Leben,
Muß wirken und streben
Und pflanzen und schaffen,
Erlisten, erraffen,
Muß wetten und wagen,
Das Glück zu erjagen.
...
Und drinnen waltet
Die züchtige Hausfrau ..."

Als Garant des familialen Freiraums der Liebe und Harmonie ist der Vater Schutzmacht der Familie; als Repräsentant der Gesellschaft, in dem die Ansprüche und Dissonanzen des „feindlichen Lebens" in die Familie hineinragen, gerät er in dem Maße unter Sinnlosigkeitsverdacht, wie die Gesellschaft in Sinnkrisen gerät. Er erscheint als Verkörperung von Normen und Anforderungen, die gegenüber der Spontaneität im Intimraum der Familie allemal restriktiv wirken – auch in bezug auf seine eigene Menschlichkeit. Auf diese Weise wird der familiäre Binnenraum sublim und spannungsreich zugleich.

[...]

Emilia Galotti und Schillers *Kabale und Liebe* machen den Gegensatz von unmoralischer Außenwelt und Innenwelt der Familie in der Weise konkret, die für die zweite Hälfte des 18. Jahrhunderts bestimmend bleibt: als Konfrontation von Familie und höfisch-aristokratischer Gesellschaft. Die moralische Grenze ist soziale Grenze; umgekehrt wird der soziale Gegensatz als moralischer Gegensatz bestimmt und gedeutet. [...] Die Familie Odoardo Galotti wird zwar nicht sozial, aber durch Ablehnung des Hofes in ihrer Gesinnung als bürgerlich gekennzeichnet. Der Oberst Galotti ist so von Mißtrauen, ja Haß gegen den Hof als eine Sphäre der Unmoral und Intrige erfüllt, daß er sich grollend allein aufs Land zurückzieht, weil seine Ehefrau glaubt oder zu glauben vorgibt, um der geselligen Bildung der Tochter willen ein Leben in der Residenz führen zu müssen. Daß der Verlobte Emilias, mit dem soeben die Hochzeit vollzogen werden soll, zwar Graf, aber gleichfalls ein Verächter des Hoflebens ist, gewinnt ihm das Herz des Vaters. Daß Graf Appiani sich mit der Eheschließung auf seine Güter begeben will, trägt zu seinem Untergang bei, weil damit Emilia dem Zugriff des Souveräns entzogen würde. Emilia Galotti selbst, die Heldin, stellt dem rasenden Vater die höfische Gesellschaft als Ort des kultivierten Lasters so unentrinnbar vor, daß er sich durch die von ihr aufgestellte Alternative ‚tot oder verführt' zum Mord an der Tochter verleiten läßt. Als Repräsentant und Garant der moralischen Weltordnung erdolcht er die Tochter, steht er vor dem Fürsten. Er hat die einzige Tochter geopfert, die Familie zerstört, aber die Moralität der Familie gerettet. Der tragische Konflikt, daß er um der Moral willen gemordet, also gegen ein zentrales Gebot der Moral verstoßen hat, schließt sich mit einem Akt des Vertrauens: der Übergabe an das göttliche Gericht, das alle Schuld dem Souverän zuwälzen wird.

[1] Dieter Schwab: Artikel „Familie". In: Geschichtliche Grundbegriffe. Hrsg. von O. Brunner, W. Conze und R. Kosellek. Bd. 2. Stuttgart 1975, S. 279
[2] Ebenda, S. 284
[3] Ebenda, S. 293

6.3.2 Der Gegensatz von Moral und Politik, von Privatheit und Öffentlichkeit

Jürgen Habermas: Die bürgerliche Familie und die Institutionalisierung der Privatheit

47 Während die frühen Institutionen der bürgerlichen Öffentlichkeit in ihrem Ursprung der vom Hof sich lösenden adligen Gesellschaft verhaftet sind, ist das in Theatern, Museen und Konzerten sich bildende „große" Publikum ein bürgerliches auch nach den Kriterien seiner sozialen Herkunft. Sein Einfluß gewinnt um 1750 Oberhand. Schon die moralischen Wochenschriften, die ganz Europa überfluten, treffen jenen Geschmack, der die mittelmäßige „Pamela"[1] zum Bestseller des Jahrhunderts emporträgt. Sie entspringen bereits Bedürfnissen eines bürgerlichen Lesepublikums, die sich später in den literarischen Formen des bürgerlichen Trauerspiels und des psychologischen Romans genuin befriedigen können. Die Erfahrungen, über die ein sich leidenschaftlich selbst thematisierendes Publikum im öffentlichen Räsonnement der Privatleute miteinander Verständigung und Aufklärung sucht, fließen nämlich aus Quellen einer spezifischen Subjektivität: deren Heimstätte, im buchstäblichen Sinne, ist die Sphäre der patriarchalischen Kleinfamilie. Bekanntlich konsolidiert diese sich, hervorgehend aus Wandlungen der Familienstruktur, die sich mit der kapitalistischen Umwälzung seit Jahrhunderten anbahnen, als der in bürgerlichen Schichten dominante Typus.

Der städtische Adel freilich, besonders der für das übrige Europa maßgebende der französischen Hauptstadt, hält weiterhin „Haus" und verpönt die Innerlichkeit bürgerlichen Familienlebens. Die Geschlechterfolge, zugleich Erbfolge der Privilegien, wird durch den Namen allein ausreichend garantiert; dazu bedarf es nicht einmal des gemeinsamen Hausstandes der Ehepartner, die oft genug ihr eigenes „hôtel“[2] bewohnen und sich zuweilen in der außerfamilialen Sphäre des Salons häufiger treffen als im Kreis der eigenen Familie. Die maîtresse ist Institution und dafür symptomatisch, daß die fluktuierenden, gleichwohl streng konventionalisierten Beziehungen des „gesellschaftlichen Lebens“ eine Privatsphäre im bürgerlichen Sinne nur selten erlauben. Verspielte Intimität, wo sie dennoch zustande kommt, unterscheidet sich von der dauerhaften Intimität des neuen Familienlebens. Diese hebt sich andererseits gegen die älteren Formen großfamilialer Gemeinsamkeit ab, wie sie vom „Volke“ noch, besonders auf dem Lande, weit über das 18. Jahrhundert hinaus festgehalten werden und vorbürgerlich auch in dem Sinne sind, daß sie sich der Unterscheidung von „öffentlich“ und „privat“ nicht fügen.

[...]

Dieser [Binnenraum der patriarchalischen Kleinfamilie] ist der Ort einer psychologischen Emanzipation, die der politisch-ökonomischen entspricht. Obschon die Sphäre des Familienkreises sich selbst als unabhängig, als von allen gesellschaftlichen Bezügen losgelöst, als Bereich der reinen Menschlichkeit wahrhaben möchte, steht sie mit der Sphäre der Arbeit und des Warenverkehrs in einem Verhältnis der Abhängigkeit – noch das Bewußtsein der Unabhängigkeit läßt sich aus der tatsächlichen Abhängigkeit jenes intimen Bereichs von dem privaten des Marktes begreifen. In gewisser Weise können sich Warenbesitzer als autonom verstehen. Im Grade ihrer Emanzipation von staatlichen Direktiven und Kontrollen entscheiden sie nach Maßgabe der Rentabilität frei, darin niemandem zu Gehorsam verpflichtet und nur den anonymen, nach einer, wie es scheint, dem Markte innewohnenden ökonomischen Rationalität funktionierenden Gesetzen unterworfen. Diese sind mit der ideologischen Garantie des gerechten Tausches versehen und sollen überhaupt Gewalt durch Gerechtigkeit überwinden können. Eine solche in der Verfügung über Eigentum gegründete, in der Teilnahme am Tauschverkehr gewissermaßen auch verwirklichte Autonomie der Privatleute muß sich als solche darstellen lassen. Der Selbständigkeit der Eigentümer auf dem Markte entspricht eine Selbstdarstellung der Menschen in der Familie. Deren, wie es scheint, vom gesellschaftlichen Zwang gelöste Intimität ist das Siegel auf die Wahrheit einer im Wettbewerb geübten Privatautonomie. Private Autonomie, die ihren ökonomischen Ursprung verleugnet, eine *außerhalb* des Bereichs der durch den autonom sich dünkenden Marktteilnehmer einzig praktizierten, verleiht denn auch der bürgerlichen Familie das Bewußtsein ihrer selbst. Sie scheint freiwillig und von freien Einzelnen begründet und ohne Zwang aufrechterhalten zu werden; sie scheint auf der dauerhaften Liebesgemeinschaft der beiden Gatten zu beruhen; sie scheint jene zweckfreie Entfaltung aller Fähigkeiten zu gewähren, die die gebildete Persönlichkeit auszeichnet. Die drei Momente der Freiwilligkeit, der Liebesgemeinschaft und der Bildung schließen sich zu einem Begriff der Humanität zusammen, die der Menschheit als solcher innewohnen soll und wahrhaft ihre absolute Stellung erst ausmacht: die im Worte des rein oder bloß Menschlichen noch anklingende Emanzipation eines nach eigenen Gesetzen sich vollziehenden Inneren von äußerem Zweck jeder Art.

Diese Idee, die sich die kleinfamiliale Intimsphäre von sich selber macht, kollidiert allerdings mit den realen Funktionen der bürgerlichen Familie noch im Bewußtsein der Bürgerlichen selber. Denn natürlich ist die Familie von dem Zwang nicht ausgenommen, dem die bürgerliche Gesellschaft wie jede vor ihr unterstand. Sie spielt ihre genau umschriebene Rolle im Verwertungsprozeß des Kapitals. Sie garantiert als ein genealogischer[3] Zusammenhang die personelle Kontinuität, die sachlich in der Akkumulation[4] des Kapitals besteht und im Recht auf freie Vererbung des Eigentums verankert ist. Vor allem dient sie, als eine Agentur der Gesellschaft, der Aufgabe jener schwierigen Vermittlung, die beim Schein der Freiheit die strenge Einhaltung der gesellschaftlich notwendigen Forderungen dennoch herstellt. Freud hat den Mechanismus der Internalisierung väterlicher Autorität entdeckt; seine Schüler haben ihn sozialpsychologisch dem Typus der patriarchalischen Kleinfamilie zugeordnet. Jedenfalls entsprach der Selbständigkeit des Eigentümers auf dem Markte und im eigenen Betrieb die Abhängigkeit der Frau und der Kinder vom Familienvater; die Privatautonomie dort setzte sich hier in Autorität um und machte jene prätendierte[5] Freiwilligkeit der Individuen illusorisch. Auch die Vertragsform der Ehe, die die autonome Willenserklärung beider Partner unterstellt, war weithin Fiktion; zumal die Eheschließung, soweit die Familie Träger des Kapitals ist, von Rücksichten auf dessen Erhaltung und Mehrung nicht freibleiben konnte. Die Gefährdung, die dadurch der Idee der Liebesgemeinschaft entsteht, beschäftigt als Konflikt von Liebe und Vernunft, sprich: Geld- und Standesheirat, die Literatur bis in unsere Tage, und nicht nur die Literatur. Schließlich widersprachen auch die Bedürfnisse des Berufes einer Idee von Bildung, die sich selbst einziger Zweck sein darf. [...]

Wenn derart die Bedürfnisse der bürgerlichen Gesellschaft das Selbstverständis der Familie als einer Sphäre der intim sich herstellenden Humanität arg durchlöchern, so sind doch solche immerhin aus den Erfahrungen der kleinfamilialen Privatsphäre erwachsenen Ideen der Freiheit, der Liebe und der Bildung nicht Ideologie schlechthin. Als ein in die Gestalt der wirklichen Institution mit aufgenommener objektiver Sinn, ohne dessen subjektive Geltung die Gesellschaft sich nicht hätte reproduzieren können, sind diese Ideen auch Realität. Mit dem spezifischen Begriff der Humanität verbreitet sich im Bürgertum eine Auffassung vom Bestehenden, das ganz vom Zwang des Bestehenden Erlösung verspricht, ohne in ein Jenseits auszubrechen. Das Transzendieren der festgehaltenen Immanenz ist das Moment Wahrheit, das bürgerliche Ideologie über Ideologie selbst hinaushebt; am ursprünglichsten eben dort, wovon die Erfahrung der „Humanität" ihren Ausgang nimmt: in der Humanität der intimen Beziehung der Menschen als bloßer Menschen im Schutz der Familie.

In der Sphäre der kleinfamilialen Intimität verstehen die Privatleute sich als unabhängig auch noch von der privaten Sphäre ihrer wirtschaftlichen Tätigkeit – eben als Menschen, die zueinander in „rein menschliche" Beziehungen treten können; deren literarische Form ist damals der Briefwechsel.

[1] Pamela: 1740 erschienener empfindsamer Briefroman des englischen Schriftstellers Samuel Richardson, der auch Lessing beeinflußte

[2] hôtel: frz. palastartiges Stadtgebäude als Wohnsitz des Adels

[3] genealogisch: Ableitung von Genealogie: Geschlechterkunde

[4] Akkumulation: Anhäufung

[5] prätendieren: beanspruchen

Jochen Schulte-Sasse: Politik und Moral in geschichtlicher Spannung

48 Das ästhetisch-politische Programm, die Gegensätze von Politik und Moral, Fürst und Mensch, öffentlich-rechtlichem und privatem Tun aufzuheben, war gegen die Staatsphilosophie des Absolutismus gerichtet. Da die für den Absolutismus bestimmende Antithese von Moral und Politik, Herz und Intrige auch noch, wenn auch als zu überwindende Antithese, die Struktur fast aller bürgerlichen Trauerspiele bestimmt (ein Hinweis darauf ist der nur aus dieser Tradition zu verstehende schillersche Titel „Kabale und Liebe"), mag an dieser Stelle ein kurzer geschichtlicher Rückblick zum Verhältnis von Moral und Politik angebracht sein. Ich kann mich dabei im wesentlichen auf die seit 1959 vorliegenden Forschungsergebnisse Reinhart Kosellecks beschränken, der – ausgehend von Hobbes' Staatsphilosophie als der beispielhaftesten und wirkungsmächtigsten Legitimation des absolutistischen Systems – den absolutistischen Staat als eine Größe beschreibt, „in der privaten Gesinnungen ihre politische Auswirkung genommen ist" und die Politik sich frei von moralischer Bindung entfalten konnte. Denn: „Die privaten Gesinnungen finden im Staatsrecht von Hobbes keine Anwendung auf die Gesetze, die Gesetze finden keine Anwendung auf den Souverän. Das öffentliche Staatsinteresse, worüber der Souverän zu entscheiden allein befugt ist, fällt nicht mehr länger in die Kompetenz des Gewissens. Im Staat wird das Gewissen, dem sich der Staat entfremdet, zur privaten Moral"[1]. Die Trennung zwischen Tat und Gewissen, Politik und Moral hat bei Hobbes die weitere Trennung zwischen den „Menschen" und den „Staatsbürgern" zur Folge, woraus im deutschen Kontext bei Thomasius und Pufendorf[2] die Aufspaltung des Menschen in ein „ens juridicium" und ein „ens morale"[3] wurde: „So bricht der Mensch entzwei, er wird aufgeteilt in eine private und eine öffentliche Hälfte; Handlungen und Taten unterliegen restlos dem Staatsgesetz, die Gesinnung ist frei [...] Fortan wird es dem Individuum möglich sein, in die Gesinnung zu emigrieren, ohne dafür verantwortlich zu sein"[4].

Koselleck beschreibt, wie sich aufgrund der Spaltung von Politik und Moral im absolutistischen Staat die Moral zunächst „zwangsläufig der politischen Wirklichkeit entfremden" mußte, was im weiteren Verlauf der Geschichte dazu geführt habe, daß die Moral „die Aporie des Politischen" übersprang: denn die „Moral, die Politik nicht integrieren kann, muß, weil im Leeren stehend, aus der Not eine Tugend machen. Wirklichkeitsfremd, erblickt sie im Bereich des Politischen eine heterogene Bestimmung, die ihrer Autonomie nur im Wege steht"[5]. Auf diese Weise wird im gesellschaftspolitischen Selbstverständnis der literarischen Intelligenz des 18. Jahrhunderts aus der absolutistischen *Unter*ordnung des moralischen unter den politischen Bereich über die bürgerliche Radikalisierung des Gegensatzes allmählich eine *Über*ordnung des Moralischen. Denn wie wir bereits oben im einzelnen gesehen haben: die bürgerliche Moral rückt im 18. Jahrhundert „– ihrem Wesen nach stillschweigend und geheim – in den Raum der Öffentlichkeit [...] die im Geheimen geltenden bürgerlichen Moralgesetze bleiben nicht mehr auf die [private] Gesinnung beschränkt, sondern sie bestimmen den moralischen Wert [...] der Taten"[6]. Im gleichen Sinne ist die Gleichstellung oder gar Überordnung des sittlichen Adels über den ständischen eine Folge der Ausweitung des Geltungsbereiches privater Wertmaßstäbe in den Bereich der Öffentlichkeit.

Das revolutionäre Ziel des „Bürgertums", wie schwer es auch immer ist, diesen Begriff für das 18. Jahrhundert soziologisch exakt zu fassen, war Wiederherstellung eines als ursprünglich angesehenen moralisch-politischen Zustandes. Daß man den zu erstrebenden Zustand als Wiederherstellung von „Ursprünglichem" ansah, wurzelt in der Konvergenz der Begriffsinhalte von „Moral", „Natur" und „Herz". Solange aufklärerisch-empfindsame Denker das Moralische als das Natürliche deuten konnten, war eine historische Einlösung des politischen Programms ohne gewaltsame Klassenkämpfe nicht nur wünschenswert, sondern auch allein denkmöglich. Die Verwurzelung von politischen Interessen in Klassenstrukturen und damit die Undurchführbarkeit des optimistischen Programms der Aufklärung mußte *erfahren* werden, bevor es denkerisch verarbeitet und auf die politische Praxis rückbezogen werden konnte. Zunächst reichte aufgrund der gemachten Voraussetzungen der Glaube an die geschichtsphilosophische Absicherung und die dadurch garantierte geschichtliche Einlösung des Programms. Auf die Bedeutung der Geschichtsphilosophie für das bürgerlich-emanzipatorische Denken der Aufklärung weist auch Koselleck hin: „Daß der moralische Innenraum, an sich machtlos, auch wirklich zur Herrschaft gelangt, war durch die bloße Moral für den Bürger noch nicht garantiert. Der Hiatus[7] zwischen der moralischen Position und der erstrebten Herrschaft wurde durch die Geschichtsphilosophie scheinbar überbrückt"[8]. — Nur in geschichtsphilosophischem Gewande konnte sich der politische Optimismus, durch (moralische) Humanisierung soziale Ungerechtigkeit zu überwinden und unübersteigbare Standesgrenzen einzureißen, legitimieren. Nur als Geschichtsphilosophie, nicht als staatsumstürzlerische, revolutionäre Anschauung und Anleitung zu praktischem Handeln gewann die humanisierend-moralisierende Ideologie des Bürgertums in ihren Anfängen politische Sprengkraft.

[1] Koselleck, Reinhart: Kritik und Krise, München [2]1969, S. 23
[2] Thomasius, Christian (1655—1728) und Samuel Pufendorf (1632—1694) waren als Rechtsgelehrte und Philosophen bedeutende Vorbereiter der Aufklärung
[3] ens juridicium: rechtliches Wesen; ens morale: sittliches Wesen
[4] Koselleck, a.a.O. S. 29
[5] Koselleck, a.a.O. S. 8
[6] Koselleck, a.a.O. S. 43
[7] Hiatus: Kluft, Lücke, Bruch
[8] Koselleck, a.a.O. S. 108

Klaus Peter: Die Familie Galotti als soziale Utopie[*]

49 Basis und Ausgangspunkt des Privaten war und ist die Familie und zwar die Familie in ihrer bürgerlichen Form: als patriarchalische Kleinfamilie. Progressiv trat sie im 18. Jahrhundert gegenüber der offeneren Form der Familie auf, die das familiäre Zusammenleben des Adels charakterisierte. Dazu Habermas: „Der städtische Adel freilich, besonders der für das übrige Europa maßgebende der französischen Hauptstadt, hält weiterhin ‚Haus' und verpönt die Innerlichkeit bürgerlichen Familienlebens. Die Geschlechterfolge, zugleich Erbfolge der Privilegien, wird durch den Namen allein ausreichend garantiert; dazu bedarf es nicht einmal des gemeinsamen Hausstandes der Ehepartner, die oft genug ihr eigenes ‚hôtel' bewohnen und sich zuweilen in der außerfamilialen Sphäre des Salons häufiger treffen als im Kreis der eigenen Familie. Die maîtresse ist Insitution und dafür symptomatisch, daß die fluktuierenden, gleichwohl streng konventionalisierten Beziehungen des ‚gesellschaftlichen Lebens' eine Privatsphäre im bürgerlichen Sinne nur selten erlauben."[1] Die Familienverhältnisse des Prinzen gleichen dem aufs Haar. Seine bevorstehende Vermählung mit der Prinzessin von Massa ist keine Liebesheirat; der Prinz unterwirft sich mit ihr der Politik, der Staatsraison. Marinelli betrachtet daher die Prinzessin nicht als Konkurrenz für die Gräfin Orsina. Liebe und Ehe sind zweierlei, fast notwendig schließt das eine das andere aus: „Neben so einer Gemahlin sieht die Geliebte noch immer ihren Platz" (I,6). Obwohl der Prinz selbst sich als „Opfer" dieser Verhältnisse begreift, tut er nichts, sie zu ändern.

In deutlichem Kontrast dazu entfaltet Lessing das Familienleben der Galottis. Daß die Mutter mit der Tochter in der Stadt lebt, fern vom Vater, ist durch die Notwendigkeit, Emilia „eine anständige Erziehung zu geben" (II,4), sorgfältig begründet. Ausdrücklich bedauert Odoardo die Notwendigkeit dieses Arrangements. Liebe und Respekt prägen das Verhältnis der Familienmitglieder zueinander; zur Familie zählt als zukünftiger Schwiegersohn auch bereits Graf Appiani. Schon die erste Szene, in der, zu Beginn des zweiten Aufzugs, Odoardo unvermutet im Stadthaus der Familie ankommt, macht dies klar. Spontan eilt Claudia ihm entgegen; Freude und die Besorgnis, es könnte ihm etwas zugestoßen sein, bewegen sie. Odoardo beruhigt die Frau und erkundigt sich seinerseits sofort nach der Tochter; es ist freilich Emilias Hochzeitstag. Klar wird in den ersten Szenen auch die unbedingte Autorität des Vaters. Nicht nur stört die Dominanz des Vaters nicht das Glück der Familie; der Ausgang des Stückes legt nahe, daß die Familie, hätte die Mutter seinen Befehlen nur strikter gehorcht, noch glücklich wäre. Auf der engen familiären Bindung zwischen Vater und Tochter schließlich beruht die Konzeption des ganzen Stückes: Ohne daß der Vater sich mit der Ehre seiner Tochter unmittelbar identifiziert, und ohne daß die Tochter die Ehre des Vaters und der Familie zu der ihren macht, ist der Schluß des Stückes nicht denkbar. Aus der Familie stammt die Moral, die sie am Ende zerstört.

Weil Liebe und Respekt das Zusammenleben der Menschen in der bürgerlichen Familie prägen, betrachtete Lessing die Sozialisationsform dieser Familie auch als Vorbild für den Staat. In *Nathan der Weise* führte er diesen Gedanken voll aus. In *Emilia Galotti* scheitert der Gedanke an dem unaufgehobenen Gegensatz von Öffentlichem und Privatem. Aber so attraktiv ist diese bürgerliche Form der Familie, daß noch Habermas sie, aller Kritik zum Trotz, als Muster auch für das Zusammenleben im Staat empfiehlt: „Wenn derart die Bedürfnisse der bürgerlichen Gesellschaft das Selbstverständnis der Familie als einer Sphäre der intim sich herstellenden Humanität arg durchlöchern, so sind doch solche immerhin aus den Erfahrungen der kleinfamilialen Privatsphäre erwachsenen Ideen der Freiheit, der Liebe und der Bildung nicht Ideologie schlechthin. Als ein in die Gestalt der wirklichen Institution mit aufgenommener objektiver Sinn, ohne dessen subjektive Geltung die Gesellschaft sich nicht hätte reproduzieren können, sind diese Ideen auch Realität. Mit dem spezifischen Begriff der Humanität verbreitet sich im Bürgertum eine Auffassung vom Bestehenden, das ganz vom Zwang des Bestehenden Erlösung verspricht ohne in ein Jenseits auszubrechen. Das Transzendieren der festgehaltenen Immanenz ist das Moment Wahrheit, das bürgerliche Ideologie über Ideologie selbst hinaushebt; am ursprünglichsten eben dort, wovon die Erfahrung der ‚Humanität' ihren Ausgang nimmt: in der Humanität der intimen Beziehung der Menschen als bloßer Menschen im Schutz der Familie."[2]

Keine Frage: Die Idee der Familie und der Humanität, die mit ihr eins ist, kennzeichnet die zentrale Leistung des Bürgertums im 18. Jahrhundert, ist von Bedeutung bis heute. Schon an *Emilia Galotti* jedoch läßt sich ablesen, mit welchem Preis die Verwirklichung dieser Idee bezahlt werden muß: Freiheit, Liebe und Bildung, die aus der Familie erwachsen sollen und deren Grund bilden, kosten Emilia das Leben. Die Freiheit, die sie in und mit der Familie genießt, fern allen Zwängen, die das Leben am Hof den Menschen auferlegt, macht es ihr unmöglich, der „Welt“, wo sie ihr entgegentritt, angemessen zu begegnen. Die Liebe, die sie an Appiani bindet, verdrängt das Sexuelle derart, daß sie ihm nicht gewachsen ist, wo es mit Macht sich meldet. Die Bildung, um deretwillen sie mit der Mutter in der Stadt weilt, lehrte sie offenbar nicht die Konventionen der Zeit kennen, die „unbedeutende Sprache der Galanterie“ (II,6), auf die sie nur durch Flucht zu reagieren weiß. Die Begegnung mit dem Prinzen muß Emilia, die außer der Familie nichts kennt, zum Verhängnis ausschlagen, nicht weil der Prinz ein Verbrecher ist, sondern weil das „fromme“ Mädchen, völlig unaufgeklärt über die „Welt“, bei der ersten Berührung mit ihr nur scheitern kann.

Als Basis der Versöhnung von Öffentlichem und Privatem eignet die Familie sich deshalb nicht, weil ihre raison d'être[3] gerade in der Abwehr des Öffentlichen besteht: Nur unter der Voraussetzung, daß die Familie verschont bleibt von den Versuchungen und Gefahren, mit denen die „Welt“ ihr droht, gedeiht in ihr das „Humane“. Deshalb ist *Nathan der Weise,* wo die Versöhnung alle Menschen zur Universalfamilie vereinigt, keine konkrete, sondern eine abstrakte Utopie, ein Märchen. Aber nicht nur eignet die Familie sich nicht zum Ort der Versöhnung; das Private selbst, das aus der Abwehr des Öffentlichen hervorgeht, beruht, da es die Bedingung seiner Existenz unterdrückt, auf einer Illusion. Nur weil der Begriff der Familie diese Bedingung, die Abwehr des Öffentlichen, im Privaten nicht reflektiert, entsteht der Schein der Möglichkeit ihrer Versöhnung. Als ob es nicht dem Privaten vorherginge, soll das Öffentliche vielmehr aus dem Privaten folgen. Und das Öffentliche meinte im 18. Jahrhundert nicht nur die Welt des Hofes; es bezeichnete alles, was nicht zum intimen Bereich der Familie gehört: insbesondere auch die Ökonomie. Bildete der Absolutismus die gesellschaftlich-politische Voraussetzung der Familie, so die Geldwirtschaft ihre ökonomische. Auch deshalb stehen junge Mädchen in der Literatur des 18. Jahrhunderts so oft im Zentrum des Geschehens: von allen Familienmitgliedern hatten sie am wenigsten mit der „Welt“ zu schaffen, mit dem Erwerb der Mittel, die die Familie erhalten.

1 J. Habermas, Strukturwandel der Öffentlichkeit, Neuwied/Berlin 1962, S. 56, → Text **47**
2 Ebenda, S. 60, → Text **47**
3 raison d'être: franz. Daseinsberechtigung

Klaus R. Scherpe: Die Opposition von Tugend und Laster in „Emilia Galotti“[*]

50 Das antihöfische, bürgerliche Tugendideal erscheint in Lessings *Emilia Galotti* am schärfsten profiliert in der direkten Konfrontation, sei es in der Sehnsucht des Prinzen selbst nach mehr Menschlichkeit inmitten des höfischen Zeremoniells, sei es in Marinellis verlogener Rede, mit der er Emilia verspottet, wenn er ihre „zärtliche Angst“ [III,4] rühmt, oder, übergreifend, in der Szenenfolge bis zur Schlußapotheose[1] hin, in welcher der Widerstand gegen die Willkür des Hofes die Tugendhaftigkeit mobilisiert: in der leidenden Tugend schließlich das

Kämpferische provoziert. Die Demonstration von Ehrlichkeit, Bescheidenheit, Frömmigkeit, Wahrhaftigkeit (Wort und Tat sind hier eine Einheit), Fürsorge, Freundschaft und Liebe mittels „treffender Charaktere" vollzieht sich Schritt für Schritt zum Zwecke der Entlegitimierung der feudalabsolutistischen Herrschaft in ihrer Lasterhaftigkeit und ihrer verbrecherischen Gewaltsamkeit. Die moralische Kodifizierung[2] des Standeskonflikts im Modell von Laster und Tugend enthält noch, wie in den früheren Dramen, alle jene Elemente, die den „sittlichen Charakter" gegen die feindliche Umwelt eher nach innen abdichten, statt nach außen zu aktivieren. Hierher gehören für den sozialethischen, bürgerlichen Habitus der zeitgenössischen Literatur so charakteristische Züge wie die Dominanz der Reflexion der eigenen Handlung über die Handlung selbst, die ständige Vergewisserung der eigenen Schuldhaftigkeit und die Tabuisierung bestimmter, ausschließlich der höfischen Sphäre negativ zugerechneter Phänomene wie Gewalt und Sinnlichkeit. Das Charakteristische der *Emilia Galotti* – und insbesondere das des viel diskutierten Schlußaktes des Trauerspiels, in dem der rasend gemachte Hausvater Odoardo angesichts der fürstlichen Gewalt die Tochter umbringt, um ihre Tugend zu retten, – liegt offenbar darin, daß Lessing noch einmal diese Elemente bürgerlicher Duldsamkeit und Selbstverleugnung zusammenführt und steigert, dabei aber, wenn vielleicht auch *contre soi*[3], ihre historische Gültigkeit in Zweifel zieht und ihre notwendige Überwindung andeutet. Nicht etwa derart – und dies kann eben nicht sein in der Geschichte der von „allem Staatsinteresse befreyeten" Virginia –, daß der leidgeprüfte Familienvater zur offenen Rebellion übergeht. Nicht zufällig spielt die in den höfischen Intrigen erfahrene Orsina diesen Part als Mimikry[4] einer Palastrevolution. Sondern eher liegt ein Tatbestand vor derart, daß der hochbrisante, aus der deutschen Wirklichkeit des Feudalabsolutismus gewonnene Stoff – aufgefangen im antiken Virginia-Motiv – sich in letzter Instanz moralisch nicht ausbalancieren ließ. Da Odoardos Tat gegen die Willkürherrschaft nichts ausrichten kann, treibt sie die Widersprüchlichkeit der im Tugendsystem genormten bürgerlichen Denk- und Verhaltensweisen und die Widersprüchlichkeit ihrer gesellschaftlichen Funktionsweise heraus.

Was heißt das konkret? Odoardo ist durch die Untaten des Hofes, von dem er sich zuvor schon nach Möglichkeit fern gehalten hatte, bis an die Grenzen des leidenden Gehorsams gebracht. Er hat „einen Verstand zu verlieren" im Sinne des klugen Orsina-Wortes. [IV,8; V,5]. *Endlich* verliert er seine Verständigkeit, „ja alles ganz vortrefflich" zu finden [V,5], und seine, trotz rauher Töne, erzwungene Willenlosigkeit und Passivität gegenüber „dem Laster". Die Untertänigkeit wird nicht mehr als selbstverständlich hingenommen. Dies ist vielleicht der stärkste Akzent in der Schlußszene, der vor das Erdolchen gesetzt ist:

Emilia:
[...] Die Hände ist den Schooss legen? Leiden, was man nicht sollte? Dulden, was man nicht dürfte?
Odoardo:
Ha! wenn du so denkest! – Laß dich umarmen, meine Tochter! [...]
Emilia:
[...] Als ob wir, wir keinen Willen hätten, mein Vater! [V,7]

Das bürgerliche Individuum, so darf man verallgemeinernd sagen, beginnt sich als freigesetztes, zur selbständigen Handlung fähiges zu begreifen. Aber es räsoniert[5] nur, halb erschrocken, über das, was ihm da klar wird. Und dem Räsonnement folgt nicht die Tat als Absage ans Leiden, Dulden und die Willenlosigkeit, sondern noch einmal deren Apotheose in der Opfertat Odoardos. Die Tugend, die nach ihrem eigenen Prinzip vor der Gewalt gegen den Despoten eben noch zurückscheute, wendet sie doch gegen sich selber an, und dies – das Entsetzliche im Widerspruch –, um sich als Tugend zu bestätigen. Diese in Lessings Drama unauflösliche Antinomie[6] ist es, die schon die Zeitgenossen als „Unnatur" empfanden. Denn was galt das Prinzip der Tugend und Menschlichkeit noch, wenn seinetwegen der Mensch gemordet wurde? In der Tat ein Hausvater zum Fürchten!

Doch hüten wir uns zu moralisieren! „Die Unnatur" am Ende des Trauerspiels spiegelt die „Unnatur" der gesellschaftlichen Verhältnisse, aus denen es kommt. Eine ‚bürgerliche Virginia' zu Lessings Zeiten ist ein Widerspruch in sich selber. Warum? Dazu einige letzte Bemerkungen.

Zur Verdeutlichung des Problems noch einmal ein Blick nach Frankreich, auf das revolutionäre Frankreich [...]. Die französischen Jakobiner drapierten ihre revolutionäre Tat mit dem Heroismus der antiken Republiken. Aus dem Gleichlauf der politischen Aktion, den man unterstellte – Kampf gegen die Unterdrücker und Befreiung des Volkes damals wie heute – gewannen die Revolutionäre die Symbolik, die sie brauchten zur Legitimation und enthusiastischen Überhöhung der eigenen welthistorischen Mission. Der Virginiastoff nach Livius bietet eine solche Symbolik an: Die Privathandlung steht für die öffentliche. Die Keuschheit der Virginia zählt nur als republikanische Tugend. Ihr Opfertod durch die Hand des Vaters mobilisiert das in politische Lethargie geratene Volk gegen seine Unterdrücker. Dieses revolutionäre Pathos – Voraussetzung für eine Übertragung der politischen Symbolik in die Gegenwart – verkündete bereits der Italiener Vittorio Alfieri, ein blaublütiger Klassizist, der seiner Gesellschaft im Namen Virginias das *in tyrannos* entgegenschleuderte.[7] Lessing dagegen sieht sich gezwungen, seine Virginia zu ‚verbürgerlichen' dadurch, daß er sie *nicht mehr* als römisch-republikanische Symbolgestalt gelten läßt und selbstverständlich *noch nicht* als revolutionär-demokratische Heroine gelten lassen kann. Er läßt nur die private Handlung stehen, die er neu mit Bedeutung auflädt im Rahmen der Tugendlehre, die unter den Bedingungen seiner Gesellschaft als Kampfinstrument taugen muß *gegen* feudalabsolutistische Herrschaft, *für* die bürgerliche Emanzipation. Damit aber bringt er das Virginiamotiv zwangsläufig um seinen ursprünglichen Sinn, der sich nur aus seiner *revolutionären* Symbolik ergibt. Was bleibt, das ist ein vom politischen Sinn abgetrennter Virginia-Heroismus, der in Lessings Trauerspiel zwar zur Stärkung der Tugend nutzbar gemacht ist, aber gerade in dieser Funktion – in der Schlußcharakteristik von Emilia und Odoardo Galotti und ihrer gemeinsamen Opfertat – schon den Zeitgenossen ästhetische und moralische Schmerzen verursachte. Vielleicht aber liegt ein Stück historische Wahrheit im Trauerspiel *Emilia Galotti* gerade darin, daß es *diesen* Schmerz provoziert, auf den der Affektekünstler Lessing gewiß nicht aus war.

1 Apotheose: griech. Vergötterung, Verklärung
2 Kodifizierung: lat. zusammenfassende Regelung in Gesetzesform
3 contre soi: franz. gegen sich selbst
4 Mimikry: engl. Nachahmung
5 räsonieren: franz. scharfsinnig urteilen
6 Antinomie: griech. Widerspruch
7 Alfieris „Virginia" wurde 1784 in Turin uraufgeführt

6.3.3 Odoardo: Vaterfigur und Autorität

Max Horkheimer: Studien über Autorität und Familie

51 In der Entwicklungsgeschichte der Familie von der absolutistischen zur liberalistischen Periode tritt ein neues Moment in der Erziehung zur Autorität immer stärker hervor. Es wird nicht mehr unmittelbar der Gehorsam, sondern im Gegenteil der Gebrauch der Vernunft gefordert. Wer nur nüchtern die Welt betrachtet, wird einsehen, daß der Einzelne sich fügen und sich unterordnen muß. Wer es zu etwas bringen, ja überhaupt, wer nicht untergehen will, muß es dem andern recht machen lernen. Auch diese Erziehung zur Realitätsgerechtigkeit, auf die in den entwickelten Phasen der bürgerlichen Gesellschaft jeder gute pädagogische Wille hinausläuft, ist in der protestantischen Familienauffassung vorbereitet. Sie ist in dem „eigentlichsten Grundgedanken des Luthertums gegeben, welches die von Natur gesetzte körperliche Überlegenheit als Ausdruck eines von Gott gewollten Überordnungsverhältnisses und feste Ordnung als den Hauptzweck aller sozialen Organisationen ansieht. Der Hausvater ist der Rechtsvertreter, der nicht kontrollierte Gewaltinhaber, der Brotherr, der Seelsorger und Priester seines Hauses."[1] Diese Naturtatsache, die physische Stärke des Vaters, erscheint im Protestantismus zugleich als ein moralisches, ein zu respektierendes Verhältnis. Weil der Vater de facto[2] mächtiger ist, darum ist er auch de jure[3] mächtiger; das Kind soll dieser Überlegenheit nicht bloß Rechnung tragen, sondern sie zugleich achten, indem es ihr Rechnung trägt. In dieser familialen Situation, die für die Entwicklung des Kindes bestimmend ist, wird bereits die Autoritätsstruktur der Wirklichkeit außerhalb der Familie weitgehend vorweggenommen: die herrschenden Verschiedenheiten der Existenzbedingungen, die das Individuum in der Welt vorfindet, sind einfach hinzunehmen, es muß unter ihrer Voraussetzung seinen Weg machen und soll nicht daran rütteln. Tatsachen erkennen, heißt, sie anerkennen. Von der Natur gesetzte Unterschiede sind von Gott gewollt, und in der bürgerlichen Gesellschaft erscheinen auch Reichtum und Armut als naturgegeben. Indem das Kind in der väterlichen Stärke ein sittliches Verhältnis respektiert und somit das, was es mit seinem Verstand als existierend feststellt, mit seinem Herzen lieben lernt, erfährt es die erste Ausbildung für das bürgerliche Autoritätsverhältnis.

Der Vater hat moralischen Anspruch auf Unterordnung unter seine Stärke, nicht weil er sich als würdig erweist, sondern er erweist sich als würdig, weil er der Stärkere ist. Im Anfang der bürgerlichen Ordnung war die väterliche Hausgewalt zweifellos eine unerläßliche Bedingung des Fortschritts. Die Selbstzucht des Individuums, der Sinn für Arbeit und Diziplin, die Fähigkeit, an bestimmten Ideen festzuhalten, Folgerichtigkeit im praktischen Leben, Anwendung des Verstandes, Ausdauer und Freude an konstruktiver Tätigkeit konnten in den gegebenen Verhältnissen einzig unter dem Diktat und der Leitung des Vaters, der selbst die Schule des Lebens an sich erfuhr, entwickelt werden. Weil aber diese Zweckmäßigkeit nicht in ihren wahren gesellschaftlichen Ursachen erkannt, sondern durch religiöse oder metaphysische Ideologien verschleiert wird und notwendig undurchsichtig bleibt, kann sie auch zu einer Zeit noch ideal erscheinen, in der die Klein-Familie in der Mehrzahl aller Fälle, gemessen an den pädagogischen Möglichkeiten der Gesellschaft, elende Bedingungen für die menschliche Erziehung bietet. [...]

In doppelter Weise stärkt die familiale Rolle der Frau die Autorität des Bestehenden. Als abhängig von der Stellung und vom Verdienst des Mannes ist sie darauf angewiesen, daß der Hausvater sich den Verhältnissen fügt, unter keinen Umständen sich gegen die herrschende Gewalt auflehnt, sondern alles aufbietet, um in der Gegenwart vorwärts zu kommen. Ein tiefes ökonomisches, ja physiologisches[4] Interesse verbindet die Frau mit dem Ehrgeiz des Mannes. Vor allem ist es ihr jedoch um die eigene ökonomische Sicherheit und die ihrer Kinder zu tun. [...]

Das Gefühl der wirtschaftlichen und sozialen Verantwortung für Frau und Kind, das in der bürgerlichen Welt notwendig zu einem Wesenszug des Mannes wird, gehört zu den wichtigsten zusammenhaltenden Funktionen der Familie in dieser Gesellschaft. Wenn das Sicheinfügen in die bestehenden Autoritätsverhältnisse für den Gatten und Vater aus Liebe zu den Seinen ratsam wird, so bringt ihn schon der bloße Gedanke an Widerstand vor den qualvollsten Gewissenskonflikt. Aus einer Sache des persönlichen Muts verwandelt sich der Kampf gegen bestimmte historische Zustände in eine Aufopferung der geliebten Personen. [...] Nicht bloß durch die Sorge um die Familie selbst, sondern auch durch die stetig ausgesprochene und stumme Mahnung der Frau wird der Gatte dem Bestehenden verhaftet, und die Kinder erleben in der mütterlichen Erziehung unmittelbar die Einwirkung eines der herrschenden Ordnung ergebenen Geistes, wenngleich andererseits die Liebe zu der vom Vater beherrschten Mutter auch den Keim zu einem dauernd oppositionellen Charakterzug in ihnen legen kann. Aber nicht allein auf diesem unmittelbaren Weg übt die Frau eine autoritätsstärkende Funktion aus, sondern ihre ganze Stellung in der Klein-Familie hat eine Fesselung wichtiger seelischer Energien, die der aktiven Gestaltung der Welt zugute kommen könnten, notwendig zur Folge.

[1] E. Troeltsch, Die Soziallehren der christlichen Kirchen und Gruppen, Tübingen 1923, S. 557f.
[2] de facto: lat. tatsächlich
[3] de jure: lat. von Rechts wegen
[4] physiologisch: in den Gesetzmäßigkeiten der Lebensvorgänge begründet. Ableitung von Physiologie: Lehre von den Grundlagen der Lebensvorgänge

*Peter Horst Neumann: Odoardos Tat in psychoanalytischer Sicht**

52 In der Tötung Emilia Galottis als der gemeinsamen Tat von Vater und Tochter wird die in den früheren Trauerspielen *bestrittene* Gleichzeitigkeit von Opfer und Verzeihung zum katastrophalen dramatischen Ereignis. Sie erscheint allerdings in perverser Gestalt, ja sie *kann* sich nur als Perversion ereignen. Denn kein „Verbrechen", sondern dessen Möglichkeit, schrecklicher noch: die *Bedingung* der Möglichkeit künftiger Schwäche wird hier *gesühnt.* („Auch meine Sinne sind Sinne".) Ein solches Opfer, wenn es denn „Opfer" genannt werden darf, entzieht sich der rationalen Begründung, entbehrt zugleich aber auch metaphysischer Notwendigkeit. Man mag die Tat als Folge einer Verstandestrübung, als verheerendes Fehlverhalten oder wie sonst auch immer interpretieren, sie erscheint dennoch als die dramatische Konsequenz genauester psychologischer Motivierungen. Dabei gewinnt für den *tiefenpsychologischen* Aspekt des Dramas eine sprachliche Wendung aus dem 6. Auftritt des 2. Aktes ihr besonderes Gewicht:

In dieser Szene berichtet die aufgeregte Emilia ihrer Mutter von den Schwüren und Liebesseufzern des Prinzen in der

Kirche Allerheiligen. Emilia ist einige Wochen zuvor im Hause Grimaldi, wo ihr der Prinz erste Komplimente gemacht hat, in einen Zustand sinnlicher Erregung versetzt worden, den sie in V,7 als „Tumult in meiner Seele" beschreibt, „den die strengsten Übungen der Religion kaum in Wochen besänftigen konnten". Diese Erfahrung darf als erotische Initiation des allzustreng erzogenen Mädchens verstanden werden. Nun wird sie am Morgen ihres Hochzeitstages an heiliger Stätte von der Liebe des Prinzen bestürmt, und Lessing läßt sie die Erregung ihrer Sinne, das Gären unbewußter Wünsche mit einem Wort aussprechen, das hundertdreißig Jahre später der Tiefenpsychologie Sigmund Freuds als Terminus für den Bereich des Animalischen, das System aller unterbewußten Triebvorgänge dienen sollte:

„O daß laute Donner mich verhindert hätten, mehr zu hören! – Es (!) sprach von Schönheit, von Liebe. – Es (!) klagte, daß dieser Tag, welcher mein Glück mache, – wenn er es anders mache – sein Unglück auf immer entscheide. – Es (!) beschwor mich – hören mußt' ich dies alles. Aber ich blickte nicht um; ich wollte tun, als ob ich es nicht hörte." (II,6)

Man mag einwenden, daß es historisch und philologisch unstatthaft sei, ein Lessingsches Wort als Freudschen Begriff zu verstehen. Dies soll hier durchaus nicht geschehen, auch wenn nicht unerwähnt bleiben darf, wie vieles „die Psychoanalyse selbst im Laufe ihrer Herausarbeitung der Literatur entliehen hat"[1]. Aber bemerkenswert bleibt es wohl doch, daß Lessing durch den Gebrauch des Fürwortes „es" den Prinzen als Verkörperung des Eros in die Anonymität verweist und so Emilia das Affiziertsein[2] gerade jenes unterdrückten Triebbereiches aussprechen läßt, für dessen Bezeichnung Sigmund Freud kein besseres Wort hat finden können. Tatsächlich ist das von Freud beschriebene Es durch die Begegnung mit dem Prinzen in Emilia tumulthaft erregt worden, und dies am Tag ihrer Hochzeit mit Appiani, dem *Wunschsohn* Galottis[3]. Dieses (Freudsche) Es ist der Gegenspieler des väterlichen Über-Ich auf dem *inneren* Schauplatz des Dramas, auf den die Szene V,7 schließlich den Blick freigibt. Auf dem *äußeren* Schauplatz stehen sich in analoger Weise Prinz und Vater gegeneinander.

Übrigens ist Hettore schon *vor* seiner Liebe zu Emilia der Kontrahent Odoardos. Er selbst spricht es aus, wenn er als erster im Drama den alten Galotti erwähnt:

„Auch kenn' ich ihren Vater. Er ist mein Freund nicht. Er war es, der sich meinen Ansprüchen auf Sabionetta am meisten widersetzte. – Ein alter Degen; stolz und rauh, sonst bieder und gut." (I,4)

Diese Sätze sind als Lakonismus[4] noch kaum genug bewundert worden. Sie exponieren nicht nur eine Gestalt, sind nicht nur das Psychogramm des Vaters der Emilia, sie deuten auch auf die wesentlichen Antriebsmomente des dramatischen Konflikts. Wenn der Prinz den Odoardo einen „alten Degen" nennt, darf dieses Wort im Hinblick auf Emilias Tötung als doppelsinnig verstanden werden: a) dolchartige Waffe, b) Krieger, Held. Das Grimmsche Wörterbuch vermerkt eine Wiederbelebung des Wortes „Degen" = Held im 18. Jahrhundert („aber man betrachtet es als einen bildlichen Ausdruck von ensis", das Schwert); als frühester Beleg dient „Emilia Galotti", I,4. Mir will scheinen, daß Lessing das Wort gerade *wegen* seiner Doppel-Bedeutung gebraucht: Odoardo ist nicht nur der Tötende, er ist auch das *Werkzeug* der Tötung, nicht des Himmels, wie er selber wohl meint (V,6), sondern Emilias.

Auch der symbolische Sinn von *Sabionetta,* Odoardos Landgut, auf das der Prinz Ansprüche erhebt, muß hier vermerkt werden. Der *Sachgehalt* „Sabionetta" ist deutlich: Prinz und Galotti standen im Rechtsstreit um diesen Besitz. Der *Bedeutungsgehalt* wird erkennbar, wenn Marinelli in I,6 dem Prinzen bekanntgibt, daß auf Sabionetta Emilias „Trauung geschiehet". Dadurch wird das „Landgut des Vaters" für den Prinzen zum Ort eines doppelten Verlustes: verlor er erst *an* Odoardo das Gut, so soll er nun ebendort *durch* Odoardo Emilia verlieren. Locus symbolicus ist das Landgut aber in einem noch weiteren Sinn: der Hochzeitszug soll an Dosalo, dem Lustschloß des Prinzen, *vorbei*-führen; der Prinz wird durch Marinelli besorgen, daß er dort *endet.* Sabionetta bleibt ein Wunschziel, das weder der Prinz noch Emilia und Appiani erreichen. Nimmt man dies alles zusammen, so entwerfen die Sätze des Prinzen in I,4 nicht nur lakonisch das Porträt des Vaters der Emilia, deren *gemaltes* Bild der Künstler Conti soeben zur Besichtigung aufgestellt hat, sie enthalten auch die Figur der dramatischen Handlung des eben beginnenden Trauerspiels.

Ein Anklang an diese Sätze ist noch in der Szene V,5 zu vernehmen, in den letzten Worten, die der Prinz *vor* der Katastrophe an Odoardo richtet: „O Galotti, wenn Sie mein Freund (!), mein Führer, mein Vater (!) sein wollten!" Merkwürdige Worte! Der Prinz wünscht sich Galotti zum Vater. Man mag sich diesen Wunsch zunächst in der Bedeutung „Schwiegervater" zu erklären versuchen. Vielleicht versteht auch Galotti ihn so, wenn er im folgenden Monolog (V,6) mit einem „wilden" Lachen antwortet. Aber es ist dies wohl eher die affektive Regung eines vaterlosen Sohnes. (Nirgends im Drama wird der Vater des Prinzen erwähnt.) Es verstärkt die Bedeutung dieser Worte, wenn wir bemerken, daß sie die Wiederholung desselben Wunsches der Gräfin Orsina (IV,7) sind: „Was gäbe ich darum, wenn Sie auch mein Vater wären!" Prinz und Gräfin sind als treuloser Liebhaber und Mätresse durch dieselbe Mißachtung der in Odoardo verkörperten Sittlichkeit verbunden. Einen flüchtigen Moment lang scheinen sich beide, wie Appiani, angesichts dieses Vaters „zu was für Gesinnungen" zu erheben. Ihre gleiche Verbeugung vor der Vater-Gestalt bekräftigt den Rang des Vaters als moralische Instanz, auch wenn das Drama als ganzes gerade *diesen* Vater der herbsten Kritik unterzieht.

Die Verbundenheit der inneren und äußeren Konfliktebenen – *Es gegen Über-Ich, Prinz gegen Odoardo* – zeigt ein Äußerstes an psychologischem Kalkül, zugleich aber auch Lessings Kunst der Verbergung. Die Kongruenz beider Konflikte nötigt noch einmal zur Zurückweisung der Möglichkeit eines Tyrannenmordes. Denn *primär* ist der innere, der Vater-Tochter-Konflikt. Emilias Tötung stellt keineswegs etwa die Ersatzhandlung für einen unterlassenen Mord am Prinzen dar, im Gegenteil: nach Maßgabe aller Lessingschen Motivierungskünste müßte die Tötung des Prinzen als Akt einer Verwechslung von Anlaß und Grund erscheinen.

Im Kampf zwischen Es und Über-Ich (um noch einmal in Freuds Terminologie zu sprechen) ergreift Emilia die Partei ihres Vaters: sie tritt auf die Seite jenes hypertrophierten[5] Tugendgesetzes, das Odoardo ihr als Vater-Bild und strafendes Über-Ich eingeprägt hat. Mit Emilias Entschluß zu sterben ist dieser Kampf entschieden und die Tat – Haarnadel oder Dolch – nur noch sein Siegel. Wenn Odoardo die Tochter durchsticht, vollstreckt die Vater-Gestalt das Urteil des väterlichen Über-Ich. Einen Augenblick lang erscheint im tötenden Vater ein Vater-Bild, das die Züge des Virginius trägt. Doch im selben Moment tritt auch das Gegen-Bild schon hervor und bekräftigt die Tragik Galottis:

„*Emilia:*[...] Solcher Väter gibt es keinen mehr!

Odoardo: Doch, meine Tochter, doch! *(indem er sie durchsticht)* – Gott, was hab' ich getan! *(sie will sinken, und er faßt sie in seine Arme)*

Emilia: Eine Rose gebrochen, ehe der

Sturm sie entblättert. – Lassen Sie mich sie küssen, diese väterliche Hand." (V,7) Die Gebärde der Tötung und eine Gebärde umarmender Liebe. Zwischen diesen Erscheinungsweisen des Schrekkens und der Zuwendung, des tödlichen und des gütigen Vater-Bildes, wird Odoardo seines „Verbrechens" inne: „Gott, was hab' ich getan!" Beide erscheinen und durchdringen sich in seiner Gestalt. Von diesem Moment an begreift er sich endlich als der „unglückliche Vater", der er schon immer war. Doch nicht nur Schrecken und Liebe verschränken sich in der Tat der beiden Galotti, auch Vaterliebe und Eros sind in dem Akt der Tötung verbunden. Emilia macht ihren bräutlichen Haarschmuck, die Rose, zu einer beziehungsvollen Metapher, und Odoardo wiederholt ihren Satz: „Eine Rose gebrochen, ehe der Sturm sie entblättert." So interpretieren sie ihre Tat mit einem Topos aus der erotischen Bildersprache. Ob „entblättert" oder blühend „gebrochen" – wir werden uns daran erinnern dürfen, daß beide Arten des blumigen Todes wörtlich und metaphorisch „Defloration" bedeuten. Man muß diese Bemerkung nicht noch durch eine psychoanalytische Auslegung des blutigen Dolches bekräftigen wollen. Die Metapher der Rose allein genügt, um uns spüren zu lassen, daß auch – man darf es so nennen – ein Hauch von Inzest über die Rampe weht.

Beim Opfer des biblischen Abraham stand die Gleichzeitigkeit von Gehorsam und Güte im Zeichen der Gnade. Emilias Selbstopfer, das Odoardo, verführt zuletzt durch die Gewalt einer klassischen Reminiszenz, als ein zugleich furchtbarer und liebender Vater vollzieht, wird einem chimärisch[6] verzerrten Moralgesetz dargebracht, nicht unähnlich jenem, an welches Philotas[7] sein Leben hingab. Beide „Opfer" tragen Züge des Wahns, beide sind „Opfer" an ein allein noch wahrgenommenes heroisches Ichideal. So erscheint die „bürgerliche Virginia" als eine Schwester des griechischen Prinzen. Sie danken verschiedenen Vätern ihr Leben, aber sie sterben am gleichen *Bild* der richtenden Vater-Gewalt. Im Katastrophenmoment der „Emilia Galotti" nimmt dieses Bild die *Gestalt* eines Vaters an, dem seiner Tochter „Tugend werter ist, als ihr Leben"[8].

1 Jean Starobinski, Psychoanalyse und Literatur, übers. v. E. Rohloff, Frankfurt/M. 1973, S. 85
2 affizieren: lat. antun, behaften mit
3 Odoardo: „Kaum kann ich's erwarten, diesen würdigen jungen Mann meinen Sohn zu nennen." (II,4) Es fällt auf, daß sich an keiner Stelle im Drama auch nur die Andeutung einer sinnlichen Wirkung Appianis auf Emilia findet. Erotisch zu wirken bleibt dem Prinzen vorbehalten (Originalanmerkung)
4 Lakonismus: Ableitung von lakonisch: wortkarg, kurz und treffend
5 hypertrophiert: Ableitung von hypertroph: griech. übermäßig
6 chimärisch: Ableitung von Chimäre: griech. hier Hirngespinst
7 Philotas: Titelfigur aus Lessings gleichnamigem Drama; griechischer Prinz
8 An Nicolai, 21. Jan. 1758, → Text **6**

6.3.4 Emilia: Triebverzicht – Erziehung – Opfer der Tugend (Schuldfrage)

*Norbert Elias: Der Zusammenhang von Triebkontrolle und Gesellschaft**

53 Es ist nicht ohne einen gewissen Beigeschmack von Paradoxie: „Je größer die Umformung, die Regelung, die Zurück- und Geheimhaltung des Triebelebens ist, die das gesellschaftliche Leben von dem einzelnen verlangt, und je schwieriger dementsprechend die Konditionierung[1] des Heranwachsenden wird, desto stärker konzentriert sich die Aufgabe der ersten Züchtung dieser gesellschaftlich notwendigen Triebgewohnheiten im intimen Zirkel der Kleinfamilie, also bei Vater und Mutter. Hier allerdings vollzieht sich die Konditionierung, was ihren Mechanismus angeht, im Grunde kaum anders als in früheren Zeiten, nämlich nicht eigentlich durch eine genauere Übersicht über die Aufgabe und eine bewußtere Planung, die den besonderen Gegebenheiten des Kindes und seiner Lage Rechnung trägt, sondern vorwiegend automatisch und gewissermaßen durch Reflexe: Die soziogenen[2] Triebfiguren und Gewohnheiten der Eltern lösen Triebfiguren und Gewohnheiten bei dem Kind aus, die – je nach dem – in der gleichen oder auch in einer ganz anderen Richtung liegen, als die Eltern es entsprechend ihrer Konditionierung wünschen oder voraussehen. Die Verflechtung von Gewohnheiten der Eltern und der Kinder, in der der Triebhaushalt des Kindes langsam seine Modellierung, seinen Charakter erhält, ist mit anderen Worten zum geringsten „rational“ bestimmt. Verhaltensformen und Worte, die für die Eltern mit Scham- und Peinlichkeitsempfindungen belastet sind, belasten sich durch deren Unlustäußerungen, deren lauten oder leisen Druck sehr bald auch für die Kinder in irgendeiner Form, und auf diese Weise reproduziert sich allmählich der gesellschaftliche Standard des Scham- und Peinlichkeitsempfindens in den Kindern; aber ein solcher Standard bildet zugleich Basis und Rahmen für die verschiedenartigsten individuellen Triebgestaltungen; wie sich in dieser unablässigen gesellschaftlichen Veflechtung von elterlichen und kindlichen Affekten, Gewohnheiten und Reaktionen das Triebleben des Heranwachsenden im einzelnen gestaltet, ist gegenwärtig noch zu einem sehr großen Teil für die Eltern unübersehbar und unberechenbar.

Die Ausrichtung der Zivilisationsbewegung auf eine immer stärkere und vollkommenere Intimisierung aller körperlichen Funktionen, auf ihre Einklammerung in bestimmten Enklaven[3], ihre Verlegung „hinter verschlossene Türen“ hat Konsequenzen sehr verschiedener Art. Eine der wichtigsten dieser Konsequenzen, die gelegentlich schon am Beispiel anderer Triebformen hervortrat, zeigt sich an der Zivilisationskurve der Geschlechtlichkeit besonders deutlich: das ist die eigentümliche Gespaltenheit des Menschen, die sich um so stärker abzeichnet, je entschiedener der Schnitt zwischen den Seiten des menschlichen Lebens wird, die öffentlich, nämlich im gesellschaftlichen Verkehr der Menschen, sichtbar werden dürfen, und jenen, die es nicht dürfen, die „intim“ oder „geheim“ bleiben müssen. Die Sexualität, wie alle anderen natürlichen Funktionen des Menschen, ist eine der Erscheinungen, von denen jeder weiß, und die zum Leben jedes Menschen gehören; man hat gesehen, wie sie alle sich allmählich derart mit soziogenen Scham- und Peinlichkeitsgefühlen beladen, daß selbst das bloße Sprechen von ihnen in Gesellschaft durch eine Fülle von Regelungen und Verboten immer stärker eingeengt wird; die Funktionen selbst, wie jede Erinnerung an sie, werden von den Menschen mehr und mehr voreinander verborgen gehalten. Wo das nicht möglich ist – man denke etwa an das Beispiel der Eheschließung, der Hochzeit –, werden Scham, Peinlichkeit, Angst und was immer an Erregungen sich mit diesen Triebkräften des menschlichen Lebens verbindet, durch ein genau ausgearbeitetes, gesellschaftliches Ritual und durch bestimmte verdeckende, den Schamstandard wahrende Sprechformeln bewältigt. Es scheiden sich mit anderen Worten im Leben der Menschen selbst mit der fortschreitenden Zivilisation immer stärker eine intime oder heimliche Sphäre und eine öffentliche Sphäre, ein heimliches Verhalten und ein öffentliches Verhalten voneinander. Und diese Spaltung wird den Menschen so selbstverständlich, sie wird ihnen dermaßen zur zwingenden Gewohnheit, daß sie ihnen selbst kaum noch zum Bewußtsein kommt.

Entsprechend dieser wachsenden Teilung des Verhaltens in ein öffentlich erlaubtes und ein öffentlich nicht erlaubtes baut sich auch das psychische Gefüge des Menschen um. Die durch gesellschaftliche Sanktionen[4] gestützten Verbote werden dem Individuum als Selbstzwänge angezüchtet. Der Zwang der Zurückhaltung von Triebäußerungen, die soziogene Scham, die sie umgibt, werden ihm so zur Gewohnheit gemacht, daß er sich ihrer nicht einmal erwehren kann, wenn er allein, wenn er im intimen Raum ist. In ihm selbst kämpfen die lustversprechenden Triebäußerungen mit den unlustversprechenden Verboten und Einschränkungen, den soziogenen Scham- und Peinlichkeitsempfindungen. Dies ist, wie gesagt, offenbar der Sachverhalt, den Freud durch Begriffe wie „Über-ich“ und „Unbewußtes“ oder, wie es der „Volksmund“ nicht unfruchtbar nennt, „Unterbewußtsein“ zum Ausdruck zu bringen sucht. Aber wie immer man es ausdrückt, der gesellschaftliche Verhaltenscode prägt sich in dieser oder jener Form dem Menschen so ein, daß er gewissermaßen ein konstitutives Element des individuellen Selbst wird. Und dieses Element, das Über-ich, ebenso wie das psychische Gefüge und das individuelle Selbst als Ganzes, wandelt sich notwendigerweise in steter Korrespondenz mit dem gesellschaftlichen Verhaltenscode und mit dem Aufbau der Gesellschaft. Das relativ hohe Maß von Gespaltenheit des „Ich“ oder des Bewußtseins, das für die Menschen in unserer Phase der Zivilisation charakteristisch ist, und das in solchen Begriffen, wie „Über-ich“ und „Unterbewußtsein“ zum Ausdruck kommt, korrespondiert der spezifischen Zwiespältigkeit des Verhaltens, zu der das Leben in dieser zivilisierten Gesellschaft zwingt. Es entspricht dem Maß von Regelung und Einklammerung, das den Triebäußerungen hier im Verkehr der Menschen auferlegt ist. Ansätze zu ihr mögen sich mit dem gesellschaftlichen Leben der Menschen in jeder Form, auch in jener, die wir „primitiv“ nennen, herausbilden. Die Stärke, die diese Differenzierung hier erreicht, die Gestalt, in der sie hier auftritt, sind Spiegelungen einer bestimmten geschichtlichen Entwicklung, Ergebnisse eines Prozesses der Zivilisation.

Das ist es, was ausgedrückt werden soll, wenn hier von der beständigen Korrespondenz des Gesellschaftsaufbaus und des Aufbaus eines einzelnen „Ich“ die Rede ist.

1 Konditionierung: das Erzeugen von bedingten Reflexen (Verhaltenslehre/Lernpsychologie)
2 soziogen: gesellschaftlich bedingt
3 Enklave: franz. ringsum umschlossenes Gebiet
4 Sanktion: hier: die gesellschaftliche Reaktion auf das Rollenverhalten des einzelnen als Mittel der sozialen Kontrolle

Alois Wierlacher: Emilias Tod als Konsequenz ihrer religiösen Erziehung[*]

54 Sämtliche Lösungsversuche des Problems des Todes der Emilia Galotti gehen an der Eigenschaft Emilias vorbei, in der Lessing neben dem Gehorsam die höchste Tugend eines unverheirateten Mädchens sah,[1] an ihrer Frömmigkeit. Diese wird, so wurde gezeigt, über alle Anfechtungen hin bewahrt. Das Wort der Bibel ist für Emilia Autorität. Setzen wir nun voraus, daß Emilia die Heilige Schrift zum mindesten in ihren traditionsmächtigen Regeln und Geboten kennt – und an der Berechtigung dieser Voraussetzungen kann aus oben angeführten

Gründen nicht ernsthaft gezweifelt werden –, dann impliziert das, daß sie nicht nur um die Mahnung weiß, sich „weltlicher Lüste“ zu enthalten, sondern auch um die berühmte Warnung des Buches Sirach aus den Apokryphen des Alten Testaments: „Wer sich in Gefahr begibt, kommt darin um“.[2] Denn es handelt sich bei dieser Warnung um eine der wirkungsmächtigsten Spruchformeln der Bibel überhaupt, um eine „formule célèbre“, wie man treffend gesagt hat,[3] die zumindest im deutschen Sprachraum noch heutzutage gut bekannt ist. [...]

Wird nun Emilias Frömmigkeit ernst genommen und zugleich konsequenterweise eingeräumt, daß Emilia aufgrund der theologischen Doktrin der Verbalinspiration[4] der Bibel in Sirachs Warnung eine unfehlbare Deutung menschlicher Widerstandskraft und somit den Entwurf ihrer eigenen nahen Zukunft erkennen muß, dann wird ihre Todesangst vor einer Rückkehr in das „Haus der Freude“ unmittelbar verständlich. Die alten Fragen nach einer möglichen Verliebtheit in den Prinzen und Emilias entsprechender Schuld entfallen ebenso wie die ihnen zugrundeliegenden nach der Bedingung der Möglichkeit der Befürchtung einer Verführung durch den Mörder des Verlobten. Hettore hat ja die Macht, jederzeit die qualitativen Situationen herbeizuführen, in denen er als Verführer tätig werden kann. Fügt sich also Emilia der Anordnung des Prinzen, begibt sie sich insofern wieder in Gefahr, ist ihr ewiges Schicksal besiegelt. Etwaiger physischer Gewalt, sie weiß es gut, vermag sie sich zu widersetzen. Aber der „wahren Gewalt“ der „Verführung“ durch die Vergnügungen, die ‚Lüste' der Welt, vor denen die Bibel unermüdlich warnt und deren Verlockungen sie selber tief erlebt hat, wird sie erliegen; die Sprache der Galanterie wird sie betören; „Sinne“ und „jugendliches Blut“ werden sie Gott und ihrer selbst entfremden: „denn alles, was in der Welt ist: des Fleisches Lust und der Augen Lust und hoffärtiges Leben, ist nicht vom Vater, sondern von der Welt“ (1. Johannes 2,16). So ist Emilias entscheidender Gedanke eben nicht, sich der drohenden Gefahr zu stellen, um zu „sehn ... wer der Mensch ist, der einen Menschen zwingen kann“ (V,7), sondern nur zu „fliehen“. Da Marinelli dieses Vorhaben unmöglich gemacht hat, bleibt Emilia als letzter Ausweg vor dem ihr als unabwendbar vorgestellten Absturz in die Sünde nur der eigene Tod. Diese Erkenntnis sowie die richtungweisende Vorbildlichkeit religiöser Helden – „Nichts Schlimmers zu vermeiden, sprangen Tausende in die Fluten und sind Heilige!“ – machen Emilia, mit Claudia (IV,8) zu reden, zur „Entschlossensten“ ihres „Geschlechts. Ihrer ersten Eindrücke“ – etwa auf einer vegghia – „nie mächtig, aber nach der geringsten Überlegung in alles sich findend, auf alles gefaßt“.

Emilias Verlangen, ihr den „Dolch“ zu „geben“, versetzt den Vater keineswegs in flammende Empörung, sondern macht ihn tief betroffen: „Was? Dahin wäre es gekommen?“ Diese Frage spiegelt die geringe Kenntnis, die Odoardo von seiner Tochter hat, und die ihn ebenso wie den Zuschauer erst jetzt einen Begriff von ihrer Lage gewinnen läßt; erst im Verlauf des Dialogs erfährt er von ihren Erlebnissen auf jener vegghia, nach denen er selber nie gefragt hatte, weil er sich um die Stadterziehung seiner Tochter nicht zu kümmern wünschte, sondern sie der Mutter überließ.

Die Betroffenheit des Vaters nutzt Emilia in ihrem Sinne. Mit den bei Odoardo unfehlbar wirksamen Mitteln der Beschwörung des Ausgeliefertseins seiner Tochter an erotische Lust – diese ‚weltliche Lust' par excellence – und der ehrenrührigen Unterstellung, er selber stimme dieser Auslieferung zu, gelingt es ihr im Gegensatz zu früheren Versuchen der Orsina, Odoardo in Tatblindheit zu versetzen – er tötet seine Tochter.

[1] Vgl. Lessings Brief an seinen Bruder Karl vom 10. 2. 1772, → Text **9**
[2] Sirach, 3, 27.→ Text **55**
[3] So die französische Bibelausgabe bei Gallimard: La Bible. L'ancien Testament, II (Paris, 1959), 1719, Anm. Vers 26
[4] Verbalinspiration: Rückführung auch des Wortlauts der Bibel auf göttliche Eingebung

Buch Sirach: „Ein nützlich Buch für den gemeinen Man" – eine Erziehungsfibel des 18. Jahrhunderts

Luther nennt die alttestamentarische Schrift des Jesus Sirach in seiner Vorrede zur Übersetzung „ein Buch von der Hauszucht oder von den Tugenden eines frommen Hausherrn". Das Buch Sirach wurde im 18. Jahrhundert als Erziehungsfibel benutzt. In den folgenden Auszügen läßt sich die Erziehungspraxis der Galottis wiedererkennen.

55 Ihr Kinder, hört auf mich, euren Vater! Folgt meinem Rat, dann geht es euch gut. Denn der Herr hat dem Vater Autorität über die Kinder gegeben und die Rechte der Mutter gegenüber den Söhnen festgelegt. Wer seinen Vater ehrt, gleicht damit manchen Fehler aus; und wer seine Mutter achtet, kommt zu Ansehen und Wohlstand. Wer seinen Vater ehrt, dem werden die eigenen Kinder Freude bereiten, und seine Gebete werden erhört. Wer seinen Vater achtet, wird lange leben; und wer dem Herrn gehorcht, der macht das Herz seiner Mutter ruhig. Ein solcher Mensch dient seinen Eltern wie ein Sklave seinem Herrn. Mach deinem Vater Ehre mit allem, was du sagst und tust, damit sein Segen auf dich kommt. [...]
Der Herr wird es dir nicht vergessen, wenn du mit deinem Vater barmherzig bist; er wird es dir als Sühne für viele Verfehlungen anrechnen. Er wird es dir zugute halten, wenn du in Bedrängnis kommst; und deine Schuld wird wegschmelzen wie Eis an der Sonne. Wer aber seinen Vater im Stich läßt, ist genauso schlimm wie einer, der Gott lästert. Und wer seine Mutter kränkt, über den kommt der Fluch des Herrn.
Mein Sohn, sei bescheiden bei allem, was du tust; dann wird man dich mehr lieben als einen, der Geschenke macht. Sei um so bescheidener, je angesehener du bist; damit erwirbst du dir die Gunst des Herrn. Die Macht des Herrn ist gewaltig, er wird von denen geehrt, die sich vor ihm beugen. Versuche nicht, hinter Dinge zu kommen, die deinen Verstand übersteigen; befaß dich nicht mit Fragen, die dein Wissen überfordern! Denk nach über das, was dir aufgetragen ist! Was Gott dir verborgen hat, brauchst du nicht zum Leben. Vergeude deine Kraft nicht an Aufgaben, die zu schwer für dich sind! Schon das, was du bisher gesehen hast, ist mehr, als menschlicher Verstand erfassen kann. Viele haben sich in ihren eigenen Gedankengängen verirrt, ihr Wahnwitz hat ihr Denken durcheinander gebracht.
Wer starrsinnig ist, nimmt ein böses Ende; und wer sich in Gefahr begibt, kommt darin um. Wer starrsinnig ist, verschafft sich selbst viel Ärger; und ein Sünder macht seine Schuld immer größer. Nichts, was einem hochmütigen Menschen zustößt, kann ihn bessern; sein Hochmut ist ein Unkraut mit tiefen Wurzeln. Wer verständig ist, lernt aus Sprichwörtern und Beispielen; er hört aufmerksam zu, weil er klug werden will.

Sir 3,1–8; 14–29

Wenn ein einflußreicher Mann dich zu sich einlädt, halte dich zurück! Er wird dich dafür um so häufiger einladen. Dräng dich ihm nicht auf, sonst weist er dich zurück. Bleib aber auch nicht zu weit hinten, sonst vergißt er dich. Nimm dir nicht heraus, mit ihm wie mit deinesgleichen zu reden! Glaub auch nicht alles, was er sagt! Mit seinem Lächeln und seinen vielen netten Worten stellt er dich nur auf die Probe. Was du ihm unter vier Augen sagst, behält er nicht für sich. Erbarmungslos benutzt er es, um dich zu mißhandeln und ins Gefängnis zu bringen. Behalte deine Geheimnisse für dich und sei äußerst vorsichtig: Du bewegst dich ständig am Rand eines Abgrundes. [...]
Jedes Tier liebt seinesgleichen, umd beim Menschen ist es nicht anders. Jedes Lebewesen gesellt sich zu anderen seiner Art, und auch der Mensch schließt sich seinesgleichen an. Nichts verbindet den Wolf mit dem Lamm. Genauso wenig verbindet den, der Gott gehorcht, mit dem, der Gott mißachtet. Leben etwa Hyäne und Hund in Frieden miteinander? Welches Einverständnis gibt es zwischen dem Reichen und dem Armen? Die wilden Esel in der Steppe sind die Jagdbeute der Löwen. Genauso leben die Reichen von den Armen. Überhebliche Menschen verabscheuen die Bescheidenheit; genauso verabscheut der Reiche den Armen. Wenn der Reiche stolpert, fangen seine Freunde ihn auf. Wenn der Bedürftige hinfällt, geben seine Freunde ihn auf.

Sir 13,9–21

Mein Sohn, hast du Unrecht begangen? Tu es nicht wieder! Und wegen deiner bisherigen Verfehlungen bitte um Vergebung! Flieh vor der Sünde wie vor einer Schlange; denn wenn du ihr zu nahe kommst, schnappt sie mit ihren Zähnen zu wie ein Löwe. Dann ist es um dein Leben geschehen! Jedes Unrecht wirkt wie ein zweischneidiges Schwert: Es hinterläßt Wunden, für die es keine Heilung gibt.

Sir 21,1–3

Wer eine gute Frau hat, ist ein glücklicher Mann; er lebt doppelt so lange. Eine tüchtige Frau macht ihrem Mann Freude; er wird seine Lebensjahre in Frieden vollenden. Eine gute Frau ist ein großes Geschenk; der Herr gibt sie denen, die ihn ernst nehmen. Gleichgültig, ob ein solcher Mann reich oder arm ist, er ist zufrieden, und sein Gesicht ist immer fröhlich.[...]
Eine zuchtlose Frau erkennt man an ihrem herausfordernden Blick, ihr Augenaufschlag verrät sie.
Auf eine hemmungslose Tochter mußt du scharf aufpassen; sie nutzt jeden unbewachten Augenblick aus. Achte genau auf ihren schamlosen Blick, und wundere dich nicht, wenn sie dich hintergeht. So wie ein durstiger Wanderer jedes Wasser trinkt, das er findet, wird sie sich vor jedem Pflock niedersetzen und für jeden Pfeil den Köcher öffnen. [...]
Es gibt nichts Schöneres als eine Frau mit Schamgefühl; eine, die sich selbst in der Gewalt hat, ist von unschätzbarem Wert. Die Schönheit einer guten Frau in einem sauberen, schmucken Heim ist wie die Sonne, die an Gottes Himmel strahlt. Wie eine helle Lampe auf dem heiligen Leuchter, so erscheint ihr schönes Gesicht auf einem wohlgeformten Körper. Wie goldene Säulen auf silbernen Sockeln, so sind ihre schlanken Beine auf kräftigen Füßen.

Sir 26,1–4; 9–12; 15–18

*Martin Bollacher: Emilias Verführungsfurcht als Politikum**

56 Das Selbstopfer Emilias, der ‚bürgerlichen Virginia', gehört zur Vorgeschichte unserer Gegenwart. Nur wer sich über diese Geschichte hinweggesetzt und den heutigen Tag nicht als ein „Resultat des gestrigen"[1] zu begreifen ver-

mag, kann behaupten, der Grundgedanke der „Emilia Galotti“ erscheine uns „so fremd, als käme er von einem anderen Stern“.[2] Solcher Geschichtslosigkeit wäre wohl am besten mit den Worten Heinrich Manns aus seiner Lessing-Rede zum 150. Todestag des Dichters zu begegnen. Mann bemerkt nämlich zum Selbstopfer Emilias: „Die arme Emilia war doppelt bedroht, von fremder Gewalt und von ihren eigenen Sinnen. Das machte den Verlauf noch trauriger für die bürgerliche Ehre. Ihr Tod von der Hand ihres Vaters war eine Tat der Verzweiflung, mit tragischer Schuld und tragischer Sühne hatte er wenig zu tun. Dafür war er wahr. So sahen die bürgerlichen Trauerspiele im Leben aus.“[3]
Wahr in diesem Sinne, nämlich als Zeugnis der bürgerlichen Entsagungsgeschichte, sind sicher auch Emilias vieldiskutierte Worte über Gewalt und Verführung: „Gewalt! Gewalt! wer kann der Gewalt nicht trotzen? Was Gewalt heißt, ist nichts: Verführung ist die wahre Gewalt“ [V,7]. Emilias Furcht vor Verführung, im Drama mit der Evokation[4] des Grimaldischen Hauses der Freude verbunden, ist gewiß in ihrer biblisch-religiösen Erziehung und der christlichen Tabuisierung der Sinnlichkeit begründet.[5] Der Gegensatz von Religion (als Inbegriff des bürgerlichen Tugendsystems) und Sinnlichkeit (als erotisch-geselliger Freude) bestimmt ja deshalb auch ihr Geständnis in der vorletzten Szene des Trauerspiels: „Ich kenne das Haus der Grimaldi. Es ist das Haus der Freude. Eine Stunde da, unter den Augen meiner Mutter; — und es erhob sich so mancher Tumult in meiner Seele, den die strengsten Uebungen der Religion kaum in Wochen besänftigen konnten!“ [V,7] Von einem „bibelkritischen Zuschnitt des Dramas“[6] — ‚Emilia Galotti‘ als Auftakt der theologisch-philosophischen Streitführung der Folgezeit — kann aber deshalb nicht die Rede sein! Der Schluß der Tragödie läßt sich kaum als Widerlegung oder polemische Negation von Emilias Religiösität interpretieren, entspricht ihre Verführungsfurcht doch sowohl dem sinnenfeindlichen Tugendsystem ihres Standes als auch Lessings Konzeption eines mittleren, gegen eine Fehltat nicht gefeiten Charakters.
Daß es aber bei dem Konflikt zwischen Religion und Sinnlichkeit im eminenten Sinn um die „Sache der Frauen“[7] geht, gehört *auch* zu der von Heinrich Mann zitierten Lebenswahrheit der ‚Emilia Galotti‘. Der Tod der Protagonistin steht im Zeichen der Verzweiflung und hat nichts mit dem Märtyrerschicksal von „himmelbrütenden Schwärmern“ (LM 9, 202) zu tun. Lessing hat seine ‚bürgerliche Virginia‘ nach eigener Aussage nicht „zu den hervorstechendsten, oder auch nur zu einem hervorstechenden Charakter“ (LM 18, 18) gemacht, ja sie so ‚durchschnittlich‘, so ‚unaufgeklärt‘ gestaltet, daß sie dem Bruder in ihrer Frömmigkeit gar „etwas verächtlich“ und als zeitgenössische Virginia doch „zu klein“ (LM 20, 128) erschien. Der Autor reagierte auf die Kritik seines Bruders mit einem merkwürdigen, weil anscheinend so unzeitgemäßen Bekenntnis zur Rolle der Frau:
„Die jungfräulichen Heroinen und Philosophinnen sind gar nicht nach meinem Geschmacke. Wenn Aristoteles von der Güte der Sitten handelt, so schließt er die Weiber und Sklaven ausdrücklich davon aus. Ich kenne an einem unverheiratheten Mädchen keine höhere Tugenden, als Frömmigkeit und Gehorsam“ (LM 18, 18).
Die Weiber auf derselben moralisch-sozialen Stufe wie die Sklaven, Frömmigkeit und Gehorsam als die höchsten Tugenden der unverheirateten Mädchen? Dieses so dezidierte Bekenntnis scheint schlecht zur Aufklärungsphilosophie des 18. Jahrhunderts zu passen, scheint auch weder der ‚bürgerlichen Virginia‘ noch etwa der ganz und gar nicht frommen und gehorsamen Minna von Barnhelm gerecht zu werden. Zwar mag man in Lessings

‚unzeitgemäßer' Antwort das Denkschema des *wahren* Aufklärers erkennen wollen, der sich bloßen Progressismen verweigert, der das schlechte Alte dem noch schlechteren Neuen vorzieht und der die Neologie[8] oft genug mit orthodoxen Argumenten bekämpft hat. Aber die Orthodoxie war für Lessing niemals der Endpunkt des Nachdenkens, höchstens Durchgangsstufe des sich historisch begreifenden Vernunft-Ichs. So sind auch in der ‚Erziehung des Menschengeschlechts' Frömmigkeit und Gehorsam die Entwicklungsmerkmale des noch nicht majorennen[9] Zöglings.

„Die Natur", so bemerkte Lessing einmal in der ‚Hamburgischen Dramaturgie', „rüstete das weibliche Geschlecht zur Liebe, nicht zu Gewaltseligkeiten aus [...]" (LM 9, 309). Wo aber die Liebe nicht, wie in der Komödie, als gesellschaftsbildende, den einzelnen in die Gemeinschaft integrierende Kraft in Erscheinung tritt, fällt die Frau leicht der gesellschaftlichen Gewalt zum Opfer. Deshalb ist gerade auch [...] Emilias Verführungsfurcht als Reaktion auf den „schrankenlosen Willen des absoluten Herrschers" ein „Politikum".[10] Ein Politikum freilich, das für den heutigen Leser sowohl die Anklage gegen den ‚lasterhaften' Despotismus als auch die Erinnerung an das christlich-spiritualistische Entsagungscredo[11] der ‚bürgerlichen Virginia' einschließt.

Das Trauerspiel ‚Emilia Galotti' erscheint somit als charakteristisches Zeugnis einer „Übergangszeit, in der alte Denkweisen brüchig und neue ertastet werden [...]".[12] [...] Emilia Galotti gewinnt aus der Erfahrung ihrer „naturbedingten Menschlichkeit"[13] jenes Maß an Selbstbestimmung, das sie – trotz eines sinnlosen Opfertods – zu jener ‚bürgerlichen Virginia' macht, die aus der Vergegenwärtigung der alten römischen Fabel die Hoffnung auf ein zweites Leben schöpft: „Ehedem wohl gab es einen Vater, der seine Tochter von der Schande zu retten, ihr den ersten den besten Stahl in das Herz senkte – ihr zum zweyten das Leben gab" [V,7]. Die Hoffnung des Opfers im Spannungsfeld von Idee und gesellschaftlicher Wirklichkeit, Vergangenheit und Gegenwart lebendig zu halten, könnte zu den Aufgaben einer geistesgeschichtlichen Lessingdeutung gehören.

1 Heinrich Heine, Sämtliche Schriften. Hrsg. v. Klaus Briegleb. Bd. 5, München 1976, S. 166
2 Hilde Spiel in: FAZ, 4. 5. 1970
3 Heinrich Mann, → Text **20**
4 Evokation: Erweckung von Vorstellungen oder Erlebnissen
5 → Wierlacher, Text **54**
6 → Wierlacher, Text **54**
7 Hinrich C. Seeba, Die Liebe zur Sache. Öffentliches und privates Interesse in Lessings Dramen. Tübingen 1973, S. 45ff.
8 Neologie: Neuerung
9 majorenn: großjährig, mündig
10 Ursula Fries, „Verführung ist die wahre Gewalt". In: Jahrbuch der Jean-Paul-Gesellschaft. 6, 1971, S. 127
11 spiritualistisch: Ableitung von Spiritualismus: Lehre von der Wirklichkeit und Wirksamkeit des Geists, des Übersinnlichen. – Credo: Bekenntnis
12 Jochen Schulte-Sasse, Literarische Struktur und historisch-sozialer Kontext. Zum Beispiel Lessings „Emilia Galotti". Paderborn 1975, S. 88
13 Fries, S. 127

Karl Eibl: Emilias Verführbarkeit als eigentliche Katastrophe des Dramas[*]

57 Als Karl Lessing dem Bruder Einwendungen wegen der Titelfigur machte, gab dieser zur Antwort: „1. Weil das Stück Emilia heißt, ist es darum mein Vorsatz gewesen, Emilien zu dem hervorstechendsten, oder auch nur zu einem hervorstechenden Charakter zu machen? Ganz und gar nicht. Die Alten nannten ihre Stücke wohl nach Personen, die gar nicht aufs Theater kamen. 2. Die jungfräulichen Heroinen und Philosophinnen sind gar nicht nach meinem Geschmacke. Wenn Aristoteles von der Güte der Sitten handelt, so schließt er die Weiber und Sklaven ausdrücklich davon aus. Ich kenne an einem unverheirateten Mädchen keine höheren Tugenden, als Frömmigkeit und Gehorsam."[1] Diese Äußerungen sind schon häufiger zitiert, aber sie sind noch immer nicht so recht für die Deutung fruchtbar gemacht worden. Daß Emilia gar nicht als hervorstechender Charakter intendiert war, wurde nur als Aufforderung verstanden, nach einer anderen Hauptfigur zu suchen, und die Ablehnung der jungfräulichen Heroinen, die Betonung von Frömmigkeit und Gehorsam wurde weitgehend ignoriert. Das beginnt schon mit dem Adressaten, Karl Lessing, selbst, der trotz des Briefes anscheinend höchst erstaunt ist, als Moses Mendelssohn meint: „Welch ein allerliebstes Mädchen ist nicht die Emilia!"[2]

Eine schlüssige Interpretation muß Lessings Brief beim Wort nehmen, und sie muß mit jener vielumrätselten Stelle fertigwerden, an der sie von ihrer Verführbarkeit spricht: „Was Gewalt heißt, ist nichts: Verführung ist die wahre Gewalt. – Ich habe Blut, mein Vater; so jugendliches, so warmes Blut, als eine. Auch meine Sinne sind Sinne. Ich stehe für nichts. Ich bin für nichts gut." [V,7] etc. Gewiß ist es irritierend, daß Emilia diesen neuen Zug, ihre Verführbarkeit, erst jetzt erkennen läßt. Die Interpreten haben sich redlich damit abgemüht. Goethes Lösung des Problems[3] befriedigt nicht recht, denn nicht vom Prinzen ist die Rede, sondern von Verführbarkeit schlechthin ganz allgemein, es hätte Lessing wenig Mühe gekostet, hier Eindeutigkeit in Goethes Sinn zu schaffen. Die schlaueste Deutungsmöglichkeit, die ins Auge gefaßt wurde, ist die, daß Emilias Worte ein taktisches Manöver sind, um den Vater zur Tat anzuspornen.[4] Aber wenn, wie plausibel sein dürfte, Gewalt sie nicht zwingen kann, und nun auch Verführung nicht, dann ist ihre Position schlechthin unangreifbar, und es gibt gar keinen Grund mehr, weshalb sie überhaupt sterben will.

Beide Stellen zusammen, der poetische Text und die Selbstdeutung, ergeben jedoch ein schlüssiges Bild. Emilia ist die einzige Figur, der man, trotz aller aufgewandter Mühe, keine konkrete, von ihr zu verantwortende Fehlhandlung nachweisen kann. Sie ist Opfer der Annäherungsversuche des Prinzen in der Kirche, gehorsames Opfer des Verheimlichungsversuches, Opfer des Überfalls, Opfer schließlich des väterlichen Mörders. In ihr kreuzen sich die Fehlhandlungen der anderen. Insofern ist sie tatsächlich nicht der ‚hervorstechendste' Charakter oder überhaupt nur ein ‚hervorstechender' Charakter, und doch ist es gerechtfertigt, daß ihr Name dem Drama den Titel gibt: Sie ist die Zentralfigur, das passive Zentrum, in dem die Aktionen der anderen zusammentreffen.

Diese Passivität leitet sich aus den von Lessing genannten Tugenden „Frömmigkeit und Gehorsam" ab. Lessing stellt ganz bewußt ins Zentrum des Dramas einen Menschen, der diese Tugenden im höchsten Maß verkörpert und nicht wegen einer Tat der Hybris, einer subjektivistischen Abweichung oder irgendeiner anderen von ihm selbst zu verantwortenden Handlung zugrundegeht, sondern einer objektiven Unordnung wegen, die auch dem ‚frommen und gehorsamen' Menschen eine ‚tragische' Existenz auferlegt. Von hier aus ist Emilias Verführbarkeit zu deuten. Schon Emilias Verwirrung in der Kirche wird aus der Erschütterung ihres Gesellschaftsbildes, wenn man will: ihres ‚Über-Ich' begreiflich. Nun aber, nach der Ermordung des Bräutigams, in den Händen Marinellis und des Prinzen, angesichts der Ohnmacht der Eltern, sind alle objektiven Instanzen fragwürdig geworden, die Orientierung verleihen könnten. In einem solchen Zustand der Anomie[5], in einer Extremsituation also, in der die gesellschaftlichen Verhaltensmuster versagen, wird gerade der ‚fromme und gehorsame' Mensch in die tiefste Krise, „unschuldig in diesen Abgrund" [V,6] gestürzt und seiner Identität beraubt, weil es keine Autorität mehr gibt, die solche Identität gewährleisten könnte. Wenn aber alle Selbstdeutungs- und Handlungsmuster versagen, alle Gesittung sich als unverläßlich erweist, dann bleibt nur noch die chaotische Welt von Sinnlichkeit und Begierde. Es geht hier gar nicht um eine erotische Affiziertheit durch den *Prinzen,* sondern um einen Zustand der grundsätzlichen Verführbarkeit in einer Situation zerbrochener Autorität und Identität.

Kurz: *Daß Emilia verführbar geworden ist, ist die eigentliche, ‚innere' Katastrophe des Dramas,* und Odoardos Tat bedeutet nur noch die Ratifizierung. Emilia hat jede humane Lebensmöglicheit verloren, und der einzige Weg, sich vor der bloß sinnlichen Existenz zu bewahren, ist für sie der Tod. Ursache aber für die Entblößung des ‚frommen und gehorsamen' Mädchens von jedem Halt in einem Objektiven ist die Situation einer Zeitenwende, in der zwei hart konkurrierende gesellschaftliche Normen- und Autoritätssysteme aufeinanderprallen und jeden, der in ihren Überschneidungsbereich gerät, zu einer Marginalexistenz[6] verurteilen. Es ist nur konsequent, daß jene Figur, die Autorität am reinsten verinnerlicht hat und deshalb keine Möglichkeit des Lavierens[7] besitzt, in solcher Situation am vernichtendsten getroffen wird.

1 Lessing an seinen Bruder Karl, 10. 2. 1772, → Text **9**
2 Karl Lessing an seinen Bruder, 12. 3. 1772,→ Text **13**
3 „Das proton pseudos in diesem Stücke sei, daß nirgends ausgesprochen ist, daß das Mädchen den Prinzen liebe, sondern nur subintelligiert wird." (Göpfert II, 714)
4 Hermann J. Weigand, Warum stirbt Emilia Galotti? – In: H. J. W., Fährten und Funde, Bern/München 1967, S. 39–50
5 Anomie: griech. Gesetzlosigkeit
6 Marginalexistenz: Existenz am Rande (der Gesellschaft); Außenseiter
7 lavieren: niederländ. mit Geschick Schwierigkeiten überwinden

6.4 Höfische Welt und Hofkritik: Der Prinz und Graf Appiani

Die politische Deutung der „Emilia Galotti" hat eine lange Tradition. Lessings eigene leidvolle Erfahrung im Umgang mit absolutistischen Fürsten, seine Querelen mit dem Braunschweiger Erbprinzen um eine angemessene Bezahlung als herzoglicher Bibliothekar in Wolfenbüttel, schließlich die vieldeutigen Umstände der Uraufführung des Stücks anläßlich des Geburtstags der Herzogin sowie die bewußte Verlagerung der Handlung in ein italienisches Duodezfürstentum sind als Argumente für eine antifeudale Intention der „Emilia Galotti" verstanden worden. Auch Goethes späte Bemerkungen aus dem Jahre 1827, Lessing bekunde in diesem Drama „seine Piken auf die Fürsten" (→ Text **17**), hat die In-tyrannos-Deutung stark beeinflußt.

Um die Frage nach einer möglichen politischen Intention im Sinne eines „Ständedramas" zu beantworten, wird man die im Text nicht eindeutig angelegte Rolle des Fürsten genau untersuchen müssen. Lessings Äußerungen zum „gemischten" Charakter (→ Kapitel 6.2.4) können dabei zur Klärung hinzugezogen werden. Charakterzüge des politischen Despoten und machiavellistischen Machthabers sind im Text angedeutet, jedoch durch Verhaltensmerkmale eines „empfindsamen" Menschen gebrochen. Zudem müßte die Frage untersucht werden, inwieweit der Prinz selbst hofkritische Tendenzen anderer Dramenfiguren (z. B. Appianis und Odoardos) unterstützt. Die mehrdeutige Struktur des Charakters sollte bei der Interpretation der dramatischen Intention nicht übersehen und vorschnellen Entweder-Oder-Festlegungen geopfert werden.

In der 20 Jahre nach Erscheinen der „Emilia Galotti" uraufgeführten „Zauberflöte" wird der dort agierende Prinz mit den Worten charakterisiert „Er ist Prinz! – Noch mehr – er ist Mensch!". Dieser leitende Gedanke der Mozartoper, der von der Gleichsetzung der Begriffe „Bürger" und „Mensch" ausgeht, könnte in Lessings Trauerspiel eine vorrevolutionäre Andeutung im Sinne einer Utopie erfahren haben.

6.4.1 Lessing und die Fürsten

G. E. Lessing: Brief an Nicolai[1], 25. August 1769

58 Liebster Freund,

[...] Sonst sagen Sie mir von Ihrer Berlinischen Freyheit zu denken und zu schreiben ja nichts. Sie reducirt sich einzig und allein auf die Freyheit, gegen die Religion so viel Sottisen[2] zu Markte zu bringen, als man will. Und dieser Freyheit muß sich der rechtliche Mann nun bald zu bedienen schämen. Lassen Sie es aber doch einmal einen in Berlin versuchen, über andere Dinge so frey zu schreiben, als Sonnenfels[3] in Wien geschrieben hat; lassen Sie es ihn versuchen, dem vornehmen Hofpöbel so die Wahrheit zu sagen, als dieser sie ihm gesagt hat; lassen Sie einen in Berlin auftreten, der für die Rechte der Unterthanen, der gegen Aussaugung und Despotismus seine Stimme erheben wollte, wie es itzt sogar in Frankreich und Dänemark geschieht: und Sie werden bald die Erfahrung haben, welches Land bis auf den heutigen Tag das sklavischste Land von Europa ist. Ein jeder thut indeß gut, den Ort, in welchem er seyn muß, sich als den besten einzubilden; und der hingegen thut nicht gut, der ihm diese Einbildungen benehmen will. Ich hätte mir also wohl auch diese letzte Seite ersparen können. Leben Sie wohl, liebster Freund!

Dero ergebenster, Lessing.

[1] Nicolai, Friedrich (1733–1811), bedeutender Schriftsteller, Philosoph und Verleger der deutschen Aufklärung, mit dem Lessing seit seiner Berliner Zeit befreundet war und eng zusammenarbeitete, → Kapitel 2, S. 112
[2] Sottise: franz. Albernheit, freche Bemerkung
[3] Sonnenfels, Josef Freiherr von (1732–1817), österreichischer Jurist , Literat und Politiker, der in Wien für eine Verbesserung der Literatur in Anlehnung an den Aufklärer Gottsched eintrat. Als Politiker sorgte er für eine Humanisierung des Strafrechts und setzte sich für die Abschaffung der Folter und Todesstrafe ein.

Dieter Hildebrandt: Das provokante Geburtstagsgeschenk – „Emilia Galotti"

59 Aber dann ist da ja noch der Hof, das Herzog-Haus derer zu Braunschweig und Lüneburg, ein Luxus-Etablissement mit höchsten Ansprüchen und allerhöchsten Launen, mit spendablen Geldausgaben und peniblen Geldsorgen, ein Leben nach Pariser Muster und preußischem Einschlag in eine Landschaft eingebettet, in der Solidität gedeiht und eine schöne Bedächtigkeit; hier lebt der Fürst sichtbar auf Kosten, nicht inmitten seines Landes; seit 1754 ist die Residenz in Braunschweig.

Lessings oberster Dienstherr, seine eigentliche und schwierigste Adresse, ist Herzog Karl I., der von 1735 bis 1780 regiert, ein Mann, den Eduard Vehse in seiner „Geschichte der deutschen Höfe" als „prächtig, kunstliebend, leidenschaftlich, unruhig, vielgeschäftig, verschwenderisch, leichtsinnig"[1] beschreibt. Wenn man das unbefangen liest, ist es eher die Charakteristik eines temperamentvollen als eines tyrannischen Mannes; eher eines Lebemanns als eines Bösewichts; keineswegs das Muster jenes Fürsten, den Friedrich in seinem „Antimachiavell" als den beispielhaften Regenten der Aufklärung ansah, aber auch so menschenverachtend nicht, wie Friedrich sich dann als Sieger des Siebenjährigen Krieges stilisierte. Karl war, in manchem Sinne des Wortes, ein Liebhaber: der Kunst, der Wissenschaft, der Liebe. Seines flachen Landes nicht, und auch nicht seiner dörflichen Landeskinder. 1776 verkaufte er 5700 seiner jungen Untertanen an die Engländer, die im Krieg mit ihren amerikanischen Kolonien lagen, mit den sich begründenden Vereinigten Staaten von Amerika. Dreitausend dieser verschacherten jungen Menschen fielen dort, Opfer eines Krieges, den sie noch weniger begriffen als sonst Soldaten Kriege begreifen.

Verheiratet war Karl mit einer Schwester Friedrichs von Preußen, Charlotte Philippine, und die Familien-Bande zwischen den Braunschweigern und den Berlinern funktionierten vom Kriege gefördert und vom Frieden kaum verstört. Der Erbprinz Karl Wilhelm Ferdinand tat sich in Friedrichs langem Krieg hervor, teilte mit ihm im übrigen die Liebe zur französischen Aufklärung und war auch in Sanssouci ein gern gesehener jugendlicher Gast. Er galt für schön, verführerisch, brillant. [...]

Der Erbprinz ist ein Mann, der es jedem recht machen, jedem gefallen möchte. Ein Mann, der allen schön tut, tut am Ende allen weh, und auch sich selbst nichts Gutes. Mirabeau sagt von ihm, er sei „höflich bis zur Affektation", und Goethe, der 1784 kurz am Hofe war, schreibt auf Französisch an Frau von Stein: „Il sait flatter chacun à sa facon ... enfin c'est un oiseleur qui connait ses oiseaux."[2] – ein Vogelsteller, der seine Vögel kennt.

Den seltsamen Vogel Lessing kannte der Prinz nicht; er hatte einen angelockt, der alle Flugkünste beherrschte; der starke, schwache, kleine, schnelle Flügel hatte, je nachdem er sie brauchte; der kurz vor der Reise nach Wolfenbüttel geschrieben hatte: „Das Sperlingsleben auf dem Dach, ist nur recht gut, wenn man ihm kein Ende abzusehen braucht. Wenn es nicht immer dauern kann, dauert es jeden Tag zu lange."[3] Angetan war auch Lessing wohl zunächst von diesem Prinzen, wenn er von ihm, nach seiner Ankunft in Wolfenbüttel, sagte: „Schade, daß der Erbprinz Prinz ist, und in diese Klasse nicht so recht paßt."[4] Paul Rilla, der Proträtist eines marxistischen Lessingbildes, meint sicher zu Recht, daß dieses „Schade!" gesprochen sei von „Lessings Klassenbewußtsein", verkennt aber wohl die Subtilität der Formulierung, wenn er den Satz doppelt ausbeuten und in dem Sinn verstanden wissen will, „daß man vor ‚dieser Klasse' auf der Hut sein müsse".[5]

[...]

Dieser Braunschweiger Hof hat ein Theater. Der Herzog hat es noch im Jahr seines Regierungsantritts, 1735, gegründet. Hier hatte die Neuberin[6] 1740 ihr Debüt, und pro Jahr werden 70000 Taler für das Etablissement ausgegeben, so leer die Staatskasse auch immer sein mag. Und Lessing ist zwar als Bibliothekar verpflichtet; aber so ungebildet ist man in Braunschweig nicht, daß man nicht wüßte, wen man so preiswert eingekauft hat. Der Wolfenbütteler Bibliothekar ist doch auch der renommierte Hamburgische Dramaturgist, und der müßte doch etwas für die Bühne parat haben, etwas Neues, das dem Kunstsinn des Hofes alle Ehre macht, ein Trauerspiel womöglich, nicht unbedingt eine tragédie domestique[7], aber Fürstliches und Bürgerliches vermischt, Spannung und Tränen, und die geschliffenen Dialoge, für die der Herr Lessing doch so berühmt ist? Denn die Herzogin hat am 13. März 1772 Geburtstag, und sie möchte doch gern ein besonderes Divertissement haben. Ihr Bruder zwar, der König von Preußen, nimmt diesen Lessing beharrlich nicht zur Kenntnis oder spricht allenfalls von ihm als „le singe", dem Affen; aber ist es nicht dennoch eine hübsche Sache, ihm, in aller gehörigen Bewunderung, doch als Strafe dafür, daß er die Schwester Wilhelmine in Bayreuth vorzieht, eins auszuwischen und ihm zu schreiben: Zum Geburtstag hat mir Lessing ein Stück spendiert? [...]

Am Heiligen Abend des Jahres 1771 schreibt Lessing an seinen Verleger Voß in Berlin, den er vorher dringend um einen beträchtlichen Vorschuß gebeten hat („daß mich gegen Weihnachten nicht meine Schulden wild machen"[8]): „Mit meinem neuen Stücke hätte ich vor, es auf dem Geburtstag unserer Herzogin, welches der 10te März ist, von Döbblinen hier zum erstenmale aufführen zu lassen. Nicht Döbblinen zu Gefallen, wie Sie wohl denken können, sondern der Herzogin, die mich, so oft sie mich noch gesehen, um eine neue Tragödie gequält hat. In diesem Fall müßte ich Sie aber bitten, es zu verhindern, daß Koch sie nicht etwa vor besagtem 10ten März spielte. Denn sonst würde das Kompliment allen seinen Wert verlieren."[9]

Das Stück, von dem Lessing spricht, ist die „Emilia Galotti", und es wird tatsächlich zum Geburtstag der „Lottine" (wie die Herzogin von ihrem Bruder genannt wird) gespielt. Der Autor ist bei der Premiere nicht anwesend; er schreibt an Eva König: „Ich bin aber nicht bei der Aufführung gewesen; denn ich habe seit acht Tagen so rasende Zahnschmerzen, daß ich mich bey der eingefallenen strengen Kälte nicht herüber getraut habe ... Morgen wird es zum zweytenmal gespielt, aber ich glaube schwerlich, daß ich es werde sehen können, ob ich schon ausdrückliche Einladung erhalten habe."[10]

[...]

Ein gemütlicher Abend kann diese Uraufführung am Braunschweiger Hoftheater kaum gewesen sein. Man stelle sich nur einmal die Szene zwischen dem Intriganten Marinelli und der zu allem entschlossenen Orsina[11] (im fünften Auftritt des vierten Aktes) vor, man stelle sich den Aufschrei der Schauspielerin mitten hinein in die Geburtstagsstimmung des Hofes vor: „Der Prinz ist ein Mörder!"

Und spricht nicht Marinelli geradezu das Entsetzen des Publikums aus, wenn er sagt: „Gräfin, – Gräfin, sind Sie ganz von Sinnen?“
Und liegt nicht Skandal in der Luft, wenn die Orsina ihre Hellsicht weitertreibt: „... der Prinz ist ein Mörder! des Grafen Appiani Mörder! – Den haben nicht Räuber, den haben Helfershelfer des Prinzen, den hat der Prinz umgebracht!“
Und wird nicht abermals eine politische Warnung laut, wenn Marinelli noch einmal Einhalt zu gebieten versucht: „Gräfin, Sie würden sich um den Hals reden –“?
Und sieht sich nicht das ganze Braunschweiger Hofpublikum nach der Herzogin um und ob sie wohl das Theater in der äußersten Empörung verläßt, wenn die Orsina nun weitertobt auf der Bühne: „Wenn ich das mehrern sagte? – Desto besser, desto besser! – Morgen will ich es auf dem Markte ausrufen. – Und wer mir widerspricht – wer mir widerspricht, der war des Mörders Spießgeselle.“?
Und die Höflinge sind schockiert: „Emilia Galotti bringt mich auf den Gedanken, unser Lessing breche es gar zu grün ab. Wer am Hofe lebt und vom Hofe abhängt, der muß sich weniger delicate themata wählen. Die Moral ist gar zu laut gepredigt; und die Ohren der großen sind immer zu zart, als daß sie so eindringende Töne, und Töne aus dem Dur, leiden könnten.“

1 Waldemar Oehlke: Lessing und seine Zeit, München 1919, Bd. 2, S. 149
2 Oehlke, a. a. O., S. 150 und 151
3 LM, Bd. 17, Nr. 256
4 LM, Bd. 17, Nr. 260
5 Paul Rilla: Lessing und sein Zeitalter, ^{2}1977, S. 261 f.
6 Neuber, Friederike Caroline (1697–1760), Schauspielerin und Theaterleiterin, die entscheidend die Reform des deutschen Theaters beeinflußte und mit deren Schauspieltruppe Lessing während seiner ersten Leipziger Zeit eng zusammenarbeitete.
7 tragédie domestique: bürgerliches Trauerspiel (Familiendrama)
8 LM, Bd. 22, S. XVI, Nr. 322
9 → Text **7**
10 LM, Bd. 18, Nr. 351
11 Orsina: D. Hildebrandt bemerkt hierzu: „... nach Nicolais späterem Zeugnis kommt die Rolle der Gräfin Orsina [in Lessings früheren ‚Emilia'-Plänen] noch nicht vor; daß sie ein Porträt der offenbar bemerkenswerten Mätresse des braunschweigischen Erbprinzen wäre, der Branconi, ist demnach nicht ohne Plausibilität, zumal die Namen eine anagrammatische Nähe haben.“ (S. 348 f.)

6.4.2 Der Prinz als Repräsentant der höfischen Welt

Lessing verlegt die Handlung der „Emilia Galotti“ in ein italienisches Fürstentum der Spätrenaissance bzw. des Barock. Der Text enthält Anspielungen auf einen im 17. Jahrhundert ausgetragenen und 1703 beendeten Rechtsstreit um Sabionetta (→ S. 13, Anmerkung 14). Die Regierungsform der Residenz von Guastalla trägt Züge des „höfischen“ Absolutismus, dessen Auswirkungen auch in den deutschen Fürstenterritorien zu Ende des 18. Jahrhunderts noch deutlich spürbar sind. Als zeitweiliger Bürger Preußens unter Friedrich dem Großen hat Lessing die in der Mitte des 18. Jahrhunderts einsetzende Entwicklung des „aufgeklärten“ Absolutismus unmittelbar kennengelernt und kritisch beobachtet (→ Text **58**).

Zu untersuchen wäre, ob die im Charakter des Prinzen angelegten „empfindsamen“ Tendenzen, die zur despotischen Willkür in merkwürdiger Brechung stehen, Anzeichen einer Kritik an der sich verselbständigenden Staatsraison des „aufgeklärten“ Absolutismus sind.

Rolf Grimminger: Höfischer und aufgeklärter Absolutismus[*]

60 Der höfische Absolutismus

Als ‚höfisch absolutistisch' gilt die Regierungsform der deutschen Fürsten vom Ende des Dreißigjährigen Krieges bis zum Regierungsantritt Friedrichs II. (1740). Freilich ist der Hof bereits vorher das politische Zentrum des Territorialstaates, auch lebt der höfische Absolutismus noch während des gesamten 18. Jahrhunderts in den kleineren Territorien weiter, und außerdem sind bereits vor 1740 in den größeren Territorien Züge aufgeklärter Herrschaft bemerkbar. Das Datum betrifft also nur die typische Phase des höfischen Absolutismus, nicht seine Gesamtgeschichte.

Der höfische stützt sich ebenso wie der spätere aufgeklärte Absolutismus auf die Institutionen der Staatsmacht: auf das stehende Heer, die Verwaltungsbürokratie und das Steuersystem zur Dauerfinanzierung der Staatskosten. Im Unterschied zu später sind die Institutionen aber verhältnismäßig unterentwickelt, nämlich sowohl in ihrer Größe überschaubar als auch in ihrer Binnenstruktur ziemlich einfach auf den Hof ausgerichtet. Der Fürst regiert sie in unmittelbar patriarchalischer Herrschaft, die mit wachsender Entfernung vom Hof spürbar abnimmt. Ungebrochen existiert der höfisch absolutistische Machtstaat also nur auf einer hohen Ebene der zentralen politischen Willensbildung am Hof, auf regionaler und lokaler Ebene dagegen bleiben die privilegierten Herrschaftsstände vor allem des Adels neben einer ökonomischen und sozialen auch eine politische Macht ersten Ranges. Die Begrenzung des Staatsapparates und der absolutistische Herrschaftsanspruch ermöglichen es, den Staat mit der Person des Fürsten nach dem Vorbild Ludwigs XIV. gleichzusetzen. Er repräsentiert ihn vollkommen, und er legitimiert dies auf mehrfache Weise. Den Bruch mit der politischen Tradition der Ständegesellschaft rechtfertigt er zunächst durch deren eigene religiöse: durch das Prinzip der gottgewollten Obrigkeit, die sich zur absolutistischen Macht von Gottes Gnaden verwandelt hat. Der Fürst ist politischer Stellvertreter Gottes auf Erden, und seine christlich fürsorgende Herrschaft [...] hat den Endzweck, deren ständig gefährdeten Frieden zu sichern.

Eine weitere Legitimation liefert der Hof. Er ist nicht nur politische Zentrale, unmittelbarer Machtbereich des Fürsten, Geburtsstätte von Herrschaft überhaupt, sondern er verkörpert auch einen neuen Typ der repräsentativen Gesellschaft. Der Ausbau des Hofs und der höfischen Staatsgesellschaft, der sich u. a. in der regen Bautätigkeit der absolutistischen Fürsten hauptsächlich in der Zeit von 1700 bis 1750 verfolgen läßt, verändert die traditionale Hierarchie der Ständegesellschaft und vor allem auch den Status der Aristokratie wesentlich. Sie wird mit dem Zweck an den Hof gebunden, sie politisch zu domestizieren[1]. Sie verliert ihre politische Freiheit, gewinnt dafür aber ökonomisch lukrative und politisch einflußreiche Hofämter sowie außerdem eine neue repräsentative Aura[2].

Die Aura des Hofs lebt vom Glanz des absolutistischen Fürsten von Gottes Gnaden, von seiner gleichsam göttlichen Allmacht, die für jedermann in erhabenen Ritualen kunstvoller Verschwendung sinnlich erfahrbar ist, in der prunkenden

Überwindung auch nur des Gedankens an die Möglichkeit materieller Not. Höfischer Prunk, höfisches Fest und ständige Verschwendung sind sowohl exklusive als auch rational-zweckmäßige Herrschaftsmittel des Fürsten, sie signalisieren seine unvergleichliche Überlegenheit. Deren Glanz beleuchtet auch jene, die in der ,Nähe seines Throns' leben. Derart trennt sich die höfische Staats- von der nichthöfischen Privatgesellschaft ab, der Hof stellt die repräsentative Ehre, in der Nähe des Fürsten zu sein, vor die anderen gesellschaftlichen Rangunterschiede, die sich in den globalen Gegensätzen ,Adel – Nicht-Adel' sowie ,ständisches Bürgertum – Pöbel' bewegen. [...]

Der aufgeklärte Absolutismus

Die höfische Repräsentation bleibt auch in der Phase des aufgeklärten Absolutismus in eingeschränktem Maß erhalten, sie prägt weiterhin die Erscheinungsform politischer Herrschaft, allerdings nicht mehr unmittelbar diese selbst. Der Staatsapparat versachlicht sich, er sondert die Logik seines Funktionierens auch von der Person des Fürsten langsam ab. Insofern beginnt mit dem aufgeklärten Absolutismus der Niedergangs der monarchischen Herrschaft, wenngleich davon zunächst und gerade bei Friedrich II. nur wenig zu bemerken ist. Er und Preußen gelten als Vorbilder für Fürsten und Staat des aufgeklärten Absolutismus, der mit erkennbarer Beschleunigung nach dem Siebenjährigen Krieg (1756–1763) die Staats- und Regierungsidee der größeren und mittleren Territorien auch des katholischen Südens bestimmt. Darüber hinaus ist er ab den fünfziger Jahren zu einer internationalen politischen Erscheinung geworden.

Der aufgeklärte Absolutismus verstärkt den Staatsapparat intensiv, und er treibt ihn auch extensiv über die Hofzentrale hinaus in regionale und lokale Bereiche, in denen bürgerliche Beamte auf jeden Fall gebraucht werden. Außerdem tritt er in eine neue und im Vergleich zur Vergangenheit auch wesentlich anders bestimmte Verbindung mit der Aufklärung, genauer: mit der rationalistischen Vernunft der Frühaufklärung, die bis zum Ende des Jahrhunderts die ,kameralistischen'[3] Staatswissenschaften prägt.

Die rationalistische Aufklärung wird sowohl in der praktischen Planung des Staates wie in der ideellen Legitimation des Fürsten zu einem zentralen Steuerungsinstrument. Praktisch gibt ihr deduktionslogisches Regelsystem die leitende Idee ab, nach welcher der Staatsapparat von der obersten Zentrale, dem Hof, in die Regional- und Lokalverwaltungen der Ständegesellschaft vorwärtsgetrieben werden soll und auch wird. Ideell begreift sich der Fürst nicht mehr als unkontrollierbarer Herrscher von Gottes Gnaden, sondern als ,erster Diener' des Staates. Die traditionelle, noch im 17. und 18. Jahrhundert gebräuchliche Metaphorik stellte diesen als organischen Staatskörper dar, dessen Kopf der Fürst von Gottes Gnaden und dessen Glieder die Stände sind. Die neue, im 18. Jahrhundert selbst entwickelte Metaphorik spricht eine andere Sprache; sie redet von der ,Staatsmaschine'. Politische Herrschaft säkularisiert und mechanisiert sich hier zugleich im Sinne des Rationalismus, und überhaupt hat sich das Verhältnis zwischen Aufklärern und absolutistischem Staat wesentlich verschoben – die neue Staatsmaschine ist ohne deren Vernunft nicht mehr entwicklungsfähig.

Der aufgeklärte Absolutismus gilt heute als der politische Versuch wirtschaftlich unterentwickelter und in ihrer sozialen Verfassung rückständiger Territorien, „den Anschluß an die ,kapitalistischen' Länder zu gewinnen"[4]. Er entsteht also deshalb, weil die wirtschaftliche und politische Konkurrenzfähigkeit des Staates durch die unproduktive Repräsentationspolitik und die gleichzeitige Ausbeutung der Untertanen nicht erhalten werden kann, die der höfische Absolutismus betreibt; er entwickelt sich mit einer gewissen Logik aus den chronischen Wirtschaftskrisen des höfischen Absolutismus, dessen politisches System das ökonomische erschöpft.

[1] domestizieren: lat. bändigen
[2] Aura: griech. Hauch; hier: Stellung
[3] kameralistisch: Ableitung von Kameralismus: die deutsche Form des im 16.–18. Jahrhundert herrschenden Merkantilismus. Gegenstand der Kameralwissenschaften war die staatliche Verwaltungslehre
[4] Aretin, Karl Otmar Freiherr von (Hrsg.): Der aufgeklärte Absolutismus, Köln 1974, S. 43

*Leo Balet: Maitressenwesen**

61 Das *Maitressenwesen* florierte an fast allen deutschen Höfen. Es war offiziell sanktioniert[1]. Biedermann berichtet uns z. B., daß die Juristenfakultät der Universität Halle zu Anfang des 18. Jahrhunderts ein Rechtsgutachten dahin abgab, daß Fürsten und Herren den gewöhnlichen, für Private geltenden Gesetzen nicht unterworfen, sondern lediglich Gott für ihre Handlungen Verantwortung schuldig seien, „dass daher auch ein ungeregeltes Liebesverhältnis mit einem Grossen für eine Person nichts Entehrendes enthalte, dass vielmehr auf eine solche Etwas von dem splendeur[2] ihres amanten[3] übergehe."[4]
Herzog Eberhard III. von Württemberg (1628–1674) war mit drei seiner Maitressen zugleich offiziell vermählt. Er machte es zu einem Sport, seine dreizehn Welpen untereinander zu kopulieren. Eberhard Ludwig von Württemberg (1677–1733) war mit seiner Frau und der Gräfenitz zugleich verheiratet. Am schamlosesten trieb es Friedrich August von Sachsen. Eine von seinen unzähligen Maitressen, die Gräfin Orselska, war seine eigene Tochter, die ihm von einer Schenkwirtin in Warschau geboren wurde. Die Orselska schenkte ihrem Vater und Geliebten noch während seines Lebens ein Kind von dem Grafen Rutowsky, der ebenfalls ein uneheliches Kind von Friedrich August war.
Das Maitressenwesen hatte allmählich so überhand genommen, daß sich sogar der fromme, bibelfeste und sparsame Friedrich Wilhelm I. von Preußen verpflichtet fühlte, eine Maitresse zu halten, ohne für die ihr gezahlte Apanage[5] eine Gegenleistung zu verlangen. Diese Gräfin von Kolbe-Wartenberg geb. Rückert, eine Schankwirtstochter aus Cleve, war zuerst an einen Kammerdiener verheiratet und Maitresse von Kolbe gewesen, hatte dann nach dem Tode ihres Mannes von Kolbe geheiratet, der bald zum Schloßhauptmann, Oberstallmeister und ersten Kammerherrn des Königs avancierte. Mit ihrem königlichen Geliebten lustwandelte diese „maîtresse en titre" täglich ein Stündchen, mit anderen, z. B. dem englischen Botschafter und August dem Starken trieb sie andere Scherze. Karl Eugen von Württemberg hielt sich einen ganzen Harem von italienischen und französischen Mädchen, zu denen sich häufig die verschleppten Töchter seiner Untertanen gesellten. Wenn eins seiner Landeskinder schwanger wurde, schickte der Herzog es nach Hause mit der „fürstlichen" Entschädigung von 50 Gulden „ein für allemal".

[1] sanktionieren: bestätigen, gutheißen
[2] splendeur: franz. Glanz
[3] amant: franz. Liebhaber
[4] Karl Biedermann, Deutschland im 18. Jahrhundert, Leipzig 1854–80 (4 Bde.)
[5] Apanage: franz. Jahrgeld, Abfindung

*Jochen Schulte-Sasse: Die Doppelrolle des Prinzen: Repräsentant der Macht und bürgerlich empfindsames Individuum**

62 Lessings ‚Emilia Galotti' (1772) scheint auf den ersten Blick jene Tradition aufzunehmen, die Martinis ‚Rhynsolt und Sapphira'[1] begründet hatte und die zahllose Schauspiele der sechziger und siebziger Jahre fortführen: Ein nicht grundsätzlich schlechter Herrscher wird von einem höfisch-intriganten Ratgeber fehlgeleitet und an moralisch-gesellschaftlicher Praxis gehindert. Die übliche Dekuvrierung[2] des lasterhaften Höflings gegen Ende der Dramen symbolisiert jenen aufklärerischen Optimismus, der die Humanisierung absolutistischer Herrschaft gesellschaftspraktisch für möglich hält. In der Tat greifen die letzten Worte von Lessings Trauerspiel das Resümee von Martinis Herzog Karl auf: „Ist es, zum Unglücke so mancher, nicht genug, daß Fürsten Menschen sind: müssen sich auch noch Teufel in ihren Freund verstellen?"

Der erste Eindruck täuscht. Denn die politische Praxis des Prinzen scheitert als humane nicht, weil es korrupte Hofbeamte, sondern weil es einen grundsätzlichen Widerspruch im Herrschaftssystem des Absolutismus selbst gibt.[3] Die absolute Herrschergewalt der einzelnen Fürsten kann sich nach Lessing nicht so rational äußern und allein dem objektiven Interesse des Staates dienen, wie das die frühaufklärerische Staatsphilosophie noch voraussetzte. Der Fürst ist immer auch Mensch, wie es im Schlußsatz des Prinzen heißt, und also Affekten unterworfen, die sowohl mit den politischen Kalkülanforderungen an staatliche Funktionsträger als auch mit der empfindsamen Moralität ‚guter Herrscher' kollidieren können, ja müssen.

Lessing charakterisiert den Prinzen im ersten Akt als einen Herrscher, dessen Denken und Fühlen nicht von höfischen, sondern bürgerlich-moralischen Werten bestimmt ist. So vergleicht der Prinz in I,3 seine beendete Beziehung zur Orsina mit seinen Gefühlen für Emilia:

„Als ich dort liebte, war ich immer so leicht, so fröhlich, so ausgelassen. Nun bin ich von allem das Gegenteil – Doch nein; nein, nein! Behäglicher, oder nicht behäglicher: ich bin so besser."

Neben der Repräsentation von Macht dient höfische Kultur dem ‚divertissement', dem Vergnügen, dem Vertreiben von Langeweile. Leichtigkeit, Fröhlichkeit und Ausgelassenheit sind die Ziele des ‚divertissement'. Des Prinzen vergangene Liebe zur Orsina ist ‚höfisch'; auf sie folgt ein neuer, ‚besserer' Zustand. Die moralische Kategorie, die Lessing benutzt, signalisiert das antiständisch-menschliche Tugendbewußtsein des ‚Bürgertums', dem sich Lessings Prinz in den ersten sieben Szenen des Dramas aus vollem Herzen anschließt. Diese Szenen häufen empfindsame Anspielungen so massiv, daß geschlossen werden kann, Lessing habe den Prinzen entschieden als Adepten[4] bürgerlich-allgemeinmenschlicher Tugendvorstellungen charakterisieren wollen. So provoziert folgende süffisant-abschätzige Bermerkung des Höflings Marinelli über die unstandesgemäße Heirat Appianis:

„Aber so geht es den Empfindsamen! Die Liebe spielet ihnen immer die schlimmsten Streiche. Ein Mädchen ohne Vermögen und ohne Rang, hat ihn in ihre Schlinge zu ziehen gewußt, – mit ein wenig Larve: aber mit vielem Prunke von Tugend und Gefühl und Witz" […] (I,6)

den Prinzen zu einer Verteidigung bürgerlich-empfindsamer Prinzipien der Familiengründung. Doch mit I,7 endet dieser Charakterzug des Prinzen abrupt:

„Geschmachtet, geseufzet hab' ich lange genug, – länger als ich gesollt hätte: aber nichts getan! und über die zärtliche Untätigkeit bei einem Haar alles verloren!"

Die Beziehungs- und Begegnungsform des Mitleidens ist ebenso wie das ‚Schmachten' und ‚Seufzen' und die Zärtlichkeit ein recht passiver Zustand. Zwar soll die Qualität dieses Zustandes in den Augen der empfindsamen Aufklärung die Qualität der alltäglichen Handlungen bestimmen, die Aktivität, die Tat selbst aber bleibt zufällig. Ja, das bürgerliche Schauspiel entwickelt eine grundsätzliche Abneigung gegen jeden Tataktivismus, da er mit politischer Intrige und kalkül- und interessebestimmter Karriere assoziiert wird. Der Prinz fällt in I,7, als er die empfindsame Passivität und Moralität als ungeeignet für seine Zwecke vorläufig ablegt, in das Handlungs- und ‚Politik'verständnis seines Standes zurück. Indem er sich fortan auf Marinelli und dessen politisches Kalkül verläßt, siegen höfische über bürgerlich-menschliche Normen.

Marinelli ist anders als Rhynsolt und dessen literarische Nachfolger kein Höfling, der aus persönlichem Eigennutz handelt; er stellt sein politisches Kalkül und Handeln vielmehr voll und ganz in den Dienst seines Regenten. Er ist kein schlechter Höfling, der bessere Praxis verhindert, sondern integraler Bestandteil im politischen Herrschaftsapparat des absoluten Regenten. Der Prinz bedient sich in Marinelli nicht eines lasterhaften Individuums, sondern seines politischen Herrschaftsapparates auch in dem Moment, da seine persönliche Leidenschaft mit dem rationalen und objektiven Staatsinteresse kollidiert.

Daß es Lessing um eine Kollision von Affekt und politischem Kalkül geht, ergibt sich aus mehreren Handlungsmotiven der Exposition. So weist gleich die erste Szene, in der der Prinz den Bittbrief einer ‚Emilia Bruneschi' liest, auf unheilvolle Konflikte zwischen persönlichen Leidenschaften und objektivem Staatsinteresse: „Viel gefordert; sehr viel. – Doch sie heißt Emilia. Gewährt!" (I,1) Die Gewährung der Bitte ist der Akt eines politischen Funktionsträgers, der sich in seinem Tun eigentlich an den objektiven Interessen des Staates ausrichten sollte. Der Grund der Entscheidung liegt aber im persönlichen Affekt des Prinzen, der die Möglichkeit abwägenden, d. h. ‚ruhigen' Räsonnements verbaut: „Ich war so ruhig, bild' ich mir ein, so ruhig – Auf einmal muß eine arme Bruneschi Emilia heißen: – weg ist meine Ruhe und alles! –" Lessing tastet hier in situativen Bildern von Anfang an sehr konsequent die Möglichkeit humaner absolutistischer Herrschaft ab; er scheint sie zu verneinen mit dem wiederholten Hinweis, daß rational-humane Herrschaft an den menschlichen Schwächen des Fürsten scheitert, der nie nur Funktionsträger, immer auch Person mit individuellen Wünschen ist. Leidenschaften wirken – im Sinne der Affektenlehre Descartes' – als ‚perturbationes animi'[5]; vor der affektiven Trübung des Geistes ist kein einzelner sicher, weshalb jede Einzelherrschaft notwendigerweise an menschlichen Unzulänglichkeiten scheitern muß. Der Fürst gerät in seiner Doppelrolle als Funktionsträger des Staates und als Individuum in einen Zwiespalt, der sich im Rahmen des Systems nicht auflösen läßt. In den gleichen Zusammenhang ist die so häufig fehlinterpretierte Camillo-Rota-Szene zu rükken: Die rasche Bereitschaft des Prinzen, ohne Überlegung ein Todes-Urteil zu unterschreiben, signalisiert nicht die klassenbewußt-bürgerliche, antiabsolutistische Gesinnung eines revolutionär aufgelegten Autors. Die Szene fügt sich vielmehr in jene Reihe von Motiven, die den Widerspruch im absolutistischen Herrscher – zugleich allmächtig und von Affekten verblendet zu sein – fast besonnen-distanziert und sicher ohne revolutionäre Verve ins Bild setzt.

[1] Christian Lebebrecht Martinis Stück „Rhynsolt und Sapphira" (entstanden 1753, erschienen 1755) gilt als erstes deutsches bürgerliches Trauerspiel

2 Dekuvrierung: Aufdeckung, Enthüllung
3 → Text **60**
4 Adept: Eingeweihter
5 perturbationes animi: lat. Verwirrungen, Störungen des Geistes

Peter Müller: Der Prinz als Despot und Feudalherr[*]

63 Lessing wählt das italienische Guastalla als Ort des dramatischen Geschehens. Der dortige Hof ist für die dramatische Handlung kein äußerliches Requisit, die handelnden Figuren sind keine verkleideten Bürger oder doch Leute, die auch anderswo leben und wirken könnten. Vielmehr ist das gesamte dramatische Geschehen spezifisch höfischer Art. Meisterlich verdichtet Lessing gleich eingangs auf knappem Raum charakteristische Vorgänge höfischen Lebens: Die Willkür der Amtsführung und Entscheidungsfindung durch den Prinzen, der liebedienerische und unterwürfige Ton Marinellis, die Zurschaustellung höfischen Mäzenatentums und schließlich die intrigante Erledigung der leidigen Mätressengeschichte – all das skizziert unverkennbar die Geschäfte und Beziehungen einer Hofclique. Dieses Hofmilieu disponiert[1] auch den eigentlichen dramatischen Konflikt. Es ist die Jagd nach höfischer Liebe, nach einer neuen Mätresse, die das dramatische Räderwerk in Gang setzt. Aus diesem oft wiederholten Spiel höfischen Lebens und höfischer Vergnügung bildet sich in Lessings Stück ein Konflikt, weil Emilia und Appiani sich weigern, es mitzuspielen. Sie halten trotz höfischer Intrige und List an ihrem Vorsatz fest, den Hof sofort zu verlassen und ein Leben ihres eigenen Maßes zu leben. Tragische Akzente erhält dieser Konflikt gegeneinanderstehender Absichten, weil der Prinz nicht willens ist, seine Ansprüche auf Emilia aufzugeben. Er duldet keine Verkürzung seiner Lust. Mit allen ihm zur Verfügung stehenden Mitteln sucht er erst die Trennung Emilias vom Hof und dann seinen generellen Anspruch auf die Mätresse durchzusetzen. Dies gelingt ihm nicht. Denn obwohl der Prinz alle Hebel seiner intakten Macht in Bewegung setzt, verhindert das moralische Bewußtsein der Galottis die erotische Siegesfeier des Prinzen. In einer stolzen Geste ohnmächtiger Empörung tötet Odoardo das auserwählte Opfer, zerstört dem fürstlichen Wollüstling den Genuß. Hier nun wächst das antifeudale Hofdrama in das bürgerliche Trauerspiel hinüber: Der vierdreiviertel Akte vorgeführte ebenso hartnäckige wie hoffnungslose Widerstand der Hofmüden und Sezessionswilligen[2] gegen Übermacht und Brutalität feudaler Willkür ihres Landesherrn mündet schließlich in den Kampf um die moralische Selbstrettung der verunsicherten, tugendhaft leidenden Heldin ein. [...]

[...] Der Kopf der Hofpartei, zugleich die gelungenste Figur des Dramas ist der Prinz von Guastalla. Lessing zeigt ihn als glänzenden und starken Fürsten, der jederzeit Herr der Situation ist. Lessing gelingt mit ihm das Konterfei[3] eines machtbesitzenden Feudalherrn, der, weitab vom Klischee des höfischen Bösewichts, mit allen individuellen Vorzügen ausgestattet, verführerischen Glanz und tödliche Drohung feudaler Moralität ausstrahlt. Faszination erregt der Prinz in seiner Umgebung durch die Paarung von intellektueller Dynamik und Sensibilität, vor allem jedoch durch seine Kultiviertheit und geistige Beweglichkeit, durch die er das Problematische seiner Existenz erfaßt und spielerisch zur Schau stellt. Lessing zeigt den Prinzen als Akteur, der alle Möglichkeiten höfischer Lustbarkeit kennt und nutzt, sie aber durch den Genuß eines vorgetäuschten Problembewußtseins dieser seiner höfischen Existenz noch steigert. Denn im Unterschied zu Marinelli, der die höfischen Lebensregeln unreflektiert annimmt, ist er kein naiver Höfling. Er spielt gekonnt den Konflikt zwischen vorgezeichneter gesellschaftlicher Rolle und Individualitätsanspruch, wobei er aber keineswegs wie Orsina unter den Wechselfällen des Hoflebens leidet. Sein beweglicher Intellekt, seine extreme Mitleidslosigkeit wie natürlich auch seine unangetastete Machtposition schaffen ihm am Hof einen Handlungsspielraum, durch den er eine vordergründige Identifikation mit der höfischen Etikette vermeidet, ja gedanklich die höfische Existenzweise in Frage zu stellen bereit ist. [...] Sein Protest gegen die Zwänge des höfischen Lebens führt – und das unterscheidet ihn von Appiani – nie bis zur Desintegration[4]; er fungiert lediglich als Ventil und intellektuelles Spiel. Trotz seines Pseudokonfliktes akzeptiert er [...] letzten Endes die höfischen Lebensregeln. So plant er fast geschäftsmäßig seine Eheschließung mit der Prinzessin von Massa und betreibt auch während dieser Zeit ohne Skrupel die Mätressenwirtschaft, spielt also ungerührt das alte höfische Spiel weiter. Ganz folgerichtig – und auch hier im Gegensatz zu dem verhöhnten empfindsamen Appiani – wünscht er die leidenschaftlich begehrte Emilia Galotti lediglich in den Rahmen höfischer Beziehungen und Genüsse einzufügen. Während Appiani die Landjunkerstochter Emilia zu seiner ebenbürtigen Frau zu machen wünscht und ihretwegen mit dem Hof zu brechen bereit ist, denkt der Prinz ihr die unebenbürtige verächtliche Mätressenrolle zu, die er noch dazu in einer besonders niederträchtigen Weise auf eine ausschließlich sexuelle Objektrolle der Frau reduziert.

[1] disponieren: lat. verfügen, entwerfen, sorgen für
[2] Sezession: lat. Absonderung, Trennung
[3] Konterfei: Abbild
[4] Desintegration: lat. Spaltung, Auflösung eines Ganzen

6.4.3 Hofkritik: Die Utopie der Natur (Appiani)

Die hofkritische Tendenz der „Emilia Galotti" hat eine Reihe literarischer Vorläufer. Rousseaus Werke, die Lessing genau kannte, prägen in der Mitte des 18. Jahrhunderts die aufklärerische Glücksvorstellung eines tugendhaften, zurückgezogenen Lebens im ländlichen Rahmen der Natur.

1759 veröffentlichte Lessing eine überarbeitete Auswahl der Sinngedichte Friedrichs von Logau, jenes bedeutenden Epigrammatikers der Barockzeit. Die Auswahl enthält eine Reihe hofkritischer Epigramme, in denen u. a. die Idylle des Landlebens beschrieben wird (→ Text **65**).

Eine entscheidende Quelle von Lessings Kritik der höfischen Welt stellt der Traktat „Verachtung des Hoflebens und Lob des Landlebens" (1539) des spanischen Hofpredigers Antonio de Guevara am Hofe Karls V. dar, dessen deutsche Übersetzung Lessing im Jahre 1751 ausführlich rezensierte. Guevara kritisiert den Hof als eine Schule des Lasters: „Zu Hof ist die Tugent schwerlich zu erlangen / vnd noch viel gefährlicher zu behalten" (zitiert nach Kiesel, S. 102) und hebt die Privilegien des Landlebens hervor: „Das Privilegium eines /

der auffm Lande wohnet / ist / daß er der aller best vnd furnembste ist vnter den seinigen. Welches aber bey Hof nit also ist…" (zitiert nach Kiesel, S. 102). Lessing äußert sich in seiner Rezension zum hofkritischen Ansatz Guevaras über die gesellschaftliche Sonderstellung des Hofs mit radikaler Konsequenz: „Die Menschen sind am Hofe, in der Stadt und auf dem Lande Menschen; Geschöpfe, bey welchen das Gute und das Böse einander die Waage hält. Schwachheiten und Laster zu fliehen, muß man nicht den Hof sondern das Leben verlassen. Beyde sind am Hofe, wegen des allgemeinen Einflusses, den sie auf andere Stände haben, nur gefährlicher, aber nicht größer." (LM, Bd. IV, S. 347–348).

*Helmuth Kiesel: Hofkritik – die soziale Utopie vom selbstbestimmten Leben**

64 Die bisher aufgewiesenen hofkritischen Vorstellungen Lessings laufen im Trauerspiel ‚Emilia Galotti' (1772) zusammen, angefangen von der Hof-Künstler-Problematik[1] bis zum Thema der Etikette[2]. Streng am sozialen Status bemessen, der den Dramenpersonen zugeschrieben ist, spielt das Stück in einer rein höfischen Gesellschaft, durch die allerdings ein ideologischer Bruch geht. Ein Teil dieser Gesellschaft, der von dem Obersten Odoardo und dem Grafen Appiani repräsentiert wird, bekennt sich zu gänzlich unhöfischen Lebensvorstellungen und setzt sich vom Hof ab; eine jüngere Generation, repräsentiert durch Emilia, ist bereits antihöfisch erzogen und für das Hofleben sozusagen untauglich.[3] Die Charakterisierung der Mitglieder der höfischen wie dieser sezessionistischen[4] Gruppe geschieht mit Hilfe derjenigen hofkritischen Denkschemata, die Lessing in der älteren hofkritischen Literatur z. B. Guevaras und Logaus vorgefunden hatte. So ist insbesondere Marinelli das perfekte Beispiel eines schmeichlerischen, berechnenden und intriganten Höflings, der den anfangs bürgerlich-empfindsam sich gebenden Prinzen wieder auf negativ gezeichnete höfische Verhaltensweisen zurückführt und ihm die Mätressenwirtschaft[5] genauso schmackhaft macht wie die tyrannische Gewaltanwendung[6]. Die etwas launenhaft wirkenden Versuche des Prinzen, höfische Lebensnormen zu ignorieren (z. B. nach wahrer Liebe zu verlangen) und auf die Vorteile der Position (Prestige und Macht) zu verzichten, werden durch den Höfling Marinelli vereitelt. Der Hof hat auch seinen obersten Repräsentanten im Griff.

Auf der anderen Seite verkörpert Graf Appiani, hierin seinem Schwiegervater Odoardo noch überlegen, das in der hofkritischen Literatur immer wieder anvisierte Ideal des Mannes, der sich frühzeitig vom Hof zurückzieht, um in der Zurückgezogenheit seines Landgutes sich selbst zu leben. Odoardo charakterisiert ihn:

„Alles entzückt mich an ihm. Und vor allem der Entschluß, in seinen väterlichen Thälern sich selbst zu leben."

Und kurz darauf:

„Was sollte der Graf hier? Sich bücken, schmeicheln und kriechen, und die Marinellis auszustechen suchen? um endlich ein Glück zu machen, dessen er nicht bedarf? um endlich einer Ehre gewürdiget zu werden, die für ihn keine wäre."

Gerade im Kontext dieser Stellen (II,4) dokumentiert sich der ideologische Bruch, der mitten durch eine Familie verläuft, am augenfälligsten in der Wahl des Landgutes (Odoardo) bzw. im Festhalten am residenzstädtischen Haus (Claudia) als bevorzugtem Aufenthaltsort. Das Landgut wird mit Selbstbestimmung, Ruhe, Liebe, Glück identifiziert, die Residenz dagegen mit Fremdbestimmung, Gunststreben, Unruhe, Wollust, sittlicher Gefährdung; später wird zur Charakterisierung des moralischen Klimas im Umkreis des Hofes der biblische Ausdruck „Haus der Freude" benutzt (V,7; nach Ekklesiastes 7,3–4).[7]

Lessing hatte eine derartige kontrastive Schilderung von Hof- und Landleben an Guevara kritisiert, verfuhr aber hier nicht anders. Der schon von Aeneas Sylvius Piccolomini[8] im Rückgriff auf antike Vorbilder skizzierte Hof-Land-Gegensatz, der von Guevara zum durchschlagendsten Denkschema der Hofkritik erhoben worden war, diente Lessing im Trauerspiel ‚Emilia Galotti' als dramaturgisches Mittel zur Veranschaulichung des Konflikts zwischen gefühlloser Immoralität, die am Hof angesiedelt wurde, und empfindsamer Moralität, die auf dem Lande eine Stätte der Selbstverwirklichung suchte. Berücksichtigt man nun, daß Empfindsamkeit und Moralität in der zweiten Hälfte des 18. Jahrhunderts als genuin[9] ‚bürgerliche' Werte galten und vom Bürgertum als solche beansprucht wurden, so erweist sich der Hof-Land-Gegensatz als aussagekräftiges Modell für den sozialpsychologisch fundamentalen und in der zweiten Hälfte des 18. Jahrhunderts forcierten Prozeß der Dissoziation[10] der bürgerlichen Menschen- und Gesellschaftsideale von den höfisch-absolutistischen.

Im Hinblick auf die Entwicklung der Hofkritik vertrat Lessing mit dem Trauerspiel ‚Emilia Galotti' eine extreme Position, wie Goethe als zweifellos kompetenter Beobachter der literarischen Szene mit Recht feststellte.[11] Sie ergab sich allerdings nicht so sehr aus der Charakterisierung des Prinzen Hettore und des Höflings Marinelli, die von den einen begeistert aufgenommen und von den andern als Produkt der „Studierstube"[12] abgetan wurde; vielmehr folgte sie daraus, daß im Trauerspiel ‚Emilia Galotti' der Hof als Institution erschien, die der Sozialutopie eines selbstbestimmten und moralischen Lebens von vornherein die Realisierung verwehrte. Der Hof war damit als Bastion gegen die moralische Erneuerung der Gesellschaft abgestempelt, als eine Macht im übrigen, mit der ein Ausgleich nicht möglich schien. Der Konflikt spitzt sich zu und endet – aus vieldiskutierten Gründen – mit dem Sieg der höfischen Immoralität. Dadurch wurde die politische Hoffnung der bürgerlichen Aufklärung auf eine Besserung der Höfe und auf ein Arrangement von Hof und Gesellschaft radikal in Frage gestellt.

1 → Szenen I, 2–4
2 → Szenen III,8; IV,1; V,1
3 Dies zeigt sich vor allem daran, daß Emilia durch die Galanterie des Prinzen gefühlsmäßig völlig verunsichert wird (→ II,4 und 6)
4 sezessionistisch: Ableitung von Sezession:→ Text **63**, Erläuterung 2
5 → I,6
6 → IV,1
7 → Wierlacher, Text **54**
8 Aeneas Sylvius Piccolomini (1405–1464): italienischer Humanist, schrieb 1444 den berühmt gewordenen Brief „De curialium miseriis", in dem er das Leben am Hofe radikal anprangerte; seit 1458 römischer Papst (Pius II.)
9 genuin: lat. echt
10 Dissoziation: lat. Trennung
11 → Goethe, Text **17**
12 vgl. Julius W. Braun, Lessing im Urtheile seiner Zeitgenossen, Berlin 1884–97, Bd. 2, S. 280

Friedrich von Logau: Das Dorf (hrsg. von Lessing und Ramler)

65 Das Dorf
Mein Gut besucht ich nächst: das Feld war voller Segen;
Sonst war mirs nicht so gut als in der Stadt gelegen.
Mein Tisch der war ein Brett. Mein Bette konnte gehen.
Ich hatte frommen Trank. Zur Speise hatt ich stehen
Ein Kind, ein solches Kind, worüber, wanns geboren,
Die Mutter fröhlich singt. Ich hatte mir erkohren
Den Platz, der zur Musik den ersten Grund uns giebet.
Und dennoch war mir wohl, und alles fiel geliebet,
Weil Ruh mir wohlgefiel. Das Zanken der Parteyen,
Der Ueberlauf des Volks, des Hofes Schwelgereyn,
Verleumdung, Neid und Haß, Druck, Heucheley und Höhnen,
Die ausgeschmückten Wort und fälschliches Beschönen
Die hatten hier nicht Statt. Hier war ich ganz mein eigen,
Und konnt all meine Müh zu meinem Besten neigen.
O Feld! o werthes Feld! Ich will, ich muß bekennen,
Die Höfe sind die Höll, der Himmel du, zu nennen!

Joachim Schmitt-Sasse: Graf Appiani: adliges Landleben als Opposition

66 Der Wunsch, den Hof zu verlassen und aufs Land zu ziehen, ist keineswegs selbstverständlich: Es bedarf dazu eines Entschlusses. Dieser Begriff wird von Odoardo (II,4) und Appiani (II,7) gebraucht. Er deutet auf eine Hemmschwelle hin, die mit einem solchen Entschluß überwunden werden kann und muß. Die Absage an das Hofleben ist schwer zu vollziehen. Schon Guevara beklagt mehrfach, daß die Hofleute ihrer Unzufriedenheit keine Taten folgen lassen[1]. Je größer die Ehre eines Hofes ist, desto schwieriger wird es für den Adligen sein, ihn zu verlassen; die Abkehr von einem ehrenvollen Hof bedeutet für sie Ehrverlust und damit zugleich Verlust an ihrem Wert als Person. Der Entschluß, den Hof zu verlassen, verlangt eine Umorientierung des persönlichen Wertsystems vom Rangsystem des Hofes auf eine andere Selbst- und Weltsicht.

Der Entschluß kann umso leichter fallen, je stärker die Bindung an eine Umwelt außerhalb des Hofes ist. Autonomie und Autarkie sind wichtige Voraussetzungen: Einen Hof kann eher verlassen, wer dem Fürsten keinen Dienst schuldig ist und wer über Güter verfügt, die ihn von fürstlicher Gnade unabhängig machen. Beide Voraussetzungen treffen auf Appiani zu.

Die Formulierungen, mit denen sein künftiges Landleben beschrieben wird, machen dessen antihöfischen Charakter deutlich: „Unschuld und Ruhe“ rufen Appiani und Emilia, der Graf ist entschlossen, „sich selbst zu leben“ (II,4), in seinen „väterlichen Tälern“ kann er befehlen, während er bei Hof nur dienen kann (II,4). Die Gegensätze sind im Stück selbst angelegt, sie stehen im Kontext antihöfischer Topoi[2]. Die „Unschuld und Ruhe“ widerstreiten der Sittenlosigkeit des Hoflebens, dem „Geräusch“ der Welt und dem höfischen Rangstreit (II,4). Appianis Entschluß, „sich selbst zu leben“, deutet ebenso auf seine Unabhängigkeit hin wie Odoardos Worte über den Gegensatz von Hof und Land:

„Was sollte der Graf hier? Sich bücken, schmeicheln und kriechen und die Marinellis auszustechen suchen? um endlich ein Glück zu machen, dessen er nicht bedarf? […] Warum soll der Graf hier dienen, wenn er dort selbst befehlen kann?" (II,4)

Das Hofleben erscheint hier als erniedrigende Beschäftigung, die ehrenvolle Lebensweise als eine würdenlose: Bücken und Unterordnung kennzeichnen sie. Das höfische Rangsystem wird von einem hoffremden Standpunkt aus kritisiert. Der Graf ist des Dienstes überhoben, weil er andernorts selbst zu befehlen vermag; während er bei Hof abhängig ist, ist er auf seinen Gütern Herr. Diese Voraussetzung für Appianis Hofflucht verweist auf seine Möglichkeiten als Adliger. Sein Landleben ist mit Begriffen beschrieben, die dem Vorstellungskomplex der „Stände" zugeordnet werden können. Besonders charakteristisch hierfür ist Odoardos Bild von den „väterlichen Tälern", in denen Appiani sich selbst leben wird (II,4). In den Tälern seines Vaters verdankt der Graf sein Glück nicht dem Fürsten, sondern seinem Geschlecht und seinem Stand, die er von seinen Vätern ererbte. Die Täler des gebirgigen Piemont stehen für die ständische Abgeschlossenheit seiner Herrschaft, dort kann er der Herr seiner Güter sein, der Vater seiner Täler. Derart ist sein antihöfisches Landlebensideal als adlig-feudales gekennzeichnet. Es ist definiert aus der Eigenständigkeit der Herrschaft, aus der abgeschlossenen Unabhängigkeit vom Hof.

Den ständischen Begriffen, mit denen das Landleben des Grafen umrissen wird, steht allerdings Appianis unständisches Verhältnis zu den Galottis zur Seite: Es manifestiert sich in dem ihm zugeordneten Ehrverständnis.

Für Marinelli ist der Graf durch das „Mißbündnis" mit Emilia entehrt; der Standes- oder Rangunterschied zwischen beiden ist so groß, daß sich Appiani durch die Ehe den Zirkel der ersten Häuser verschließt (I,6). Allerdings zeigt sich, daß Appiani ein völlig anderes Verhältnis zur Ehre hat als Marinelli. Das erweist sich schon in Odoardos Einschätzung, daß die Ehre, die bei Hofe zu gewinnen ist, für den Grafen keine Ehre mehr darstellt (II,4). Er sucht seine Ehre nicht mehr bei Hof, sondern im Umgang mit Odoardo. Es ist für ihn eine Ehre, Odoardos Sohn zu heißen, eine Ehre noch dazu, der er sich erst würdig machen will (II,7). Das bedeutet eine völlige Umkehrung des höfischen Ehrverständnisses: Nicht mehr im Umgang mit Höhergestellten, womöglich mit dem Fürsten, sucht Appiani Ehre, sondern im Umgang mit einer Familie ohne Vermögen und Rang, die so weit unter ihm steht, daß sie für seinen Gesellschaftsrang völlig unannehmbar ist. Was bindet ihn an diese unstandesgemäße Bekanntschaft? Daß Emilia ihn durch ihre Tugend für sich gewann und daß er an ihr persönliche Eigenschaften schätzt, das wurde bereits erwähnt. Auch von Odoardo aber fühlt er sich angezogen, er charakterisiert ihn als „das Muster aller männlichen Tugend" (II,7). Auch hier findet sich also der Gegensatz von Tugend und Ehre wieder […]. Odoardos Tugend macht ihn dem Grafen ehrenwert. Diese Tugend inspiriert Appiani zu hohen Gesinnungen, sie bestätigt ihn in seinen antihöfischen Entschlüssen und in seinem Entschluß, „immer gut, immer edel zu sein" (II,7). Die Tugend und der Wille zu ihr erscheinen hier erneut als Gegenbegriffe zur höfischen Ehre. Ihr Vorbild wirkt so stark, daß der Graf bereit ist, aus der ständischen Abgeschlossenheit seines Ranges herauszutreten und sich der niedrigerstehenden Familie zu verbinden. Der unter Berufung auf seinen Stand getroffene Entschluß, den Hof zu verlassen, wird verknüpft mit dem Motiv des unständischen Mißbündnisses. In der Liebe zu Emilia löst Appiani eine der ständischen Fronten auf, in denen er sonst stünde, und nur dadurch ist er in der Lage, seinem Entschluß die Tat folgen zu lassen.

Den literarischen Topos des adligen

Landlebens greift Lessing in der Gestalt Appianis auf. Indem er seine Figur mehr sein läßt als nur einen utopischen Schwärmer, ihn vielmehr mit dem Willen zur Tat ausstattet, radikalisiert er das literarische Konzept. An die Stelle der reinen Idylle tritt die Berufung auf einen konkret bestimmbaren Besitz; an die Stelle pastoraler[3] Tändeleien setzt Lessing das Mißbündnis, die Ehe des Grafen mit dem ranglosen Mädchen. Dadurch wird der Gegensatz zwischen dem Hof und seinem Gegner vertieft: Appiani steht in doppeltem Gegesatz zu den Interessen des Prinzen: Politisch lehnt er den Dienst beim Prinzen ab und verringert so die Ehre des Hofes, persönlich entzieht er Gonzaga das Objekt von dessen Begierde.

[1] → Kapitel 6.4.3 (Einleitung)
[2] Topoi: Plural von Topos: griech. Ort, Gemeinplatz; in der Rhetorik sind Topoi feste Denk- und Ausdrucksschemata
[3] pastoral: hirtenmäßig; ländlich; die Schäferdichtung betreffend

6.5 Orsina: Emanzipation und Wahnsinn

Die in der Orsina-Figur angedeuteten Wesenszüge der Schwärmerei, Hysterie, Schwermut und des Wahnsinns einerseits sowie des Scharfsinns und Verstands, der Vernunft und Weisheit andererseits stehen in der abendländischen Tradition des Melancholie-Motivs. Schon die antike Lehre von den Temperamenten (Aristoteles) interpretiert die Melancholie als Merkmal des Genies. Sie kann zur Krankheit umschlagen, die sich im Wahnsinn bzw. in „heiliger" Ekstase äußert, d. h. in einer Mischung von Weisheit, Prophetie und rasender Verzückung. Die Tradition der Melancholie-Auffassung ist im 18. Jahrhundert trotz der beginnenden wissenschaftlichen Entwicklung der Medizin selbstverständlicher Bildungshintergrund.

Michel Foucault: Wahnsinn und Vernunft im 18. Jahrhundert[*]

67 Einerseits besteht der Wahnsinn *in Beziehung* zur Vernunft, oder zumindest in Beziehung zu den „anderen", die in ihrer anonymen Allgemeinheit die Aufgabe haben, die Vernunft zu repräsentieren und ihr fordernde Kraft zu geben; andererseits existiert er *für* die Vernunft, in dem Maße, in dem er im Blick eines idealen Bewußtseins erscheint, das ihn als Unterschied zu den anderen perzipiert[1]. *Gegenüber* der Vernunft ist der Wahnsinn von doppelter Art; er ist zugleich *auf der anderen Seite* und *unter ihrem Blick.* Auf der anderen Seite heißt: der Wahnsinn ist unmittelbarer Unterschied, reine Negativität, die sich als Nicht-Sein in einer unabweisbaren Evidenz[2] ankündigt; er ist totale Vernunftlosigkeit, die man sofort als solche auf dem Hintergrund der *Strukturen des Vernünftigen* wahrnimmt. Unter dem Blick der Vernunft heißt: der Wahnsinn ist eigenartige Individualität, deren eigene Charakterzüge, Benehmen, Sprache, Gesten sich jeweils von dem, was man beim Nicht-Irren findet, unterscheiden. In seiner Besonderheit entfaltet er sich für eine Vernunft, die nicht Beziehungspunkt, sondern Urteilsprinzip ist; damit ist der Wahnsinn von den *Strukturen des Rationalen* erfaßt. Was den Wahnsinn seit Fontenelle[3] charakterisiert, ist eine ständige Doppelbeziehung zur Vernunft, die Implikation einer in der Erfahrung mit dem Wahnsinn als Norm gesetzten Vernunft und einer als Erkenntnissubjekt definierten Vernunft.

[...]

Von der ersten Hälfte des achtzehnten Jahrhunderts an wird, und das gibt ihm das entscheidende Gewicht in der Geschichte der Unvernunft, die moralische Negativität des Irren nur noch ein und dasselbe sein wie die Positivität dessen, was man von ihm wissen kann: die kritische und pathetische Kritik der Ablehnung, des Nichtwiedererkennens, die Charakterleere wird der Raum, in dem klar die Charaktere zutage treten werden, die allmählich eine positive Wahrheit zeichnen. Und wahrscheinlich kann man diese Bewegung hinter der rätselhaften Definition der Encyclopédie finden: „Sich von der Vernunft zu entfernen, ohne es zu wissen, weil man keine Idee hat, ist *Dummheit;* sich von ihr zu entfernen und es zu wissen, weil man Sklave einer heftigen Leidenschaft ist, ist *Schwachheit;* aber sich voller Vertrauen von ihr zu entfernen und in der festen Überzeugung, ihr zu folgen, ist, so scheint mir, *Wahnsinn.*"[4]

Diese so trockene Definiton ist eigenartig und scheint der alten philosophischen und moralischen Tradition noch nahe zu stehen. Dennoch findet man darin die ganze Bewegung versteckt, die die Reflexion über den Wahnsinn erneuert: die Überlagerung und erzwungene Koinzidenz[5] einer Definition durch die Negativität der Trennung (der Wahnsinn ist immer eine in Beziehung zur Vernunft eingenommene Distanz, eine abgemessene und etablierte Leere) und einer Definition durch die Fülle der Charaktere und der Züge, die in positiver Form die Beziehung mit der Vernunft (Vertrauen und Überzeugung, Glaubenssystem, das den Unterschied zwischen Wahnsinn und Vernunft gleichzeitig zur Ähnlichkeit werden läßt; die Opposition entgeht sich selbst in der Form einer illusorischen Treue, die Leere füllt sich mit einer Scheinwelt, aber einer Scheinwelt der Vernunft selbst) wiederherstellen. Infolgedessen wird die alte, einfache Opposition der Vernunftkräfte und der des Wahnsinns durch eine komplexere und weniger greifbare Opposition ersetzt; der Wahnsinn ist das Fehlen der Vernunft, aber ein Fehlen, das positive Gestalt annimmt in einer Quasikonformität, in einer täuschenden Ähnlichkeit, ohne daß er jedoch zu täuschen vermag. Der Irre weicht von der Vernunft ab, aber indem er Bilder, Glaubensvorstellungen, Überlegungen ins Spiel bringt, die man genauso beim Vernunftmenschen wiederfindet. Der Irre kann also nicht für sich wahnsinnig sein, sondern nur in den Augen eines Dritten, der allein die Vernunfttrübung von der Vernunft zu unterscheiden vermag.

In der Perzeption des Irren durch das achtzehnte Jahrhundert sind also das Positivste und das Negativste unentwirrbar vermischt. Das Positive ist nichts anderes als die Vernunft selbst, sogar wenn sie in einem abweichenden Gesicht wahrgenommen wird; das Negative ist die Tatsache, daß der Wahnsinn höchstens das nichtige Abbild der Vernunft ist. Der Wahnsinn ist die Vernunft plus eine extreme negative Kleinigkeit, ist das der Vernunft Allernächste, Irreduzibelste[6], ist die mit einem unauslöschbaren Indiz behaftete Vernunft: mit der Unvernunft.

[1] perzipieren: lat. wahrnehmen, begreifen

[2] Evidenz: lat. die innere Gewißheit der Gültigkeit einer Erkenntnis

[3] Fontenelle, Bernard de Bovier de (1657–1757), französischer Gelehrter und Philosoph, Wegbereiter der Aufklärung. Fontenelle beurteilte religiöse und poetische Kräfte als wahnhafte Eingebungen des menschlichen Geistes

[4] Encyclopédie, Artikel „Folie"

[5] Koinzidenz: lat. Zusammenfallen

[6] irreduzibel: lat. nicht zurückführbar, unzerlegbar

Wilfried Barner: Orsina, eine emanzipierte Medea[1*]

Barner weist in seiner Studie „Produktive Rezeption" nach, daß Lessing die Gestalt der Orsina (wie schon vorher die der Marwood in seinem Trauerspiel „Miß Sara Sampson") als Nachfolgerin der Medea Senecas versteht. Das Motiv der „verlassenen Frau" und die zur Raserei gesteigerte Rachsucht sind dabei wesentliche Argumente für eine solche Zuordnung. Lessing hat sich in seiner „Theatralischen Bibliothek" (1754) ausführlich mit dem Dramenstil Senecas auseinandergesetzt. Die konkrete Anlehnung des Wahnsinns-Motivs der Orsina an antike Vorbilder scheint evident zu sein. Vergleichen Sie dazu auch die Anlehnung des Motivs an Euripides' Tragödie „Die Bakchen" (→ S. 87, Anmerkung 87). Über die entscheidenden Handlungsmomente von Senecas Trauerspiel „Medea" können Sie sich in Kindlers Literaturlexikon informieren.

68 Vorbereitet wird Orsinas Auftreten von der ersten Szene an. Als sie endlich erscheint (IV,3 ff.), verfolgt sie vordergründig ihre Absicht, zum Prinzen vorzudringen. Zugleich leistet diese „Philosophinn" [IV,3], im Gespräch mit Marinelli, durch ihre Gedanken über den Zufall indirekt ihren Beitrag zur religiös-philosophischen Sinnerhellung des Stücks. Schon hier gibt sie einen überzeugenden Beweis ihrer Disputationskunst, die, wie bei Marwood[2], ein integrierender Bestandteil ihrer schauspielerischen Kunst ist. Wie Marwood ist diese Figur von Lessing auf Beherrschtheit, Steigerung und plötzlichen, ‚rasenden' Ausbruch hin angelegt, und dies zusammengedrängt auf nicht mehr als vier Szenen. Dabei scheinen Orsinas ‚emanzipatorische' Gedanken über die allgemeine Unterdrückung der Frau (IV,3) eher abzulenken. Aber gerade dies versteht Lessing auf versteckte Weise zur Konstituierung der Rolle zu benutzen, denn der Ansatz hierzu liegt bereits in der Medea-Tradition; man erinnert sich der Worte der Marwood in dem Gespräch mit Sara IV,8: „Wir Frauenzimmer sollten billig jede Beleidigung, die einer einzigen von uns erwiesen wird, zu Beleidigungen des ganzen Geschlechts und zu einer allgemeinen Sache machen ..." (LM 2, S. 328).

In der *Emilia Galotti* hat die Beleidigte den Vater der Rivalin endlich so weit gebracht (IV,7), daß er zur Rache entschlossen ist. Er nimmt den Dolch, den sie ihm aufdrängt; und das Vertrauen, das er ihr schenkt („wer wieder sagt, daß du eine Närrin bist, der hat es mit mir zu tun"), nutzt sie für eine steigernde *adhortatio*[3]; sie drängt ihn zur Tat, mit fast dem gleichen Argument, das später Emilia einsetzen wird (V,7): „ – wenn Sie ein Mann sind" [IV,7]. Dieser Moment, in dem sie ihren Triumph bereits vor Augen sieht, dient Lessing als Basis für den eigentlichen Ausbruch ihrer ‚Raserei'. Spätestens jetzt offenbart sich Orsina als eine neue Medea/Marwood (auffällig dabei wieder die namentliche Selbstvorstellung: „Kennen Sie mich? Ich bin ..."), mit allen Symptomen einer überhitzten, dirigierten Phantasie, wie sie Lessing bei Seneca exemplarisch vorgebildet fand:
„Ich, ich bin nur ein Weib: aber so kam ich her! fest entschlossen! – Wir, Alter, wir können uns alles vertrauen. Denn wir sind beide beleidiget; von dem nehmlichen Verführer beleidiget. – Ah, wenn Sie wüßten, – wenn Sie wüßten, wie überschwänglich, wie unaussprechlich, wie unbegreiflich ich von ihm beleidiget worden, und noch werde: – Sie könnten, Sie würden Ihre eigene Beleidigung darüber vergessen. – Kennen Sie

mich? Ich bin Orsina; die betrogene, verlassene Orsina. – Zwar vielleicht nur um Ihre Tochter verlassen. – Doch was kann Ihre Tochter dafür? – Bald wird auch sie verlassen seyn. – Und dann wieder eine! – Und wieder eine! – Ha! (wie in der Entzückung) welch eine himmliche Phantasie! Wann wir einmal alle, – wir, das ganze Heer der Verlassenen, – wir alle in Bacchantinnen, in Furien verwandelt, wenn wir alle ihn unter uns hätten, ihn unter uns zerrissen, zerfleischten, sein Eingeweide durchwühlten, – um das Herz zu finden, das der Verräther einer jeden versprach, und keiner gab! Ha! das sollte ein Tanz werden! das sollte!" [IV,7]

Marwoods kalt-genüßliche Drohrede gegenüber Mellefont (II,7) und die Erkennungsszene mit Sara (IV,8) scheinen hier gewissermaßen in eins zusammengezogen; der knappe Raum, den Lessing für die Entfaltung der Orsina-Rolle zugestehen konnte, erforderte eine solche Konzentration. Der Schluß der zitierten Partie mag die Vermutung nahelegen, hier evoziere Lessing weniger die *Medea* Senecas als die *Bakchen* des Euripides. Obwohl auch dies lediglich eine Nuancierung innerhalb der antik-heroischen Tradition bedeuten würde, weisen die Kommatik[4] der Sprache, die spezifische Pathoskurve und die Inszenierung der „Phantasie" unmißverständlich auf Seneca; und gerade das ‚Furien'-Motiv gehört zu den prägenden Elementen der Senecanischen Medea-Rolle.

[...]

Unbestreitbar [...] ist, daß die vielerörterte Kritik des fürstlichen Despotismus in ihrer expliziten Form am schärfsten durch eine Adlige vertreten wird, durch eine, die über höchstpersönliche Erfahrungen verfügt: durch Orsina. Schon Herder hat diese Funktion der Orsinagestalt erkannt, und zwar im Zusammenhang der bereits zitierten großen ‚Senecanischen' Rache-Phantasie (IV,7): „Wenn *sie* nicht den Mund öffnet, wer soll ihn öffnen? Und *sie* darfs, die gewesene Gebieterin eines Prinzen, die in seiner Sphäre an Willkühr gewöhnt ist. Als eine Beleidigte, Verachtete muß sie anjitzt übertreiben, und bleibt in der größesten Tollheit die redende Vernunft selbst, ein Meisterwerk der Erfindung".[5]

Mit dieser bemerkenswerten Charakteristik berührt Herder einen Punkt, der für den Stellenwert des Phänomens ‚Raserei' im Rahmen von Lessings Seneca-Rezeption ungemein wichtig ist. Ob Hercules[6], Masaniello, Philotas oder Euphaes, ob Medea, Marwood oder Orsina: so fundamental das dramatisch-psychologische Interesse an Motivation und „Entwicklung" des *furor* auch sein mag, gerade die Frauengestalten verfügen in charakteristisch Lessingscher Weise über ein Maß an ‚Witz' und Rationalität, das die bloße funktionale Bindung an ein Mechanema[7] entschieden transzendiert[8]. Gewiß verfolgt Orsina ebenso wie Marwood – oder etwa Minna – in erster Linie ihre sehr unmittelbaren persönlichen Ziele. Doch beider Rationalität besitzt jenen eigentümlichen Überschuß an Räsonnement[9], der bei Marwood, in Anlehnung an Medea, zu den ‚emanzipatorischen' Gedanken über das allgemeine Frauenschicksal führt und der die Gräfin Orsina in den Augen Marinellis zur „Philosophinn" [IV,3] stempelt: es ist genau der Vorwurf, den man den Tragödienhelden Senecas und nicht zuletzt seinen Frauenfiguren gern gemacht hat, daß sie nämlich zu viel ‚philosophierten'. Philosophie und (weibliches) Pathos, in der Senecanischen Mischung, schienen vor allem für die Kritiker des 19. Jahrhunderts einander fatal im Wege zu stehen.

[...]

Die Konzeption der Orsinagestalt läßt noch einmal erkennen, was Lessing an den ‚Untiefen' der Medea Senecas fasziniert haben muß: ihre maßlose, fast übermenschlich kalte Grausamkeit und Rachesucht, die doch in ‚menschlich' verstehbarer Weise aus ihrem Beleidigtsein ‚entwickelt' wird. Aber Orsina stellt keine bloße Wiederholung des Marwood-Experiments dar. Erst jetzt wird, auf der gemeinsamen Basis des Furien- bzw. Mänaden-Motivs, die dem Senecanischen Modell inhärente[10] weibliche Rationalität in vollem Umfang auch der Sinngebung des Stücks dienstbar gemacht. Oder mit den Worten Herders, Orsina „bleibt in der größesten Tollheit die redende Vernunft selbst“[11]. Deutlicher als die Titelgestalt, deutlicher auch als Odoardo durchschaut sie als hoferfahrene Adlige die Kausalitäten von Macht und Leiden, von „Hofgeschmeiß“ und inszeniertem Opfer. „Nichts unter der Sonne ist Zufall; — am wenigsten das, wovon die Absicht so klar in die Augen leuchtet“, gibt sie, als Verlassene, mit unterkühlter Ironie dem Höfling Marinelli zu verstehen [IV,3].

Von der ‚barbarischen' Zauberin zur aufgeklärten „Philosophinn“, von der Mänade zur Gräfin: versucht man so, mit dem Blick nach rückwärts, simplifizierend die theatralische Genealogie[12] der Orsina zu umreißen, wird man nicht vergessen dürfen, daß die verlassene Gräfin Episodenfigur bleibt. Ihr persönlicher Racheplan mißlingt. Und nicht auf ihr, sondern auf Odoardo und Emilia liegt der moralische Akzent des Stücks. Doch nicht nur ein retrospektives, spezielles Interesse an Lessings Seneca-Rezeption verleiht dieser Figur ein Gewicht, das über das bloß Episodische hinausgeht. *Emilia Galotti* hat bekanntlich wie kaum ein anderes Stück auf die entstehende Dramatik des Sturms und Drangs eingewirkt. „Wir jungen Leute ermutigen uns daran und wurden deshalb Lessing viel schuldig“, schrieb Goethe im Rückblick an Zelter[13]. Immer wieder, von Adelheid im *Götz* bis zu Lady Milford in *Kabale und Liebe,* reizte besonders die Gestalt der Orsina zur überbietenden *imitatio.*[14]. Emil Staiger hat in seiner Studie über *Rasende Weiber in der deutschen Tragödie des achtzehnten Jahrhunderts* gezeigt[15], wie dabei Lessings Ansätze zunehmend ins Grelle und Krasse gesteigert wurden.

1 Medea: → dazu Kapitel 2, S. 111 f.
2 Marwood: Dramenfigur aus Lessings „Miß Sara Sampson“; ebenfalls: Mellefont und Sara
3 adhortatio: lat. Aufmunterung, Ermahnung
4 Kommatik: griech. rhythmische Gliederung
5 Herders sämtliche Werke, hrsg. v. B. Suphan, Bd. 17, Berlin 1881, S. 186
6 Hercules und Medea: Dramengestalten Senecas, deren furor (Raserei) Lessings dramatische Konzeptionen inspirierte. Mit dem Plan eines Masaniello-Dramas erwog er eine Modernisierung des antiken Stoffes vom rasenden Hercules. Die übrigen Personen sind Figuren aus den Lessing-Dramen „Philotas“, „Kleonnis“ und „Miß Sara Sampson“.
7 Mechanema: griech. Maschine; hier: theatralisches Mittel, Kunstgriff
8 transzendieren: lat. überschreiten
9 Räsonnement: franz. scharfsinniges Urteilen
10 inhärent: lat. anhaftend, innewohnend
11 Herder, → Erläuterung 5, S. 186
12 Genealogie: griech. Geschlechterkunde
13 Brief vom 27. März 1830 (Hamb. Ausgabe, Briefe, Bd. 4, S. 375)
14 imitatio: lat. Nachahmung
15 Staiger, → Text **69**

*Emil Staiger: Die rasende Orsina — ein Symbol der Emanzipation von der Autorität der Vernunft**

69 Was Lessing geglückt ist, wird uns bewußt, wenn wir mit einer Gestalt wie Marwood[1] die neue Variation des rasenden Weibes, die Gräfin Orsina, vergleichen.

Ihre Funktion im Gefüge der Handlung erkennen wir nicht so leicht, obwohl sie der Dichter selbstverständlich wieder genau erwogen hat. Die Dame, die so spät erst auftritt, ist nicht der *fabricator doli*[2]. Man könnte sie auf den ersten Blick vielleicht sogar für entbehrlich halten. Doch streichen wir sie in Gedanken aus, so erkennen wir gleich, wie viel sie bedeutet. Lessing braucht eine Figur, die den Frevel des Prinzen und Marinellis entdeckt, den Tätern ohne jede Rücksicht vorhält und den Opfern, soweit sie noch leben, in gräßlichen Farben schildert. Dazu eignet sich am besten eine soeben verlassene Geliebte. Sie muß von Adel sein; sonst nähme sie sich am Hof den Ton nicht heraus, der nötig ist, wenn der tragische Schrecken ungehemmt ausbrechen soll. Als verlassene Geliebte antizipiert sie ferner die Zukunft, die nur zu bald, bei gleichen Voraussetzungen, auch Emilia Galotti drohen würde. Doch die Voraussetzungen sollen gerade nicht die gleichen sein. So gilt es – was allein schon dramaturgische Gründe empfehlen würden – eine Kontrastfigur zu schaffen. Das ist die Orsina bereits als Gräfin. Sie ist es ferner als „denkende", belesene, „philosophierende" Frau. Immerhin, über diese aparte Eigenschaft könnte man sich verwundern. Wir denken nach, und da geht uns auf: Ganz mag Lessing nicht auf explizite Reflexionen verzichten, zumal nicht bei einem solchen Charakter, der unter allen seinen Geschöpfen weitaus das komplizierteste ist. Wer sollte ferner auf dem Höhepunkt der Krise die Lage erhellen und die Dinge beim Namen nenne, wenn es die Gräfin Orsina nicht tut? Die Lösung ist verblüffend: die Reflexion wird selber Charakterzug. Dieser wieder erklärt, warum sie dem Prinzen verleidet ist, und setzt Emilia in noch helleres Licht. Wie sticht das holde weibliche Wesen nun ab von dem in Leidenschaft und abstrakte Vernunft zerrissenen Gemüt, von dieser Mätresse, die, in einer stets gefährdeten Stellung, ihr inneres Gleichgewicht verloren hat und eben damit wieder die unheilvolle Welt des Hofes beleuchtet!

So ungefähr dürfte die Gräfin gedacht sein. Wie aber wird sie nun realisiert? Manchmal kann auch sie es noch nicht lassen, sich selber zu kommentieren. Indes, sie ist ja Philosophin. Der Dichter versündigt sich also keineswegs gegen die Nachahmung der Natur, indem er sich hier des geläufigen, für sein gereiftes kritisches Urteil nun freilich veralteten Mittels bedient. Schon lange bevor sie auftritt, wird die plötzlich lästig Gewordene aber durch den Prinzen, durch den Maler und Marinelli charakterisiert. Das indirekte Verfahren hat den Vorteil, daß es der Individualität noch einen gewissen Spielraum gewährt. Es bleibt uns überlassen, ob wir dem Maler glauben wollen, der „Würde", „Lächeln", „sanfte Schwermut" in ihrem Antlitz gelesen und dargestellt hat, oder dem Prinzen, der „Stolz", „Hohn", „trübsinnige Schwärmerei" darin findet. Wir dürfen mißtrauisch sein, wenn Marinelli sie eine Närrin nennt, und werden in seiner Schilderung auch das „gefolterte Herz" nicht überhören. [...]

Im vierten Akt erscheint sie selbst. [...] Wir werden Zeugen, wie es im Gemüt der Gräfin arbeitet und wühlt, wie sie, bei aller Intelligenz, nach Worten ringt, sich unterbricht, jäh eine andere Richtung einschlägt und ebenso plötzlich wieder aufgibt. Wir sehen die Leidenschaft in *statu nascendi*[3]: Ungewißheit, Argwohn verwandeln sich bis zum siebenten Autritt in Gewißheit, Verzweiflung und Rachgier. Doch diese ganze Entwicklung benötigt verhältnismäßig wenig Raum, weil Lessing es in der mimischen und sprachlichen Nachahmung der Affekte zur höchsten Meisterschaft gebracht hat. [...] Je knapper er den Raum bemißt, desto eindrucksvoller, vielsagender müssen einzelne Worte und Wendungen sein. Vielsagend werden die Worte auch, wenn ihre Mehrdeutigkeit oder ein verblaßter buchstäblicher Sinn hervortritt: „Nicht zugleich auch tot. Nein, guter Vater, nein! – Sie lebt, sie lebt. Sie wird nun erst recht anfangen zu leben. – Ein Leben voll Wonne."

„Des Morgens, sprach der Prinz Ihre Tochter in der Messe; des Nachmittags, hat er sie auf seinem Lust – Lustschlosse."

Und abermals anders finden wir Einzelnes intensiviert, indem es kunstvoll eingeleitet oder auch wider Erwarten zutagegefördert wird. Von Marinelli wissen wir schon, daß die Gräfin „mit dem lustigsten Wesen die melancholischsten Dinge sagt und wiederum die lächerlichsten Possen mit der allertraurigsten Miene". In der Tat benimmt sie sich so. Sie klatscht in die Hände, wie sie dem Verbrechen des Prinzen auf die Spur kommt, und fordert Marinelli „ernsthaft und befehlend" zum Lachen auf. Den Höhepunkt erreicht die Szene in dem mit allen Mitteln der Spannung zurückgehaltenen, fern der Türe, in einer geheimen Ecke dem Höfling ins Ohr – *gebrüllten:* „Der Prinz ist ein Mörder!" Längst sind wir unruhig, schreckhaft geworden. Jetzt fährt das Entsetzen uns durchs Gebein. Und damit hat es noch nicht sein Bewenden. Im Zwiegespräch mit Odoardo folgt eine Tirade von Wut und Wahnsinn, die scheinbar wieder nahe an barocke Affekt-Rhetorik heranrückt, so naturalistisch vorbereitet jedoch nicht mehr von oben herab, sondern viel schamloser von Mensch zu Mensch wirkt.

Ein Virtuosenstück, zweifellos! Etwas Ähnliches gab es bisher in der deutschen Tragödie nicht. Wollten wir aber so scharf wie Lessing kritisieren, so müßten wir sagen: Er hat des Guten zu viel getan. Die Szene überschreitet das Maß, das ihr im Ganzen des Dramas zukommt. Die Gräfin Orsina stellt sich uns als Individualität so aufdringlich dar, daß man vermuten vermöchte, das psychologische Interesse habe dies eine Mal überbordet; der Dramatiker habe sich, gegen seine Gewohnheit, in Einzelheiten verloren. Außerdem ist die Szene im Gefüge der Akte zu vehement, „das Schrecken", das doch nur das Mitleid vorbereiten sollte, zu groß, als daß es sich in den gesamten, vom Anfang zum Ende führenden Bogen der Emotionen einzugliedern vermöchte.

[...]

Die Gräfin-Orsina-Szene [...] duldet, während sie sich abspielt, keine vernünftige Würdigung; sie schlägt den selbstgefälligen Scharfsinn nieder und ist vorbei, bevor er sich wieder aufzurichten vermag. Wir haben auch keine Zeit, den Charakter zu analysieren; er fasziniert uns, stößt uns menschlich ab und zieht uns künstlerisch an, bevor wir wissen, worauf der Doppeleffekt beruht. Erst nachträglich sind wir imstande, uns darüber Gedanken zu machen und wahrzunehmen, welch ein einzigartiger Kunstverstand hier am Werk ist. Im Augenblick meinen wir, mit einer zwar völlig unbegreiflichen, aber vielleicht gerade deshalb unfehlbaren Methode verständigt zu werden. Und wir sind hingerissen! Der Dichter hat uns in einen Rausch von Neugier, Schrecken und grausamer Lust versetzt, für den wir gern auf die der Gesellschaft so nützlichen Aufmunterungen der zarteren Triebe und des Verstandes verzichten. Die Selbstherrlichkeit der Leidenschaft, auf die sich Lessing schon früh, wenngleich mit Vorbehalten, berufen hat, behauptet ihr ungeheures Recht; und ebenso die Selbstherrlichkeit der erstaunlichen Individualität. Die Individualität und die Leidenschaft durchbrechen die Gesamtstruktur des Dramas: Symbol der Emanzipation von der Autorität der Vernunft, Signal für eine Jugend, die gleichsam schon lange an Mangelkrankheiten leidet und nun auf einmal erkennt oder drastisch bestätigt findet, daß sie Passionen und unverwechselbar eigentümliches Menschenwesen entbehrt. Im Rahmen unsrer noch immer genau begrenzten Studie, die eine einzige Linie verfolgt, bedeutet dies: Bühnendichter wie Leisewitz, Lenz, Wagner, Klinger[4] betreten den Plan.

[1] Marwood: Dramenfigur aus Lessings „Miß Sara Sampson"
[2] fabricator doli: lat. Urheber der List, Täuschung; Intrigant
[3] in statu nascendi: lat. im Zustand der Entstehung
[4] bedeutende Dramatiker des Sturm und Drang

Hans Mayer: Gräfin Orsina – die Figur des Raisonneurs[*]

70 Es gibt in allen wichtigen Lessing-Dramen wenigstens eine Figur, die engste Beziehungen unterhält zu ihrem Autor: dergestalt also, daß nahezu alles, was sie sagt oder tut, vom Verfasser als beispielhaft und richtig präsentiert wird. Die Figur besitzt gleichsam eine dramaturgische Exterritorialität[1]. Ihr eigenes Handeln und Reden bewirkt keine Verwicklungen, da es sich auf den Vorgang der Interpretation und der Kritik am Handeln der eigentlich dramatischen Figuren beschränkt. Man findet bei Lessing damit einen dramatischen Typ, der sonst im allgemeinen in der dramatischen Literatur hohen Ranges kaum vorzukommen pflegt, weil er in sich undramatisch wäre und überdies durch permanente Rechthaberei nur zu verstimmen vermag. In den Boulevardkomödien des 19. Jahrhunderts bis hin zu Hermann Sudermann pflegte er sein Wesen zu treiben. Der Fachausdruck für diese Art der Figuren hieß: „Der Raisonneur"[2]. [...]
Nun denn: das Lessing-Theater greift immer wieder auf diesen *Typ des Raisonneurs* zurück. Neuer Widerspruch in dieser dramatischen Dialektik eines Aufklärers: der Mensch Lessing, der immer wieder bestrebt war, hinter seine Gedanken und Werke zurückzutreten und dem es nicht eingefallen wäre, eigenes Leid in Form eines Werther-Romans oder Tasso-Dramas darzubieten, hatte keinerlei Bedenken, jeweils eine Figur ins Bühnengeschehen zu stellen, deren wichtigste Funktion darin bestand, die Vorgänge so zu beurteilen, wie auch der Autor selbst sie beurteilt sehen wollte.

[...]

Weniger beachtet wurde indessen, daß die Figur des Raisonneurs auch in der *Emilia Galotti* ihre Funktion erhalten hat: das Urteil des Autors über die Ereignisse zu verkünden und Wege der vernüftigen Aktion anzudeuten.
In ihrer Interpretation der *Emilia Galotti* behauptet die schweizerische Kritikerin Elisabeth Brock-Sulzer, es fehle in diesem Werk ein Interpret der „Weisheit", vergleichbar dem Aridäus, der Minna und Franziska im Lustspiel, schließlich dem Nathan[3] selbst: „In der *Emilia Galotti* hat die Tugend keine Zeit, weise zu sein, da bäumt und türmt sich alles auf zu der ein Ende setzenden und damit rettenden Tat."[4]
Je nun, über die „rettende Tat" in dieser Tragödie wäre zu rechten. Aber Weisheit, und sogar ein Sprecher der Weisheit, ist vorhanden. Nur hat ihn Lessing in einem der großartigsten Theatereinfälle so gewählt, daß dieser Raisonneur gleichzeitig die Vernunft *und* die Unvernunft repräsentiert. Es handelt sich um die Figur der *Gräfin Orsina.* Ihre großen Auftritte im 4. Aufzug haben die doppelte dramaturgische Funktion, Klarheit zu schaffen über die Lage bei Vater und Tochter Galotti, Illusionen über den Prinzen zu zerstreuen, schließlich jene „rettende Tat" vorzuschlagen, die auch der Autor selbst als einzige Möglichkeit des Handelns erkannt zu haben glaubt. Was die Gräfin über die Konstellation sagt, stimmt durchaus, deckt sich mit Lessings Urteil über seine dramatische Handlung. Nirgendwo findet sich eine Andeutung dafür, daß Lessing die Racheforderungen der Orsina, die schließlich in der Tat den katastrophalen Abschluß bewirken, mißbilligte oder nur als subjektive Interpretation des Geschehens durch diese einzelne Figur gelten ließe.
Mehr noch: Lessings Dialektik verlangt, daß hier die Weisheit verkündet wird durch den Mund einer Umnachteten. Es ist Vernunft der Unvernunft. Nur so ist der berühmte und vielzitierte Satz der Orsina zu verstehen: „Und glauben Sie, glauben Sie mir: wer über gewisse Dinge den Verstand nicht verlieret, der hat keinen zu verlieren."
In dieser Gestalt der Gräfin Orsina hat Lessing, der Aufklärer und Theatermann, eine Figur der raisonnierenden Weisheit

geschaffen, die als vielleicht großartigste Inkarnation[5] einer Dialektik der deutschen Aufklärung zu verstehen wäre. Die Unvernunft der Zustände, so wird man hier deuten müssen, findet ihre angemessene Interpretation nicht im herkömmlichen Raisonneur, weil eine Vernünftelei solcher Art insgeheim mit den Zuständen paktierte, statt sie in Frage zu stellen. Nur die Unvernunft, die nach Aufhebung der unvernünftigen Wirklichkeit verlangt, darf als wirkliche Vernunft angesprochen werden. An dieser Stelle freilich hat Lessing aufgehört, ein Dramatiker des Sowohl / Als-auch zu sein.

1 Exterritorialität: lat. die begrenzte Befreiung von der Unterordnung unter die Hoheit des Aufenthaltsstaates
2 Raisonneur: franz. eine in die dramatische Handlung locker verwickelte Figur, die als Sprachrohr des Autors andere Figuren charakterisiert, deren Handlungsweise beeinflußt bzw. kritisiert
3 Figuren aus Lessings Dramen: „Philotas", „Minna von Barnhelm" und „Nathan der Weise"
4 Elisabeth Brock-Sulzer, in: Friedrichs Dramatiker des Welttheaters, Bd. 11, 1962, S. 69
5 Inkarnation: lat. Fleischwerdung; Verkörperung

6.6 Dramatische Struktur: Personenkonstellation – Dialog – Sprache

Lessings „Emilia Galotti" gilt vielen Kritikern als Meisterwerk dramatischer Ökonomie. Die knappe Exposition, die straffe Kausalität der Handlungsentwicklung, die hohe Spannung des dramatischen Konflikts, die kontrastierende Personen- und Motivgestaltung, die offene Dramaturgie des Schlusses und nicht zuletzt die sprachliche Prägnanz der Rede sind immer wieder rühmend hervorgehoben worden, obgleich auch der Verdacht des kühlen Konstruktivismus geäußert wurde. So sieht der Romantiker Friedrich Schlegel in Lessings Drama „unstreitig ein gutes Exempel der dramatischen Algebra" (1798), während der junge Goethe sich zunächst einschränkend äußert: „,Emilia Galotti' ist auch nur gedacht, und nicht einmal Zufall oder Caprice spinnen irgend drein. Mit halbweg Menschenverstand kann man das Warum von jeder Scene, von jedem Wort, mögt ich sagen, auffinden. Drum bin ich dem Stück nicht gut, so ein Meisterstück es sonst ist ..." (Goethe an Herder, Juli 1772). In seiner Abhandlung über „Die Technik des Dramas" erklärt Gustav Freytag die Strukturmerkmale der dramatischen Handlung (Exposition, Steigerung, Höhepunkt, Umkehr, Katastrophe) vornehmlich am Beispiel der „Emilia Galotti" (Reclam UB 7922, S. 173f.). Auch neuere Studienbücher zur Dramenanalyse verweisen häufig auf Lessings Trauerspiel, so z.B. Bernhard Asmuth in seiner „Einführung in die Dramenanalyse" (Sammlung Metzler 188).

Bernhard Asmuth: Personenkonstellation und ihr Einfluß auf die Eigenschaften

71 Die Charaktere des Dramas ruhen nicht in sich. Die Eigenart einer Figur wird durch die Konstellation aller Figuren mitbestimmt. Gemeint ist damit die längerfristige, für das ganze Stück geltende Beziehung der Personen, nicht das zeitlich

begrenzte Zusammentreffen einzelner Personen in einem Auftritt.
Die Terminologie ist indes nicht einheitlich. Pfister nennt die dynamische Interaktionsstruktur „Figurenkonstellation"; „die Teilmenge des Personals, die jeweils an einem bestimmten Punkt des Textverlaufs auf der Bühne präsent ist" (S. 235), bezeichnet er, Solomon Marcus folgend, als „Konfiguration". K. K. Polheim (Die dramatische Konfiguration, in: Keller, S. 238) liefert eine eher umgekehrte Definiton. Konstellation (von lat. stella = Stern) und Konfiguration fügen sich der Opposition gesamt/augenblicklich anscheinend nur mit Mühe und Willkür. Deshalb ist es wohl besser, beide Wörter synonym zu verwenden und zunächst dem gesamten Beziehungsgefüge vorzubehalten. Die konkrete Besetzung eines Auftritts läßt sich besser durch ein zusätzliches Attribut (z. B. „szenenspezifisch") kennzeichnen.
Die Personenkonstellation bzw. Konfiguration eines Dramas läßt sich meist in einer Skizze festhalten. Die sieben Hauptpersonen von Lessings „Emilia Galotti" könnte man z. B. folgendermaßen gruppieren:

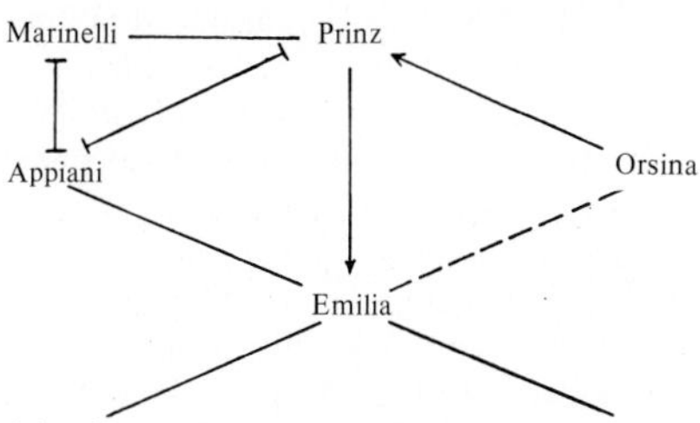

Ein einfacher Strich bedeutet eine gegenseitige, nicht gestörte Beziehung, ein Pfeil eine einseitig erstrebte, ⊢—⊣ eine gestörte bzw. gegnerische, ––– eine gänzlich andersartige, nämlich vorwiegend darstellerische (z. B. kontrastive) Beziehung. Eine derartige Skizze kann die maßgebenden Beziehungen überschaubar machen. Sie vergröbert aber auch und bedarf deshalb zusätzlicher Erläuterungen. Art (z. B. Verwandtschaft) und Festigkeit (z. B. durch Verlöbnis) der Beziehungen sind in der obigen Abbildung ebensowenig berücksichtigt wie zurückliegende Beziehungsänderungen (z. B. die abgebrochene Beziehung des Prinzen zu seiner bisherigen Mätresse Orsina).
Erkennbar wird die Personenkonstellation mehr oder weniger meist schon aus dem Personenverzeichnis, etwa dadurch, daß Odoardo und Claudia Galotti darin als „Eltern der Emilia", Marinelli als „Kammerherr des Prinzen" ausgewiesen sind. Auch die dortigen Standes- bzw. Berufsangaben, die auf keine andere Person ausdrücklich Bezug nehmen (Prinz von Guastalla, Graf Appiani, Gräfin Orsina) lassen manchmal schon Rückschlüsse auf das Beziehungsgefüge der Personen und damit auch der Handlung zu. Ein genaueres Bild vermittelt dann gewöhnlich der Anfang des Dramas, die sogenannte Exposition.
Die Eigenschaften einer Dramenfigur treten angesichts ihrer Mitakteure nicht nur deutlicher zutage, sie werden durch deren Konzeption auch mitbestimmt. Es empfiehlt sich deshalb, das Merkmalprofil einer Person zusammen mit dem der übrigen Personen zu erfassen.
Alle drei überlieferten Eigenschaftsarten (Charakter, körperliche Erscheinung, soziale Umstände) sind konstellationsabhängig. Die sozialen Umstände erhalten in diesem Zusammenhang allerdings ein größeres Gewicht, als sie es bei der isolierten Beschreibung einer Person (z. B. in einer Lobrede) haben. Um dem Rechnung zu tragen, sei hier zusätzlich zwischen der allgemeinen sozialen Geltung einer Person und ihren konkreten zwischenmenschlichen Beziehungen unterschieden. So ergeben sich vier statt drei Bereiche. Diese lassen sich im einzelnen noch weiter ausfächern. Die dafür maßgebenden Kriterien sind von Stück zu Stück, von Epoche zu Epoche ver-

schieden. Für Lessings „Emilia Galotti" wäre folgende Differenzierung denkbar, bezogen hier nur auf Gräfin Orsina, die interessanteste Figur:

1. Charakter: a) Intellekt: „Philosophin" (IV 3); b) Gefühl: affektstark (Wut, Rache); c) moralische Qualität/Sympathie: ?
2. körperliche Erscheinung: a) Geschlecht: weiblich; b) Alter: unbestimmt, aber eher jung, weil bisher Geliebte des Prinzen; c) erotische Attraktivität: Schönheit mit „Medusenaugen" (I 4).
3. soziale Geltung: a) Stand: Adel; b) Beruf/Tätigkeit: ehemalige Mätresse; c) Besitz: Villa? (I 1)
4. zwischenmenschliche Beziehungen: a) verwandt mit: –; liiert bzw. liiert gewesen mit: Prinz.

Geprägt erscheint die Gestalt der Orsina vor allem durch den Kontrast zur Titelfigur Emilia. Der frommen und gehorsamen Tochter, als die Lessing diese liebt („Ich kenne an einem unverheiratheten Mädchen kein höhere Tugenden, als Frömmigkeit und Gehorsam", schrieb er am 10. 2. 1772 seinem Bruder Karl), stellt er mit der Orsina eine jener emanzipierten Frauen gegenüber, die den Männern seiner Zeit unheimlich waren. Diderots Bedenken gegen „kontrastierte Charaktere" wollte sich Lessing (Hamburg. Dramaturgie, 86. Stück, Ende) nicht ganz zu eigen machen.

Hans-Georg Werner: Kontrastierende Figurengruppierung *

72 Durch die Struktur des Dramas wird das Interesse der Zuschauer und Leser auf zwei einander konträr entgegenstehende Figurengruppen verteilt. (Eine Sonderstellung hat die Orsina.) Diejenigen Handlungsmomente, in denen es zur offenen Konfrontation beider Gruppen kommt, sind auffällig zurückgedrängt; die Auseinandersetzungen innerhalb der beiden Gruppen erhalten ebenso auffällig viel Raum. Das heißt, die Gesamtstruktur des Dramas ist nicht primär darauf gerichtet, Mitleid und Furcht der Zuschauer auf die Galotti-Gruppe zu konzentrieren, sondern die Aufmerksamkeit wird auf Verhältnisse zwischen den Gruppen und in den Gruppen gelenkt. Die Struktur der Tragödie verlangt viel Beobachtungsgabe und Urteilskraft. Dem entspricht auch das Handlungsmodell, das der negativ bewerteten Gruppe die Actio, der positiv bewerteten Gruppe die Re-Actio zuweist. „Das Stück entwickelt eine Prinzenfabel"[1], meinte schon Herder, und August Wilhelm Schlegel kam durch seine in Formfragen selten fehlgehende Distinktionsfähigkeit[2] zu dem Urteil: „Es ist nicht eigentlich ein bürgerliches Trauerspiel, sondern ein Hoftrauerspiel im Konversationstone ..."[3] Lessing, der theoretische Anwalt des „bürgerlichen Trauerspiels" in Deutschland, nannte „Emilia Galotti" mit Bedacht: „Tragödie".

Gegenstand der Auseinandersetzung ist das Verhältnis zum Hof. Zur Exposition gehört, daß die Galottis den Entschluß gefaßt haben, die Residenz zu verlassen. Die Nachricht davon ist für den verliebten Prinzen der Anlaß, Emilia mit Macht an sich als den Repräsentanten des Hofes binden zu wollen. Die Katastrophe ist nicht der mörderische Anschlag auf das Brautpaar, sondern tritt ein, als Emilia keine Aussicht mehr hat, dem Bannkreis des Hofes zu entkommen. Der dargestellte Gegensatz ist also einer der Lebensformen. Sie sind aus einem Geschehen zu beurteilen, das ihre aufgezwungene Verschränkung vorführt. Das Drama ist nicht daraufhin strukturiert, die Notwendigkeit der Separierung der bürgerlichen von der höfischen Sphäre herauszustellen – das ist nur eine der möglichen ideellen Folgerungen aus dem dargestellten Geschehen –, sondern die entsetzlichen Resultate ihrer gewaltsamen Verbindung zu zeigen.

Der Gegensatz der Lebensformen äußert

sich ideell als moralischer Konflikt. Die Galottis bilden einen privaten Kreis. Sie haben als Familie die Chance, ihre Widersprüche untereinander – nach den Forderungen der Vernunft und den Ansprüchen ihres Ethos[4] – zu regeln; das hält sie zusammen und bestimmt ihren ideell-bürgerlichen Charakter. Auch der Prinz unternimmt eine Privataktion. Aber in seiner Sphäre sind Persönliches und Machtpolitisches ineinander verschlungen. Ob der Prinz ein Bittgesuch genehmigt oder ablehnt, ob er ein Todesurteil unterschreibt, seine Hochzeit vorbereitet, eine Geliebte abhalftert oder zu erobern versucht – was er auch tut, es hat immer einen privaten Aspekt *und* politische Voraussetzungen. Der „Mensch" Hettore Gonzaga ist auf die Machtmittel angewiesen, die dem Prinzen seine Stellung gibt und ohne die er in seiner Stellung nicht leben kann. Seine einzige effektive soziale Beziehung ist die zu einem politischen Instrument, dem Kammerherrn Marinelli. Sie läßt erkennen, daß die private Aktion des Prinzen, durch die er sich Emilia gewinnen will, zwangsläufig den Charakter einer Staatsaktion annimmt.

Der Figurenkonstellation liegt ein allgemeines Menschenbild zugrunde. Man erinnere sich an Lessings Äußerung: „Die Menschen sind am Hofe, in der Stadt und auf dem Lande Menschen; Geschöpfe, bei welchen das Gute und das Böse einander die Waage hält. Schwachheiten und Laster zu fliehen, muß man nicht den Hof sondern das Leben verlassen. Beide sind am Hofe wegen des allgemeinen Einflusses, den sie auf andre Stände haben nur gefährlicher, aber nicht größer."[5] Die Folgerungen, die sich in der „Emilia Galotti" aus diesem Grundsatz entwickeln, lassen erkennen, warum Lessing seine Dramenfiguren auf die Natürlichkeit der Charaktere gründen wollte und wieso er in dieser Weise dem sozialpolitischen Gegensatz eine besonders scharfe Konturierung zu geben vermocht hat. Die Figuren in der „Emilia Galotti" haben eine gemeinsame anthropologische Struktur. Deren Hauptbestandteile sind: Sinnlichkeit als die Summe der ideell ungerichteten natürlichen Bedürfnisse; Verstand als die Fähigkeit, gegebene Verhältnisse analytisch zu druchdringen und aus ihnen die zweckmäßigen Konsequenzen zu ziehen; Vernunft als das Vermögen, die menschlichen Verhältnisse aus einem allgemeinen Gesichtswinkel zu beurteilen; und Wille als die Kraft, zwischen dem, was Sinnlichkeit, Verstand und Vernunft anheimgeben, zu entscheiden. Auch für Lessing ist das ideale Verhältnis die Übereinstimmung von Sinnlichkeit, Verstand und Vernunft. Aber die Tragödie erwächst aus den Widersprüchen zwischen diesen Kräften der menschlichen Seele. Sie äußern sich in *beiden* hauptsächlich zur Darstellung kommenden Ständen, doch jeweils *unterschiedlich.*

1 Adrastea, Zweiter Band, 4. Stück; → Text **16**, Suphan, Bd. 23, S. 379
2 Distinktion: lat. Unterscheidung
3 Steinmetz, Horst (Hrsg.), Lessing – ein unpoetischer Dichter. Frankfurt/M. – Bonn 1969, S. 229
4 Ethos: griech. sittliche Gesinnung
5 Göpfert, Bd. 3, S. 68. → Kapitel 6.4.3, S. 219 f.

Reinhold Zimmer: Dialog und Szenenanweisung[*]

73 Lessings dramaturgische Konzeption, die den Zuschauer nicht als distanzierten, ehrfürchtigen Betrachter einer seiner eigenen Welt fernen exemplarischen Schaustellung versteht, sondern als einen, der sich selbst im dramatischen Geschehen wiedererkennen und dadurch emotional betroffen und einbezogen werden soll, kann die Aufgabe der sprachlichen Äußerungen der Dramengestalten nicht [...] in einer bewunderungswürdigen reflektorischen Bewältigung der Leidenschaften sehen, sondern nur in einer Sprechweise, die den Leser und Zuschauer unmittelbar mit den Affekten der Personen konfrontiert, die keine Distanz zwischen dem Erlebnis und seiner Vermittlung aufweist. Der Dramatiker muß – wie Lessing schon im ersten Stück der ‚Dramaturgie' betont – sich „in den wahren Standort einer jeden Person versetzen können; die Leidenschaften nicht beschreiben, sondern vor den Augen des Zuschauers entstehen, und ohne Sprung in einer so illusorischen Stetigkeit wachsen zu lassen, daß dieser sympathisiren muß, er mag wollen oder nicht."[1]

In alltäglicher Kommunikation kommen Emotionen der Sprecher gewöhnlich durch sprachliche Besonderheiten der Äußerungen – etwa Interjektionen, Inversionen, Ellipsen, Wiederholungen – zum Ausdruck; darüber hinaus aber vor allem auch durch außersprachliche und parasprachliche Phänomene[2]. Lessing selbst weist darauf hin, daß Affekte sich nur an äußeren Merkmalen dieser Art erkennen lassen und daher auch nur durch solche Symptome darstellbar sind: „Denn die Empfindung ist etwas Inneres, von dem wir nur nach seinen äußern Merkmalen urtheilen können."[3] Daher gibt er außersprachlichen Ausdrucksmitteln als Ergänzungen zum Dialog besonderes Gewicht, wie zahleiche weitere Äußerungen in der ‚Hamburgischen Dramaturgie' über die Bedeutung von Gestik, Mimik und Sprechweise als Ausdrucksmittel im Drama zeigen: Er nennt Gesten „natürliche Zeichen der Dinge", die „den verabredeten Zeichen der Stimme Wahrheit und Leben verschaffen helfen"[4], und betont das Recht des Dramatikers, eine Dramengestalt z. B. erröten zu lassen, auch wenn ein Schauspieler das nicht darstellen kann.[5]

[...]

Im Gegensatz zu früheren Dramen werden in „Minna von Barnhelm" und „Emilia Galotti die außersprachlichen Symptome der Gefühle nicht mehr im Dialog mitgeteilt, sondern in Szenenanweisungen festgehalten. Der Gewinn dieser Darstellungsform besteht allerdings nicht allein darin, daß nun ‚das Spiel des Schauspielers' an die Stelle der verbalen Beschreibungen der Gefühle tritt und er die jeweilige Stimmung somit „direkt veranschaulichen"[6] kann. [...] Vielmehr besteht der Gewinn der deutlichen Zunahme der Szenenanweisungen in ‚Minna' und ‚Emilia' darin, daß nun der Sprechtext nicht mehr die Aufgabe trägt, das außersprachliche Verhalten der Personen beschreibend zu vermitteln, und somit frei ist, selbst als reiner, unmittelbarer Gefühlsausdruck neben die außersprachlichen Expressionen zu treten, selbst den Charakter des spontanen, symptomatischen Ausdrucks der Empfindungen der Sprecher anzunehmen.

Das geschieht auf eine Weise, die Lessing ebenfalls in der ‚Hamburgischen Dramaturgie' ausführlich charakterisiert, indem er sein Konzept der Dramensprache gegen das der französischen Dramatik und ihrer deutschen Adepten[7] absetzt: Die sprachlichen Äußerungen brauchen nicht mehr grammatikalisch korrekt und logisch vollständig oder gar stilistisch wohlgeformt zu sein, sondern unterliegen nur dem Anspruch der affektiven Angemessenheit der Ausdrucksweise. Da die Personen einer dramatischen Szene allesamt Leute sind, „welche in die Handlung wirklich mit verwickelt, die also selbst im Affekte sind, und weder Lust noch Muße haben, Ausdrücke zu controlliren!"[8], muß der Dialog nicht „alle die kalte Vollständigkeit, alle die langweilige Deutlichkeit" annehmen, „die wir an einem logischen Satze verlangen"[9], sondern kann sich um eine „Sprache des Herzens" bemühen: Diese „hat ihre eigenen Regeln; und es ist ganz um sie geschehen, sobald man diese verkennt, und sie dafür den Regeln der Grammatik unterwerfen [...] will".[10]

[...]

Durch die Verbindung eines derartigen

Dialogs, dessen Mitteilungsfunktion gegenüber der des symptomatischen Ausdrucks der Empfindungen zurückgedrängt worden ist, mit ausführlichen Angaben zum außer- und parasprachlichen Ausdrucksverhalten der Personen im Nebentext, wird der spontane und direkte Ausdruck der Emotionen noch unterstützt. Die sprachliche Kommunikation wird durch konkurrierende Ausdrucksformen ergänzt und relativiert, die „als natürliche Zeichen der Dinge, den verabredeten Zeichen der Stimme Wahrheit und Leben verschaffen helfen."[11] Der Dialog ist so nur noch ein Ausdrucksmedium unter anderen, wenn auch – gattungsbedingt – nach wie vor das dominierende.

Eine sprachliche Ausdrucksweise, die die außersprachlichen situativen Bedingungen der Äußerungen nicht jedesmal expliziert, sondern unausgesprochen voraussetzt, die nicht die „kalte Vollständigkeit" logischer Sätze anstrebt, sondern von „kleinen Nachlässsigkeiten" durchsetzt ist, und die ergänzt wird durch außer- und parasprachliche Ausdrucksformen: das sind die Mittel, mit deren Hilfe Lessing eine „natürliche Sprache" im dramatischen Dialog anstrebt. Sie tragen dazu bei, daß der Dialog den Eindruck erwecken kann, der „augenblicklichen Eingebung" der Personen zu entspringen, ihren Empfindungen unmittelbar Ausdruck zu geben.

Wie schon zu Beginn dieses Kapitels erwähnt, kommen zahlreiche Autoren, die sich mit Lessings Dramensprache beschäftigen, zu dem Urteil, daß die Personen in Lessings Dramen weit davon entfernt seien, eine „Sprache des Herzens" zu sprechen. [...] Trotz aller Bemühungen um eine „natürliche Sprache" würden die Dialoge doch bestimmt von „begrifflicher Dialektik"[12], von Intellektualismus[13] und Räsonnement.[14]

Das ist insofern zutreffend, als sich die sprachlichen Mittel, die Lessing anwendet, um den Anschein des spontanen Sprechens zu erwecken, lediglich auf die oberflächliche Form der einzelnen sprachlichen Äußerungen auswirken, nicht aber auf den Ablauf der Gespräche selbst: Die logische Abfolge der Äußerungen, ihr argumentativer Zusammenhang, bleibt unangetastet. Die Personen bleiben – so erregt sie auch sein mögen – immer bei der Sache, greifen die Worte der Gesprächspartner auf, erwägen sie und antworten darauf. Lessing nimmt seinen Dialogen die „langweilige Deutlichkeit" und „kalte Vollständigkeit" logischer Sätze, nicht aber den logischen Aufbau, die logische Gedankenfolge.

1 LM, Bd. 9, S. 185, Hamburgische Dramaturgie (HD), 1. Stück
2 parasprachliche Phänomene: (griech. para, „neben", „über ... hinaus") phonetische Signale, die die sprachlichen Einheiten begleiten und der nonverbalen Kommunikation dienen, z. B. Sprechrhythmus, Tempo, Flüstern, Hauchen, Seufzen etc.
3 LM, Bd. 9, S. 193, HD 3
4 LM, Bd. 9, S. 198, HD 4
5 LM, Bd. 10, S. 17, HD 56
6 Göbel, → Quellennachweis **74** S. 117
7 Adept: lat. Eingeweihter; hier: Nachahmer
8 LM, Bd. 10, S. 30, HD 59
9 LM, Bd. 9, S. 265, HD 20
10 Ebenda
11 LM, Bd. 9, S. 198, HD 4
12 G. Zeissig, Die Überwindung der Rede im Drama, Leipzig 1930, S. 71
13 D. Droese, Lessing und die Sprache, Zürich 1968, S. 101
14 J. Schröder, Gotthold Ephraim Lessing. Sprache und Drama, München 1972, S. 168.

Helmut Göbel: Theatermetaphorik: Marinelli als Regisseur[*]

74 Wie schon in der „Minna" fällt in der „Emilia" auch mehrere Male das Wort „Streich". Der Prinz sieht in der geplanten Hochzeit zwischen dem Grafen Appiani und Emilia einen „Streich". [I,6] Er greift damit das Wort auf, das Marinelli gebraucht hat, als er von der geplanten Hochzeit des Grafen zu erzählen begann: „Die Sache ist sehr geheim gehalten worden. Auch war nicht viel Aufhebens davon zu machen. – Sie werden lachen, Prinz. – Aber so geht es den Empfindsamen! Die Liebe spielet ihnen immer die schlimmsten Streiche. Ein Mädchen ohne Vermögen und ohne Rang, hat ihn in ihre Schlinge zu ziehen gewußt ..." [I,6] Mit „Streich" ist in abschätziger Weise, wie so oft in Marinellis Sprache, die Liebe Appianis zu Emilia bezeichnet. Auch hier taucht die vor allem aus der „Sara" bekannte Gefangenschaftsmetapher auf und kennzeichnet die Sehweise Marinellis. Der Graf ist in seinen Augen ein Gefangener Emilias.

Die bevorstehende Hochzeit empfindet der Prinz wiederum als Streich gegen seine Absicht, Emilia zu erobern. Erneut spricht Marinelli das Wort „Streich" aus, als ihm Zweifel kommen, ob der von ihm eingeleitete Überfall auch gelungen ist. Er schaut aus dem Fenster und interpretiert das, was er in einer Mauerschau berichtet: „Dort fährt der Wagen langsam nach der Stadt zurück. – So langsam? Und in jedem Schlage ein Bedienter? – Das sind Anzeigen, die mir nicht gefallen: – daß der Streich wohl nur halb gelungen ist; – ..." [III,2] Mit „Streich" ist nun in einer Untertreibung des Geschehenen der Überfall selbst bezeichnet. Später spricht er dann von seinem „Meisterstreiche". [IV,1] Im Hinblick auf das ganze Stück sind diese Streiche die wichtigsten Motoren des Handlungsablaufes. Vor allem der Überfall ist für die Tragödie „Emilia Galotti" dabei strukturell analog zu Minnas Streich gegenüber Tellheim zu sehen. Doch Minna ist nicht Marinelli. Der Gattungsunterschied zwischen Komödie und Tragödie begründet auch diesen Unterschied. [...] Während Minna das Risiko eines spontanen Spiels eingeht, das die Liebe zu Tellheim nicht aufgibt, ist die Intrige Ergebnis eines Kalküls, das die Menschen in den Willen des Kalkulierenden zwingt.[1] Sarkastisch nennt Marinelli deshalb das, was er angestiftet hat, einen „Tanz", dessen „Takt" der Prinz mit dem Gang in die Kirche, wo er Emilia begegnete, verdorben hat. [IV,1] Marinelli gibt sich in dieser Sprache als Regisseur seines Spiels zu erkennen. Ähnlich äußert sich Odoardo Galotti, allerdings tief betroffen und am Rande des Wahnsinns. Der Prinz hat ihn allein gelassen nach den Worten: „O Galotti, wenn Sie mein Freund, mein Führer, mein Vater seyn wollten". Darauf folgt Odoardos Monolog:

„*(Ihm nachsehend; nach einer Pause)* Warum nicht? – Herzlich gern. – Ha! ha! ha! – *(blickt wild umher)* Wer lacht da? – Bey Gott, ich glaub', ich war es selbst. – Schon recht! Lustig, lustig! Das Spiel geht zu Ende. So, oder so! – Aber – *(Pause)* wenn sie mit ihm sich verstünde? Wenn es das alltägliche Possenspiel wäre? Wenn sie es nicht werth wäre, was ich für sie thun will? – *(Pause)* Für sie thun will? Was will ich denn für sie thun? – Hab' ich das Herz, es mir zu sagen? – Da denk' ich so was: So was, was sich nur denken läßt. – Gräßlich! Fort, fort! Ich will sie nicht erwarten. Nein! – *(gegen den Himmel)* Wer sie unschuldig in diesen Abgrund gestürzt hat, der ziehe sie wieder heraus. Was braucht er meine Hand dazu? Fort! *(er will gehen, und sieht Emilien kommen)* Zu spät! Ah! er will meine Hand; er will sie!" [V,6]

Der Zuschauer weiß, daß dieses „Spiel" nicht oder wenigstens nicht so radikal, wie es der Vater hier ausspricht, von seiner Tochter mitgespielt wurde. Deshalb ist es auch nicht „das alltägliche Possenspiel". Aber die Furcht des Vaters ist doch nicht ganz unbegründet. Emilia kennt ihre Grenzen.[2]

Das, was hier mit „Spiel" bezeichnet wurde, kennzeichnet – zwar mit unterschiedlicher Ernsthaftigkeit, formal jedoch gleich – den Schwerpunkt des Geschehens in der Tragödie [...]. Die Liebe als die wesentlichste Leidenschaft, die Skrupellosigkeit des Prinzen, die teufliche Bereitschaft Marinellis, alle verfügbaren Mittel für seinen Prinzen einzusetzen, die starre Aufrichtigkeit des Vaters, die stolze und sich ereifernde Mutter werden vom Künstler in einem Geschehen verdichtet, das einerseits bewußt Kunst sein will; andererseits ist diese Kunst jedoch als prozeßhaftes Abbild einer nicht zufälligen, sondern von einer über allem Menschlichen stehenden Vorsehung gedacht. Die äußersten Pole dieser Theatersymbolik deutet Orsina selbst an. Sie verneint den Zufall des Zusammentreffens auf dem Lustschloß und setzt dagegen die „menschliche Bosheit" und die „Vorsicht": „O, Marinelli, so verstehen Sie auf die Bosheit der Menschen sich eben so schlecht, als auf die Vorsicht." [IV,5]

Schließlich kommt im letzten Auftritt ein wichtiger Hinweis hinzu, der zum vorgetragenen Gedankengang ein notwendiger Schlußstein ist. Nicht nur in der „Minna von Barnhelm", sondern auch in der Tragödie „Emilia Galotti" wird am Ende die Kunstwelt des Spiels im Sinne der reinen Theatralik hervorgehoben: Odoardo hat seine Tochter erstochen, „Eine Rose gebrochen, ehe der Sturm sie entblättert." Der Prinz, der sie nun nicht mehr lieben kann, kommt hinzu, und der Vater fährt ihn an:

„Nun da, Prinz! Gefällt sie Ihnen noch? Reizt sie noch Ihre Lüste? Noch, in diesem Blute, das wider Sie um Rache schreyet? *(nach einer Pause)* Aber Sie erwarten, wo das alles hinaus soll? Sie erwarten vielleicht , daß ich den Stahl wider mich selbst kehren werde, um meine That wie eine schaale Tragödie zu beschließen? – Sie irren sich. Hier! *(indem er ihm den Dolch vor die Füße wirft)* Als Gefangener liefert sich Odoardo dem Prinzen aus, der sein Richter sein soll.... Und dann dort – erwarte ich Sie vor dem Richter unser aller!"[V,8]

Das Spiel in der „Minna" wurde im Hinblick auf die Zukunft als „Probe" bezeichnet. In der „Emilia" ist die Tragödie abgeschlossen, mit dem Verweis auf eine transzendente Zukunft. Was die „Probe" in der „Minna" war, ist der zum Ende führende „Meisterstreich" in der „Emilia". Bewußt wird sowohl die Komödie als auch die Tragödie am Ende geöffnet zu einer die jeweilige Theaterwirklichkeit transzendierenden[3] Wirklichkeit, über die aber nur Möglichkeiten angegeben werden, nichts weiter.

[...]

So erhält das Theaterstück als Ganzes Symbolcharakter, denn einerseits wird der Kunstcharakter jeweils bewußt angegeben, anderseits verweist das Ende auf eine Wirklichkeit außerhalb dieser Kunstwirklichkeit. Die Kunst gibt einen Ausschnitt aus der Wirklichkeit – oder anders formuliert: Das Theaterstück ist ein einheitlicher, symbolischer Bildausschnitt einer das Stück umfassenden Wirklichkeit; es ist gespielte – und das ist für Lessing illusionistische – Wirklichkeit.

[1] Fritz Martini: Riccaut, die Sprache und das Spiel in Lessings Lustspiel „Minna von Barnhelm". – In: Formenwandel, Festschrift für Paul Böckmann, Hamburg 1964, S. 215f.

[2] → V,7

[3] transzendieren: lat. überschreiten

7. Vorschläge zur kreativen Produktion. Projektanregungen

7.1 Möglichkeiten eines kreativen Umgangs mit dem Text

1. Bereiten Sie in Gruppen eine *Tonbandaufnahme* bzw. eine *Inszenierung* einzelner Dramenszenen vor. Sie können sich zunächst in eine Tondbandaufnahme einhören und sodann die Gestaltung der Sprechweise diskutieren. Eine Aufzeichnung kann über die Landesbildstelle Rheinland, Prinz-Georg-Straße 80, 4000 Düsseldorf 30 (Tonband Nr. 200276, 64 Min., Emilia Galotti) bezogen werden. Sollten Sie die Möglichkeit zum Besuch einer Theateraufführung haben oder in Ihrer Schule eine Videoaufzeichnung der Fernsehinszenierung der „Emilia Galotti" von Ludwig Cremer (Südwestfunk Baden-Baden, 1. Januar 1970) besitzen, können Sie im Anschluß an die Vorführung Ihre Eindrücke hinsichtlich der Darstellungsweise, der Regieprinzipien, der Aktualisierungstendenz und der Intention diskutieren.

Bei der Vorbereitung einer Inszenierung bzw. einer Tonfassung sind, dem Medium entsprechend, im Rahmen einer arbeitsteiligen Gruppenarbeit folgende Arbeitsschritte zu empfehlen: Auswahl einer geeigneten Szene (z.B. I,1; I,4; I,8; II,7; III,1; IV,3; V,7; V,8); Erstellung einer Bühnen- oder Hörfassung des Textes unter Berücksichtigung von Kürzungs- und Änderungsvorschlägen; Neufassung von Regieanweisungen; Vorschläge zur Realisierung des sprachlichen bzw. gestisch-mimischen Verhaltens der Spieler/Sprecher; Gestaltung des Raums und Ausstattung der Szene; Hörproben/Stellproben, Einspielversuche. Aufführungen der einzelnen Gruppen und Erstellung von Beobachtungsrastern für die Zuschauer; abschließende Diskussion der Inszenierungsproblematik.

Erörtern Sie insbesondere die bei der sprachlichen und spielerischen Realisierung gegebenen Möglichkeiten, die historische Distanz des Sprachgebrauchs der Lessing-Zeit abzubauen. Ist ein „natürlicher" Konversationsstil, eine pathetische Sprechweise, ein distanziertes Sprechen oder eine Umsetzung in die Alltagssprache unserer Zeit angebracht?

2. Verfassen Sie *Leitlinien* zur *Regie* einer aktualisierenden Aufführung. Gehen Sie dabei von den Inszenierungsvorschlägen Kortners und Dürrenmatts aus (→ Kapitel 5.2). Überlegen Sie dabei, welche Möglichkeiten der Aktivierung der Zuschauerrolle schon in Lessings Trauerspielkonzept der Rührung, des Mitleids und der moralischen Besserung vorgegeben sind.

Ziehen Sie im Hinblick auf die Wirkungsmöglichkeiten der Regie auch Brechts Bemerkungen zum nichtaristotelischen Theater heran (Bertolt Brecht: Gesammelte Werke, Edition Suhrkamp, Bd. 16 „Kleines Organon für das Theater"; Bd. 17 „Das epische Theater").

Erarbeiten Sie in Gruppen Aufführungsstil, Intention und Wirkung der „Emilia Galotti" zur Zeit Lessings und in der Gegenwart. Einen Überblick über die Wirkungsgeschichte der „Emilia Galotti" auf dem Theater des 18. Jahrhunderts und über die modernen Inszenierungen Fritz Kortners und Ludwig Cremers (Rezensionen zur Fernsehinszenierung) liefert Gunter Grimm in: Wilfried Barner u.a.: Lessing. Epoche – Werk – Wirkung, München [4]1981, S. 334 ff.

Ausführliche Erörterungen der Regieleitlinien von Kortners und Dürrenmatts Lessing-Inszenierungen finden Sie bei: Christine Raschdau: Die Aktualität der Vergangenheit. Zur geschichtlichen Relevanz der Lessing-Rezeption im 18. Jahrhundert und heute, Königstein/Ts. 1979.

Reichhaltige Rezensionen zu gegenwärtigen „Emilia"-Aufführungen enthält: Diedrich Diederichsen/Bärbel Rudin: Lessing im Spiegel der Theaterkritik 1945–1979, Berlin 1980 (über Bibliotheken beziehbar).

Detaillierte Informationen zur Praxis des Theaters im 18. Jahrhundert finden Sie bei: Herbert A. Frenzel: Geschichte des Theaters, München [2]1984 (dtv 4302).

3. Entwerfen Sie mögliche *Varianten* bzw. *Weiterführungen* des *Dramenschlusses.* Überlegen Sie, ob eine Anlehnung an den Virginia-Stoff dem heutigen Zuschauer verständlich gemacht werden kann. Wie könnte ein Dramenschluß im Sinne der römischen Virginia aussehen, der einen Anstoß zur politischen Revolution darstellt?

Skizzieren Sie in Ansätzen Varianten des 5. Aktes bzw. des Schlusses, die ein eindeutiges Verständnis der Tragödie als Ständedrama, als „in tyrannos"-Appell nahelegen.

Wie müßte die Handlung verändert werden, wenn die Aussage des Stücks eindeutig als Kritik an der Autorität der Familie (indirekte Gewalt der Erziehungspraxis Odoardos) verstanden wird?

4. Schreiben Sie für eine moderne Inszenierung der „Emilia Galotti" eine *Vorankündigung* (z.B. Theaterbeilage der Tageszeitung) bzw. eine *Einführung* in das Stück für das Programmheft. Achten Sie dabei besonders auf Argumente, die die Aktualität der Problemstellung und der ästhetischen Intention plausibel machen.

Denkbar wäre auch eine Ankündigung des Trauerspiels in Form eines lyrischen Prologs, wie ihn z. B. Adolf Dresen für seine Burgtheaterinszenierung (1979) formuliert hat:

75

Die hübsche Bürgerstochter, beinah hätt
der Prinz sie noch geschnappt vom Traualtar,
die Schüsse knalln, die Chose die ist klar,
der Bräutigam im Blut, die Braut im Bett –

Im guten Anzug, blaß und zitternd stiert
der Vater, tief gebückt und tief geknickt,
bis jemand ihm was in die Hände drückt,
ein Messer, wie er mit Entsetzen spürt –

Den Fürsten killn, wie könnte er es kühl?
er krallt das Messer unterm Rock, verstört
holt er es raus, hält auf ein blasses Ziel –

er tappt im falschen Blut herum, es fiel sein
eignes Kind, er schreit, ob ihn wer hört?
Das ist das wahre deutsche Trauerspiel.

5. Verfassen Sie in Ausschnitten ein Drehbuch für eine Verfilmung der „Emilia Galotti“. Gehen Sie davon aus, daß gute Literaturverfilmungen die spezifischen Mittel des eigenen Mediums nutzen und so zu kreativen Umgestaltungen der Handlung und der Aussage gelangen, die oft mit der ästhetischen Intention des Originals in Konkurrenz treten.

Legen Sie in Gruppen die neue „Fabel“ und die wichtigsten Handlungsschritte fest. Arbeiten Sie sodann am Beispiel einer Szene Regiehinweise zum Ort der Aufnahme, zur Ausstattung, zur Spiel- und Sprechweise der Akteure, zur Folge der „Einstellungen“ und des Handlungsverlaufs, zur Kameraführung etc. aus; notieren Sie dabei die jeweiligen Dialogpartien.

Den besonderen Möglichkeiten des Films entsprechen vor allem die schon in der Handlung des Dramas angelegte Einkleidung der Fabel in eine Kriminalgeschichte, als deren Regisseur Marinelli auftritt, und die Rachephantasien der betrogenen Geliebten Orsina. Während die Szene III,1, die als dramatischer Höhepunkt der äußeren Handlung den Überfall auf die Kutsche darstellt, den filmischen Mitteln des Krimis entgegenkommt, enthält die Orsina-Szene (IV,7) mit ihrer Entfesselung des bacchantischen Wahns schon im Drama die Elemente einer Horrorfilm-Szene. Welche filmische Gestaltungsmöglichkeit bietet die visionäre Darstellung der rasenden Mänade, die im dionysischen Rausch den in ein Tier verwandelten Geliebten tötet (→ S. 87, Anmerkung 87)? Informieren Sie sich in einem Lexikon der griechischen Mythologie über die Stichworte „Dionysos“, „Mänade“, „Pentheus“.

Literaturhinweis: → Werner Faulstich: Einführung in die Filmanalyse, Tübingen 1978 (Gunter Narr Verlag)

6. Fertigen Sie ein Lessing-Portät (ca. 20 Minuten) für eine Rundfunkreportage nach dem Modell der Sendung „Zeitzeichen“ an. Wählen Sie zum Vortrag geeignete Briefstellen aus, die wichtige Stationen von Lessings Leben dokumentieren. Informieren Sie kurz über herausragende private Ereignisse, über die literarische Produktion des Autors und über historisch-gesellschaftliche Hintergründe. Geben Sie im Mittelpunkt der Reportage eine kurze Einführung in das Trauerspiel „Emilia Galotti“. Fassen Sie die Handlung in wenigen Sätzen zusammen, wählen Sie eine Passage zum Vortrag aus, und weisen Sie auf ein aktualisierendes Verstehen hin.

Eine fesselnd geschriebene Einführung in Lessings Leben bietet: Dieter Hildebrandt: Lessing. Biographie einer Emanzipation, Frankfurt/M./Berlin/Wien 1982 (Ullstein-Buch 27513).

7.2 Weitere Projektanregungen

1. Lessing und die Aufklärungsbewegung

Erarbeiten Sie in Gruppen (Referate) einen Überblick über wichtige literarische und philosophische Strömungen der Aufklärungszeit (→ Kapitel 3). Diskutieren Sie den Aufklärungsgedanken Kants („Beantwortung der Frage: Was ist Aufklärung?“), Mendelssohns („Über die Frage: was heißt aufklären?“) und Lessings („Eine Duplik“, „Die Erziehung des Menschengeschlechts“, „Ernst und Falk“). Die Thesen zum Thema Aufklärung finden Sie in dem Bändchen: Ehrhard Bahr (Hrsg.): Was ist Aufklärung? Stuttgart 1981 (Reclam UB 9714).

Einführende Literatur zur Epoche der Aufklärung:
Hans-Friedrich Wessels (Hrsg.): Aufklärung, Königstein/Ts. 1984 (Athenäum Verlag)
Peter Pütz: Die deutsche Aufklärung, Darmstadt 1978 (Wissenschaftliche Buchgesellschaft)
Horst Albert Glaser (Hrsg.): Deutsche Literatur. Eine Sozialgeschichte. Bd. 4: Zwischen Absolutismus und Aufklärung, hrsg. von R.-R. Wuthenow, Hamburg 1980 (rororo 6253)

2. Historischer und aktueller Problemhorizont: Politische Öffentlichkeit, Gewalt, Privatbereich, moralische Integrität

Verfassen Sie einen Essay zum Thema „Gewalt und Verführbarkeit“, indem Sie den Versuch unternehmen, die Aktualität des tragischen Gehalts der „Emilia Galotti“ aufzuzeigen. Berücksichtigen Sie dabei zum einen die soziale, ökonomische und politische Situation des absolutistischen 18. Jahrhunderts und zum anderen die Verlagerung der Gewalt in den Bereich indirekter Manipulationsformen im 20. Jahrhundert, wie sie z. B. Heinrich Böll in seiner Erzählung „Die verlorene Ehre der Katharina Blum. Wie Gewalt entstehen und wohin sie führen kann“ aufgezeigt hat.

Benutzen Sie zu ihrer Information einführende sozialgeschichtliche Darstellungen (→ Kapitel „Literaturhinweise“). Über Niccolo Machiavellis 1513 verfaßte berühmte Darstellung vom Ideal des Renaissance-Herrschers „Der Fürst“ (Reclam UB 1218) kann in Form eines Referats berichtet werden. Ziehen Sie zum Verständnis des modernen Gewaltbegriffs Walter Benjamins Essay „Zur Kritik der Gewalt“ hinzu (→ W. Benjamin: Gesammelte Schriften II.1, hrsg. von R. Tiedemann und H. Schweppenhäuser. Suhrkamp Verlag, Frankfurt/M. 1977).

3. Lessings Trauerspielmodell und Brechts Theorie des epischen Theaters

Erarbeiten Sie in arbeitsteiliger Gruppenarbeit die wichtigsten Thesen und Argumente der Lessingschen Wirkungsästhetik (→ Kapitel 6.2) und der „offenen“ Dramaturgie Brechts (→ Kapitel 7.1, Punkt 2 und „Text + Dialog“. Grundband, Pädagogischer Verlag Schwann-Bagel, Düsseldorf 1985, Kapitel 9.4). Stellen Sie dabei Gemeinsamkeiten, Unterschiede und sich widersprechende Thesen heraus. Diskutieren sie die Tragfähigkeit der Thesen am dramatischen Beispiel. Berücksichtigen Sie im Hinblick auf die Dramentheorie Lessings auch seinen berühmten 17. Literaturbrief (→ G.E. Lessing: Briefe, die neueste Literatur betreffend, Reclam UB 9339).

4. Die Darstellung der Familie im bürgerlichen Trauerspiel

Informieren Sie Ihre Lerngruppe an Hand von Referaten über die Theorie und Entwicklung des bürgerlichen Trauerspiels und über den historischen Wandel der Institution Familie.

Literaturhinweise:

Karl S. Guthke: Das bürgerliche Trauerspiel, Stuttgart ^{4}1984 (Sammlung Metzler 116)

Ingeborg Weber-Kellermann: Die deutsche Familie. Versuch einer Sozialgeschichte, Frankfurt/M. 1974 (suhrkamp tb 185)

Entwickeln Sie sodann in arbeitsteiliger Gruppenarbeit ein Projekt zur Untersuchung der aufklärerischen Tendenz von Trauerspielen/Dramen zum Problemkreis „Familie“, „Autorität“, „Rolle der Frau“. Geeignete didaktische Materialien zu Hebbels und Kroetz’ „Maria Magdalena“ finden Sie in: „Text + Dialog“. Grundband. Pädagogischer Verlag Schwann-Bagel, Düsseldorf 1985, Kapitel 9 und Jan Berg u.a.: Von Lessing bis Kroetz. Einführung in die Dramenanalyse. Kursmodelle und sozialgeschichtliche Materialien für den Unterricht, Kronberg/Ts. 1975.

Beispiele:

G. E. Lessing: Miß Sara Sampson
H. L. Wagner: Die Kindermörderin
F. Schiller: Kabale und Liebe
F. Hebbel: Maria Magdalena
H. Ibsen: Nora oder Ein Puppenspiel, Gespenster
B. Brecht: Der gute Mensch von Sezuan
R. W. Faßbinder: Bremer Freiheit
F. X. Kroetz: Maria Magdalena

Literaturhinweise

1. Werkausgaben

Gotthold Ephraim Lessings sämtliche Schriften. Hrsg. von *Karl Lachmann,* 3. Aufl. besorgt durch *Franz Muncker.* 23 Bde. Stuttgart/Leipzig 1886–1924 (LM)

Lessings Werke. Vollständige Ausgabe in 25 Teilen. Hrsg. von *Julius Petersen* und *Waldemar von Olshausen.* 20 Bde. Berlin/Wien 1925–1935

Gotthold Ephraim Lessing: Gesammelte Werke. Hrsg. von *Paul Rilla.* 10 Bde. Aufbau Verlag, Berlin 1954–1958 (Rilla)

Gotthold Ephraim Lessing: Werke. Hrsg. von *Herbert G. Göpfert.* 8 Bde. Hanser Verlag, München 1970–1979 (Göpfert)

Lessings Werke. Hrsg. von *Kurt Wölfel.* 3 Bde. Insel Verlag, Frankfurt/M. 1967

2. Bibliographien und Forschungsberichte

Guthke, Karl S.: Der Stand der Lessing-Forschung. Ein Bericht über die Literatur von 1932–1962. Metzler Verlag, Stuttgart 1965

Guthke, Karl S.: Grundlagen der Lessingforschung. Neuere Ergebnisse, Probleme, Aufgaben. – In: Wolfenbütteler Studien zur Aufklärung, Bd. 2, Bremen/Wolfenbüttel 1975, S. 10–46

Seifert, Siegfried: Lessing-Bibliographie, Berlin/Weimar 1973

Werner, Hans-Georg (Hrsg.): Lessing-Konferenz Halle 1979, 2 Teile, Halle 1980

3. Zur Biographie Lessings

Barner, Wilfried: [Artikel:] Gotthold Ephraim Lessing. – In: Neue deutsche Biographie. Hrsg. von der Historischen Kommission bei der Bayerischen Akademie der Wissenschaften, Bd. 14, Berlin 1985, S. 339–346

Drews, Wolfgang: Gotthold Ephraim Lessing in Selbstzeugnissen und Bilddokumenten, Reinbek 1962 (rowohlts monographien 75)

Guthke, Karl S.: Gotthold Ephraim Lessing. 3., erweiterte und überarbeitete Aufl. Stuttgart 1979 (Sammlung Metzler 65)

Hildebrandt, Dieter: Lessing. Biographie einer Emanzipation, Frankfurt/M., Berlin, Wien 1982 (Ullstein Tb. 27513)

Hillen, Gerd: Lessing Chronik. Daten zu Leben und Werk. Hanser Verlag, München/Wien 1979

Ritzel, Wolfgang: Lessing. Dichter – Kritiker – Philosoph, München 1978 (Heyne Biographien 51)

Steinmetz, Horst: Gotthold Ephraim Lessing. – In: Benno von Wiese (Hrsg.): Deutsche Dichter des 18. Jahrhunderts: ihr Leben und Werk. Erich Schmidt Verlag, Berlin 1977, S. 210–248

4. Zum zeitgeschichtlichen Hintergrund der „Emilia Galotti": Epoche, Kultur- und Sozialgeschichte

Balet, Leo/E. Gerhard: Die Verbürgerlichung der deutschen Kunst, Literatur und Musik im 18. Jahrhundert, Frankfurt/M., Berlin, Wien 1981 (Ullstein Tb. 35133)

Bruford, Walter Horace: Die gesellschaftlichen Grundlagen der Goethezeit. Ullstein Verlag, Frankfurt/M. ^{2}1975

Brunner, Otto/Conze, Werner/Koselleck, Reinhart (Hrsg.): Geschichtliche Grundbegriffe. Historisches Lexikon zur politisch-sozialen Sprache in Deutschland. Klett-Cotta Verlag, Bd. 1 und 2, Stuttgart 1972–1975 (→ Artikel: Adel, Aufklärung, Bürger, Familie, bürgerliche Gesellschaft)

Enzensberger, Hans Magnus u.a. (Hrsg.): Klassenbuch 1. Ein Lesebuch zu den Klassenkämpfen in Deutschland 1756–1850, Darmstadt/Neuwied 1972 (Sammlung Luchterhand 79)

Frenzel, Herbert A.: Geschichte des Theaters. Daten und Dokumente 1470–1890, München ^{2}1984 (dtv 4302)

Glaser, Albert (Hrsg.): Deutsche Literatur. Eine Sozialgeschichte. Bd. 4: Zwischen Absolutismus und Aufklärung: Rationalismus, Empfindsamkeit, Sturm und Drang 1740–1786, Reinbek 1980 (rororo 6253)

Grimminger, Rolf (Hrsg.): Hansers Sozialgeschichte der deutschen Literatur vom 16. Jahrhundert bis zur Gegenwart. Bd. 3: Deutsche Aufklärung bis zur Französischen Revolution 1680–1789, München ^{2}1984 (dtv 4345)

Hinck, Walter: Europäische Aufklärung I. Akademische Verlagsgesellschaft Athenäum, Frankfurt/M. 1974

Ide, Heinz/Bodo Lecke (Hrsg.): Ökonomie und Literatur. Lesebuch zur Sozialgeschichte und Literatursoziologie der Aufklärung und Klassik. Diesterweg Verlag, Frankfurt/M., Berlin, München 1973

Kiesel, Helmuth/Münch, Paul: Gesellschaft und Literatur im 18. Jahrhundert. Voraussetzungen und Enstehungen des literarischen Markts in Deutschland. Beck Verlag, München 1977

Pütz, Peter: Die deutsche Aufklärung. Wissenschaftliche Buchgesellschaft, Darmstadt 1978

Rilla, Paul: Lessing und sein Zeitalter. Beck Verlag, München 1973
Rosenbaum, Heidi (Hrsg.): Seminar: Familie und Gesellschaftsstruktur, Frankfurt/M. 1978 (suhrkamp tb. wissenschaft 244)
Weber-Kellermann, Ingeborg: Die deutsche Familie. Versuch einer Sozialgeschichte, Frankfurt/M. 1974 (suhrkamp tb. 185)
Wessels, Hans-Friedrich (Hrsg.): Aufklärung. Ein literaturwissenschaftliches Studienbuch. Athenäum Verlag, Königstein/Ts. 1984

5. Zur Entstehungs- und Wirkungsgeschichte der „Emilia Galotti"

Barner, Wilfried: Produktive Rezeption. Lessing und die Tragödien Senecas. Beck Verlag, München 1973
Braun, Julius W.: Lessing im Urtheile seiner Zeitgenossen. 3 Bde. Berlin 1884–1897
Daunicht, Richard (Hrsg.): Lessing im Gespräch. Berichte und Urteile von Freunden und Zeitgenossen. Fink Verlag, München 1971
Dvoretzky, Edward (Hrsg.): Lessing. Dokumente zur Wirkungsgeschichte 1755–1968. 2 Bde. Kümmerle Verlag, Göppingen 1971/72
Grimm, Gunter: Die zeitgenössische Rezeption von Lessings „Emilia Galotti". – In: Ders.: Rezeptionsgeschichte, München 1977 (UTB 691), S. 162–183
Kiesel, Helmuth: „Bei Hof, bei Höll". Untersuchungen zur literarischen Hofkritik von Sebastian Brant bis Friedrich Schiller. Niemeyer Verlag, Tübingen 1979
Müller, Jan-Dirk (Hrsg.): Gotthold Ephraim Lessing. Emilia Galotti. Erläuterungen und Dokumente, Stuttgart 1971 (Reclam UB 8111/11a)
Lützeler, Paul Michael: Die marxistische Lessing-Rezeption. – In: Lessing Yearbook 3 (1971), S. 173–193 und 8 (1976), S. 42–60
Steinmetz, Horst (Hrsg.): Lessing – ein unpoetischer Dichter. Dokumente aus drei Jahrhunderten zur Wirkungsgeschichte Lessings in Deutschland. Athenäum Verlag, Frankfurt/M., Bonn 1969
Vos-Bremerich, Elisabeth: „Tragik zwischen Trieb und Tugend" – wie Schüler mit Lessing umgehen. – In: Praxis Deutsch 41 (1980), S. 57–59
Werner, Hans-Georg (Hrsg.): Bausteine zu einer Wirkungsgeschichte. Gotthold Ephraim Lessing. Aufbau Verlag, Berlin/Weimar 1984

6. „Emilia Galotti" auf dem Theater

Diederichsen, Diedrich/Rudin, Bärbel (Hrsg.): Lessing im Spiegel der Theaterkritik 1945–1976. Selbstverlag der Gesellschaft für Theatergeschichte, Berlin 1980

Raschdau, Christine: Die Aktualität der Vergangenheit. Zur gesellschaftlichen Relevanz der Lessing-Rezeption im 18. Jahrhundert und heute. Forum Academicum/Athenäum Verlag, Königstein/Ts. 1979

Rüskamp, Wulf: Dramaturgie ohne Publikum. Lessings Dramentheorie und die zeitgenössische Rezeption von „Minna von Barnhelm" und „Emilia Galotti". Böhlau Verlag, Köln/Wien 1984

Schulz, Ursula: Lessing auf der Bühne. Chronik der Theateraufführungen 1748–89. Bremen/Wolfenbütel 1977

Stadelmaier, Gerhard: Lessing auf der Bühne. Ein Klassiker im Theateralltag (1968–1974). Niemeyer Verlag, Tübingen 1980

7. Zur Dramaturgie des bürgerlichen Trauerspiels

Guthke, Karl S.: Das deutsche bürgerliche Trauerspiel, Stuttgart ^{4}1984 (Sammlung Metzler 116)

Guthke, Karl S.: Das bürgerliche Drama des 18. und des frühen 19. Jahrhunderts. – In: Walter Hinck (Hrsg.): Handbuch des deutschen Dramas. Bagel Verlag, Düsseldorf 1980, S. 76–92

Mathes, Jürg (Hrsg.): Die Entwicklung des bürgerlichen Dramas im 18. Jahrhundert. Niemeyer Verlag, Tübingen 1974

Pikulik, Lothar: „Bürgerliches Trauerspiel" und Empfindsamkeit, Köln/Graz ^{2}1981

Szondi, Peter: Theorie des bürgerlichen Trauerspiels im 18. Jahrhundert, Frankfurt/M. 1973 (= Studienausgabe der Vorlesungen 1)

8. Ausgwählte Sekundärliteratur zur Interpretation von Lessings „Emilia Galotti"

Barner, Wilfried u.a.: Lessing. Epoche – Werk – Wirkung. Beck Verlag, München ^{4}1981 (als Basisliteratur geeignet; informiert grundlegend über Lessings Werke, den zeitgenössischen Hintergrund und die Wirkungsgeschichte)

Bauer, Gerhard und Sibylle (Hrsg.): Gotthold Ephraim Lessing. Wissenschaftliche Buchgesellschaft, Darmstadt 1968

Durzak, Manfred: Zu Gotthold Ephraim Lessing. Poesie im bürgerlichen Zeitalter. Klett Verlag, Stuttgart 1984

Eibl, Karl: Identitätskrise und Diskurs. Zur thematischen Kontinuität von Lessings Dramatik. – In: Jahrbuch der deutschen Schillergesellschaft 21 (1977), S. 138 ff.

Göbel, Klaus: Gotthold Ephraim Lessing. Emilia Galotti. Oldenbourg Verlag, München 1984

Jentzsch, Peter: Gotthold Ephraim Lessing. Emilia Galotti. Stuttgart 1984 (= Reclams Lehrpraktische Analysen. Folge 60)
Kittler, Friedrich A.: „Erziehung ist Offenbarung“. Zur Struktur der Familie in Lessings Dramen. – In: Jahrbuch der deutschen Schillergesellschaft 21 (1977), S. 111–137
Lecke, Bodo: Die Rolle der Frau im bürgerlichen Trauerspiel – Lessings „Emilia Galotti“. – In: Praxis Deutsch 31 (1978), S. 60–64
Meyer, Reinhart: „Hamburgische Dramaturgie“ und „Emilia Galotti“. Humanitas Verlag, Wiesbaden/Frankfurt/M. 1973
Müller, Klaus-Detlef: Das Erbe der Komödie im bürgerlichen Trauerspiel. Lessings „Emilia Galotti“ und die commedia dell'Arte. – In: DVjS 46 (1972), S. 28–60
Neuhaus-Koch, Ariane: G.E. Lessing. Die Sozialstrukturen in seinen Dramen. Bouvier Verlag, Bonn 1977
Neumann, Peter Horst: Der Preis der Mündigkeit. Über Lessings Dramen. Klett-Cotta Verlag, Stuttgart 1977
Scherpe, Klaus R.: Historische Wahrheit auf Lessings Theater, besonders im Trauerspiel „Emilia Galotti“. – In: Lessing in heutiger Sicht. Beiträge zur internationalen Lessing-Konferenz Cincinatti, Ohio 1976. Bremen/Wolfenbüttel 1977, S. 259–277
Schmitt-Sasse, Joachim: Das Opfer der Tugend. Zu Lessings „Emilia Galotti“ und einer Literaturgeschichte der „Vorstellungskomplexe“ im 18. Jhdt. Bouvier Verlag, Bonn 1983
Schröder, Jürgen: Gotthold Ephraim Lessing. Sprache und Drama. Fink Verlag, München 1972
Schulte-Sasse, Jochen: Literarische Struktur und historisch-sozialer Kontext. Zum Beispiel Lessings „Emilia Galotti“. Schöningh Verlag, Paderborn 1975
Schwab, Lothar: Gotthold Ephraim Lessing: „Emilia Galotti“. – In: Jan Berg u.a.: Von Lessing bis Kroetz. Einführung in die Dramenanalyse. Scriptor Verlag, Kronberg/Ts. 1975, S. 11–52, 231–233
Siegle, Rainer: Stundenblätter „Emilia Galotti“. Klett Verlag, Stuttgart 1981
Stahl, Ernest L.: Lessing. Emilia Galotti. – In: Benno von Wiese (Hrsg.): Das deutsche Drama. Vom Barock bis zur Gegenwart. Bd. 1. Bagel Verlag, Düsseldorf 1968, S. 102–113
Steinmetz, Horst: Aufklärung und Tragödie. Lessings Tragödien vor dem Hintergrund des Trauerspielmodells der Aufklärung. – In: Amsterdamer Beiträge zur neueren Germanistik 1 (1972), S. 3–41
Wierlacher, Alois: Das Haus der Freude oder Warum stirbt Emilia Galotti? – In: Lessing Yearbook 5 (1973), S. 147–162

Quellennachweis

1 Barner, Wilfried/Gunter Grimm/Helmuth Kiesel/Martin Kramer: Lessing. Epoche – Werk – Wirkung. Verlag C. H. Beck, 4., völlig neubearbeitete Aufl., München 1981, S. 88–91

2 Nolte, Fred Otto: Lessings „Emilia Galotti" im Lichte seiner „Hamburgischen Dramaturgie" (1938). Übersetzung von Wulf Küster. – In: Gerhard und Sibylle Bauer (Hrsg.): Gotthold Ephraim Lessing. Wissenschaftliche Buchgesellschaft, Darmstadt 1968, S. 221–223

3 Gotthold Ephraim Lessings sämtliche Schriften. Hrsg. von Karl Lachmann. Dritte, auf's neue durchgesehene und vermehrte Aufl., besorgt durch Franz Muncker. G.J. Göschen'sche Verlagshandlung. 23 Bände, Stuttgart/ (ab Bd. 12) Leipzig 1886–1924, Bd. 3, 1887, S. 359–360 [LM]

4 Gotthold Ephraim Lessing. Werke. Hrsg. von Herbert G. Göpfert, 8 Bände, München 1970–1979, Bd. 2, 1971, S. 701–702 [Göpfert]

5 → **3** LM, Bd. 17, 1904, S. 126

6 → **3** LM, Bd. 17, 1904, S. 133

7 → **3** LM, Bd. 17, 1904, S. 423

8 → **3** LM, Bd. 20, 1905, S. 127–128

9 → **3** LM, Bd. 18, 1907, S. 18–19

10 → **3** LM, Bd. 18, 1907, S. 20–22

11 → **3** LM, Bd. 18, 1907, S. 22–23

12 Grimm, Gunter: Rezeptionsgeschichte. Grundlegung einer Theorie. Wilhelm Fink Verlag, München 1977, S. 181–183

13 → **3** LM, Bd. 20, 1905, S. 146–147

14 → **3** LM, Bd. 20, 1905, S. 157–158

15 Mauvillon, Jakob: Trauerspiele von Gotthold Ephraim Lessing. Berlin bey Chr. Fr. Voß, 1772. – In: Auserlesene Bibliothek der neuesten deutschen Litteratur. 2. Bd. Lemgo 1772, S. 163f. – Aus: Horst Steinmetz (Hrsg.): Lessing – ein unpoetischer Dichter. Dokumente aus drei Jahrhunderten zur Wirkungsgeschichte Lessings in Deutschland. Athenäum Verlag, Frankfurt/M., Bonn 1969, S. 93–95, 96–97

16 Herders sämmtliche Werke. Hrsg. von Bernhard Suphan. Weidmannsche Buchhandlung, Bd. 17, Berlin 1881, S. 182–185

17 Goethes Werke. Hamburger Ausgabe in 14 Bänden. Christian Wegner Verlag, Bd. 9, Hamburg 1959, S. 569

Eckermann, Johann Peter: Gespräche mit Goethe in den letzten Jahren seines Lebens. Hrsg. von H.H. Houben. 32. Aufl. Leipzig 1939, S. 190. – Aus: Horst Steinmetz, → **15** , S. 254

18 Heine, Heinrich: Die romantische Schule. – In: Heines Werke in 10 Bänden. Hrsg. von Oskar Walzel. Insel Verlag, Leipzig 1910–1920, Bd. 7, 1910, S. 19–20

19 Mehring, Franz: Die Lessing-Legende. – In: F.M.: Gesammelte Schriften. Hrsg. von Thomas Höhle u. a. Dietz Verlag, Bd. 9, Berlin 1963, S. 304–306

20 Mann, Heinrich: Lessing. Gesprochen im Berliner Rundfunk am 15. Februar 1931. – In: H. M.: Ausgewählte Werke in Einzelausgaben. Hrsg. von Alfred Kantorowicz. Bd. XI: Essays. Erster Band. Aufbau Verlag, Berlin 1954, S. 454–455

21 Raddatz, Fritz J.: Ein Bürger, ein Radikaler. Zum 200. Todestag: Nachdenken über Gotthold Ephraim Lessing. – In: Die Zeit, Nr. 8, 13. 2. 1981, S. 41

22 Hildebrandt, Dieter: Lessing. Biographie einer Emanzipation. Hanser Verlag, München/Wien 1979, S. 349

23 → **3** LM, Bd. 20, 1905, S. 150–151

24 → **3** LM, Bd. 20, 1905, S. 187–188

25 Nagel, Ivan: Aufklärung über das „aufgeklärte Bürgertum“. Kortner inszenierte Lessings „Emilia Galotti“ in der Wiener Josefstadt. – In: Theater heute 6/1970. Friedrich Verlag, Velber bei Hannover, S. 33–37

26 Die Zeit, 25. 9. 1970

27 Dürrenmatt, Friedrich: Theater. Essays, Gedichte und Reden. Werkausgabe Bd. 24. Diogenes Verlag, Zürich 1980, S. 224–229

28 Müller, Joachim: Wirklichkeit und Klassik. Beiträge zur deutschen Literaturgeschichte von Lessing bis Heine. Verlag der Nation, Berlin 1955, S. 53–54, 60–62

29 Steinmetz, Horst: Aufklärung und Tragödie. Lessings Tragödien vor dem Hintergrund des Trauerspielmodells der Aufklärung. – In: Amsterdamer Beiträge zur neueren Germanistik. Rodopi NV, Amsterdam, Bd. 1, 1972, S. 30–32

30 Labroisse, Gerd: Emilia Galottis Wollen und Sollen. – In: Neophilologus. Wolters-Noordhoff Publishing Amsterdam, 56. Bd. 1972, S. 313–314, 317, 318–319

31 Wiese, Benno von: Die deutsche Tragödie von Lessing bis Hebbel. Hoffmann und Campe Verlag, 5. Aufl. Hamburg 1961, S. 38–39, 47

32 Stahl, Ernest L.: Lessing. Emilia Galotti. – In: Benno von Wiese (Hrsg.): Das deutsche Drama. Vom Barock bis zur Gegenwart. August Bagel Verlag, Bd. 1, Düsseldorf 1958, S. 104–107, 113

33 Guthke, Karl S.: Das bürgerliche Drama des 18. und des frühen 19. Jahrhunderts. – In: Walter Hinck (Hrsg.): Handbuch des deutschen Dramas. Bagel Verlag, Düsseldorf 1980, S. 87–88

34 Meyer, Reinhart: Von der Wanderbühne zum Hof- und Nationaltheater. – In: Rolf Grimminger (Hrsg.): Hansers Sozialgeschichte der deutschen Literatur vom 16. Jahrhundert bis zur Gegenwart. Bd.3: Deutsche Aufklärung bis zur Französichen Revolution 1680–1789, Carl Hanser Verlag, München/Wien 1980, S. 207–212

35 → **33** S. 76, 77, 79–80, 84–85

36 → **4** Göpfert, Bd. 4, 1973, S. 294–295

37 Aristoteles: Poetik. Übersetzung von Olaf Gigon. Reclam Verlag, Stuttgart 1961, S. 30–32, 42

38 → **3** LM, Bd. 17, 1904, S. 64–68

39 → **4** Göpfert, Bd. 4, 1973, S. 578–579, 587–588, 595–596

40 → **37** S. 40–41

41 → **4** Göpfert, Bd. 4, 1973, S. 574, 575, 580–581, 613–614

42 → **3** LM, Bd. 17, 1904, S. 85

43 Haltern, Utz: Bürgerliche Gesellschaft. Sozialtheoretische und sozialhistorische Aspekte. Wissenschaftliche Buchgesellschaft, Darmstadt 1985, S. 7–8

44 → **1** S. 54

45 Schmitt-Sasse, Joachim: Das Opfer der Tugend. Zu Lessings „Emilia Galotti" und einer Literaturgeschichte der „Vorstellungskomplexe" im 18. Jahrhundert. Bouvier Verlag Herbert Grundmann, Bonn 1983, S. 138–139, 141

46 Kaiser, Gerhard: Krise der Familie. Eine Perspektive auf Lessings „Emilia Galotti" und Schillers „Kabale und Liebe". – In: Recherches Germaniques. Université des Sciences Humaines, Strasbourg, France, Nr. 14, 1984, S. 7–8, 14–15

47 Habermas, Jürgen: Strukturwandel der Öffentlichkeit. Untersuchungen zu einer Kategorie der bürgerlichen Gesellschaft. Hermann Luchterhand Verlag, Neuwied/Berlin ^{8}1976, S. 60–65

48 Schulte-Sasse, Jochen: Literarische Struktur und historisch-sozialer Kontext. Zum Beispiel Lessings „Emilia Galotti". Schöningh Verlag, Paderborn 1975, S. 28–30

49 Peter, Klaus: Stadien der Aufklärung. Moral und Politik bei Lessing, Novalis und Friedrich Schlegel. Akademische Verlagsgesellschaft Athenaion, Wiesbaden 1980, S. 71–74

50 Scherpe, Klaus R.: Historische Wahrheit auf Lessings Theater, besonders im Trauerspiel „Emilia Galotti". – In: Lessing in heutiger Sicht. Beiträge zur Internationalen Lessing-Konferenz Cincinnati, Ohio 1976. Jacobi Verlag, Bremen und Wolfenbüttel 1977, S. 271–274

51 Horkheimer, Max: Allgemeiner Teil, in: Studien über Autorität und Familie. Forschungsberichte aus dem Institut für Sozialforschung. Hrsg. von M. Horkheimer. Librairie Félix Alcan, Paris 1936, S. 51–69

52 Neumann, Peter Horst: Der Preis der Mündigkeit. Über Lessings Dramen. Anhang: Über Fanny Hill. Klett-Cotta Verlag, Stuttgart 1977, S. 45–50

53 Elias, Norbert: Über den Prozeß der Zivilisation. Sozialgenetische und psychogenetische Untersuchungen. Bd. 1: Wandlungen des Verhaltens in den weltlichen Oberschichten des Abendlandes. Suhrkamp Verlag, Frankfurt/M. 1976, S. 260–263

54 Wierlacher, Alois: Das Haus der Freude oder Warum stirbt Emilia Galotti? – In: Lessing Yearbook V, 1973. Max Hueber Verlag, München 1973, S. 153–155

55 Die Bibel nach der Übersetzung Martin Luthers, Deutsche Bibelgesellschaft, Stuttgart 1985

56 Bollacher, Martin: Tradition und Selbstbestimmung. Lessings „Emilia Galotti" in geistesgeschichtlicher Perspektive. – In: Literaturwissenschaft und Geistesgeschichte. Festschrift für Richard Brinckmann. Max Niemeyer Verlag, Tübingen 1981, S. 115–118

57 Eibl, Karl: Identitätskrise und Diskurs. Zur thematischen Kontinuität von Lessings Dramatik. – In: Jahrbuch der deutschen Schillergesellschaft. Alfred Kröner Verlag Stuttgart, 21. Jahrgang 1977, S. 155–158

58 → **3** LM, Bd. 17, 1904, S. 298

59 → **22** S. 343–346, 354–355

60 Grimminger, Rolf: Aufklärung, Absolutismus und bürgerliche Individuen. Über den notwendigen Zusammenhang von Literatur, Gesellschaft und Staat in der Geschichte des 18. Jahrhunderts. – In: R.G. (Hrsg.) → **34** Bd. 3, S. 74–76, 78–79

61 Balet, Leo/E. Gerhard: Die Verbürgerlichung der deutschen Kunst, Literatur und Musik im 18. Jahrhundert. Valentin Koerner GmbH, Baden-Baden 1936, S. 52–53

62 Schulte-Sasse, Jochen: Drama. – In: Rolf Grimminger (Hrsg.) → **34** Bd. 3, S. 466–469

63 Müller, Peter: Glanz und Elend des deutschen „bürgerlichen Trauerspiels". Zur Stellung der „Emilia Galotti" in der zeitgenössischen deutschen Dramatik. – In: Helmut Brandt/Manfred Beyer (Hrsg.): Ansichten der deutschen Klassik. Aufbau Verlag, Berlin und Weimar 1981, S. 25–26, 29–31

64 Kiesel, Helmuth: „Bei Hof, bei Höll". Untersuchungen zur literarischen Hofkritik von Sebastian Brant bis Friedrich Schiller. Max Niemeyer Verlag, Tübingen 1979, S. 229–232

65 → **3** LM, Bd. 7, 1891, S. 286–287
66 → **45** S. 76–78
67 Foucault, Michel: Wahnsinn und Gesellschaft. Eine Geschichte des Wahns im Zeitalter der Vernunft. Übersetzung von Ulrich Koeppen, Suhrkamp Verlag, Frankfurt/M. 1969, S. 177–178, 179–180
68 Barner, Wilfried: Produktive Rezeption. Lessing und die Tragödien Senecas. Verlag C.H. Beck, München 1973, S. 77–78, 80–81, 81–82
69 Staiger, Emil: Rasende Weiber in der deutschen Tragödie des 18. Jahrhunderts. Ein Beitrag zum Problem des Stilwandels. – In: Zeitschrift für deutsche Philologie. Erich Schmidt Verlag, Berlin, 80. Band 1961, S. 390–391, 392–393, 394
70 Mayer, Hans: Lessings poetische Ausdrucksform. – In: H.M.: Lessing und die Zeit der Aufklärung. Vandenhoeck & Ruprecht, Göttingen 1968, S. 139–140, 141–142
71 Asmuth, Bernhard: Einführung in die Dramenanalyse. J.B. Metzlersche Verlagsbuchhandlung, Stuttgart 1980, S. 96–98
72 Werner, Hans-Georg: Über die Schwierigkeiten, mit der „dramatischen Algebra“ von „Emilia Galotti“ zurechtzukommen. – In: H.-G. W. (Hrsg.): Bausteine zu einer Wirkungsgeschichte. Gotthold Ephraim Lessing. Aufbau Verlag, Berlin und Weimar 1984, S. 144–146
73 Zimmer, Reinhold: Dramatischer Dialog und außersprachlicher Kontext. Dialogformen in deutschen Dramen des 17. bis 20. Jahrhunderts. Vandenhoeck & Ruprecht Verlag, Göttingen 1982, S. 99–101
74 Göbel, Helmut: Bild und Sprache bei Lessing. Wilhelm Fink Verlag, München 1971, S. 149–153
75 Dresen, Adolf: Die hübsche Bürgerstochter. – In: Programmheft zur Inszenierung von Lessings „Emilia Galotti“. Burgtheater Wien 1978. – Aus: Henning Rischbieter: Der Tyrann Galotti. Adolf Dresen inszeniert im Burgtheater Lessings Trauerspiel, in: Theater heute. Friedrich Verlag, Velber bei Hannover, 20. Jahrgang, Heft 2, Februar 1979, S. 16

Bildnachweis

1. S. 113: Heinrich Tischbein d. Ä., Lessing 1760. Archiv für Kunst und Geschichte, Berlin
2. S. 131: Carl Mayr, Emilia Galotti. Bildarchiv preußischer Kulturbesitz, Berlin
3. S. 143: J. W. Meil. Szenenfolge „Emilia Galotti". In: „Geschichte der deutschen Literatur". Volk und Wissen, Berlin 1979, S. 375
4. S. 147: Szenenfoto der Kortner-Inszenierung. Presse-Fotos Ernst Hausknost, Wien
5. S. 151: Szenenfoto der Dürrenmatt-Inszenierung. Pressefotograf Leonard Zubler, Zürich